U0748056

教育部高等学校管理科学
与工程类学科专业教学指导委员会推荐教材

信息资源管理：理论与实践

主　编　肖　明

副主编　黄国彬

机械工业出版社

本书共分7章，包括信息资源管理引论、信息资源管理学科基础、信息生命周期管理，以及信息系统资源管理、网络信息资源管理、政府信息资源管理、企业信息资源管理等内容。

本书内容丰富、体系完整、观点新颖，叙述深入浅出、理论联系实际。每一章前面均有"开篇案例"，正文部分穿插了"人物小传""案例分析""知识拓展"等材料，各章后均附有"本章小结""课后习题"等内容，方便老师和学生使用。

本书既可作为信息管理与信息系统、信息资源管理、公共管理、编辑出版、工商管理等专业的本科生教材，也可作为成人教育、函授教育、高职高专相关专业主干课的教材，还可供各种从事信息资源管理的有关工作人员学习参考。

图书在版编目（CIP）数据

信息资源管理：理论与实践/肖明主编 . —北京：机械工业出版社，2014.1（2025.7重印）

教育部高等学校管理科学与工程类学科专业教学指导委员会推荐教材

ISBN 978-7-111-44960-7

Ⅰ．①信⋯ Ⅱ.①肖⋯ Ⅲ.①信息管理—高等学校—教材

Ⅳ.①G203

中国版本图书馆 CIP 数据核字（2013）第 288654 号

机械工业出版社（北京市百万庄大街 22 号 邮政编码 100037）

总 策 划：邓海平 张敬柱

策划编辑：易 敏 责任编辑：易 敏 刘 静

版式设计：常天培 责任校对：路清双

封面设计：张 静 责任印制：张 博

固安县铭成印刷有限公司印刷

2025 年 7 月第 1 版第 11 次印刷

184mm×260mm·18.25 印张·428 千字

标准书号：ISBN 978-7-111-44960-7

定价：59.80 元

电话服务　　　　　　　　　网络服务

客服电话：010-88361066　　机 工 官 网：www.cmpbook.com

　　　　　010-88379833　　机 工 官 博：weibo.com/cmp1952

　　　　　010-68326294　　金 书 网：www.golden-book.com

封底无防伪标均为盗版　机工教育服务网：www.cmpedu.com

序

当前，我国已成为全球第二大经济体，且经济仍维持着较高的增速。如何在发展经济的同时，建设资源节约型、环境友好型的和谐社会，如何走从资源消耗型、劳动密集型的粗放型发展模式，转变为"科技进步，劳动者素质提高，管理创新"型的低成本、高效率、高质量、注重环保的精益发展模式，就成为摆在我们面前的亟待解决的课题。应用现代科学方法与科技成就来阐明和揭示管理活动的规律，以提高管理的效率为特征的管理科学与工程类学科，无疑是破解这个难题的重要手段和工具。因此，尽快培养一大批精于管理科学、精于工程理论和方法，并能将其灵活运用于实践的高层次人才，就显得尤为迫切。

为了提升人才育成质量，近年来教育部等相关部委出台了一系列指导意见，如《高等学校本科教学质量与教学改革工程的意见》等，以此来进一步深化高等学校的教学改革，提高人才培养的能力和水平，更好地满足经济社会发展对高素质创新型人才的需要。教育部高等学校管理科学与工程类学科专业教学指导委员会（以下简称教指委）也积极采取措施，组织专家编写出版了"工业工程""工程管理""信息管理与信息系统""管理科学与工程"等专业的系列教材，如由机械工业出版社出版的"21世纪工业工程专业规划教材"就是其中的成功典范。这些教材的出版，初步满足了高等学校管理科学与工程学科教学的需要。

但是，随着我国国民经济的高速发展和国际地位的不断提高，国家和社会对管理学科的发展提出了更高的要求，对相关人才的需求也越来越广泛。在此背景下，教指委在深入调研的基础上，决定全面、系统、高质量地建设一批适合高等学校本科教学要求和教学改革方向的管理科学与工程类学科系列教材，以推动管理科学与工程类学科教学和教材建设工作的健康、有序发展。为此，在"十一五"后期，教指委联合机械工业出版社采用招标的方式开展了面向全国的优秀教材遴选工作，先后共收到投标立项申请书300多份，经教指委组织专家严格评审、筛选，有60余部教材纳入了规划（其中，有20多种教材是国家级或省级精品课配套教材）。2010年1月9日，"全国高等学校管理科学与工程类学科系列规划教材启动会"在北京召开，来自全国50多所著名大学和普通院校的80多名专家学者参加了会议，并对该套教材的定位、特色、出版进度等进行了深入、细致的分析、研讨和规划。

本套教材在充分吸收先前教材成果的基础上，坚持全面、系统、高质量的建设原则，从完善学科体系的高度出发，进行了全方位的规划，既包括学科核心课、专业主干课教材，也涵盖了特色专业课教材，以及主干课程案例教材等。同时，为了保证整套教材的规范性、系统性、原创性和实用性，还从结构、内容等方面详细制定了本套教材的"编写指引"，如在内容组织上，要求工具、手段、方法明确，定量分析清楚，适当增加文献综述、趋势展望，以及实用性、可操作性强的案例等内容。此外，为了方便教学，每本教材都配有 CAI 课件，并采用双色印刷。

本套教材的编写单位既包括了北京大学、清华大学、西安交通大学、天津大学、南开大学、北京航空航天大学、南京大学、上海交通大学、复旦大学等国内的重点大学，也吸纳了安徽工业大学、内蒙古科技大学、中国计量学院、石家庄铁道大学等普通高校；既保证了本套教材的较高的学术水平，也兼顾了普适性和代表性。这套教材以管理科学与工程类各专业本科生及研究生为主要读者对象，也可供相关企业从业人员学习参考。

尽管我们不遗余力，以满足时代和读者的需要为最高出发点和最终落脚点，但可以肯定的是，本套教材仍会存在这样或那样的不尽如人意之处，诚恳地希望读者和同行专家提出宝贵的意见，给予批评指正。在此，我谨代表教指委、出版者和各位作者表示衷心的感谢！

教育部高等学校管理科学与工程类学科专业教学指导委员会主任

前　言

　　信息、能量和物质一起被称为现代信息社会的三大支柱，其重要性不言而喻。随着社会信息化的不断发展，信息资源管理已成为国内外的研究热点之一。

　　自 20 世纪 90 年代以来，国内许多高校的信息管理与信息系统专业纷纷为本科生开设"信息资源管理"公共必修课或者选修课，并将"信息资源管理"作为硕士生或博士生的一个研究培养方向。2001 年 4 月，"信息资源管理"被列入全国高等教育自学考试计算机信息管理专业（独立本科段）核心专业课程，并在全国范围内首次开考。

　　自 1995 年至今，我已经先后为北京师范大学信息管理与信息系统专业的 18 届全日制本科生和夜大本、专科生讲授过"信息资源管理"课程，并且担任过数十位本科生的本科基金项目或者毕业论文的指导老师。在多年的教学实践过程中，我深切地体会到要教好一门课程，首先必须拥有一本高质量的主教材。经过个人的多年积累，再加上本系多位老师的协力支持，终于完成了本书的组织和编写。全书共 7 章，涉及信息资源管理的基本概念、基本理论、基本方法、主要应用等内容。

　　经过了多年教学实践的检验，本书的最大特点是其易用性较好。每一章前面均提供有"开篇案例"，正文部分穿插了一些"人物小传""案例分析""知识拓展"等材料，各章后面附有"本章小结""课后习题"等内容，方便老师和学生使用。本书既可以作为信息管理与信息系统、信息资源管理、公共管理、编辑出版、工商管理等专业的本科生教材，也可以作为全国高等教育自学考试计算机信息管理专业（独立本科段）的参考教材。

　　参加本书初稿编写的人员有：李思琼、杨楠、李国俊、袁浩（第 1～4 章）；陈嘉勇、栗文超、田硕、魏晨、邱小花（第 5～7 章）。本书最后由肖明（第 1～4 章）、黄国彬（第 5～7 章）完成修改稿。全书最终由肖明统稿。

　　由于本人才疏学浅，本书中难免会存在一些不足和错漏之处，恳请各位读者来信批评指正，我的 E-mail 地址是：ming_xiao02@sohu.com。

肖明
于北京师范大学

　　使用本书作教材的教师可向出版社索取 PPT，详情请联系本书编辑（yimin9721@163.com）。

目　录

第 1 章

信息资源管理引论

本章导读

本章是全书的引言部分，主要介绍了三个最重要的基本概念——信息、信息资源、信息资源管理。本章的重点内容是：信息概念、信息资源概念以及信息资源的度量。需要提醒读者注意的是：由于本章讨论的基本概念较多，所以要求读者能够在理论联系实际的基础上，深刻理解本章所讲基本概念的内涵和外延。

开篇案例

王某是陕西省咸阳市人民西路一家烟酒店的店主，他经营卷烟生意已有十年多时间了，生意做得越来越好。用他自己的话说，就是网络信息给他带来了许多财富。十多年前，他下岗了，一时找不到新的工作，就想自己创业开个烟店，但由于以前没有经商经验，所以心里很没底。于是，他开始留意烟草方面的信息，并向一些有经验的朋友打听。但是，有的朋友说不明白，有的朋友不愿意说，还有的朋友则劝他不要经营卷烟，因为经营过程中会有很多人偷烟或调包，还会遭遇假烟等麻烦。王某并未因此打退堂鼓，他第一次去当地网吧上网寻求答案。通过大量浏览网上信息，他对卷烟经营有了初步了解，后来又多次打电话咨询相关部门，很快就顺利办理了烟草专卖零售许可证，开起了自己的烟酒店。2006 年，他购买了一台计算机，开始了自己的网络生活。刚开始，他只是觉得上网有趣，上网只是为了聊天、看电影、玩游戏。有一天，一家烟草公司的客户经理来到店里，告诉他一些烟草行业的网址（包括东方烟草网、中国烟草资讯网、中国烟草在线等）。此后，他一有闲暇就浏览国内烟草网站，借此了解烟草行业信息，学习卷烟经营经验，感觉自己的视野变得更开阔了，经营思路也超前了。一旦有好的新品卷烟上市，当其他零售商还没有了解到这方面的信息时，他已经订购来摆在柜台里；当他从网上了解到某些品牌烟酒价格要上涨时，就及早动手充实库存，打个时间差，从中获利不少。每次了解到好信息后，他还会告诉自己的左邻右舍，让他们一起分享信息资源所带来的诸多快乐。不久，他又开通了网络银行，与烟草公司开展了网上结算、网上配货等业务，既安全又方便。后来，他还帮助两位朋友各开了一家烟草专卖店，自己也被多次评为守法经营示范户。周围邻居都说他脑子灵，人聪明，是一块经商的好材料。其实，他认为是网络才让他变得越来越聪明，生意打理得越来越好。拥有了网络，享受了信息，人就会超前一大步。只要用心留意和经营，人人都有机会成为聪明的生意人。⊖

【思考题】（1）你认为本案例反映了信息具有哪些特性？
（2）你还能列举利用信息改变命运的类似实例吗？

⊖ 网络信息给我带来财富，http://www.tobaccochina.com/sales/life/feel/200811/2008111285144 _332024.shtml。

2

1.1　信息概述

人们在日常生活中，几乎分分秒秒都要与信息打交道，会听到、看到、接触到各种信息，小到人们的衣食住行，大到社会的交流沟通、科技的发展进步、经济的繁荣昌盛、国家的兴旺发达，无不与信息密切相关。例如，在自然界，宇宙中的射电源不停地向宇宙空间发射电波，这种电波就是射电源存在的信息；花卉的应季荣衰就是寒暑交替的信息。

1.1.1　信息的含义

"信息"已成为当今使用频率最高的词汇之一。从"搜狐"（SOHU）上可以查到 3 万多个关于信息的网站和 244 万多个关于信息的网页，从 Infoseek 上可以查找到 71 000 多个网站和 1300 多万个网页。但是，人们在对信息一词的理解和使用上仍然存在着不少分歧，目前还未形成统一、完整的信息定义。如果有人问什么是信息，获得的答案恐怕会是五花八门。即使是权威的语词工具书，对信息的解释也各不相同："信息就是谈论的事情、新闻和知识"（《牛津辞典》）；"信息，就是在观察或研究过程中获得的数据、新闻和知识"（《韦氏字典》）；"信息是所观察事物的知识"（《广辞苑》）；"信息是通信系统传输和处理的对象，泛指消息和信号的具体内容和意义，通常需通过处理和分析来提取"（《辞海》1989 年版）。

1. 经典信息含义

20 世纪中期以后，现代信息技术的广泛应用及其对人类社会的深刻影响，促使更多的研究人员开始认真探讨信息的准确定义，其中不乏精彩的论述。

1928 年，哈特莱（Ralph Vinton Lyon Hartley，1888—1970）在《贝尔系统技术杂志》（Bell System Technical Journal）杂志上发表了一篇题为《信息传输》（Transmission of Information）的论文，区分了消息和信息。他认为"信息是指有新内容、新知识的消息"，将信息理解为选择通信符号的方式，并用选择的自由度来计量这种信息的大小。

1948 年和 1949 年，美国著名数学家、贝尔实验室电话研究所的香农（Claude Elwood Shannon）博士连续发表了两篇论文，即《通信的数学理论》（Mathematical Theory of Communication）[一]和《在噪声中的通信》，提出了信息量的概念和信息熵的计算方法，并因此被视为现代信息论的创始人。香农还给信息下了一个高度抽象化的定义："信息是用以消除随机不确定性的东西。"

1948 年，美国著名数学家、控制论创始人维纳（Norbert Wiener，1894—1964）教授出版了专著《控制论——动物和机器中的控制与通信问题》[二]，并创立了控制论。维纳从更加广阔的领域研究了信息，他认为信息是"我们在适应外部世界、控制外部世界的过程中同外部世界交换的内容的名称。"他还认为："接受信息和使用信息的过程，

[一]　申农. 通信的数学理论. 上海科技编译馆，1965。

[二]　Norbert Wiener. Cybernetics or Control and Communication in the Animal and the Machine. The MIT Press，1965。

就是我们适应外部世界环境的偶然性变化的过程，也是我们在这个环境中有效地生活的过程。"

👤📃 人物小传

【人物小传 1-1　香农】克劳德·艾尔伍·香农（Claude Elwood Shannon，1916—2001，也译作申农）是美国数学家、美国科学院院士、信息论创始人。香农在 1948 年发表了《通信的数学理论》，1949 年发表了《噪声中的通信》，这两篇著名论文奠定了信息论的基础。1949 年发表的《保密系统的通信理论》使他成为密码学的先驱。他在 1956 年与 J. 麦卡锡合编的著名论文集《自动机研究》是自动机理论方面的重要文献。他的博士论文《关于类的古典布尔代数方法在电工开关系统研究中的应用》是数字控制系统和计算机科学的先驱文章。

【人物小传 1-2　维纳】诺伯特·维纳（Norbert Wiener，1894—1964）是美国著名的数学家、控制论创始人、信息工程专家、生理学家和哲学家。1948 年，维纳将自己的研究成果发表出来，叫做《控制论》，一举成为举世闻名的科学家。维纳先后涉足过哲学、数学、物理学、工程学、生物学等众多领域，并且都取得了丰硕的成果，称得上是学识渊博的科学巨人。他一生发表了 240 多篇论文和 14 部著作。

2. 现代信息定义

作为科学术语，由于人们接触信息的角度不同，所以不同的人给出了不同的信息定义和描述。据不完全统计，有文可考的"信息"定义已不下 100 个。它们从不同侧面反映了信息的部分特征，因而都存在着这样或者那样的局限性。

1996 年，北京邮电大学原副校长钟义信教授在其著作《信息科学原理》一书中对信息（Information）的定义及其相关概念进行了精彩的描述。他认为，在信息概念的诸多层次中，最重要的是两个层次：一个是没有任何约束条件的本体论层次；另一个是受主体约束的认识论层次。从本体论的层次上考察，信息可被定义为"事物运动的状态以及它的状态改变的方式"（纯客观的定义）。其中，信息泛指一切物质客体和精神现象，泛指一切意义上的变化。从认识论的角度考察，信息是主体所感知或者主体所描述的事物运动的状态以及状态变化的方式。由于引入了主体这一条件，认识论层次的信息概念就有了更丰富的内涵：①语法信息。由于主体具有观察力，能够感知事物运动状态及其变化方式的外在形式，由此获得的信息可称为语法信息（Grammatical Information）。②语义信息。由于主体具有理解力，能够领悟事物运动状态及其变化方式的逻辑含义，由此获得的信息可称为语义信息（Semantic Information）。③语用信息。由于主体具有明确的目的性，能够判断事物运动状态及其变化方式的效用，由此获得的信息可称为语用信息（Pragmatic Information）。语法信息、语义信息、语用信息这三者综合在一起就构成了认识论层次上的全部信息，即全信息（Perfect Information）。

在掌握信息概念时必须抓住以下三个要点：①信息是一个独立的科学概念。信息既不是物质，也不是能量，而是一个与物质和能量既有联系又有区别的新概念。②研究信息概念时，一定要分清层次，而不能笼统视之。本体论层次的信息概念是一种纯客观的信息概念，它仅关心"事物的运动状态及其变化的方式"。认识论层次的信息概念则是在主体立场上从主客观的关系上来看问题的，它不仅关心主体感知或者表述的"事物运动状态及其变化方式"本身（即其外在形式），而且关心这种状态、方式的逻辑含义及其效用。③无论是本体论信息还是认识论信息，都有"为主体消除或减少某种不确定性"的作用，它所消除或减少的不确定性越多，则表示主体收到的信息量越多。如果能够掌握以上三点，则可以准确地把握住信息概念的要害，也就抓住了信息概念的实质。

知识拓展

【知识拓展1-1　信息链】信息链（Information Chain）由数据、信息、知识、智慧构成。数据、信息、知识之间的关系就如同几何学上线、面、立体之间的关系。⊖

（1）数据（Data）：事实、声音和图像。它表达的是一个描述，是没有指定背景和意义的数字、图像或声音。例如，我们只知道"19491001"是一个数字，只是数字，不表示别的什么含义。

（2）信息（Information）：经过格式化、过滤综合处理的有条件的数据。例如，对于某先生来说，"19491001"可以是一个人的生日，也可以是中华人民共和国成立的日期。

（3）知识（Knowledge）：有意义的信息，表现在信息和信息之间的关系。比如，天空有乌云和下雨这两个信息之间，如果建立一种联系，则产生了知识。

（4）智慧（Intelligence）：富有洞察力的知识，在了解多方面的知识后，能够预见一些事情的发生和采取行动。比如，大家都觉得5月1日去杭州旅游的车票非常紧张（知识），但你已经非常有预见性地提前购买了车票，则领先了一步。

1.1.2　信息的分类

分类是人们认识事物的一种有效方法，也是科学研究活动中常用的一种方法。由于信息在信息界和人类社会生产中存在和流动的范围极其广泛，所以对信息的分类也相对较复杂。不同学科领域的研究人员依据不同的分类标准，可对信息进行不同的划分。

如果按信息的产生和作用机制划分，可将信息分为自然信息和社会信息。自然信息（Natural Information）是指自然界中的各种信息，以及人类生产的物质所产生的信息反馈，包括生命信息、非生命物质存在与运动信息、生命物质和非生命物质之间的作用信息等。社会信息（Social Information）是指人类各种活动所产生、传递与利用的信息，包括人—人作用信息、人—机作用信息等。

如果按感知方式划分，则可将信息分为直接信息和间接信息。直接信息（Direct Information）是从人的直接经验中所获得的信息，多指人们直接观察到的事实和现象，亦即物质运动的存在形式。间接信息（Indirect Information）是指关于事物存在状态与运动形式的描述（多指经过加工整理后的资料、数据等），是人们对客观事物的反映，是事物运动的表达形式。

如果按存在形式划分，则可将信息分为内储信息和外化信息。内储信息是指经过人脑加工并储存在人脑中的信息，外化信息是指以符号形式存在的一切信息。

如果按动静状态划分，则可将信息分为动态信息和静态信息。动态信息（Dynamic In-

⊖　Gene Bellinger, Durval Castro, Anthony Mills. Data, Information, Knowledge, and Wisdom. 2004。

formation）是指时间性极强、瞬息万变的新闻和情报（如军事情报、新闻信息、市场信息、股票信息、金融信息等）等信息。静态信息（Static Information）是指历史文献、档案资料等相对稳定、固化的信息。

如果按符号种类划分，则可将信息分为语言信息和非语言信息。语言信息（Language Information）是指语言符号，它是最重要、最基本的信息沟通工具，能表达最抽象的思想、最复杂的感情以及最丰富的内容。非语言信息（Non-language Information）主要是指表情、手势、拥抱等所显示的信息。

如果按外化结果划分，则可将信息分为有记录信息和无记录信息。有记录信息（Record Information）是指写在图书上或记录在磁带上的信息，这类信息具有延续性、继承性和共享性。无记录信息（No Record Information）是指大量存在的、通过言行表现而无正式记录的、稍纵即逝的信息。

如果按流通方式划分，则可将信息分为可传递信息和非传递信息。可传递信息（Transferable Information）是指通过各种媒体（如报纸、广播、电视、书籍等）进行传播的信息。非传递信息（Non-transferable Information）是指不进行传递的信息，如日记、机密文件等。

如果按信息方法划分，则可将信息分为未知信息和冗余信息。未知信息（Unknown Information）是指根据信息论可以消除事物"不确定性"的信息。冗余信息（Redundant Information）是指借助语言符号传递信息时仅起构句等语法作用而非直接消除"不确定性"的那些语言信息。

如果结合价值观念来划分，则可将信息分为有用信息和无用信息。有用信息（Useful Information）是指对人们有用的信息。无用信息（Useless Information）是指对人们没有用处的信息。在现实生活中，由于人们的价值观念不同，以致对有用信息、无用信息的划分标准也不尽相同。此外，随着时空的改变，这些标准也会发生变化。

如果按信息运动的发展状态划分，则可将信息分为自在信息、自为信息、再生信息。自在信息是指尚处于未被认识的初始状态的物质信息。自为信息是指自在信息的主观直接显现，它是已被把握的自在信息。再生信息是指人们通过思维活动再创造出来的新信息。

如果按物质属性划分，则可将信息分为广义信息和狭义信息。广义信息（Generalized Information）是指具有物质普遍属性的信息。狭义信息（Narrow Information）是指与人类认识问题有关的信息。

如果按生产力系统划分，则可将信息分为社会信息和物质信息。社会信息（Social Information）是指与上层建筑和生产关系直接相关并具有抽象概念的信息。物质信息（Material Information）是指与经济基础和生产力直接相关并具有物质实体概念的信息。物质信息又可以进一步细分为区域动态信息、系统信息、管理信息、综合再生信息、知识信息、文献信息等。

如果按记录信息的准确情况划分，则可将信息分为正确信息和错误信息。正确信息（Correct Information）是指记录的信息符合事物的原貌。对错误信息（Incorrect Information）有两种理解：一是指记录的信息不符合事物的原貌；二是指记录的信息是人类活动中的失误，而记录本身符合事物的原貌。

如果按记录内容与使用的领域划分，则可将信息分为经济信息、政务信息、文教信息、科技信息、管理信息、军事信息等。经济信息（Economic Information）是指经济活动中形成的信息。政务信息（Administrative Information）是指政府机关活动产生的信息。文教信息（Cultural and Educational Information）包括教育、体育、文学、艺术、出版发行等有关信息。科技信息是指科学、技术等有关信息。管理信息（Management Information）是指与各种行业、各个层次管理与决策活动有关的信息。军事信息（Military Information）是指国防、战争等与军事活动有关的信息。

如果按信息的加工处理程度划分，则可将信息分为一次信息、二次信息、三次信息。一次信息（Primary Information）是指未经加工或略微加工的原始信息，如会议记录、论文、专著、统计报表等。二次信息（Secondary Information）是指在原始信息的基础上加工整理而成的供检索用的信息，如文摘、书目、索引等。三次信息（Tertiary Information）是指根据二次信息提供的线索，查找和使用一次信息以及其他材料，进行浓缩、整合后产生的信息，如研究报告、综述、述评等。

如果按信息的功能划分，则可将信息分为功能性信息和非功能性信息。功能性信息（Functional Information）主要由科学信息、技术信息和生产信息组成，是人们从事社会活动和实际工作所必需的，对社会的生存与发展具有重要意义。非功能性信息（Non-functional Information）一般是指文学、艺术、电影、音乐等文化信息以及衣食住行等生活信息，它也是社会生活中不可缺少的信息。

如果按事物从产生、成长直至结束的发展过程进行划分，则可将信息分为预测性信息、动态性信息、反馈信息。预测性信息（Predictive Information）是指事物的酝酿、萌芽等阶段产生的信息，它对管理人员把握事物的发展、及时采取有效决策至关重要。动态性信息（Dynamic Information）一般是指在事物的发展、成长阶段产生的信息，为决策者及时掌握决策实施情况起到及时修正决策的作用。反馈信息（Feedback Information）是指在事物结束阶段或者某一阶段完成后产生的信息。

如果按信息的传递范围划分，则可将信息分为公开信息、内部信息、机密信息。公开信息（Public Information）是指传递和使用的范围没有限制、可在国内外公开发表的信息。以各种形式公开发表的一次信息、二次信息、三次信息都属于公开信息。内部信息（Internal Information）是指不能公开传播、只供内部掌握和使用的信息。机密信息（Confidential Information）是指必须严格限定使用范围的信息。机密信息又可以进一步细分为秘密信息、机密信息和绝密信息等类型。

如果按信息反映的事物状态划分，则可将信息分为常规性信息和偶然性信息。常规性信息（Regular Information）是指反映在正常条件下的常规事件的信息，如统计月报信息、天气预报信息等都属于常规性信息。偶然性信息（Accident Information）是指反映偶然的非常规事件的信息，如某地发生地震、飞机失事、火车出轨、大面积森林火灾等都属于偶然性信息。

如果按信息发布的渠道划分，则可将信息分为正式渠道信息和非正式渠道信息。正式渠道信息（Formal Channels of Information）是指由正式组织发布并通过正式组织渠道向外传播的各类信息，如官方新闻发布会、正式报告、国家统计部门发布的统计信息等属于正式渠道信息。非正式渠道信息（Informal Channels of Information）是指从正式渠道以外的途径获取的各类信息。

如果按信息的时态划分，则可将信息分为过去信息和未来信息。过去信息（Past Information）是指描述和反映已经发生的现象和过程的信息。未来信息（Future Information）是指按事物发展的客观规律，揭示和预测尚未发生的现象和过程的信息。

如果按信息的稳定程度划分，则可将信息分为固定信息和流动信息。固定信息（Fixed Information）是指通过对不断变化的大量信息进行长期观察和分析，揭示客观事物发展过程的内在联系和必然趋势所形成的各项原则、制度、标准、定额、系数等内容。流动信息（Unfixed Information）是指反映事物发展过程中每一时间变化的信息，如市场价格信息、商品供求信息等都属于流动信息。

如果按信息的范围划分，则可将信息分为内部信息和外部信息。内部信息（Internal Information）是指反映事物内部状态的信息。外部信息（External Information）是指与特定系统有关联的信息。

正如对其他事物的认识一样，对信息的认识从不同角度、以不同标准、按不同方法来进行分类，是符合辩证法原理的。在不同的研究领域，人们可以对信息作出更恰当、更具体、更详细的分类。

1.1.3　信息的性质

信息定义所揭示的是信息的本质属性，但信息本身还存在许多由本质属性派生出来的一般特性，包括普遍性、客观性、时效性、传递性、共享性、变换性、转化性、可伪性等，它们大都从某一个侧面体现了信息的基本特点。正是有了这些新颖的特性，才使信息成为既不同于物质又不同于能量的一类新的研究对象。同时，通过研究这些新颖的性质，又会有助于人们加深对信息基本概念的理解。

信息的普遍性是指信息的存在是普遍的，即信息是无处不在的，也是无时不在的。无论是自然界的鸟语花香、地震风雨、海啸雷鸣，还是人类社会活动中的语言文字、机械、建筑等，无一不是信息的表现形式。信息普遍存在于自然界、人类社会之中，也存在于人类的思维或精神领域之中。

客观性是指信息的内容具有客观性，它一旦生成就具有客观存在性。由于事物及其状态、特征和变化不是可以随意想象和创造的，所以要求信息中的主客体因素都应该真实可靠，符合客观实际，不能任意对其夸大或者缩小，也不能人为加工修饰，使其变异。

时效性是指具体信息都有时效。信息的时效是指信息从产生、发出、接收到利用的时间间隔及其效率。信息的价值和作用体现在一定的时空范围内，它不仅取决于信息内容本身，还取决于该信息是否能够被人们及时获得。信息只有在得到及时利用的情况下才会有理想的使用价值。

传递性是信息的本质特征之一，是指信息可以通过一定的传输工具和载体进行传递，从而形成信息联系，被人们感受和接收。信息是物质存在方式的直接或间接显示，这种显示靠光、声、磁以及语言、表情、文字符号等得以呈现和传递。信息的传递性使信息有可能在短时间内广泛扩散。

　　共享性是指信息可被众多主体共享。信息共享是信息的运动规律之一，也是信息的一个重要性质，同时还是它同传统资源（即物质和能量）的一个重要区别。信息在交换和转让过程中，其原有信息一般不会丧失，还可能会同时获得新的信息。正是由于信息可以被共享，所以它对人类社会的进步贡献巨大。

案例分析

【案例1-1　萧伯纳的名言】 萧伯纳（George Bernard Shaw，1856—1950）是英国剧作家、评论家。萧伯纳中学毕业后在地产公司当过小职员，后来在伦敦从事新闻工作，并在《明星报》《星期六评论》上撰写了很多有关音乐和戏剧的评论文章。萧伯纳在1925年获得过诺贝尔文学奖，他的主要作品有《武器与人》《康蒂妲》《风云人物》《魔鬼的门徒》《凯撒与克莉奥佩特拉》《人与超人》《英国佬的另一个岛》《巴巴拉少校》《医生的困境》《安德洛克勒斯与狮子》《皮格马利翁》《伤心之家》《回到玛土撒拉》《苹果车》等。萧伯纳有段至理名言："If you have an apple and I have an apple and we exchange apples then you and I will still each have one apple. But if you have an idea and I have an idea and we exchange these ideas, then each of us will have two ideas.（倘若你有一个苹果，我也有一个苹果，而我们彼此交换这些苹果，那么，你和我仍然都只有一个苹果。但是，倘若你有一种思想，我也有一种思想，而我们彼此交流这种思想，那么，我们每个人将各有两种思想。）"

　　【思考题】（1）你认为本案例反映信息具有什么特性？

　　　　　　　（2）你是否还能够列举更多的类似实例？

　　变换性（又称"转换性"）是指信息可从某一种形态转换和加工成另外一种形态。对于同一事物的运动状态及其变化方式，主体可以有多种不同的描述方法，只要这些不同的描述方法之间保持某种对应关系，就可以将其视作原有信息的真实复本。这些不同描述方法之间的对应关系，就是人们常说的信息变换关系。

　　转化性是指信息可以被转化，即信息在一定的条件下可以转化成物质、能量、时间、金钱、效益、质量以及其他更多的内容。信息的转化性不仅从哲学高度回答了"信息能不能当饭吃、当衣穿"这类问题，而且是信息被正确利用产生的社会效益和经济效益的主要依据，但要真正实现信息的转化，还要依靠人类对信息的正确利用。

案例分析

【案例1-2　中国将出兵朝鲜】 RAND（兰德）是英语 Research and Development（研究与发展）的缩写，它是美国一个主要对国家安全和公共福利方面的各种问题进行系统的跨学科分析研究的组织。兰德公司最初以研究军事尖端科学技术和重大军事战略著称于世，继而又扩展到内外政策方面，逐渐发展成为一个研究政治、军事、经济、科技和社会等各方面的综合性思想库，被誉为美军智囊的"大脑集中营""超级军事学院"以及世界智囊团的开创者和代言人。

　　兰德公司成立几十多年来完成了大量的专著、论文和研究报告，其中相当一部分是关于发展战略和未来预测的。朝鲜战争前夕，兰德公司组织大批专家运用德尔菲法对朝鲜战争进行评估，并对"中国是否出兵朝鲜"进行预测，其研究成果附有一份长达328页的附录分析资料，其内容浓缩为一句话，即"中国将出兵朝鲜"这七个字。当时，该信息开价500万美元，美国国防部得知后一笑置之。当美军在朝鲜战场屡遭惨败时，才想起了这个成果，仍以280万美元买下。侵朝美军总司令麦克阿瑟对此不无感慨地说道："我们最大的失策是：舍得几百亿美元和数十万美国军人的生命，却吝啬一架战斗机的代价。"

【思考题】（1）你认为本案例反映了信息的什么特性？
　　　　　（2）你是否还能够列举更多的类似实例？

可伪性与信息的相对独立性有关，信息脱离源物质后一方面失去了与源物质的直接联系，人们容易凭主观想象去认识它、理解它，从而易于产生虚假信息；另一方面，脱离源物质后信息又失去了与周围事物的联系，人们容易孤立地认识它、理解它，从而产生片面的认识。此外，由于人们的认识能力有限（如盲人摸象）或者动机不纯（如成语中的"声东击西"）等原因，也容易形成伪信息。

🔍 案例分析

【案例1-3　明修栈道，暗度陈仓】 公元前206年，刘邦率领起义军攻下咸阳，秦王朝被推翻。项羽依仗力量强大，自封为西楚霸王，把巴、蜀、汉中41县划归刘邦，封他为汉王。刘邦听从谋士张良的计策，在进驻南郑途中，把经过的栈道全都烧了，表示以后不打算再回关中，以消除项羽对他的疑忌。同年8月，刘邦抓住有人起兵反对项羽的机会，出兵进关。他采用大将韩信的良计，派出几百名军士去修复栈道，装出要通过栈道进击的样子。同时，刘邦亲自率领大军绕道从故道（今陕西凤县西北）出兵，在陈仓打败了秦降将章邯的军队。随后，汉军乘胜东进，又重新进入咸阳，为战胜项羽、建立汉王朝奠定了基础。这就是历史上有名的"明修栈道，暗度陈仓"。

【思考题】（1）你认为本案例反映了信息的什么特性？
　　　　　（2）你是否还能够列举更多的类似实例？

无限性是指信息是无限的。人类社会与自然界时刻都会产生信息。随着时间推移，信息又在无休止地产生和发展。物质世界是无限的，人们对物质世界的认识也将是无限的，因而随之产生的信息也是无限的。信息无限性也带来了一个严重问题，即信息爆炸，要求人们具备选择有用信息和重要信息的能力，否则就不能有效地利用信息。

🔍 案例分析

【案例1-4　信息激增】 据统计，全世界平均每小时出现20多项新发明，每年要发表2000多万篇科技论文，每年产生720亿条信息，呈现以几何级数膨胀的信息激增现象。另外有报告宣称，因特网上的主页已达10多亿页，并且以每天10万页、近2000万单词的速度递增。全球印刷信息的生产量每五年翻一番，《纽约时报》一周的信息量即相当于17世纪学者毕生所能接触到的信息量的总和。近30年来，人类生产的信息已超过过去5000年信息生产的总和。

【思考题】（1）你认为本案例反映了信息的什么特性？
　　　　　（2）你是否还能够列举更多的类似实例？

层次性是指信息是分层次的。信息划分层次的主要依据是对信息所施加的约束条件。约束条件越多，它的层次就越多，应用的范围就越窄。如果不施加任何约束条件，这时所讨论的信息就是本体论层次的信息；如果施加一个约束条件，比如要有认识主体的存在并且从主体与客体的相互关系来考虑问题，则这样论及的信息就是认识论层次的信息。

相对性是指认识论层次的信息是相对信息。认识论层次的信息是指"认识主体所感知或者表述的事物运动状态及其变化方式"。因此，不同主体由于其感知能力不同，所以他们得到的信息量的大小也不同，这就是认识论层次上的信息相对性，它不仅表现在语义信息方面，而且表现在语用信息方面。

🔍 案例分析

[案例 1-5　对王熙凤的认识与理解] 王熙凤是《红楼梦》中最活跃、最具现实性、最生活化的主要人物。可以毫不夸张地说，如果没有王熙凤，《红楼梦》的魅力将会减少至少一半。曹雪芹的这份非常匠心以及由此而得的这个鲜活夺目的形象，让历代研究者为之萦心、感叹，沉醉不已。中华书局出版的《红楼人物百家言：王熙凤》一书中就收录了历代研究王熙凤的几十种代表性观点，共分为 20 个类目。

【思考题】（1）你认为本案例反映了信息的什么特性？
　　　　　（2）你是否还能够列举更多的类似实例？

知识性是指信息具有知识的秉性。信息作为事物运动状态及其变化方式的外在形式、逻辑含义和效用，实际上就是知识的毛坯或者原材料。一旦信息积累到适当程度，就可以被主体（或者主体群）逐渐加工成真正的知识，也就是一种具有普遍性和抽象性的新信息。

转移性是指信息是可以转移的。既然信息不是事物本身，那么它就可以脱离某一事物而载荷到其他事物上，从而就可以被转移、复制、记录、复现、存储、传送。信息的这一特性十分重要，已成为充分实现其巨大的潜在效用所必不可少的重要前提。

可处理性是指信息通过分类、标引等有序化处理，再经过概括、归纳、总结，可使信息更精练，从而有利于检索利用。不同形式的信息通过处理和加工，可以再生成所需要的信息形式。

信息在宇宙中普遍存在，不仅可以通过人的感觉器官去感知，而且可以通过仪表、器械进行检测和识别，由此形成信息的可识别性。

1.1.4　信息的特征

信息一般包括以下十大特征：

（1）信息与载体的不可分性。信息不是物质运动本身，而是物质的运动变化及相互作用、相互联系的一种特定表现形式，是以物质载体为媒介的物质运动状态的再现。世界上没有游离于物质载体之外的信息，而载体也不能决定和影响信息所要表达的内容。例如，邮一封信，信息是人的思维，它通过文字这种载体表达出来，再通过信封、邮票、运输工具等传递，达到将思维传递给对方的目的。可见，信息离开物质载体就无法传递，而信息的内容又与物质载体无关。

（2）信息的客观性。信息不是物质，只是物质的产物，即先有信息反映的对象，然后才有信息。无论借助于何种载体，信息都不会改变其所反映对象的属性，因此，信息具有客观性。例如气象预报，无论是通过广播、电视、报纸，还是通过其他载体，它反映的都是自然世界的客观变化。

（3）信息的价值性。信息是一种特殊资源，具有使用价值。收集、加工、传递信息的目的在于提高活动效益。信息的价值性有赖于对信息进行正确的选择、理解和使用，只有在与某种有目的的活动相联系时，其价值才能体现出来。

（4）信息的时效性。信息的时效性是信息的重要特征，是指信息从发出、接收到利用的时间间隔及其效率。信息的时效性与信息的价值性密不可分。任何有价值的信息，都是在一定的条件下起作用的，如时间、地点、事件等，离开一定的条件，信息将会失去应有的价值。从某种意义上讲，信息的价值取决于信息的时效性，特别是反映客观事物某种发展趋势、动向的信息，时效性越强，信息的价值越大，反之，信息就会失去作用。因此，信息价值的大小取决于信息的时效性。

（5）信息的可扩充与可压缩性。在一切领域都会产生信息，随着时间的推移和事物的运动、发展、变化，信息经过不断的开发利用，会扩充、增值，成为取之不尽、用之不竭的资源。同时，经过加工整理，又可使之精练、浓缩，将信息内容物化在不同的物质载体上，因此，信息又有可压缩性。信息的可压缩性还表现在信息储存上，储存的形式多种多样，如人和动物的记忆就是其中的一种。

（6）信息的可替代性。信息的可替代性有两方面含义：一方面是指信息的物质载体形态是可以相互替代的，如语言信息经过记录变成文字信息，就是文字信息替代了语言信息；另一方面是指信息的利用可以替代资本、劳动力和物质资料，这一点在经济学上的作用尤其显著。管理学认为，信息是管理的重要手段和工具，正确运用信息是提高管理水平的重要环节，利用好信息，就可以代替资本和物质的投入。

（7）信息的可传递性与可扩散性。信息的可传递性是指信息可以借助一定的物质载体传递给感受者、接收者的特性。信息可以进行空间和时间上的传输，传输速度越快，效用就越大。科技的发展使传播信息的网络覆盖面越来越大，从而使信息得以迅速扩散开来。信息的可扩散性与信息传递技术的发展密切相关，信息的扩散速度与传递技术的发展成正比，即传递技术发展得越快，信息扩散的速度越快。随着信息传播手段和技术的提高，信息的扩散性已表现得越来越突出。

（8）信息的无形性与无损耗性。信息的无形性是指信息看不见，摸不着，不占空间，容易积累。信息量的大小并不取决于存放它们的物质空间的大小，如人的大脑容量无太大差别，但记忆、存储、处理信息量的差别却是巨大的。信息与其他资源相比，更容易积累、加工和处理。只要用心收集，就可以获取信息、占有信息、积累信息和加工处理信息，而不会受空间条件过多的制约，如利用现代信息技术，用几张光盘即可储存下一个大型图书馆。信息的无形性为掌握信息、积累信息和利用信息提供了较大的便利。信息的无损耗性是指信息不是物质实体，在使用的过程中没有物质损耗，信息本身的损耗充其量只是一种时间上的损耗。信息是可以重复使用的资源，只要其内容没有过时，就一直可以利用。某些信息在使用过程中还会产生新的补充信息，或发生"增值"现象，甚至有些历史信息虽然已过时，但在许多领域仍有利用的价值。

（9）信息的可开发性。虽然信息是一种客观存在，但它的质量高低、适用程度和效用大小则取决于信息资源的利用度，取决于对无效信息的过滤、有效信息的获取以及提炼信息的水平等。经过筛选、整理、概括、归纳、扩充，可以使信息更精练，含量更丰富，价值更高。

（10）信息的共享性。信息能够同时为多个使用者所利用，信息扩散后，信息载体本身所含的信息量并没有减少。这是信息与实物、能量等的根本区别。通过传递，信息迅速为大多数人接收、掌握和利用，并会产生出巨大的社会效应。正因为信息的这一特性，社会才为保护信息开发者的合法权益，补偿其在开发、整理某些信息过程中付出的代价，制定了专利制度和知识产权制度。

1.2　信息资源概述

经济活动中必然包含资源的转换。就一般意义而言，资源是自然界和人类社会生活中的一种客观存在形式，如土地资源、矿产资源、森林资源、海洋资源、石油资源、人力资源等。信息也是一种重要的资源。随着信息经济和信息产业在最近几十年来的迅速崛起，信息资源的开发与利用日益受到人们的重视。然而，究竟什么是信息资源？与其他经济资源相比，信息资源有哪些显著特征呢？这正是下面所要探讨的主要问题。

1.2.1　资源概述

1. 资源的定义

资源科学（Resource Science）是近二三十年以来在自然科学和社会科学相互结合和交叉渗透的基础上诞生的一门新兴边缘学科，它对资源问题进行了全面系统的研究。但是，正如美国著名经济学家兰德尔（A. Randall）所言："资源是一个动态的概念。"因此，在实际应用过程中，不同学科、不同研究人员都从各自需要出发，给出了不同的资源定义。归纳起来，人们对资源的认识主要有窄派和宽派之分。

（1）窄派定义

窄派的基本观点就是将资源看成是自然资源，即自然界存在的天然物质资源。如果按资源的内容与范围划分，则又可将窄派定义进一步细分成以下两类：

1）第一类定义。《辞海》（1979 年版）中对资源所作的解释是："资源：资财的来源，一般是指天然的财源。"《现代汉语词典》中对资源所作的解释是："生产资料或生活资料的天然来源。"兰德尔在《资源经济学》中给的资源定义是："资源是由人发现的有用途和有价值的物质。"

尽管上述三种资源定义在语言表述上有所不同，但它们所描述的资源本质属性是相同或者相似的，即都认为资源具有以下特征：①物质性——资源是物理实体，而不是抽象客体。②天然性——资源是"天然来源"或者"天然的财源"，是自然界自我演变的产物。③有用性——只有那些在现有条件下对人类具有直接效用的自然存在物才能成为资源。④稀缺性（有限性）——只有处于短缺状态的有用之物才是资源。⑤相对性——一种物质是否是资源，并非绝对不变，即资源本体具有相对性。

2）第二类定义。第二类定义扩大了第一类定义中资源的范围，将资源的范围从自然物质扩大到自然环境，从有形实物扩大到无形的光、电、热，从地球扩大到外层空间，从现实资源扩大到潜在资源，从天然资源扩大到人工资源。其中较具代表性的观点主要包括：联合国环境规划署在1972年所给的资源定义（"在一定的时间和技术条件下，能够产生经济价值、提高人类当前和未来福利的自然环境因素的总称。"）；中国人民大学的陈禹教授给出的定义（"自然资源有时直接简称为'资源'，或者代称为'土地'，它泛指用于生产活动的一切未经人加工的自然物。"）。

（2）宽派定义

宽派定义对资源的理解并不局限于自然科学，而主要是从社会科学（特别是经济学和管理学）的角度来考察资源定义，认为资源包括自然资源、人力资源、财力资源、智力资源、文化资源、时间资源等。

此外，李金昌（1934—）教授在《资源经济新论》一书中指出："资源的概念有狭义、中义和广义之分。狭义的概念指的就是自然资源；中义的资源是指物质资源，包括自然资源……；广义的资源是指人类生存、发展和享受所需要的一切物质和非物质的要素。"

在讨论资源定义时，需要注意的问题包括：①必须从生产投入的角度来限制资源的范畴。资源应该是生产活动的投入要素，任何生产活动都是多种资源投入因素的结合。例如，消费品就不是资源，因为它不是生产活动中的投入因素。这里所讲的生产活动是宏观生产活动，不是个别企业的微观生产活动。资源还必须达到一定的量。例如，个别树木就不能视为森林资源。因此，资源是宏观经济活动主体所面临的外部条件，是经济学的一个范畴。②资源的发现和开发受当时科学技术水平的制约，一定程度的科学技术和生产力发展水平是自然物成为资源的前提条件。只有在当时的科学技术条件下，可以发掘出来作为社会生产活动的投入因素的自然物，才能成为资源。例如，在早期的狩猎—采集型社会中，人类主要利用的是生物资源；在工业社会时期，以能源资源为代表的矿物资源成为工业文明时代的核心资源；在信息社会时期，人类重视智力资源的开发利用，通过增加知识来扩大资源。③资源是一个动态的概念，人类资源观是不断变化的。所谓人类资源观，是指在一定时期内，人们对当时社会所选择与依赖的资源的总认识。

综上所述，资源（Resource）一般是指在一定的科学技术条件下，能够在人类社会经济活动中用来创造物质财富和精神财富并达到一定量的客观存在形态。

2. 资源的属性

属性（Attribute）是指实体的本性，即属于实体本质方面的特性。资源的属性具体表现为以下几个方面：

（1）质量规定性

资源具有质和量的规定性。无论何种资源，总是一些不同质的组合，它们经过一定的机械分析，可以按一定的组织水平导出一个资源系统。质可以有多种衡量尺度（如化学成分、物理结构等）。量则是资源体积和重量的衡量尺度。不同的质和量也会不同程度地影响资源的功能和使用价值。

（2）有效性

资源必须具有开发和利用的价值，只有那些对社会具有普遍效用，能够被开发利用并进入社会化生产、生活过程，促进社会经济发展，提高人们生活水平的投入因素才能成为资源。有效性决定资源的功能和利用方向，刺激人们为了更美好的生活而不断地开发、利用资源，并大量消耗资源。

（3）有限性

有限性又称稀缺性。在资源与人类社会的关系上，资源是单流向的，即资源只能是供体，而社会系统是受体。作为供体的资源总是被消耗的，只要是被消耗的，总是有限的。即使是可再生资源，当社会需求的增长速度超过它的再生能力时，同样也会表现出稀缺的特征。资源的稀缺性迫使人们不断地发掘新资源，寻求替代资源，合理配置资源，探索资源高效利用的途径。

案例分析

【案例 1-6　经济学家的赌博】在关于人类前途的问题上，美国斯坦福大学的经济学家保罗·埃尔里奇（Pawl Ehrltch）是悲观派，他认为由于人口爆炸、食物短缺、不可再生性资源的消耗、环境污染等原因，人类前途不妙。美国马里兰大学的经济学家朱利安·西蒙（Julian Simon）则是乐观派，他认为人类社会的技术进步和价格机制会解决人类发展中出现的各种问题，人类前途光明。他们谁也说服不了谁，于是决定赌一把。他们争论涉及的问题太多，赌什么呢？他们决定赌不可再生性资源是否会消耗完的问题。不可再生性资源是消耗完就无法再有的资源，这种资源在地球上的储藏量是有限的，越用越少，总有一天这种资源会用完。悲观派埃尔里奇的观点是，这种资源迟早会用完，这时人类的末日就快了。这种不可再生性资源的消耗与危机，表现为其价格大幅度上升。乐观派西蒙的观点是，这种资源不会用完枯竭，价格不但不会大幅度上升，还会下降。他们选定了五种金属：铬、铜、镍、锡、钨。各自以假想的方式买入 1000 美元的等量金属，每种金属各 200 美元。以 1980 年 9 月 29 日的各种金属价格为准，假如到 1990 年 9 月 29 日，这五种金属的价格在剔除通货膨胀的因素后果然上升了，西蒙就要付给埃尔里奇这些金属的总差价。反之，假如这五种金属的价格下降了，埃尔里奇将把总差价支付给西蒙。到 1990 年，这五种金属无一例外地跌了价。埃尔里奇输了，教授还是守信的，埃尔里奇把自己输的 57 607 美元交给了西蒙。

【思考题】（1）该案例说明了什么道理？
　　　　　　（2）你从中获得哪些有益的启示？

（4）多宜性

任何一种资源都具有多功能、多用途和多效益的多宜性特征。同一种资源可以作为不同生产过程的投入因素。例如，土地资源既可以用于农业，也可以用于工业、交通、旅游以及居民生活等。不同的行业对同一种资源存在着投入需求，同一行业的不同部门以及同一部门的不同经济单位也会存在对同一种资源（如电力）的需求。资源可以作用于不同对象产生不同用途的特征，决定了其使用方向具有可选择性，这就为资源的合理配置提供了前提条件。

（5）时空性

资源具有时间性，任何资源总是有限的，人类开发利用的时间越长，资源的数量会越来越少，即使没有人类的开采，其自然过程也会使资源在数量和质量上发生变化。另外，不同时期的技术水平和市场条件对所开发资源的价值有很大的影响，选择适当时机开发某种资源会产生不同的效益。空间性是指资源在地域上的分布，由于资源的量和质往往不可能均匀地出现在任何一个空间范围内，总是相对集中在某一区域，可能这一区域的某些资源密度大、数量大、质量好，而另一区域则相反，表现出地域分布上的差异性。

3. 资源的类别

由于资源的广泛性和多样性，加上应用目的和侧重程度的差别，所以到目前为止还没有一个统一的资源分类体系。

（1）从经济学角度划分

如果从经济学角度划分，可将资源分为不可再生资源和可再生资源。其中，不可再生资源是指那些在数量和质量上都不可能经过人的努力得到增加的各种资源，包括地热、风能、太阳能、水资源、矿产资源、土地资源、气候资源等；可再生资源是指经过人的努力在数量和质量上都可以得到增加和改善的资源，如人力资源、资本资源、信息资源、动植物资源、二次能源（电力、燃油等）等。

（2）从其他学科角度划分

如果从其他学科角度划分，则可将资源分为自然资源和社会资源两种类型。其中，自然资源是指自然界中存在的资源，如水资源、土地资源、矿产资源、生物资源、气候资源等；社会资源是指人类社会产生的资源，如人力资源、技术资源、资本资源、信息资源等。

（3）从资源在人类社会生产中所起的作用划分

如果从资源在人类社会生产中所起的作用划分，则可将资源分为物质资源、能量资源以及信息资源三种类型。其中，物质资源向人类提供材料，能量资源向人类提供动力，信息资源向人类提供知识和智慧。物质、能量、信息这三者就如一个人的体质（物质）、体力（能量）和智力（信息）一样，只有这三者都具备的高素质的人，才是真正健康的人。在生产活动中，只有将三者有机结合，才能够取得良好的效率和效益。

美国哈佛大学信息政策研究中心主任欧

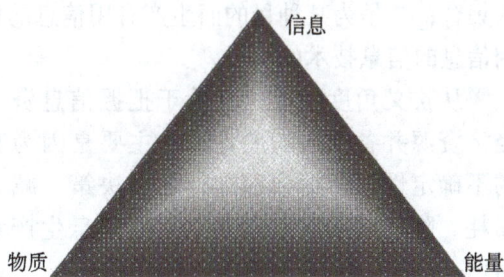

图 1-1 资源三角形

廷格（A. G. Oettinger）提出了著名的资源三角形（见图 1-1）。他指出：没有物质，就什么东西也不存在；没有能量，就什么事情也不会发生；没有信息，就什么东西也无意义（Without materials, nothing exists; Without energy, nothing happens; Without information, nothing makes sense）。⊖

1.2.2 信息资源的含义

目前，国内外研究者对信息资源这一概念的认识和理解多种多样，尚未最终达成共

⊖ 辜寄蓉. 基于元数据的综合数据管理与信息共享. 成都理工大学，2003。

识。例如，美国学者主要从管理学和计算机应用相结合的角度来理解和研究信息资源管理，部分学者曾将信息资源理解成文献资源、数据或者多媒体信息。美国著名信息资源管理专家霍顿在其 1979 年出版的著作中给出了信息资源的两种解释：单数概念的信息资源是指某种内容的来源，即包含在文件和公文中的信息内容；复数概念的信息资源是指支持工具，包括供给、设备、环境、人员、资金等。从 20 世纪 80 年代中后期起，中国一些学者也开始关注和研究信息资源管理，先后给出了各自的信息资源定义。例如，国家信息中心原总经济师乌家培教授认为："对信息资源有两种理解：一种是狭义的理解，即仅指信息内容本身；另一种是广义的理解，指的是除信息内容外，还包括与其紧密相连的信息设备、信息人员、信息系统、信息网络等。"

尽管在认识上存在一定的分歧，但国内外研究信息资源管理的大多数专家都认为，信息是后工业社会（即信息社会）的重要资源，应该从狭义和广义两种角度来认识和理解信息资源（Information Resource，IR）的含义。因此，如果没有特殊说明，则本书中所指的信息资源是指广义信息资源。

1. 狭义信息资源

狭义信息资源是指人类社会经济活动中经过加工处理有序化并大量积累后的有用信息的集合。例如，科学技术信息、政策法规信息、社会发展信息、市场信息、金融信息等都是常见的狭义信息资源。

2. 广义信息资源

广义信息资源是信息和它的生产者以及信息技术的集合。也就是说，广义信息资源一般由三部分构成：一是人类社会经济活动中经过加工处理有序化并大量积累后的有用信息的集合；二是为某种目的而生产有用信息的信息生产者的集合；三是加工、处理和传递有用信息的信息技术的集合。

从狭义角度出发，有助于把握信息资源的核心和实质。因为信息资源之所以成为经济资源并备受人们的青睐，主要是因为其中所蕴涵的有用信息能够消除经济活动中的不确定性、帮助人们进行选择决策、减少经济活动中的其他物质资源和能源资源的损耗、降低成本和节省开支，而信息生产者、信息技术只不过是信息生产的必备条件而已。

从广义角度出发，有助于全面把握信息资源的内涵。因为按照系统论的观点，整体大于部分之和。在广义信息资源的信息、信息生产者和信息技术三要素中，任何一个要素都不可能单独发挥作用，只有将它们按一定的原则加以配置组成一个信息系统，才能显示出其价值，而这种价值的大小又在很大程度上受上述三要素的配置方式和配置效率的影响。因此，如果放弃信息生产者和信息技术，单纯考虑信息这一资源要素，则无论在理论上还是在实践中都难免会只见树木，不见森林。

1.2.3 信息资源的特征

1. 信息资源的经济学特征

作为现代社会发展的三大支柱性资源之一，信息资源与物质资源同属经济资源的范畴，因而具有经济资源的一般经济学特征。

（1）需求性

人类从事经济活动离不开必要的生产要素（即各种资源）。传统的物质经济活动主要依赖于物质原料、劳动工具、劳动力等物质资源和能源资源的投入，现代的信息经济活动则主要依赖于信息、信息技术、信息劳动力等信息资源的投入。人类之所以把信息资源当做是一种生产要素，主要是因为信息本身不仅被看做是一种重要的生产要素，可以完全或者部分取代物质原料等非信息投入要素，而且可以通过与这些非信息要素的相互作用，使之增值。

（2）稀缺性

稀缺性是经济资源最基本的经济学特征。在既定的技术和资源条件下，物质资源和能源资源都是有限的、不能自由取用，如果某人用多了，则其他人只得少用或者不用。信息资源同样具有稀缺性。这主要是因为在既定的时间、空间或者其他约束条件下，某一特定的经济活动行为者因其人力、物力、财力等方面的限制，其信息资源的拥有量总是有限的。经济活动行为者要获取信息就必须付出相应的代价。

（3）可选择性

信息资源与经济活动相结合，使信息资源具有很强的渗透性，可以广泛渗透到经济活动的方方面面。同一信息资源可以作用于不同的作用对象上，并产生不同的作用效果。经济活动行为者可以根据这些不同作用对象所产生的不同作用效果，对信息资源的使用方向进行选择，这样就产生了信息资源的有效配置问题。

2. 信息资源的独有特征

与物质资源和能源资源相比，信息资源表现出许多特殊性。正是这些特殊性，使信息资源具有其他经济资源所无法替代的一些经济功能。

（1）共享性

物质资源和能源资源的利用表现为占有和消耗。当物质资源或能源资源一定时，甲乙双方在资源利用上就存在着竞争关系，即"若甲多则乙少，反之亦然"。信息资源的利用则基本不存在上述竞争关系，在大部分情况下，甲乙双方可以同等程度地共享某一信息资源。

共享性作为信息资源的一种本质特性，主要是指信息资源的利用不受人为干扰。随着市场和政府作用的不断增强，这种天然的共享性已在相当程度上增添了人为色彩。例如，随着各国专利制度的建立和健全，人们对诸如技术发明之类的专利信息资源不再像以前那样可以随意"共享"，而是要为之付出相应的代价。只有在这些专利信息资源超过专利权的保护期限（例如，《中华人民共和国专利法》规定，发明专利权的保护期限为 20 年）之后，人们才不再需要付出"共享"的代价。此时，所谓的"共享"实质上是相对的。但是，这种相对共享性也较好地解释了信息资源的稀缺性这一特性。

（2）不可分性

不可分性主要表现在以下两个方面：

首先，信息资源在生产过程中是不可分的。信息生产者为某个用户生产一组信息与为许多用户生产同一组信息比较起来，二者所花费的努力（如费用、难度等）几乎是一样的。例如，以个人计算机应用软件包为例，当其被开发出来以后，生产一个复制品与生产多个复制品在工作量以及费用上的差别是微不足道的。

其次，信息资源在使用过程中也是不可分的。信息资源不能像多少吨水泥或多少公斤豆子那样任意计量。有时，即使信息资源在交换中是可分的，某一组信息资源的一部分也具有市场价值，但对于特定目的而言，如果整个信息资源集合都是必需的，不能任意缺少，则只有整个信息资源集合都付诸使用，其使用价值才能得到最直接的发挥。

（3）不同一性

作为资源的信息必定是完全不同一的。这一观点最早由美国经济学家保尔丁格（K. E. Boulding）教授在1966年提出。以铝合金为例，对于给定种类的铝合金，如果有人提出需要更多的铝合金，则意味着需要更多数量并且种类、质量、化学组成都相同的同一经济资源。但对信息资源而言，如果有人需要更多的铝合金配方信息时，则意味着需要更详细的不同信息，对原来的信息集合提供更多的复制品是不能满足上述需要的。因此，就既定的信息资源而言，它必定是不同内容的信息集合，集合中的每一信息都具有独特的性质。

（4）驾驭性

驾驭性是指信息资源具有开发和驾驭其他资源的能力，不论是物质资源还是能源资源，其开发和利用都依赖于信息资源的支持。人类的认识和实践过程基本上都是信息过程，尽管该过程的每一环节都离不开物质和能量，但贯穿始终、统率全局和支配一切的却是信息资源。一般来说，人类利用信息资源去开发和驾驭其他资源的能力主要受科技发展和社会信息化程度等的影响。科学技术越发达，社会信息化程度越高，则人类利用信息资源去开发和驾驭其他资源的能力就越强。

（5）动态性

信息资源是一种动态资源。信息资源产生于自然界和人类社会的实践活动之中，它随时间的变化而变化。人类社会经济活动是一个永不停歇的运动过程，信息也总处在不断产生、积累的过程中，并呈现出不断丰富、不断增长的趋势。

1.2.4 信息资源的类型

由于信息资源的内容十分广泛，所以人们根据自己对信息资源的不同认识和理解（即不同的分类依据）将信息资源划分成不同的类型。

从科学、简明、使用的三原则出发，可以将信息资源首先划分为广义信息资源和狭义信息资源两大类型。其中，狭义信息资源（Special Information Resources）仅指信息内容本身。广义信息资源（Generalized Information Resources）不仅包括信息内容本身，而且还包括与信息相关的技术设施、技术软件、机构、网络、人员、资金等。

1. 广义信息资源的分类

如果按广义信息资源的组成关系划分，则可将其分为元信息资源、本信息资源、表信息资源。其中，元信息资源是信息生产者或信息产生者的集合；本信息资源是指信息内容本身，是信息的集合；表信息资源是指为信息的收集、存储、加工、处理、传递、开发、利用而运用的一切技术和设备的集合。

如果按广义信息资源的具体形态划分，则可将其分为有形信息资源和无形信息资源。

其中，有形信息资源包括人、信息存储介质、自然物质的生产与存储者、人工产品、信息设备设施、信息机构等。无形信息资源包括信息内容本身、信息技术软件、网络技术软件、信息系统管理软件以及信息系统或者信息机构的运行机制等。

如果按广义信息资源所处的空间位置划分，则可将其分为国际信息资源、国家信息资源、地区信息资源、单位信息资源等。其中，国际信息资源又称世界信息资源，是指通过网络将分布在世界各国的信息资源（包括各种数据库、计算机、信息用户、信息生产者）连接起来的一个全球信息共享联合体。国家信息资源是指某一个国家信息资源的总和。地区信息资源又称部门信息资源，是指某个省、市、部门或系统的信息资源的总和。单位信息资源是指某一企业、院校或机关的信息资源的总和。

2. 狭义信息资源的分类

如果按狭义信息资源开发利用的广泛性、社会性及其具有的价值性划分，则可将其分为成品信息资源、半成品信息资源、档案信息资源、动态信息资源、消费型信息资源。其中，成品信息资源是指文字记载并且经过出版印刷、具有永久性保存价值、可供传递的各种书刊和文献资料等。半成品信息资源是指科学研究的阶段成果，如笔记手稿、论文草稿、内部研究报告以及工作文件等文献资料。档案信息资源是指国家各级图书馆、档案馆、博物馆等收藏的图书档案资料。动态信息资源是指每日新闻、快讯、动态报道、市场行情等信息。消费型信息资源是指激光光盘、录像带、胶卷（片）等具有商业价值的知识产品。

如果按狭义信息资源的加工程度划分，则可将其分为一次信息资源、二次信息资源、三次信息资源。其中，一次信息资源是指未经过加工或粗略加工的原始信息资源。二次信息资源是指在一次信息资源的基础上加工整理而成的信息资源。三次信息资源是指通过二次信息资源提供的线索，对某范围内的一次文献进行分析、研究加工而成的信息资源，也有人将其称为三次文献。

如果按管理和开发狭义信息资源的角度划分，则可将其分为记录型信息资源、实物型信息资源、智力型信息资源、零次信息资源。其中，记录型信息资源包括由传统介质（纸张）和各种现代介质（如磁盘、光盘、缩微胶片）记录和存储的知识信息，如各种数据库、书籍、期刊等。实物型信息资源是指由实物本身来存储和表现的知识信息，如某种样机、样品，它们本身就代表一种技术信息。智力型信息资源主要表现为人脑存储的知识信息和经验。零次信息资源是指通过口头携带和传播的信息资源。

如果按人的感官对狭义信息资源的接收方式划分，或者按狭义信息资源对人的感官所起的作用划分，则可将其分为视觉信息资源、听觉信息资源、视听信息资源、触觉信息资源。其中，视觉信息资源是指人们通过眼睛感知到的各种信息集合。听觉信息资源是指人们通过耳朵这一感官接收到的各种信息的集合。视听信息资源是指通过视觉和听觉两种感官接收的信息的集合（如各种影片和录像片等）。触觉信息资源是指人们通过触觉器官来接收的信息的集合。

如果按狭义信息资源传递的范围划分，则可将其细分为公开信息资源、半公开信息资源和非公开信息资源。其中，公开信息资源的数量最大，它可以作为信息商品进入流通领域。半公开信息资源是指内部信息资源以及所谓的"灰色"出版物。非公开信息资源是指不宜作为信息商品进入流通领域的信息资源，如机密信息资源等。

此外，还可以按其他标准对狭义信息资源进行划分。例如：如果按狭义信息资源产生的领域划分，则可将其分为社会信息资源和自然信息资源；如果按狭义信息资源的介质划分，则可将其分为口头信息资源、书面信息资源、视听信息资源、缩微信息资源、机读型信息资源；如果按狭义信息资源的社会属性划分，则可将其分为政治信息资源、军事信息资源、科技信息资源、经济信息资源、社会信息资源、生产信息资源等；如果按狭义信息资源的时态划分，则可将其分为历史信息资源、现代信息资源和预测信息资源；如果按狭义信息资源的性质划分，则可将其分为逻辑思维信息资源、形象情感信息资源（或者情绪信息资源）、知识信息资源、控制信息资源等；如果按狭义信息资源的有序程度划分，则可将其分为有序信息资源（如机读型信息资源）、准有序信息资源（如经过分类但没有标引的机读型信息资源）、无序信息资源；如果按狭义信息资源在生产经营管理活动中的地位和作用划分，则可将其分为能源与材料信息资源、技术信息资源和管理信息资源。

1.2.5　信息资源的度量

目前，有关信息资源的常用度量方法主要有以下三种。

1. 基于数据量的信息度量

在计算机信息处理工作中，常用的信息度量方法是按反映信息内容的数据所占用计算机存储装置的存储空间大小来衡量信息量的大小，这是一种基于数据量的信息度量方法。

计算机存储装置的最小存储单位为一位二进制数，称为 bit（译为"比特"或者"位"），常用的基本存储单元为 8 位二进制数，一个 8 位二进制数所占的存储空间称为 Byte（译为"字节"，记为 B）。

在计算机系统中，用来度量信息处理量、数据库或信息存储介质的信息存储量的其他度量单位还有：KB（Kilo Byte，千字节）、MB（Mega Byte，兆字节）、GB（Giga Byte，千兆字节或者吉字节）、TB（Tera Byte，万兆字节或者太字节）、PB（Peta Byte）、EB（Exa Byte）、ZB（Zetta Byte）、YB（Yotta Byte）等。

它们之间的换算关系如下：

$1B = 8bit$

$1KB = 1024B = 2^{10}B \approx 10^3 B$

$1MB = 1024KB = 1\,048\,576B = 2^{20}B \approx 10^6 B$

$1GB = 1024MB = 1\,073\,741\,824B = 2^{30}B \approx 10^9 B$

$1TB = 1024GB = 1\,099\,511\,627\,776B = 2^{40}B \approx 10^{12} B$

$1PB = 1024TB = 1\,125\,899\,906\,842\,624B = 2^{50}B \approx 10^{15} B$

$1EB = 1024PB = 1\,152\,921\,504\,606\,846\,976B = 2^{60}B \approx 10^{18} B$

$1ZB = 1024EB = 1\,180\,591\,620\,717\,411\,303\,424B = 2^{70}B \approx 10^{21} B$

$1YB = 1024ZB = 1\,208\,925\,819\,614\,629\,174\,706\,176B = 2^{80}B \approx 10^{24} B$

表 1-1 中列出了常用的公制单位前缀。

表1-1 常用公制单位前缀

前缀	简写	数值（约）	前缀	简写	数值（约）
deka	da	10^1	deci	d	10^{-1}
hecto	h	10^2	centi	c	10^{-2}
kilo	K	10^3	milli	m	10^{-3}
mega	M	10^6	micro	μ	10^{-6}
giga	G	10^9	nano	n	10^{-9}
tera	T	10^{12}	pico	p	10^{-12}
peta	P	10^{15}	femto	f	10^{-15}
exa	E	10^{18}	atto	a	10^{-18}
zetta	Z	10^{21}	zepto	z	10^{-21}
yotta	Y	10^{24}	yocto	y	10^{-24}
xona	X	10^{27}	xonto	x	10^{-27}
weka	W	10^{30}	wekto	w	10^{-30}
vunda	V	10^{33}	vunkto	v	10^{-33}
uda	U	10^{36}	unto	u	10^{-36}
treda	TD	10^{39}	trekto	td	10^{-39}
sorta	S	10^{42}	sotro	s	10^{-42}
rinta	R	10^{45}	rimto	r	10^{-45}
quexa	Q	10^{48}	quekto	q	10^{-48}
pepta	PP	10^{51}	pekro	pk	10^{-51}
ocha	O	10^{54}	otro	o	10^{-54}
nena	N	10^{57}	nekto	nk	10^{-57}
minga	MI	10^{60}	mikto	mi	10^{-60}
luma	L	10^{63}	lunto	l	10^{-63}

目前，国际上普遍采用的字母数字编码（Alphanumeric Code）标准是 ASCII 码（American Standard Code for Information Interchange，美国信息交换标准码）。标准 ASCII 码包括 10 个十进制数码、大小写各 26 个英文字母以及一定数量的专用符号（如 ＄、％、＋、＝等），共计 128 个元素，因此二进制编码需 7 位，外加一位校验位，共 8 位（即一个字节）。目前，除了 IBM 大型计算机系统采用 EBCDIC（扩展的 BCD 交换码）标准外，所有的小型机和微型机系统都采用 ASCII 码，按 8 位来存储西文字符。

由于字节与字符之间的等价关系的确很方便，所以只需要统计出字符数就可以粗略估计一个文本文件所需的存储空间。当然，用 KB 和 MB 来表示计算机存储空间用得更广泛一些。

【例1-1】假设某本硬皮书的每一页大约有 500 个字，平均每个字有 6B（包括字间的空格）。这样，该书每页约有 3000B。假设平均每本书有 333 页，则意味着平均每本书大约是 1MB。表 1-2 中列出了部分西方文学名著所占存储空间的估算值。需要注意的是，每个汉字在计算机中所占的存储空间为 2B。

22

表1-2　部分西方文学名著所占存储空间的估算值

书　名	作　者	信息存储量
The Great Gatsby （《了不起的盖茨比》）	（美）司各特·菲茨杰拉德 （F. Scott Fitzgerald，1896—1940）	0.30MB
The Adventures of Huckleberry Finn （《哈克贝利·费恩》历险记）	（美）马克·吐温 （Mark Twain，1835—1910）	0.54MB
Gone With the Wind（《飘》）	（美）玛格丽特·米切尔 （Margaret Mitchell，1900—1949）	2.50MB
War and Peace（《战争与和平》）	（俄）列夫·托尔斯泰 （Leo Tolstoy，1828—1910）	3.90MB
Remembrance of Things Post （《追忆逝水年华》）	（法）普鲁斯特 （Marcel Proust，1871—1922）	7.70MB
Catcher in the Rye （《麦田守望者》或《麦田捕手》）	（美）杰罗姆·塞林杰 （J. D. Salinger，1919—2010）	0.40MB
The Grapes of Wrath （《愤怒的葡萄》）	（美）约翰·斯坦贝克 （John Steinbeck，1902—1968）	1.00MB
Moby Dick （《白鲸记》，别名《莫比·迪克》）	（美）赫尔曼·梅尔维尔 （Herman Melville，1819—1891）	1.30MB
The History of Tom Jones （《弃儿汤姆·琼斯的历史》）	（英）亨利·菲尔丁 （Henry Fielding，1707—1754）	2.25MB
The Stand （《末日将临》或者《末日逼近》）	（美）斯蒂芬·金 （Stephen King，1947—）	2.70MB

　　需要补充说明的是：对于报刊、书籍等非计算机处理的信息，通常直接用发行种类、发行量或者文本的字数来进行度量，这也是基于数据量的其他度量方法。

知识拓展

【知识拓展1-2　一个人一生能读多少本书？】据专家估算，一个具备高中文化程度的人在略加思考的状态下，每小时大约能够阅读2万字的图书内容。假设某个人很长寿，他最终活到了99岁。又假定他从6岁开始读书，并且他一生中的每一天都能够花费两小时用于读书，每本书平均按30万字计算。据此，我们可以轻松地计算出这位能活99岁的老寿星一生的阅读量是4526本书。坐落于美国首都华盛顿特区的美国国会图书馆（Library of Congress）是全球藏书最多的图书馆，图书馆书架的总长超过800km。据美国国会图书馆网站最新资料介绍，该馆总藏品数为1.42亿册，包括0.32亿册图书。数学4526在数字32 000 000的对比下，就显得实在太单薄了……⊖

　　⊖　资料来源：http://baike.baidu.com/view/190913.htm。

2. 基于概率的信息度量

由于客观事物及其相互联系、相互作用的状态的复杂性，一个事物可能会呈现多种状态。换言之，某个信息源发出的消息可能反映各种可能出现的结果。设某个事物可能出现的几种状态为：S_1，S_2，$\cdots$，S_n；每种状态出现的概率为 P_1，P_2，$\cdots$，P_n，当第 i 种状态出现时，消息中所包含的信息量为：

$$I_i = -\log P_i (i = 1, 2, \cdots, n) \tag{1-1}$$

实际上消息中出现的不一定是第 i 种状态。第 i 种状态的信息量也是随机的，其出现的概率也是 P_i，消息中出现其他状态时的信息量为 $-\log P_j$（$j \neq i$，$j = 1$，2，$\cdots$，$i-1$，$i+1$，$\cdots$，n）。因此，这个信息源发出的消息的信息量的数学期望是：

$$\bar{I} = -\sum_{i=1}^{n} P_i \log P_i \tag{1-2}$$

它又称该信息源发出的消息的平均信息量。平均信息量表示的是某个信息源发出信息的总体特征。在式（1-2）中，若对数的底为 2，则所得信息量的单位为比特（bit）；若以自然数 e = 2.7182818 为底数，则所得信息量的单位为奈特（nat）；若以 3 为底数，则所得信息量的单位为铁特（tet）；若以 10 为底数，则所得信息量的单位为笛特（det）。

【例 1-2】要想在任何一门课程的考试中取得好成绩，除了学习这门课程之外，还有一个途径就是知道考试的重点。假设"信息资源管理"这门课程共分 8 章，各章所含内容均等，如果在期末考试之前已知考试中各章重点的概率分布均等，则利用式（1-2）可以计算出所包含的信息量为：

$$\bar{I} = -\sum_{i=1}^{n} P_i \log P_i = -\left(\frac{1}{8} \times \log_2 \frac{1}{8} \times 8\right) \text{bit} = 3\text{bit}$$

3. 广义信息资源的度量

上文所讨论的信息资源度量方法都仅涉及信息资源中的某一个方面。但本课程所讨论的信息资源是广义的信息资源，由于其内容丰富，分布广泛，所以要想对广义的信息资源进行全面、准确的度量，无论是在理论上还是在实践上都十分困难，目前还没有形成一套十分完善的方法。国内学者提出了信息资源丰裕度度量方法，选择信息资源中的若干重要内容进行度量，较好地反映了被评测国家或地区信息资源的生产储备能力与发展潜力，并且其计算方法较简明，可以较方便地取得有关数据，所以是一种较好的广义信息资源度量方法。

如果将某一国家或者地区的信息资源丰裕度用 R 表示，则有以下公式：

$$R = R_1 + R_2 \tag{1-3}$$

式中，R_1 表示该国家或者地区基本信息资源的生产能力；R_2 表示基本信息资源的发展潜力。

R_1 的计算公式为：

$$R_1 = \frac{U_1 + U_2 + U_3 + U_4}{M} \tag{1-4}$$

式中，U_1 表示数据库的数量；U_2 表示专利和商标的数量；U_3 表示图书报刊的出版数量；U_4 表示视听产品的生产数量；M 表示测量期间内被测地区的人口总数。

R_2 的计算公式为：

$$R_2 = S_1 + S_2 \tag{1-5}$$

式中，S_1 代表信息资源的储备潜力；S_2 代表信息资源的处理潜力，并且有：

$$S_1 = \frac{V_1 + V_2 + V_3 + V_4 + V_5 + V_6}{M} \tag{1-6}$$

$$S_2 = \frac{W_1 + W_2 + W_3 + W_4 + W_5}{M} \tag{1-7}$$

式中，V_1 表示计算机的拥有量（如计算机的数量、普及率以及用户数量等）；V_2 表示文化设施（如图书馆、信息中心、档案馆、博物馆、文化馆等）的拥有量；V_3 表示新闻设施（如电台、电视台等）的拥有量；V_4 表示娱乐设施（如电影院、剧院、体育馆、电视机等）的拥有量；V_5 表示邮电设施（如邮电网点、邮电业务量）的拥有量；V_6 表示通信设施（如通信网点、电话机）的拥有量；W_1 表示识字人数；W_2 表示大中小学在校生人数；W_3 表示科研人员数；W_4 表示政府部门人数；W_5 表示咨询机构人数；M 的含义同上。

1.3　信息资源管理概述

从 20 世纪 70 年代开始，国内外从事信息资源理论研究的专家、学者开始探讨信息资源管理的理论问题。本章简要介绍其中较具代表性的观点和人物。

1.3.1　信息资源管理的含义

1979 年，美国人迪博尔德（J. Diebold）以信息资源管理（Information Resources Management，IRM）为主题发表论文《IRM：新的挑战》（IRM：The New Challenge）。从那时起，信息资源管理这一术语一直得到国内外学者们的广泛关注，他们试图从理论上对信息资源管理的内涵与外延进行界定。但是，东西方研究人员对信息资源管理的确切含义依然是仁者见仁，智者见智。为了方便广大读者对这一基本概念有更加清楚的认识和了解，下面简要介绍国内外学者对信息资源管理含义的不同论述。

1. 西方学者的主要观点

西方研究人员对信息资源管理的确切含义持有不同看法。1997 年，中国科学院的霍国庆博士发表论文《信息资源管理的起源与发展》，文中详细介绍了西方学者对信息资源管理的主要观点，并将其归纳成四种类型，即管理哲学说、系统方法说、管理过程说以及管理活动说。

（1）管理哲学说

该派将信息资源管理看做是一种哲学或者思想。持"管理哲学说"观点的代表人物主要有马钱德、克雷斯林、史密斯、梅德利等。

1988 年，美国信息资源管理学家马钱德（Donald A. Marchand）和克雷斯林（J. C. Kresslein）从组织中实施信息资源管理所产生作用的角度来阐述他们对信息资源管理的理解，认为"信息资源管理是一种对改进机构的生产率和效率有独特认识的管理哲学"。

美国信息资源管理学家史密斯（A. N. Smith）和梅德利（D. B. Medley）提出了与马钱德和克雷斯林类似的观点，他们认为："信息资源管理比管理信息系统复杂得多，它可能被认为是整合所有学科、电子通信和商业过程的一种管理哲学。"

1981年，梅迪克（W. D. Maedke）试图从学科高度来阐明信息资源管理的内涵，他指出："对于一个特定企业来说，信息资源管理是一门管理各种相互联系的技术群，使信息资源得到最大利用的艺术或科学。"

（2）系统方法说

该派将信息资源管理看做是一种方法或者技术。持"系统方法说"观点的代表人物主要有里克斯、高、西瓦兹、赫龙、戴维斯和奥尔森等。

1984年，美国信息资源管理学家里克斯（B. R. Ricks）和高（K. F. Gow）在他们合作发表的《信息资源管理》一文中系统分析了信息资源管理的含义，认为"信息资源管理是为了有效地利用信息资源这一重要的组织资源而实施规划、组织、用人、指挥、控制的系统方法"。

西瓦兹（C. Schwartz）和赫龙（P. Hernon）认为："信息资源管理是一种管理组织机构内部生产出的信息的生命周期的综合化、协调化方法。广义地说，它包括获取、保留和利用那些为了完成组织的使命、实现组织的目标所需的各种资源。"

戴维斯（G. B. Davis）和奥尔森（M. H. Olson）认为："信息资源管理是基于信息是一种组织资源的思想而形成的管理方法。"

1985年，美国联邦政府管理与预算局（Office of Management and Budget，OMB）在其颁布的A-130号通报中，从政府部门信息资源管理角度将政府信息资源管理定义为："信息资源管理是指涉及政府信息的有关规划、预算、组织、指导、培训和控制等。信息资源管理既包含信息本身，也包含与信息相关的各种资源，如人员、设备、经费和技术等。"

（3）管理过程说

该派将信息资源管理看做是一种管理过程。持"管理过程说"观点的代表人物主要有怀特、霍顿等。

1982年，怀特（M. S. White）立足于信息资源管理过程提出了他对该术语的解释，认为"信息资源管理是有效地确定、获取、综合和利用各种信息资源，以满足当前和未来的信息需求的过程"。

美国著名信息资源管理专家霍顿（Forest Woody Horton）认为："信息资源管理是对信息内容及其支持工具的管理，是对信息资源实施规划、组织、预算、决算、审计和评估的过程。"

📇 人物小传

【人物小传1-3 霍顿】霍顿（Forest Woody Horton）出生在美国加利福尼亚州，获得过瑞士洛桑大学公共管理博士学位。他在公共政策、情报政策、情报管理等方面出版了近30本图书和专著，发表了400多篇文章。霍顿曾先后在美国联邦政府的国防部、国务院、国家航空和宇宙航行局等多个部门供职，还曾担任过国际文献联合会（FID）副主席、美国信息资源委员会顾问等职。近20年来，他先后在世界各地进行过多次学术演讲和授课，为联合国开发计划（UNDP）、联合国教科文组织（UNESCO）等多个国际组织提供过信息政策方面的咨询。

美国参议院第 1742 号议案《联邦信息资源管理法案》（Federal Information Resources Management Act）中提出了一种非常广泛的政府信息资源管理观点，它认为"联邦信息资源管理是一种旨在提高政府信息活动效率和效益的综合性、集成性过程"。

该法案还指出："信息资源管理是一个复杂的术语，它包括为完成机构的任务而确定信息需求，为了经济、有效、公平地满足已确定的信息需求而管理信息资源和综合不同信息职能机构中个体能力的过程。此外，该过程还延伸到信息收集、使用和处理中的所有阶段，包括规划、预算、组织、指挥、控制和评估信息使用的管理活动。"

（4）管理活动说

该派将信息资源管理看做是一种管理活动。持"管理活动说"观点的代表人物主要有比思、博蒙特、萨瑟兰、沃森和小麦克劳德等。

比思（C. M. Beath）认为："信息资源管理是指把合理的信息、在合适的时间提供给决策或协调工作的活动。"他还指出："信息资源的管理可视为一种生命周期或价值链活动，包括识别、存取信息，保证信息的质量、时效性和相关性，为未来存储信息以及处理信息。"

1992 年，博蒙特（J. R. Beaumont）和萨瑟兰（E. Sutherland）从管理活动的角度阐述他们对信息资源管理的认识，认为"信息资源管理是一个集合词，它包括为确保在开展业务和进行决策时所有能够确保信息利用的管理活动"。

沃森（B. Watson）认为："信息资源管理是一个术语，它被用于描述与公司信息资源的管理和利用有关的全部活动，以及为那些有权方便地利用和控制这类信息的人提供便利的活动。"沃森还将信息资源管理分成数据行政管理、数据词典管理、数据库行政管理、信息存取服务四类活动。

1998 年，小麦克劳德（R. Mcleod Jr.）从组织机构信息资源管理的角度指出："信息资源管理是组织机构各层次管理人员为识别、获取、管理信息资源，以满足各类信息需求而开展的一种活动。"

西方学者对信息资源管理的研究是从 20 世纪 70 年代末开始起步并逐步深化的。尽管他们对信息资源管理基本含义的认识不尽相同，但他们提出了信息资源管理术语，开辟了新的研究领域，从多种角度探讨了信息资源管理的内涵，对信息资源管理的研究起到了一定的促进作用，并为进一步研究奠定了基础。

2. 中国学者的主要观点

自 20 世纪 80 年代以来，中国学者开始涉及信息资源管理研究领域，不仅积极引进和传播西方信息资源管理研究成果，而且在此基础上提出了一些颇具新意的见解。

中国有学者认为，信息资源管理既是一种管理思想，又是一种管理模式。就其管理对象而言，信息资源管理是指对信息活动中的各种要素（包括信息、人员、设备、资金等）的管理；就其管理内容而言，信息资源管理是对信息资源进行组织、控制、加工、协调等；就其目的而言，信息资源管理是为了有效地满足社会的各种信息需求；就其手段而言，信息资源管理借助现代信息技术以实现资源的最佳配置，从而达到有效管理的目的。从适用域来看，信息资源管理包含宏观和微观的信息资源管理两个层次。宏观信息资源管理是指国际、国家和政府所开展的信息资源管理活动，主要是运用政策法规、管理条例等来指导、组织、协调信息资源的开发利用，以促进信息事业的发展；微观信息资源管理则指由组织机构（包括企业、事业部门等）所开展的信息资源管理活动，主要是以满足组织机构的信息需求为目的，对其内外部信息资源实施的有效管理。

1.3.2 信息资源管理的产生与发展

1. 信息资源管理的起源

国内外的信息资源管理研究专家在对信息资源管理的起源与发展等问题上，存在着不同看法，迄今为止仍未达成共识。本节仅选取其中有一定代表性的观点加以介绍。

如果按实践领域进行划分，则信息资源管理起源于政府文书管理和企业信息管理、图书情报管理以及民间信息服务等领域。

（1）政府文书管理

政府是整个社会资源配置的宏观调控者。在信息化进程中，政府部门为了促进信息资源的开发、利用和合理配置，采取了许多有效措施，从宏观、政策等方面来加强信息资源管理。例如：通过制定产业政策来促进信息产业的发展；通过政府投资或政府采购来支持信息产业发展中比较薄弱而又急需发展的行业或部门；加强或者新建各种直接提供信息服务和进行信息管理的政府机构；制定和颁布各类有关法案。此外，政府有关部门开发利用了大量的信息资源，从而构成信息资源管理领域的一个重要方面。

文书管理、行政管理等是信息资源管理的发源领域。在文书管理工作中，人们为了解决日益膨胀的记录信息，开始考虑以政策为手段，以便控制信息量，实现信息共享，达到减轻组织的文书工作负担的目的。早在1965年，美国联邦政府就实施了《布鲁克斯议案》，其目的是提高行政管理效率，加强政府对日常文书工作的管理，为数据资源的有效管理提供政策保证。1974年，美国联邦文书委员会正式成立，其宗旨是解决政府组织中信息过载与无法有效满足信息需求的矛盾，并于1978年提出了控制日常文书工作的倡议。1980年通过的《文书削减法》就信息管理工作提出了七点要求：①减轻文书工作，明确组织的信息需求，消除信息冗余，保证信息资源共享。②推动数据处理技术和远程通信技术的应用。③促进统计工作。④加强记录管理。⑤实现信息公开与共享。⑥制定信息政策并加强监督。⑦健全组织机构。上述要求从一个侧面反映了人们已认识到要实现信息的有效存储、检索和利用，解决组织机构中信息获取与传输问题，使组织的管理者能够充分、有效、经济地获取和利用信息，最终达到提高信息的吸收与利用的根本目的，就必须在信息管理领域引入现代信息技术。1985年，美国政府还以《联邦政府信息资源管理》为名颁布了A-130通报，进一步推动了信息资源管理在政府部门文书管理领域的扩展和延伸。

（2）企业信息管理

企业管理是信息资源管理形成的又一重要领域，该领域的信息资源管理虽由政府部门的文书管理领域移植而来，但却被赋予了新的内涵，即更多地体现了信息资源管理的经济特征。

在企业管理活动中，信息及时、准确地传输是企业内部工作保持正常、高效运转的必要条件，而外部环境信息（如市场信息）则是企业得以生存和发展所必需的"养料"。因此，信息对企业生产、经营活动的重要性是不言而喻的。随着社会经济的发展和全球经济一体化环境下企业竞争态势的形成，信息日益成为与人、财、物等资源具有同等重要地位的战略经济资源。

由于计算机技术在企业管理中获得了广泛应用，信息的收集、处理、传输等活动发生了极大的变化，并开发了各种信息系统，但同时也带来了新的管理问题，人们开始关注如何采用现代信息技术手段更好地管理企业的信息资源，使之充分发挥其经济价值。信息系统的发展经历了一个由技术管理到资源管理的过程，从而使得信息资源的开发与利用在组织内部（特别是企业内部）的主导作用得以确立，信息资源管理也就成为企业管理的一个重要支柱。此外，由于企业是社会的经济细胞，企业的发展是整个社会经济发展的基础，因此，由管理信息系统的发展而形成的面向组织的信息资源管理是整个信息资源管理领域的主力军。

（3）图书情报管理

传统的信息管理的对象多为纸载体文献及相关设施，管理手段主要是手工管理，管理的内容是对这类信息的生产、存储、检索、利用、流通等进行计划、组织、控制。

现代信息技术的迅速发展与广泛应用，不断地改变着图书情报管理这一领域的面貌，突破了纸载体文献管理的局限性，图书情报管理数字化、集成化、网络化迅速发展，在面向社会服务、实现信息资源共享和信息标准化、信息安全管理等方面都取得了显著的进展。其管理内容也突破了传统的图书情报管理的范围，除了文献信息之外，各种动态的、多媒体的信息资源也成为重要的管理对象。图书情报管理领域已发展成为信息资源管理领域的重要组成部分。

（4）民间信息服务

许多民间信息服务机构也为信息资源管理领域的形成和发展作出了一定的贡献。例如，一些专家组织（如学会、协会、行业团体等）制定标准规范，进行技术和企业行为的协调，再加上风险经营企业和咨询服务企业的发展，所有这些都在一定程度上促进了信息资源的开发与利用。此外，科学研究机构与教育机构的发展，则促进了信息资源的生产与分配。上述民间信息服务组织已经成为信息服务业中信息资源管理的一支重要力量。

2. 信息资源管理的发展

国内外学者在信息资源管理发展阶段的划分上也存在着不同看法，归纳起来可分成以下三种观点。

（1）三阶段说

国内研究 IRM 的卢泰宏、谢阳群、马费成、霍国庆等学者倾向于将 IRM 的发展分为三个阶段或者时期，但在每个阶段或者时期的具体内容方面又略有不同。霍国庆将 IRM 划分成如表 1-3 所示的三个阶段。

表 1-3　霍国庆的"三阶段说"

阶　段	名　称	起　止　年　代	特　征
第一阶段	IRM 萌芽时期	20 世纪 40～70 年代中期	着眼于文献信息源的收藏管理
第二阶段	IRM 形成时期	20 世纪 70～80 年代末期	以自动化信息处理和信息系统建造为主要内容
第三阶段	IRM 发展时期	20 世纪 90 年代至现在	以信息资源管理为特征

（2）四阶段说

美国的信息资源管理专家马钱德和克雷斯林以及中国国内南开大学的一些研究人员提出了 IRM 的"四阶段说"。

马钱德和克雷斯林认为 IRM 始于 19 世纪末期，从那时起到 20 世纪 90 年代，IRM 先后经历了物理控制、自动化技术管理、信息资源管理、知识管理四个阶段，如表 1-4 所示。

表 1-4 马钱德和克雷斯林的"四阶段说"

阶段	名称	起止年代	推动力量	战略目标	基本技术	管理方法	组织状态
第一阶段	物理控制	1900 ~ 1950 年	商业与政府组织的增长和多样化，远距离管理	程序效率和物理控制	纸张、打字机、电话、文件柜、制表机、缩微胶卷	文书管理、记录/报告管理、通信管理与邮件管理、指令管理与指示管理、重要记录的保护、办公室设计与陈设	监管和中低水平的管理，分化、扩散的协作
第二阶段	自动化技术管理	20 世纪 60~70 年代中期	数据处理、电子通信和办公系统的独立发展与改进	技术效率与控制	第二代和第三代计算机、电子复印机、独立的组合式文字处理机、语音通信的改进、技术搜寻利用是操作技术管理的主导状态	集中的数据处理部门的出现，电子通信协作者与管理者的出现，文字处理中心与独立的工作站的出现，复制中心与独立单元的出现	中级水平管理，认为手工信息管理不同于自动化管理，信息技术用户与提供者之间存在分歧
第三阶段	信息资源管理	20 世纪 70~80 年代	数据处理、电子通信与办公自动化系统的聚合	信息技术的集成管理，视信息为一种战略资源	分布式数据处理（语音、数据），集成通信网络，多功能工作站（包括数据处理、文字处理、电子邮件、时间管理等），个人计算机技术	传统资源管理技术（如规划、成本核算等）的应用，信息技术的水平管理，商业规划与信息资源规划的密切联系	中高水平的管理
第四阶段	知识管理	20 世纪 80~90 年代	信息技术逐渐渗入企业每一层次的操作与管理决策制定过程中	信息资源的物质/技术管理与决策层、管理层和操作层的信息管理的整合	专家系统、决策支持系统、办公智能系统	信息利用和价值与信息技术的集成，内部和外部信息处理的集成，信息规划和商业规划紧密联系	管理知识资源已成为所有管理层次所采纳的管理哲学的基本部分

南开大学的钟守真等人在《信息资源管理概论》[⊖]一书中指出，信息资源管理是信息管理发展过程中的一个时期，认为信息资源管理的历史演变主要经历了传统管理阶段、系统管理阶段和资源管理阶段，目前正步入知识管理阶段。

（3）五阶段说

美国信息资源管理学家史密斯（A. N. Smith）和梅德利（D. B. Medley）在 1987 年合作出版了《信息资源管理》一书。他们认为，IRM 从 20 世纪 30 年代起经历了五个阶段：第一阶段为数据处理阶段，第二阶段为信息系统阶段，第三阶段为管理信息系统阶段，第四阶段为终端用户及战略影响阶段，第五阶段为信息资源管理阶段。具体情况如表 1-5 所示。

表 1-5　史密斯和梅德利的"五阶段说"

发展阶段	系统类型	管理者类型	用户角色	技术重点	信息存储技术
数据处理	只限于财政系统	未受过培训	信息处理者	批处理	打孔卡片
信息系统	财务系统和操作系统	受过计算机培训	项目参与者	应用	磁盘
管理信息系统	管理信息系统	受过管理培训	项目管理者	数据库、应用集成	随机存取、数据库终端
终端用户及战略影响	决策支持系统、集成系统	有广泛背景的合作伙伴	小型系统建立者	第 4 代语言	数据管理、第 4 代语言
信息资源管理	专家系统、战略系统	主管阶层	全面的合作者	第 5 代系统	激光视盘、超级芯片

本章小结

本章主要介绍了与信息资源管理课程紧密相关的信息、信息资源、信息资源管理三个基本概念。由于后续章节还会涉及这三个基本概念，所以要求读者能够深刻理解其内涵、外延，并且尽可能地将学到的理论知识与实际紧密联系起来，分析、解决部分实际问题，为今后进一步学习其他各章节内容打下坚实的理论基础。

课后习题

一、选择题

1. 属于可再生资源的有（　　）。

A. 森林资源　　　B. 煤炭资源　　　C. 植物资源　　　D. 石油资源　　　E. 信息资源

2. 广义信息资源包括（　　）。

A. 信息本身　　　B. 信息技术　　　C. 信息设备　　　D. 信息社会　　　E. 信息人员

3. 基于数据量的信息度量单位主要有（　　）。

A. 千字节　　　B. 兆字节　　　C. 千兆字节　　　D. 哈特　　　E. 奈特

4. 基于概率的信息度量单位主要有（　　）。

⊖ 钟守真，等. 信息资源管理概论. 南开大学出版社，1995。

A. 千字节   B. 兆字节   C. 哈特   D. 比特   E. 奈特

5. 如果按感知方式划分，则可将信息分为（　　）。

A. 直接信息   B. 间接信息   C. 内储信息   D. 社会信息   E. 外化信息

二、填空题

1. 10GB = ＿＿＿＿＿＿＿ MB = ＿＿＿＿＿＿＿ B。

2. 在信息资源丰裕度公式中，R_1 表示某个国家或者地区的＿＿＿＿＿＿＿信息资源的生产能力，R_2 表示其基本信息资源的＿＿＿＿＿＿＿。

3. 信息对应的英文单词是＿＿＿＿＿＿＿。

4. 如果从经济学角度划分，则可将资源分为＿＿＿＿＿＿＿和＿＿＿＿＿＿＿。

5. ＿＿＿＿＿＿＿、＿＿＿＿＿＿＿和＿＿＿＿＿＿＿综合在一起就构成了全信息。

三、释义题

1. 信息   2. 资源   3. 信息资源

四、简答题

1. 简述信息的含义和类型。

2. 简述广义信息资源的主要类型。

五、计算题

北京某电子市场的价格波动频繁，以下是从该市场获得的有关 A、B、C、D、E 五种计算机品牌的价格涨落概率情况，如表1-6 所示，试计算 A、B、C、D、E 五种品牌的销售商从各自品牌的市场价格消息中获得的平均信息量。

表1-6　北京某电子市场五种计算机品牌的价格涨落概率

概率　　涨落　　品牌	大涨（涨幅：>20%）	涨（涨幅：5%～20%）	持平（涨落：+/-5%）	落（落价：5%～20%）	大落（落价：>20%）
A	1/8	1/8	1/2	1/8	1/8
B		1/4	1/2	1/4	
C		1/2		1/2	
D	1/8	1/4	1/4	1/8	1/4
E	1/16	1/8	1/2	1/4	1/16

六、案例题

美国有一位工程师和一位逻辑学家，他们是无话不谈的好友。一次，两人相约赴埃及参观著名的金字塔。到埃及后，有一天，逻辑学家住进宾馆后，仍习以为常地写起自己的旅行日记。工程师则独自徜徉在街头，忽然耳边传来一位老妇人的叫卖声："卖猫啊，卖猫啊！"工程师一看，在老妇人身旁放着一只黑色的玩具猫，标价 500 美元。这位妇人解释说，这只玩具猫是祖传宝物，因孙子病重，不得已才出卖以换取住院治疗费。工程师用手一举猫，发现猫身很重，看起来似乎是黑铁铸造的。不过，那一对猫眼则是珍珠的。于是，工程师就对那位老妇人说："我给你 300 美元，只买下两只猫眼吧！"老妇人一算，觉得行，就同意了。工程师高高兴兴地回到了宾馆，对逻辑学家说："我只花了 300 美元竟然买下两颗硕大的珍珠！"逻辑学家一看完两颗大珍珠，至少也值上千美元，忙问朋友是怎么一回事。当工程师讲完缘由，逻辑学家忙问："那位妇人是否还在原处？"工程师回答说："她还坐在那里。想卖掉那只没有眼珠的黑铁猫！"逻辑学家听后，忙跑到街上，给了老妇人 200 美元，把猫买了回来。工程师见后，嘲笑说："你呀，花 200 美元买了只没眼珠的铁猫！"逻辑学家却不声不响地坐下来摆弄、琢磨这只铁猫，突然，他灵机一动，用小刀刮铁猫的脚，当黑漆脱落后，露出的是黄灿灿的一道金色的印迹，他高兴地大叫说："正如我所想，这猫是纯金的！"原来，当年铸造这只金猫的主人，怕金身暴露，便自作主张将猫身用黑漆漆过，俨然如一只铁猫。对此，工程师十分后悔。此时，逻辑学家转过来嘲笑他说："你虽然知识很渊博，可就是缺乏一种思维的艺术，分析和判断事情不全面、深入。你应该好好想一想，猫的眼珠既然是珍珠做成，那猫的全身会是不值钱的黑铁铸造的吗？"

思考题：（1）你从本案例中获得了什么有益的启示？

（2）从认识论层次的信息出发，本案例反映了信息具有哪些特性，以至于二人的收获不同？

七、阅读题

有关信息、资源、信息资源的名人名言、警句有很多。在课外广泛阅读的基础上，完成以下实践任务：

（1）查找相关名人的名言警句及其具体出处，并将它们逐一填写到表1-7中。

表1-7　相关名言警句

序号	名言警句	作者	来源出处

（2）收集有关信息资源重要性的案例故事，利用 Microsoft PowerPoint 软件创建一个精美的演示文稿。要求：至少包括15张幻灯片，为全班同学作一次有关该案例故事的主题报告；每人限时15分钟，允许其他同学提问。

八、讨论题

信息给人类带来了什么便利之处？

信息资源管理学科基础

　　本章属于信息资源管理学科的理论基础部分，主要介绍了与信息资源管理学相关的理论，包括信息资源管理的理论基础、信息资源管理学的理论框架等内容。本章的重点内容是信息资源管理的理论基础。本章的难点内容是：信息资源管理学的研究内容、信息资源管理学的研究方法。需要提醒广大读者注意的是：由于本章理论性较强，所以要求读者能够做到理论联系实际，深刻理解本章所讲的主要内容。

开篇案例

　　管理是科学还是艺术？[○]这本来是学术界的争论，但现在引起越来越多企业界的关注。做企业的人关注这个争论不是没有理由的，如果管理是科学的话，那企业就应该多招 MBA 并让他们担当重任，因为他们是专门学管理的；当企业面临重大决策和难题时，也必须听取咨询公司的意见，因为咨询公司是号称给企业治病的医生。相反，如果管理是艺术的话，那企业就应遵循"不管黑猫白猫抓到老鼠就是好猫"的用人原则；当企业有病了，也别相信所谓的外脑（咨询公司的管理专家）能治自己的病，因为任何艺术的成功，都是靠从业者本人的天分和努力。其实，这个争论是从大学开始教授管理才出现的。以前尽管早有企业管理，但没有这种争论，因为管理者都是从其他专业转行做管理的。人们的常识是：一个任何人都可能从事的专业怎么可能是科学？可是当企业越来越大，管理越来越复杂，学校开始教授管理了。有人就提出管理是科学，争论就开始了。

　　华润创业前总经理黄铁鹰先生同意管理是艺术的观点，原因有二：一是迄今为止全世界企业管理者大部分还都不是学管理出身的；二是合格的管理者却不可以在全世界就业，也不可以在不同工程和不同公司任职。

　　【思考题】你认为管理是科学还是艺术？请给出三种以上的理由。

2.1　信息资源管理的理论基础

　　信息资源管理的理论基础主要来自于信息科学、管理科学和传播科学，这些学科及其相关理论共同构成了信息资源管理的理论基础。

2.1.1　信息科学

　　20 世纪 40 年代末，美国数学家香农发表了《通信的数学理论》和《在噪声中的通

○　黄铁鹰. 管理到底是科学还是艺术？http://www.mbahome.com/newss/Article/magzine/home/chinahome16/200609/19522.shtml。

信》两篇著名论文，提出信息熵的数学公式，从量的方面描述了信息的传输和提取问题，创立了信息论。信息论首先在通信工程中得到广泛应用，渗入到自动控制、信息处理、系统工程、人工智能等领域，为信息科学的研究奠定了初步基础。

信息科学（Information Science）是以信息为基本研究对象，以信息的运动规律和应用方法为主要研究内容，以计算机技术为主要研究工具，以扩展人类的信息功能（特别是智力功能）为主要研究目标的一门新兴的、横断性综合学科。

信息科学源于香农信息论，是由信息论、系统论、控制论、计算机科学、仿生学、人工智能等学科互相渗透、互相结合而形成的一门综合性学科。信息科学的建立和发展为信息资源管理学提供了一个重要的理论基础，包括基本概念和基本原理。

1. 信息论

信息论（Information Theory）是信息科学的前导，它是运用数据统计方法研究信息的度量、传递和变换规律的一门科学，主要研究通信地址控制系统中普遍存在的信息传递的共同规律以及研究最佳地解决信息的获取、度量、变换、存储、传递等问题的基础理论。

信息论有狭义信息论、一般信息论和广义信息论之分。

（1）狭义信息论。狭义信息论又称香农信息论，主要以通信系统为研究对象，以概率论与数理统计为工具，研究通信过程中的信源、信道、信宿、编码、译码以及信息测度、信道容量等问题。美国数学家香农分别在 1948 年和 1949 年发表了《通信的数学理论》和《在噪声中的通信》，奠定了信息论的基础。通常所说的信息论指的就是香农信息论。

（2）一般信息论。一般信息论又称为通信理论，一些学者在香农狭义信息论的基础上继续研究，主要研究信息传输的一般理论，包括信号与噪声理论、信号过滤与检测、调制与信息处理等问题，研究范围有了进一步扩展。

（3）广义信息论。广义信息论即信息科学，其研究范围涉及通信科学、心理学、语言学、语义学、遗传工程、决策科学等与信息相关的一切领域，但还不够完善。目前，信息论已经逐渐演变成为一门集研究信息的产生、获取、变换、传输、存储、处理、显示、识别以及在各个领域利用的科学理论。

2. 系统论

系统论（System Theory）是以一般系统为研究对象的理论，其创始人是美籍奥地利生物学家贝塔朗菲（Ludwig Von Bertalanffy）。系统论几乎与信息论同时产生，其产生标志是贝塔朗菲 1945 年在《德国哲学周刊》18 期上发表的《关于一般系统理论》。系统论的主要观点包括系统观点、层次观点、功能观点、动态观点等。其中，系统观点是整个系统论的核心观点。

👤📄 人物小传

【人物小传 2-1　贝塔朗菲】路德维希·冯·贝塔朗菲（Ludwig Von Bertalanffy，1901—1972）是奥地利出生的加拿大籍现代著名理论生物学家、一般系统论创始人。他是一位学识渊博、充满创造力、富有文学素养的科学家，他一生撰写的科学论著近 300 种，但他最重要的学术贡献是建立了关于生命组织的机体论，并由此发展成为一般系统论。1955 年，他的专著《一般系统论》问世，成为该领域的奠基性著作。1972 年，他发表论文《一般系统论的历史和现状》，将一般系统论扩展到系统科学范畴。

20 世纪 40 年代末，一般系统论与信息论、控制论几乎同时产生，但它在当时的影响远不及信息论和控制论。因为信息论与控制论在当时更多地表现为技术科学，具有较高的实用价值，而一般系统论则具有较浓的科学理论色彩，与技术科学的信息论和控制论相比，它处于较高的抽象层次。直到 20 世纪 70 年代末，由于系统工程学和运筹学、信息论、控制论的发展，以及系统论本身的不断完善，人们才更加重视对系统论的研究和应用。从此以后，人们从不同的背景和角度提出了有关系统论的各种新理论：①在以生物学为背景的系统论中，除了贝塔朗菲的一般系统论以外，还有米勒（J. G. Miller）的一般生命系统理论、艾根（M. Eigen）的超循环理论。②在以物理学为背景的系统论中，除了普里高津（Ilya Prigogine，1917—2003）的耗散结构理论和哈肯（Hermann Haken，1927—）的协同学外，还有日本学者槌田敦的资源物理学，该理论从对物理化学中熵的研究入手，进一步研究了生命系统、社会经济系统的运行规律。③在以数学为背景的系统论中，除了法国数学家雷内·托姆（René Frédéric Thom，1923—2002）的突变论外，还有莫萨洛维克体系、怀莫尔体系、克勒体系以及中国著名学者廖山涛（1920—1997）教授的动力系统理论。④在以控制论和信息论为背景的系统中，除了维纳的控制论和香农的信息论外，还有原联邦德国科学家屈浦缪勒的系统论、法国 P. 法乌尔和 M. 德培洛的系统论、美国科学家卡尔曼的系统论、前苏联学者 B. 鲁维克等的系统论、英国科学家 J. 福雷斯特的系统动力学理论。此外，还包括大系统理论、模糊系统理论、灰色系统理论等。⑤在以社会科学为背景的系统论中，有作为管理技术的系统论、经济学基础理论研究中的系统论、以社会学为背景的系统论，如罗马尼亚前总理 M. 曼内斯库（M. Manescu，1916—2009）的"经济控制论"、中国学者马宾的"经济系统论"等。⑥在以哲学为背景的系统论中，除了贝塔朗菲的系统哲学外，还有美国哲学家拉兹洛的系统哲学、加拿大学者邦格（M. Bunge）的系统主义理论等。

🎓 **知识拓展**

【知识拓展 2-1　新三论】国内学者曾主张将系统论、信息论、控制论统称为"老三论"，而将耗散结构论、协同论、突变论称为"新三论"。其中，耗散结构论（The Dissipative Structure Theory）由比利时布鲁塞尔学派领导人普里高津（Ilya Prigogine）提出，其基本思想有两点：一是系统内部非平衡是有序之源；二是开放系统通过与外界交换物质、能量而增加、维持有序性。信息组织通过与外界交换物质、能量与信息，对信息整序加工使信息系统成为远离平衡态的开放系统。因此，耗散结构论可作为信息组织的理论基础。协同论（Synergetics）由德国科学家哈肯（Hermann Haken）于 1970 年提出，是一门研究系统进化普遍规律的科学，它研究由许多子系统构成的系统是如何通过协作从无序到有序演化的规律。由于信息由许多信息单元构成，如何建立各个信息单元之间的协同作用机制，使信息由无序向有序转化是信息组织的基本目标。突变论（Catastrophe Theory）由法国数学家托姆（René Frédéric Thom）提出，它用形象而精确的数学模型来揭示和预测事物的连续性中断的质变过程。突变论的一个重要观点是"突变是产生有序性的重要源泉"。突变论为信息组织理论的发展与完善提供了理论基础。

人物小传

【人物小传 2-2　普里高津】普里高津（Ilya Prigogine，1917—2003）是比利时物理化学家和理论物理学家。他长期从事关于不可逆过程热力学（又称非平衡态热力学）的研究。1945 年，他提出最小熵产生定理。20 世纪 60 年代，他和同事们提出了耗散结构论，并因此获得 1977 年的诺贝尔化学奖。普里高津的主要著作有《化学热力学》《不可逆过程热力学导论》《非平衡统计力学》《非平衡系统中的自组织》等。

【人物小传 2-3　哈肯】哈肯（Hermann Haken，1927—）是德国物理学家、协同学创始人。从 1960 年起，他一直担任德国斯图加特大学的理论物理学教授，还是美国、英国、法国、日本等国的多个研究机构的客座教授。哈肯在群论、固态物理学、激光物理学、非线性光学、统计物理学、化学反应模型、形态形成理论等领域中作出了重要贡献，其主要著作有《激光理论》《协同学导论》《高等协同学》《信息与自组织》。

【人物小传 2-4　托姆】雷内·弗雷德里克·托姆（René Frédéric Thom，1923—2002）是法国著名数学家、突变论创始人、菲尔兹奖获得者，他还是法国科学院院士、美国艺术与科学院院士、巴西科学院院士。从 1968 年开始，他陆续发表文章论述突变论。1972 年，他出版了《结构稳定性与形态发生学》一书，明确阐述了突变论，标志着突变论的正式诞生。

3. 控制论

随着自动化系统和自动控制理论的出现，对信息的研究开始突破原来仅限于传输方面的概念。美国数学家维纳在这个时期发表了著名的《控制论》和《平稳时间序列的外推、内插和平滑问题》，从控制论的视角揭示了动物与机器共同的信息与控制规律，建立了维纳滤波理论。

控制论（Cybernetics）是从希腊文而来，原意是"掌舵人"。1948 年，维纳正式出版了《控制论——动物和机器中的控制与通信问题》一书，标志着控制论这一新兴学科的正式诞生。他认为，控制论是研究生物系统和非生物系统内部通信、控制和调整的一门科学。一般认为，控制论是研究不同系统之间共同控制规律的科学，或者说控制论是研究系统控制规律的科学。

控制论经历了三个发展阶段，即古典控制论、现代控制论和大系统理论三个阶段。古典控制论是指由维纳等人创立的控制论，主要是依据自动调节原理，采用频率域法来解决线性定常（常系数）系统问题，这种控制论仅适用于单输入单输出的线性定常系统的分析和设计。现代控制论形成于 20 世纪 60 年代，主要采用时域方法。目前，现代控制论已经衍生出许多分支学科，主要包括最优（极值）控制理论、非线性和时空控制系统理论、自适应自学习自组织系统、生物控制论、智能控制论、社会控制论、模糊控制论等。大系统理论以规模庞大、结构复杂、层次众多、关系错综、具有随机性和动态性的大系统或者大系统的自动化为研究对象。

4. 计算机科学

计算机科学是一门包含各种各样与计算和信息处理相关主题的系统学科，从抽象的算法分析、形式化语法，到更具体的主题如编程语言、程序设计、软件和硬件等。作为一门学科，它与数学、计算机程序设计、软件工程和计算机工程有显著的不同，却通常被混淆，因为这些学科之间存在不同程度的交叉和覆盖。

计算机科学（Computer Science）是指研究计算机及其周围现象和规律的一门科学，即研究计算机系统结构、程序系统（即软件）、人工智能以及计算本身的性质和问题的学科。计算机是一种进行算术和逻辑运算的机器，而且对于由若干台计算机联成的系统而言还有通信问题，并且处理的对象都是信息，因而也可以说，计算机科学是研究信息处理的科学。计算机科学分为理论计算机科学和实验计算机科学两个部分。后者时常称为"计算机科学"而不冠以"实验"二字；前者还有其他名称，如计算理论、计算机理论、计算机科学基础、计算机科学数学基础等。在数学文献中所说的计算机科学，一般是指理论计算机科学。实验计算机科学还包括有关开辟计算机新的应用领域的研究。

5. 仿生学

仿生学（Bionics）是指模仿生物建造技术装置的科学，它是在 20 世纪中期才出现的一门新的边缘科学。仿生学研究生物体的结构、功能和工作原理，并将这些原理移植于工程技术之中，发明性能优越的仪器、装置和机器，创造新技术。从仿生学的诞生、发展，到现在短短几十年的时间内，它的研究成果已经非常可观。仿生学的问世开辟了独特的技术发展道路，也就是向生物界索取蓝图的道路。它大大开阔了人们的眼界，显示了极强的生命力。

仿生学一词是 1960 年由美国斯蒂尔（J. E. Steele）根据拉丁文"bios（生命方式的意思）"和字尾"nic（'具有……的性质'的意思）"构成的。生物具有的功能迄今比任何人工制造的机械都优越得多，仿生学就是要在工程上有效地应用并实现生物功能的一门学科。例如关于信息接收（感觉功能）、信息传递（神经功能）、自动控制系统等，这种生物体的结构与功能在机械设计方面给了人们很大启发。例如，人们将海豚的体形和皮肤结构（游泳时能使身体表面不产生紊流）的特点模仿应用到潜艇设计上。仿生学也被认为是与控制论有密切关系的一门学科，而控制论主要是将生命现象和机械原理加以比较，进行研究和解释的一门学科。

1994 年，中国学者曾邦哲提出系统生物工程（Systems Bio-engineering）与系统遗传学（System Genetics）概念。目前，仿生学已经发展到从分子、细胞到器官的人工生物系统（Artificial Biosystem）时代。

6. 人工智能

人工智能（Artificial Intelligence，AI）是指研究、开发用于模拟、延伸和扩展人的智能的理论、方法、技术及应用系统的一门新技术科学。人工智能是计算机科学的一个分支，它企图了解智能的实质，并生产出一种新的能以人类智能相似的方式作出反应的智能机器。

除了计算机科学以外，人工智能还涉及信息论、控制论、自动化、仿生学、生物学、心理学、数理逻辑、语言学、医学和哲学等多门学科。人工智能学科研究的主要内容包括：知识表示、自动推理和搜索方法、机器学习和知识获取、知识处理系统、自然语言理解、计算机视觉、智能机器人、自动程序设计等方面。

7. 信息技术

信息技术（Information Technology，IT）是一个庞大的技术群，它是关于信息的产生、发送、传输、接收、变换、识别和控制等应用技术的总称，是在信息科学的基本原理和方法的指导下扩展人类信息处理功能的技术，具体包括信息基础技术、信息处理技术、信息应用技术和信息安全技术等。[⊖]

（1）信息基础技术

1）微电子技术。微电子技术是在半导体材料芯片上采用微米级加工工艺制造微小型化电子元器件和微型化电路的技术。它主要包括超精细加工技术、薄膜生长和控制技术、高密度组装技术、过程检测和过程控制技术等。微电子技术是信息技术的基础和支柱。实现信息化的网络及其关键部件，不管是各种计算机还是电子通信装备，甚至家电，它们的基础都是集成电路。

2）光子技术和光电技术。光子是物质存在和运动的基本形态之一，它具有运动速度快、不具有荷电性、最容易体现波粒二象性、静止质量为零等特征。利用光子作为信息的载体，在某些场合效果明显优于电子，比如信息的远距离传输，光缆比电缆好。光子技术主要包括光子发生技术、光子存储技术、光子调制和开关技术、光子通信技术、光子探测技术等，利用该技术生产的计算机和通信等产品，具有运算速度更快、存储容量更大、传输更迅速的特点。光电技术是一门以光电子学为基础，综合利用光学、精密机械、电子学和计算机技术解决各种工程应用课题的技术学科。信息载体正在由电磁波段扩展到光波段，从而使光电科学与光机电一体化技术集中在光信息获取、传输、处理、记录、存储、显示和传感等的光电信息产品的研究和利用上。光电技术是光子技术与电子技术的交叉技术。利用光子与电子的相互作用和能量转换原理可以制造光电产品。

3）分子电子技术。科学家发现，当光照射蛋白质分子时，其分子结构发生周期性变化，其中两种稳定结构状态可起导通和关闭的开关作用，能用来表示信息或状态。不仅蛋白质有此特性，其他许多生物分子也具有类似特性。利用这些特性可制作生物分子开关元件。分子电子技术是信息基础技术的一个全新技术门类。它是一种以生物分子作为载体、在分子水平上实现电子学的信息处理和存储过程的仿生技术，其目标是探索有关分子电子器件的制造技术、研制分子器件构造的并行分布式仿生智能信息处理系统，从而开辟信息科学发展的新途径。

（2）信息处理技术

1）信息获取技术。信息的获取可以通过人的感官或技术设备进行。有些信息，虽然可以通过人的感官获取，但如果利用技术设备来完成，效率会更高，质量会更好。信息获取技术主要包括传感技术和遥感技术。目前，传感技术在军事国防、医疗卫生、家用电器、矿产资源、海洋开发、生命科学、生物工程等领域都扮演着极其重要的作用。例如，在军事国防领域，各种侦测设备、红外夜视探测、雷达跟踪、武器精确制导，如果没有传感器则很难实现。人造卫星的遥感遥测也与传感器密切相关。

⊖ 李衍达，等. 信息科学技术概论. 清华大学出版社，2005。

2）信息传输技术。它包括通信技术和广播技术，其中前者是主流。现代通信技术包括移动通信技术、数据通信技术、卫星通信技术、微波通信技术和光纤通信技术等。通信技术以电子学方法为基础，研究实现从点到点（如人与人、人与机器或者机器与机器）的信息传输的原理、技术和系统。

3）信息加工技术。它是利用计算机硬件、软件、网络对信息进行存储、加工、输出和利用的技术，包括计算机硬件技术、软件技术、网络技术、存储技术等。作为一门新兴的技术，计算机技术在短短的几十年内获得了空前发展，其应用已渗透到社会、生活的各个方面。计算机技术的应用不仅改变了人类生产和生活的方式，而且在一定程度上决定着许多学科的新发展，影响和改变着各国综合国力的对比。

4）信息控制技术。它是利用信息控制系统使信息能够顺利流通的技术。现代信息控制系统的主体为计算机控制系统。

（3）信息应用技术

信息应用技术大致可分为两类：一类是管理领域的信息应用技术，主要代表是管理信息系统（Management Information System，MIS）技术；另一类是生产领域的信息应用技术，主要代表是计算机集成制造系统（Computer Integrated Manufacturing Systems，CIMS）。其中，MIS 是由人和计算机等组成的能进行信息收集、传输、加工、存储和利用的人工系统。其技术理论包括信息系统的分析、设计、实施和评价等。CIMS 是在通信技术、计算机技术、自动控制技术、制造技术基础上，将制造类企业中的全部生产活动（包括设计、制造、管理等）统一管理起来，形成一个最优化的产品生产大系统。CIMS 系统由管理信息系统、产品设计与制造工程设计自动化系统、制造自动化系统、质量保证系统等功能子系统组成。CIMS 技术的关键是将各功能子系统有机地集成在一起，而集成的重要基础是信息共享。

目前，信息技术已成为现代化产业的重要支柱，计算机技术与先进通信技术相结合，已经引发一场全球性的信息革命，由此产生了许多神奇的功能，并逐渐改变社会生活的各个方面。日本人所说的"3C4A"革命，是指以计算技术为主体的信息技术渗透到社会的各个角落。其中，3C 是指通信（Communication）、计算机（Computer）和自动控制（Control），它们英文名称的第一个字母都是"C"，3C 构成了强大而又灵活的信息网络，是信息时代的神经中枢。4A 是指工厂自动化（Factory Automation，FA）、农业自动化（Agriculture Automation，AA）、办公室自动化（Office Automation，OA）和家庭自动化（Home Automation，HA）。

（4）信息安全技术

信息安全技术主要有密码技术、防火墙技术、病毒防治技术、身份鉴别技术、访问控制技术、备份与恢复技术、数据库安全技术等。其中，密码技术是指通过信息的变换或编码，使不知道密钥的人不能解读所获信息，从而实现信息加密的技术。该技术包括两个方面：密码编码技术和密码分析技术。防火墙是保护组织内部网络免受外部入侵的屏障，是内、外网络隔离层硬件和软件的合称。防火墙技术主要有包过滤技术、代理技术、电路级网关技术等。有关信息安全技术的详细内容，请参考后续章节相关内容。

2.1.2　管理科学

信息资源管理源于管理领域，它从诞生之日起就大量汲取了管理科学的理论和方法来充实自己。因此，有人将信息资源管理看做是管理科学的一种分支理论或者发展趋势。

管理科学（Management Science）通常有广义和狭义两种理解。广义管理科学是指有关管理的科学，包括古往今来的所有管理理论（如科学管理理论、管理科学理论、系统管理理论、人际关系学说等）。狭义管理科学仅指西方管理科学中的数量学派，它几乎是运筹学的同义词。如果没有特殊说明，则本书中所指的管理科学均指广义管理科学。

由于管理理论和实践的发展，作为组织资源之一的信息资源日益成为影响组织管理效果和效率的重要因素。因此，如何更加合理地管理和利用信息资源，使其发挥更大的作用就成为管理学研究的新领域，由此促进了信息资源管理学科的形成和发展。

古今中外的管理科学理论极其丰富，下面主要介绍作为信息资源管理理论先导的重要管理科学流派及其管理思想。通常将其进一步细分为古典管理理论、行为科学理论、现代管理理论、企业文化理论、第五代管理理论五个发展阶段。

1. 古典管理理论

古典管理理论阶段是管理理论的最初形成阶段。其间，在美、法、德等国分别活跃着具有奠基人地位的管理大师，即"科学管理之父"泰罗（Frederick Winslow Taylor，1856—1915）、"现代经营管理之父"法约尔（Henri Fayol，1841—1925）以及"组织理论之父"韦伯（Max Weber，1864—1920），他们分别尝试从车间工人、办公室总经理、组织三个不同角度去解决企业和社会组织的管理问题，为当时的社会解决企业组织中的劳资关系、管理原理和原则、生产效率等问题，提供了管理思想的指导和科学理论方法。

（1）泰罗的科学管理理论

科学管理（Scientific Management）理论诞生的主要标志是泰罗于 1911 年出版了《科学管理原理》（见图 2-1）。泰罗对科学管理作了这样的定义，他说："诸种要素——不是个别要素的结合，构成了科学管理，它可以概括如下：科学，不是单凭经验的方法；协调，不是不和别人合作，不是个人主义；最高的产量，取代有限的产量；发挥每个人最高的效率，实现最大的富裕。"这个定义既阐明了科学管理的真正内涵，又综合反映了泰罗的科学管理思想。泰罗科学管理的理论要点包括：①工作定额原理。在制定工作定额时，泰罗是以"第一流的工人在不损害其健康的情况下，维护较长年限的速度"为标准。②挑选头等工人。为了提高劳动生产率，必须为工作挑选头等工人。③标准化原理。泰罗认为标准化对劳资双方都是有利的。④计件工资制。泰罗在 1895 年提出了一种差别工资制方案。⑤劳资双方的密切合作。泰罗认为，资方和工人的紧密、亲切和个人之间的合作，是现代科学或责任管理的精髓。⑥建立专门计划层。泰罗把计划的职能和执行的职能分开。要确保管理任务的完成，应由专门的计划部门来承担找出和制定标准的工作。⑦职能工长制。泰罗提出必须废除当时企业中军队式的组织，实行"职能式管理"。⑧例外原则。所谓例外原则，是指企业的高级管理人员将一般日常事务授权给下属管理人员，而自己保留对例外事项的决策权和控制权。后来，泰罗的追随者们依其理论进行了动作与工时等效率问题的研究。

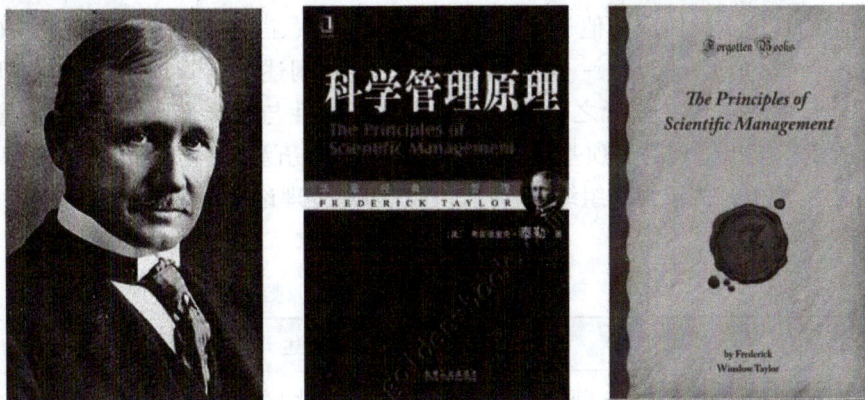

图 2-1　泰罗及其代表作中英文封面

人物小传

【人物小传 2-5　泰罗】泰罗（Frederick Winslow Taylor，1856—1915）是美国机械工程师、科学管理学者、发明家，他的墓碑上刻着："科学管理之父——弗雷德里克·温斯洛·泰罗"。泰罗研究和推广了工业企业的科学管理，并于 1911 年出版了《科学管理原理》一书。他首创的工业企业科学管理，受到当时欧美科学技术界和工商界的重视，其主要著作有《皮带传动》《计件工资制》《车间管理》《金属切削工艺》《科学管理原理》《科学管理》《工场管理》等。

案例分析

【案例 2-1　联合邮包服务公司的科学管理】联合邮包服务公司（United Parcel Service Inc.，UPS）雇佣了 15 万名员工，平均每天将 900 万个包裹发送到美国各地和 180 个国家。为了实现其宗旨——"在邮运业中办理最快捷的运送"，UPS 管理当局系统地培训员工，使他们以尽可能高的效率来从事工作。下面就以送货驾驶员的工作为例来介绍该公司的管理概况。

　　UPS 的工业工程师们对每一位驾驶员的行驶路线进行了时间研究，并对每种送货、暂停和取货活动都设立了标准。这些工程师们记录了红灯、通行、按门铃、穿院子、上楼梯、中间休息喝咖啡等的时间，甚至包括上厕所的时间，并将这些数据输入计算机中，从而给出每一位驾驶员每天工作的详细时间标准。为了完成每天取送 130 件包裹的任务，驾驶员必须严格遵循工程师所设定的程序。当他们接近发送站时，他们松开安全带，按喇叭，关发动机，拉起紧急制动，把变速器推到一挡上，为送货完毕后重新启动离开作好准备，这一系列动作要求做到严丝合缝。然后，驾驶员下车，右臂夹着文件夹，左手拿着包裹，右手拿着车钥匙。他们看一眼包裹上的地址并记在脑子里，然后以每秒 3ft 的速度快步跑到顾客家的大门前，先敲一下门，以免浪费时间找门铃。送完货后，他们在回到货车上的路途中完成登录工作。

　　【思考题】（1）请你结合联合邮包服务公司的实际情况，讨论一下科学管理的核心内容是什么。

　　　　　　（2）你能否列举更多的实例？

（2）法约尔的一般管理理论

法约尔的理论贡献体现在他于 1916 年出版的著作《工业管理与一般管理》（Administration Industrielle Et Générale）一书中，他从四个方面阐述了其管理理论：企业职能不同于管理职能，后者包含在前者之中；管理教育的必要性与可能性；提出 14 条管理原则，如表 2-1 所示；提出管理的五项基本职能（又称"管理五要素"），即计划、组织、指挥、协调和控制。其中，关于管理组织与管理过程职能划分理论，对后来的管理理论研究具有深远影响。

表 2-1　法约尔的 14 条管理原则

内　容	描　述
劳动分工	分工的目的在于通过减少浪费、增加产出、简化工作培训来提高效率
权力与责任	权力是指挥和要求他人服从的力量。责任作为权力的孪生物，它是履行既定职责的义务
纪律	纪律是指人们对控制组织的规则的尊重。必须在组织与其雇员之间达成清晰明确的协议，组织的纪律状况有赖于它的领导力量
统一指挥	一名雇员应该只接受一个领导者的命令。严守这一原则可以避免行使职权和执行纪律方面的失败
统一领导	统一领导是指同一个单独目标的各种相似行动应该集中于同一个管理者的管理之下
个别利益服从整体利益	把个人利益摆在次要地位，组织中个人或小集团的利益不应该置于组织的整体利益之上
人员的报酬	报酬应该本着公平的原则，使雇员和组织双方都满意
集中	管理者必须保留最终的责任，但他们也应该给予下属成功完成任务的足够权力。最恰当的集中程度应该依据情况变化而变化。在各种情况下，把握集中的度也是一个问题
等级系列	又称为"等级链"或者"指挥链"，是指从最高领导到最低级别的管理者连成的链。在任何时候，都应该遵照这条清晰的权力线行事
秩序	应该通过协调，使人力和物力资源都被安排到正确的时间和地点
公平	管理者在对待雇员时必须考虑到他们对公平与平等待遇的渴望
人员的稳定	成功的组织需要有稳定的人员队伍。在管理实践中，应该鼓励雇员长期为组织服务
首创精神	应该鼓励雇员制订和执行改进计划
团结精神	管理者应该在雇员中倡导和保持团队协作、团结一致的团队精神

法约尔还提出经营六职能说。他认为，管理不同于经营，只是经营的六种职能活动之一。这六种职能活动是：技术活动、商业活动、财务活动、安全活动、会计活动和管理活动。它们是企业组织中各级人员都在不同程度要进行的，只不过是由于职务高低和企业大小的不同而各有侧重。

【人物小传2-6　法约尔】法约尔（Henri Fayol，1841—1925）是法国科学管理专家、管理学先驱之一。他在实践和大量调查研究的基础上，提出了管理功能理论。法约尔认为，管理功能主要包括计划、组织、命令、协调和控制。法约尔的管理功能理论在欧洲有着深远的影响，也曾被美国传统行政学派接受，其主要著作有《工业管理与一般管理》《国家在管理上的无能——邮政与电信》《公共精神的觉醒》等。

（3）韦伯的行政组织理论

19 世纪末 20 世纪初，德国著名社会学家韦伯（Max Weber）最先开始对官僚制度进行研究。他对组织学的最大贡献在于提出和建立了官僚模型（Bureaucratization Model）的组织理论，并因此被称为"组织理论之父"。韦伯的主要理论观点是：理性—法律的权力是行政组织的基础；必须建立一种高度结构化的、正式的、非人格化的"理想的行政组织体系"，他认为这是对个人进行强制控制的最合理手段，是实现目标、提高劳动生产率的最有效形式，而且在精确性、稳定性、纪律性和可靠性方面要优于其他组织。

韦伯的行政组织体系包括以下六个方面的内容：①为了实现一个组织的目标，要把组织中的全部活动划分为各种基本的作业，作为公务分配组织中的各个成员。②各种公务和职位是按照职权的等级原则组织起来的，每一职位有明文规定的权利和义务，形成一个指挥系统或层次体系。③组织中人员的任用，完全根据职务上的要求，通过正式考试或教育训练来实行。④管理人员有固定的薪金和明文规定的升迁制度，是一种"职业的"管理人员。⑤管理人员必须严格遵守组织规定的规则和纪律，不受任何人的感情因素的影响，保证在任何情况下规则和纪律都能得到贯彻执行。⑥组织中的各级官员必须完全以理性为指导，他们没有个人目标，没有仇视、偏爱、怜悯、同情，然而却有理性，尽管这种理性带有机械性。

【人物小传2-7　韦伯】马克斯·韦伯（Max Weber，1864—1920）是德国著名的社会学家、哲学家和历史学家，他还是社会行动理论首倡者和社会学奠基人，并且被认为是 19 世纪末 20 世纪初西方社会科学界最有影响的理论大师之一。他在社会学、政治学、宗教学、法学、哲学领域都有较深造诣，其主要著作有《新教伦理与资本主义精神》《一般经济史》《社会和经济组织的理论》。韦伯对管理学的重大贡献就是提出了官僚组织结构理论，并因此被尊称为"组织理论之父"。

古典管理理论被许多管理学者研究和传播，并加以系统化。其中，贡献较突出的有英国的厄威克（Lyndall Fownes Urwick，1891—1983）以及美国的古利克（Luther Halsey Gulick，1892—1992），前者提出了他认为适用于一切组织的十条原则，后者概括提出了管理的七项职能（包括计划、组织、人事、指挥、协调、报告和预算，简称"POSDCRB"）。

古典管理理论是人类历史上首次用科学的方法来探讨管理问题，古典管理理论阶段的研究侧重于从管理职能、组织方式等方面研究效率问题，对人的心理因素考虑很少或根本不去考虑。

人物小传

【人物小传 2-8　厄威克】林德尔·福恩斯·厄威克（Lyndall Fownes Halsey Urwick，1891—1983）是英国行政管理学家，他与卢瑟·古利克（Luther Halsey Gulick）一起系统地整理了古典管理理论，在管理学文献中竖立了一块重要的里程碑。厄威克一生著述颇多，主要著作有《科学管理的要素》《明天的管理》《组织的科学原则》《组织中的委员会》《管理备要》《丛林战的战术》等。最能反映厄威克在行政管理学研究成果的是他与古利克合编的《管理科学论文集》，书中提出了组织结构的十条原则。

【人物小传 2-9　古利克】卢瑟·古利克（Luther Halsey Gulick，1892—1992）是美国公共行政学研究领域中最有影响的人物之一，他是美国公共行政学会的创始人之一，并出任过该学会的四届会长。古利克的主要著作有《马赛诸塞州的财政演变》《第二次世界大战以来的管理变化》《美国林业政策》《城市问题与美国理念》等。

2. 行为科学理论

行为科学理论阶段重视研究人的心理、行为等对高效率地实现组织目标（效果）的影响作用。这些研究起源于以梅奥（George Elton Myao，1880—1949）为首的美国国家研究委员会与西方电气公司合作进行的霍桑实验（Hawthome Studies，1924—1932），该实验的结果表明：职工是"社会人"而非"经济人"，企业中存在着"非正式组织"，新型的领导能力在于提高职工的满足度。由此引起了管理学者对人的行为的兴趣，从而促进了行为科学理论的发展。该理论主要研究个体行为、团体行为与组织行为。该时期具有代表性的理论成果主要包括需求层次理论、双因素理论、激励需求理论、X 理论—Y 理论、波特—劳勒激励模式、全面质量管理理论等。

人物小传

【人物小传 2-10　梅奥】乔治·艾顿·梅奥（George Elton Myao，1880—1949）原籍澳大利亚，他是美国行为科学家、人际关系理论创始人、美国艺术与科学院院士。1927年冬，梅奥应邀参加了始于 1924 年但中途遇到困难的霍桑实验。他在管理学上的最大贡献是提出了以人为本的管理思想，其代表性著作包括《工业文明的人类问题》《工业文明的社会问题》《组织中的人》《管理和士气》等。

（1）马斯洛的需求层次理论

马斯洛（Abraham H. Maslow，1908—1970）的需求层次理论（Hierarchy of Needs）认为，人的需求可以分为五个层次：①生理需求——维持人类生存所必需的身体需求。②安全需求——保证身心免受伤害。③归属和爱的需求——包括感情、归属、被接纳、友谊等需求。④尊重的需求——包括内在的尊重如自尊心、自主权、成就感等需求和外在的尊重如地位、认同、受重视等需求。⑤自我实现的需求——包括个人成长、发挥个人潜能、实现个人理想的需求。当某一层次的需求满足之后，该需求就不再具有激励作用。在任何时候，主管人员都必须因地制宜地对待人们的各种需求。

人物小传

【人物小传 2-11　马斯洛】亚伯拉罕·哈罗德·马斯洛（Abraham H. Maslow，1908—1970）是美国社会心理学家、人格理论家和比较心理学家，他是人本主义心理学的主要发起人。1943 年，马斯洛在《心理学评论》上发表了著名论文《人类动机论》。他的动机理论又称为需求层次理论，认为人类动机的发展和需求的满足有密切关系，需求层次高低不同。马斯洛的主要著作还有《动机和人格》《存在心理学探索》《科学心理学》《人性能达到的境界》等。

案例分析

【案例 2-2　富翁的善心】在一个遥远的地方，有一座美丽的家园，在这座家园中生活的人们非常幸福，他们互相帮助，辛勤劳动，一直过着太平而又祥和的生活。但是，不幸的一天到来了，战火无情地摧毁了这座美丽的家园。在这里生活的居民，有的妻离子散，有的家破人亡，还有的伤痕累累……正值隆冬，难民们无家可归，只好露宿街头，缺衣少食。夜晚的降临，对于他们来说，简直比灾难更加可怕，刺骨的寒风无情地钻进他们本就不能遮体的衣服里，加上饥肠辘辘，真是生不如死。一位远近闻名的富翁碰巧经过这里，看到眼前的情景，顿生怜悯之心，决定要给他们一些帮助。他回去后不惜花重金，请来了一位很有名气的歌唱家，专程为难民演奏小夜曲。可是，当歌唱家来到难民营地以后，还没有开口唱歌，就被难民们给赶走了。这位富翁非常生气，心想："我好心好意地花那么多钱请来的歌唱家竟然被他们赶走了，真是太过分了！"难民们对富翁说："您的善心我们心领了，可是我们现在不需要听小夜曲，我们需要的是吃和穿。"

【思考题】（1）请结合本案例简要描述行为科学理论中需求层次理论的要点。

（2）员工激励是现代企业管理中需要考虑的一个重要问题，请结合本案例谈谈可以采取哪些有效措施来满足员工的不同需求。

（2）赫茨伯格的双因素理论

赫茨伯格（Fredrick Herzberg，1923—2000）的双因素理论（Two Factor Theory）把影响人员行为绩效的因素分为"保健因素"与"激励因素"，其中，保健因素（Hygiene Factor）是指"得到后则没有不满，得不到则产生不满"的因素，激励因素（Motivation Factor）是指"得到后则感到满意，得不到则没有不满"的因素。主管人员必须抓住能使职工满意的因素。赫茨伯格双因素理论是在对美国匹兹堡地区的 9 个制造厂中工作的 203 名会计人员和工程师进行研究的基础上提出来的，他采用了关键事件技术（Critical Incident Technique）来获取分析数据。

人物小传

【人物小传 2-12　赫茨伯格】弗雷德里克·赫茨伯格（Fredrick Herzberg，1923—2000）是美国著名的行为科学家。赫茨伯格一生撰写过一百多篇论文，主要著作有《工作的激励因素》《工作与人性》《管理的选择：是更有效还是更有人性》等。其最主要的成就是双因素理论，该理论对于管理者的启示是：要重视员工工作内容方面的因素，特别是要使工作丰富化，以便多方面地满足员工多方面的需求。

（3）麦克莱兰的激励需求理论

美国哈佛大学教授麦克莱兰（David C. McClelland，1917—1998）提出了激励需求理论（McClelland's Theory of Needs）。他指出，在任何一个组织以及每个代表实现某种目标而集合在一起的工作群体中，不同层次的人具有不同的需求。因此，主管人员要根据不同人的不同需求来进行激励，尤其应设法提高人们的成就需要。麦克莱兰的激励需求理论在企业管理中很有应用价值。首先，在人员的选拔和安置上，通过测量和评价一个人动机体系的特征对于如何分派工作和安排职位有重要的意义。其次，由于具有不同需要的人需要不同的激励方式，了解员工的需要与动机有利于合理建立激励机制。最后，麦克莱兰认为动机是可以训练和激发的，因此可以训练和提高员工的成就动机，以提高生产率。

👤 人物小传

【人物小传 2-13　麦克莱兰】戴维·麦克莱兰（David C. McClelland，1917—1998）是美国心理学家，因其动机研究（特别是成就需要）而知名，1987 年获得美国心理学会杰出科学贡献奖。麦克莱兰早期对社会动机问题很感兴趣，发展了期望学说。此外，他还有其他方面的贡献，包括差异性假设、有机体适应能力的研究等。麦克莱兰的主要著作有《人格》《成就动机》《成就社会》《经济上的成就动机》《酗酒者》《动力：内心的体验》等。

🔍 案例分析

【案例 2-3　日本企业的激励新招】企业内部往往有一批资深的雇员，他们已经缺乏工作热情，生产力偏低。如何重新激发他们的斗志呢？日本企业采用了一种新方法就是给他们播放带有谴责成分的录像带。录像带代替经理们说出了他们不愿意说的坦白话，用强硬的语气警告"老臣子"们不要沉醉于昔日的辉煌，并教导他们如何成为一个积极进取的人，片子最后斥责不努力的员工是"企业内的盗贼"，根本不值得支薪。这种录像带已经被日本许多企业采用，深受欢迎。

　【思考题】（1）结合本案例材料说说如何正确运用激励因素？
　　　　　　（2）如果在中国企业界推行该方法，能否取得成功？

（4）麦格雷戈的 X 理论—Y 理论

麦格雷戈（Douglas M. McGregor，1906—1964）的"X 理论—Y 理论"是专门研究企业中人的特性问题的理论。X 理论（Theory X）是对"经济人（Economic Man）"假设的概括，而 Y 理论（Theory Y）是根据"社会人（Social Man）""自我实现人"的假设，并归纳了马斯洛与其他类似观点后提出的，是行为科学理论中较有代表性的观点。随着对人的假设发展至"复杂人（Complex Man）"，又有人提出了"超 Y 理论（Super Theory Y）"。

👤 人物小传

【人物小传 2-14　麦格雷戈】道格拉斯·麦格雷戈（Douglas M. McGregor，1906—1964）是美国著名的行为科学家和管理教育家，是行为科学学派的代表性人物之一。他在美国 1957 年 11 月的《管理评论》杂志上发表了《企业的人性方面》一文，提出了著名的"X 理论—Y 理论"。麦格雷戈的代表性著作包括《企业的人性方面》《经理人员在技术爆炸时期的责任》《管理的哲学》《领导和激励：道格拉斯·麦格雷戈论文集》《职业的经理》等。

（5）波特-劳勒激励模式

波特-劳勒激励模式（Porter-Lawler Incitement Model）由波特（Lyman W. Porter）和劳勒（Edward E. Lawler Ⅲ，1938— ）合作提出，认为激励不是一种简单的因素关系，人们努力的程度取决于报酬的价值、自认为所需要的能力以及实际得到报酬的可能性，管理者应当仔细评价其报酬结构，把"努力—成绩—报酬—满足"这一连锁关系结合到整个管理系统中去。

人物小传

【人物小传 2-15 波特】莱曼·波特（Lyman W. Porter）是著名的美国心理学家、行为科学家、人力资源管理专家，现为美国加利福尼亚大学欧文分校管理研究院名誉教授。1968年，他与爱德华·劳勒一起在《管理态度和成绩》一书中提出了波特—劳勒期望激励理论。波特主持或者参加过美国国家科学基金会等机构资助的多个项目，其代表性著作有《管理态度和成绩》《成绩对工作满足的影响》《管理教育与进展》等，他还发表了80多篇学术论文。

【人物小传 2-16 劳勒】爱德华 E·劳勒三世（Edward E. Lawler Ⅲ，1938— ）是人力资源管理、组织发展和组织效率等方面的世界级权威，他被《商业周刊》杂志评为"全美管理界的六位大师之一"。目前，他已出版《高度参与式管理》《绩效评价体系的设计》《美国的雇员参与》《战略上的薪酬》《雇员参与与全面质量管理》《明日的组织》《未来式领导人》《最终优势》等30多部管理类著作，发表了300多篇论文。

（6）费根堡姆的全面质量管理理论

经济的发展、市场的繁荣促使卖方市场开始向买方市场转变。于是，由美国质量管理专家费根堡姆（Armand V. Feigenbaum，1920— ）首倡的**全面质量管理**（Total Quality Management，TQM）"始于顾客，终于顾客"的思想开始引起管理界的重视，并为世界各国广为传播和接受。与其说 TQM 是质量管理，不如说它是以质量为中心的企业管理，而质量好坏的评判由顾客说了算。因此，需要先从外部了解需要，然后实施内部质量控制，最后落脚于"顾客满意"。

人物小传

【人物小传 2-17 费根堡姆】阿曼德 V. 费根堡姆（Armand V. Feigenbaum，1920— ）于 1920 年出生在美国纽约市。他先后就读于联合学院和麻省理工学院，1951 年从麻省理工学院获得工程博士学位。费根堡姆是全面质量控制的创始人，他主张用系统或者全面的方法来管理质量。1961 年，他在其代表作《全面质量管理》一书中第一次系统地阐述了全面质量管理的理论和方法，强调全面质量计划是组织和企业中最有力的工具。

3. 现代管理理论

第二次世界大战以后，组织所处的社会环境发生了极大的变化，工业生产迅速发展，组织规模进一步扩大，技术更新的步伐不断加快，导致原有的仅关注组织内部管理的理论日益脱离实践的需要。在这种情况下，一大批学者开始探求组织如何在变化的环境中求生存、求发展的理论和思想，由此各派管理理论如雨后春笋般地产生了。美国著名管理学家孔茨（Hard Koontz，1908—1984）分别在 1961 年和 1980 年发表了《管理理论的丛林》和《再论管理理论的丛林》两篇论文，将管理理论各派"群雄并起"的现象称为"管理理论的丛林"。在第二篇论文中，孔茨将当时的各种管理理论归纳成 11 个派别，即经验或案例学派、人际关系学派、群体行为学派、合作社会系统学派、社会技术系统学派、决策学派、系统学派、管理科学学派、权变学派、管理角色学派和经营管理学派。《中国企业管理百科全书》中则将现代管理理论总结为六个主要学派，即社会系统学派、决策理论学派、系统管理学派、经验主义学派、权变理论学派和管理科学学派。下面简要介绍其中一些代表性派别。

人物小传

【人物小传 2-18　孔茨】哈罗德·孔茨（Hard Koontz，1908—1984）是当代著名的管理学家，也是西方管理思想发展史上最重要的过程学派代表人物。他曾担任加利福尼亚大学管理研究院管理学教授，还被选为美国管理学院和国际管理学院院士，并兼任一些大公司的顾问。他本人撰写或者合作撰写的学术著作有 19 部，共计发表了 90 篇学术论文，他的《管理学原理》已被译成 16 种文字，产生了广泛的社会影响。

（1）社会系统学派

社会系统学派的代表人物是美国著名的管理学家切斯特·巴纳德（C. D. Barnard，1886—1961）。1938 年，他发表了《经理人的职能》一书，在这本著作中，他对组织和管理理论的一系列基本问题都提出了与传统组织和管理理论完全不同的观点。他认为组织是一个复杂的社会系统，应从社会学的观点来分析和研究管理的问题。由于他把各类组织都作为协作的社会系统来研究，后人把由他开创的管理理论体系称为社会系统学派。

社会系统学派的主要内容包括：①组织是一个由个人组成的协作系统，个人只有在一定的相互作用的社会关系下，同他人协作才能发挥作用。②巴纳德认为组织作为一个协作系统包含三个基本要素：能够互相进行信息交流的人们；这些人们愿意作出贡献；达到一个共同目的。因此，一个组织的要素是：信息交流；作贡献的意愿；共同的目的。③组织是两个或两个以上的人所组成的协作系统，管理者应在这个系统中处于相互联系的中心，并致力于获得有效协作所必需的协调，因此，经理人员要招募和选择那些能为组织目标的实现而作出最好贡献并能协调地工作在一起的人员。为了使组织的成员能为组织目标的实现作出贡献和进行有效的协调，巴纳德认为应该采用"维持"的方法，包括"诱因"方案的维持和"威慑"方案的维持。"诱因"方案的维持是指采用各种报酬奖励的方式来鼓励组织成员为组织目标的实现作出他们的贡献；"威慑"方案的维持是指采用监督、控制、检验、教育和训练的方法来促使组织成员为组织目标的实现作出他们的贡献。④经理人员的作用就是在一个正式组织中充当系统运转的中心，并对组织成员的活动进行协调，指导组织的运转，实现组织的目标。

（2）决策理论学派

决策理论学派是在第二次世界大战之后发展起来的一门新兴的管理学派，它以社会系统论为基础，吸收了行为科学、系统论的观点，并充分运用电子计算机技术和统筹学的方法。

决策理论学派的主要代表人物是曾获 1978 年度诺贝尔经济学奖的赫伯特·西蒙，他继承了巴纳德的社会组织理论，着重研究为了实现既定目标所应采取的组织活动过程和方法。

决策理论学派的主要内容包括：①决策贯穿管理的全过程，决策是管理的核心。②系统阐述了决策原理。③在决策标准上，用"令人满意"的准则代替"最优化"准则。④一个组织的决策根据其活动是否反复出现可分为程序化决策和非程序决策。经常性的活动的决策应程序化以降低决策过程的成本，只有非经常性的活动，才需要进行非程序化的决策。

（3）系统管理学派

系统管理学派（System Management School）侧重以系统观点考察组织结构及管理基本职能，代表人物是美国的弗理蒙特·卡斯特（F. E. Kast）、罗森茨威克（J. E. Rosenzweig）。

系统管理学派的主要观点：①组织是一个由许多子系统组成的，组织作为一个开放的社会技术系统，是由目标与价值分系统、技术分系统、社会心理分系统、组织结构分系统、管理分系统五个不同的分系统构成的整体。这五个分系统之间既相互独立，又相互作用，不可分割，从而构成一个整体。这些系统还可以继续分为更小的子系统。②企业是由人、物资、机器和其他资源在一定的目标下组成的一体化系统，它的成长和发展同时受到这些组成要素的影响。③如果运用系统观点来考察管理的基本职能，则可以把企业看成是一个投入—产出系统，投入的是物资、劳动力和各种信息，产出的是各种产品或服务。

（4）经验主义学派

经验主义学派认为管理学就是研究管理经验，认为通过对管理人员在个别情况下成功的和失败的经验教训的研究，会使人们懂得在将来相应的情况下如何运用有效的方法解决管理问题。因此，这个学派的学者把对管理理论的研究放在对实际管理工作者的管理经验教训的研究上，强调从企业管理的实际经验而不是从一般原理出发来进行研究，强调用比较的方法来研究和概括管理经验。

经验主义学派理论的主要内容包括：①管理应侧重于实际应用，而不是纯粹理论的研究。②管理者的任务是了解本机构的特殊目的和使命，使工作富有活力并使职工有成就。③实行目标管理的管理方法。德鲁克理论给管理学的最大贡献是他提出任务（或目标）决定管理，并据此提出目标管理法。德鲁克认为传统管理学派偏于以工作为中心，忽视人的一面，而行为科学又偏于以人为中心，忽视了同工作相结合。目标管理则结合以工作为中心和以人为中心的管理方法，使职工发现工作的兴趣和价值，从工作中满足其自我实现的需要，同时，企业的目标也因职工的自我实现而实现，这样就把工作和人性二者统一起来了。目标管理在当今仍是运用最多的管理方法。

（5）权变理论学派

权变理论学派是 20 世纪 60 年代末 70 年代初在美国经验主义学派基础上进一步发展

起来的管理理论。权变理论认为，在组织管理中要根据组织所处的环境和内部条件的发展变化随机应变，没有一成不变、普遍适用、"最好的"管理理论和方法。权变管理就是依托环境因素和管理思想及管理技术因素之间的变数关系来确定的一种最有效的管理方式。

进入 20 世纪 70 年代以来，权变理论在美国兴起，受到广泛的重视。权变理论的兴起有其深刻的历史背景，20 世纪 70 年代的美国，社会不安、经济动荡、政治骚动达到空前的程度，石油危机对西方社会产生了深远的影响，企业所处的环境很不确定。但以往的管理理论，如科学管理理论、行为科学理论等，主要侧重于研究加强企业内部组织的管理，而且以往的管理理论大多都在追求普遍适用的、最合理的模式与原则，而这些管理理论在解决企业面临瞬息万变的外部环境时又显得无能为力。正是在这种情况下，人们不再相信管理会有一种最好的行事方式，而是必须随机制宜地处理管理问题，于是形成一种管理取决于所处环境状况的理论，即权变理论，"权变"的意思就是权宜应变。

美国学者卢桑斯（F. Luthans）在 1976 年出版的《管理导论：一种权变学》一书中系统地概括了权变管理理论。他认为：①权变理论就是要把环境对管理的作用具体化，并使管理理论与管理实践紧密地联系起来。②环境是自变量，而管理的观念和技术是因变量。这就是说，在某种环境条件下，对于更快地实现目标来说，要采用某种管理观念和技术。比如，如果在经济衰退时期，企业在供过于求的市场中经营，则采用集权的组织结构，就更适于实现组织目标；如果在经济繁荣时期，在供不应求的市场中经营，那么采用分权的组织结构可能会更好一些。③权变理论的核心内容是环境变量与管理变量之间的函数关系，即权变关系。环境可分为外部环境和内部环境。外部环境又可以分为两种：一种是由社会、技术、经济和政治、法律等所组成；另一种是由供应者、顾客、竞争者、雇员、股东等组成。内部环境基本上是正式组织系统，它的各个变量与外部环境各变量之间是相互关联的。

（6）管理科学学派

管理科学学派也称计量管理学派、数量学派。也有人将计量管理学派与运筹学看成是统一语，这是因为该学派正式成立始于 1939 年由美国曼彻斯特大学教授布莱克特领导的运筹学小组。

埃尔伍德·斯潘赛·伯法是西方管理科学学派的代表人物之一。这个学派认为，解决复杂系统的管理决策问题，可以用电子计算机作为工具，寻求最佳计划方案，以实现企业的目标。管理科学其实就是管理中的一种数量分析方法。它主要用于解决能以数量表现的管理问题。其作用在于通过管理科学的方法，减少决策中的风险，提高决策的质量，保证投入的资源发挥最大的经济效益。

从管理科学的名称看来，似乎它是关于管理的科学。其实，它主要不是探求有关管理的原理和原则，而是依据科学的方法和客观的事实来解决管理问题，并且要求按照最优化的标准为管理者提供决策方案，设法把科学的原理、方法和工具应用于管理过程，侧重于追求经济和技术上的合理性。

就管理科学的实质而言，它是泰罗的科学管理的继续与发展，因为它们都力图抛弃凭经验、凭主观判断来进行管理，而提倡采用科学的方法，探求最有效的工作方法或最优方案，以达到最高的工作效率，以最短的时间、最小的支出得到最大的效果。不同的是，管理科学的研究已经突破了操作方法、作业研究的范围，而向整个组织的所有活动方面扩展，要求进行整体性的管理。由于现代科学技术的发展，一系列的科学理论和方法被引进到管理领域。因此，管理科学可以说是现代的科学管理。其基本特征是：以系统的观点，运用数学、统计学的方法和电子计算机技术，为现代管理决策提供科学的依据，解决各项生产、经营问题。

管理科学学派的主要内容包括：①组织是由"经济人"组成的一个追求经济利益的系统，同时又是由物质技术和决策网络组成的系统。②管理科学通过科学原理、方法和工具应用于管理的各种活动之中。③管理科学应用的科学方法主要有线性规划、决策树、计划评审法和关键线路法、模拟、对策论、概念论、排队论。④管理科学应用的先进工具主要是指计算机。

4. 企业文化理论

企业文化（Corporate Culture）又称组织文化（Organizational Culture），是指某个组织由其价值观、信念、仪式、符号、处事方式等组成的特有文化形象。

企业文化理论是美国吸取日本企业管理思想的精髓后在管理理论上的一次升华。这种理论提倡以人为本，强调职工既是管理对象，也是管理主体，企业的每一位职工都兼有劳动者和管理者的双重身份和任务。企业文化的核心是企业价值观，即企业的最高目标和宗旨。这种共有的价值观能极大地激发职工的积极性，增强企业的凝聚力。企业文化理论始于美国和日本企业管理的比较研究，进而形成一场轰轰烈烈的"企业文化研究热"。在这一时期出版的一系列著作中，大内（William Ouchi，1943—　）所著的《Z 理论：美国企业界如何迎接日本的挑战》（Theory Z：How American Business Can Meet the Japanese Challenge）被誉为管理思想发展历程中的里程碑之一，该书也被列入全球性畅销书目。由此可见企业文化理论影响之深，波及范围之广。此后，由于信息资源管理的兴起，企业文化理论又融入了一个新的要素（即信息文化）。所谓信息文化，是指信息和通信技术在组织中的应用程度以及组织内部各级管理者对其认识和掌握程度的总和。

👤📄 **人物小传**

【人物小传 2-19　大内】威廉·大内（William Ouchi，1943—　）是日裔美籍管理学家，现为加利福尼亚大学洛杉矶分校的管理学教授。大内从 1973 年开始转向研究日本企业管理，并于 1981 年由美国爱迪生·维斯利出版公司出版了《Z 理论：美国企业界怎样迎接日本的挑战》。在这部书中，大内提出了 Z 理论。该书与《成功之路》《日本的管理艺术》《公司文化》一起合称为美国管理的"四重奏"。

5. 第五代管理理论

第五代管理理论泛指 20 世纪 90 年代以后出现的一些西方管理理论，包括知识管理、虚拟管理、学习型组织、企业再造等新理论。

（1）知识管理

20 世纪 90 年代中后期，当人们还未充分领略到信息资源管理思想给组织管理所带来的前所未有的生机和活力时，另一股管理思潮翩然而至。知识经济的逐步形成，带来了组织管理理念的革命，人们开始重新认识"知识"这一重要的生产力要素，并从组织管理、组织设计等角度重新审视组织的管理方式和手段，导致了知识管理的形成和发展，并以其独特的思想内涵给组织管理者以新的启示。

作为一个新生事物，知识管理虽已经被学术界所接受，但目前尚未形成一个能为人们普遍认可的定义。一般认为，知识管理（Knowledge Management，KM）就是为企业实现显性知识和隐性知识共享提供新的途径，是利用集体智慧提高企业的应变和创新能力。知识管理包括几个方面的工作：建立知识库；促进员工的知识交流；建立尊重知识的内部环境；把知识作为资产来管理。

知识管理中的知识分为显性知识和隐性知识两种类型，知识管理强调在组织内部将这两类知识实现最大范围的共享。知识管理强调员工要贡献个人的隐性知识，实现隐性知识向显性知识转化，并运用所有的知识实现组织的知识创新。在组织结构上，知识管理思想一改工业文明时代用复杂的组织结构使员工从事简单工作的观念，主张用简单的结构激励员工从事复杂的工作。知识管理思想已经在美国和日本等经济发达国家引起了广泛关注，一些公司已将其付诸实践，以适应知识经济发展的需要。

（2）虚拟管理

虚拟管理（Virtual Management）是指公司的成员分布于不同地点时的管理，也可指团队成员并不一定由单一公司成员组成。它的理想状态是跨越时间、空间和组织边界的实时沟通和合作，以达到资源的合理配置和效益的最大化。

例如，耐克公司是世界驰名的体育用品制造商，但它实际上只生产其中最为关键的产品部分（即耐克鞋的气垫系统），而其余几乎 100% 的业务都是由外部的供应商提供的。耐克公司把主要力量集中在新产品的研发和市场营销上，制造上采用"多层伙伴"策略，按不同合作对象的特点，采取不同的合作方式。这使得耐克公司的产值以 20% 的年递增率增长。在 7~8 年间，耐克为它的股东赚取了 31% 的利润。就是这样一家公司，何以能产生如此的辉煌佳绩呢？阿尔文·托夫勒通过对这类企业的长期研究，提出了著名的"虚拟管理思想"。他认为，"虚拟公司是由一些独立的厂商、顾客，甚至同行的竞争对手，通过信息技术联成的临时网络组织，以达到共享技术、分摊费用以及满足市场需求的目的。它既没有中央办公室，也没有正式的组织图，更不像传统企业那样具有多层次的组织结构。"

托夫勒经研究得出虚拟企业有很多种经营形式：①业务外包：业务外包推崇的理念是将多余的企业活动外包给最好的专业公司。②企业共生：几家企业有着共同的需要，对于技术的保密或出于成本的考虑不愿外包的部分，共同出资建立专业化的厂家来生产，并共同分享利益，负责成本。③策略联盟：当几家公司拥有不同的关键技术和资源而彼此的市场互不矛盾时，可以相互交换资源以创造竞争优势。④虚拟销售网络：公司总部对下属销售网络解放"产权"关系，使其成为拥有独立法人资格的销售公司。

人物小传

【人物小传2-20 托夫勒】阿尔文·托夫勒（Alvin Toffler，1928— ），美国著名
未来学家。现担任著名杂志《幸福》的副主编。在记者生涯的磨砺中，对社会问
题，特别是对人类向何处去的问题，发生了浓厚的兴趣，苦心钻研，终于成为知
名的学者。作为杰出的未来学家，托夫勒曾任罗素·赛奇基金会特约研究员、康
奈尔大学特聘教授、洛克菲勒兄弟基金会研究员、IBM 和 AT&T 等跨国企业顾
问，从事未来价值体系及社会走向的研究。托夫勒先生被人们喻为"窥视未来的
眼睛"，其主要著作有《第三次浪潮》。

（3）学习型组织

学习型组织（Learning Organization）是美国学者彼得·圣吉在《第五项修炼——学习
型组织的艺术与实践》（见图 2-2）一书⊖中提出的一种管理观念，企业应建立学习型组
织，其含义为面临剧烈变化的外在环境，组织应力求精简、扁平化、弹性因应、终生学
习、不断自我组织再造，以维持竞争力。

图 2-2 彼得·圣吉和他的代表作《第五项修炼》

人物小传

【人物小传2-21 圣吉】彼得·圣吉（Peter Michael Senge，1947— ）于 1970 年进入麻省理工学院读
研究生，1978 年获得博士学位。此后，他致力于将系统动力学与组织学习、创造原理、认知科学、群
体深度对话与模拟演练游戏融合，发展出一种学习型组织的蓝图，并在麻省理工大学史隆管理学院创
立了"组织学习中心"，对一些国际知名企业进行创建学习型组织的辅导、咨询和策划。1990 年，他的
《第五项修炼——学习型组织的艺术与实践》一书出版后，连续三年荣登全美最畅销书榜榜首，并于
1992 年荣获世界企业学会（World Business Academy）最高荣誉的开拓者奖（Pathfinder Award）。在短短
几年中，该书被译成二三十种文字风行全世界，不仅带动了美国经济近十年的高速发展，并在全世界
范围内引发了一场创建学习型组织的管理浪潮。2001 年，美国《商业周刊》将圣吉推崇为当代最杰出
的新管理大师之一。

⊖ Peter M. Senge. The Fifth Discipline：The Art & Practice of The Learning Organization. Random House，Inc，2006。

学习型组织不存在单一的模型，它是关于组织的概念和雇员作用的一种态度或理念，是用一种新的思维方式对组织的思考。在学习型组织中，每个人都要参与识别和解决问题，使组织能够进行不断的尝试，改善和提高它的能力。学习型组织的基本价值在于解决问题，与之相对的传统组织的着眼点则是效率。在学习型组织内，雇员参加问题的识别，这意味着要懂得顾客的需要。雇员还要解决问题，这意味着要以一种独特的方式将一切综合起来考虑以满足顾客的需要。组织因此通过确定新的需要并满足这些需要来提高其价值。它常常是通过新的观念和信息而不是物质的产品来实现价值的提高。

学习型组织应包括五项要素：①建立共同愿景（Building Shared Vision）：愿景可以凝聚公司上下的意志力，通过组织共识，大家努力的方向一致，个人也乐于奉献，为组织目标奋斗。②团队学习（Team Learning）：团队智慧应大于个人智慧的平均值，以作出正确的组织决策，通过集体思考和分析，找出个人弱点，强化团队向心力。③改变心智模式（Improve Mental Models）：组织的障碍，多来自于个人的旧思维，例如固执己见、本位主义，唯有通过团队学习，以及标杆学习，才能改变心智模式，有所创新。④自我超越（Personal Mastery）：个人有意愿投入工作，专精工作技巧的专业，个人与愿景之间有种"创造性的张力"，正是自我超越的来源。⑤系统思考（System Thinking）：应通过信息搜集，掌握事件的全貌，以避免见树不见林，培养综观全局的思考能力，看清楚问题的本质，有助于清楚了解因果关系。

（4）企业再造

美国企业从 20 世纪 80 年代起开始了大规模的"企业重组革命"，日本企业也从 20 世纪 80 年代开始进行所谓的"第二次管理革命"。在这十几年间，企业管理经历着前所未有的变革。

企业再造也译为"公司再造""再造工程"（Reengineering）。它是 1993 年开始在美国出现的关于企业经营管理方式的一种新的理论和方法。所谓"再造"，简单地说就是以工作流程为中心，重新设计企业的经营、管理及运作方式。按照该理论的创始人美国麻省理工学院原教授迈克尔·海默（Michael Hammer，1948— ）与詹姆斯·钱皮（James A. Champy）的定义，企业再造是指"为了飞越性地改善成本、质量、服务、速度等重大的现代企业的运营基准，对工作流程（Business Process）进行根本性重新思考并彻底改革"，也就是说，"从头改变，重新设计"。为了能够适应新的世界竞争环境，企业必须摒弃已成惯例的运营模式和工作方法，以工作流程为中心，重新设计企业的经营、管理及运营方式。海默与钱皮在其合著的《企业再造：企业革命的宣言书》（Reengineering the Corporation：A Manifesto for Business Revolution）（见图 2-3）中阐述道：现代企业普遍存在着"大企业病"，面对日新月异的变化与激烈的竞争，要提高企业的运营状况与效率，迫切需要"脱胎换骨"式的革命，只有这样才能回应生存与发展的挑战；企业再造的首要任务是业务流程重组（Business Process Reengineering，BPR），它是企业重新获得竞争优势与生存活力的有效途径；BPR 的实施又需两大基础，即现代信息技术与高素质的人才，以 BPR 为起点的"企业再造"工程将创造出一个全新的工作世界。由于其为再造工程所作出的理论贡献，海默本人被美国《商业周刊》评为 20 世纪 90 年代最具影响力的"四大管理宗师"之一。1993 年年底，小林裕以专著《企业经营再造工程》完成了日本管理学界对这一时期管理理论与实践的总结。

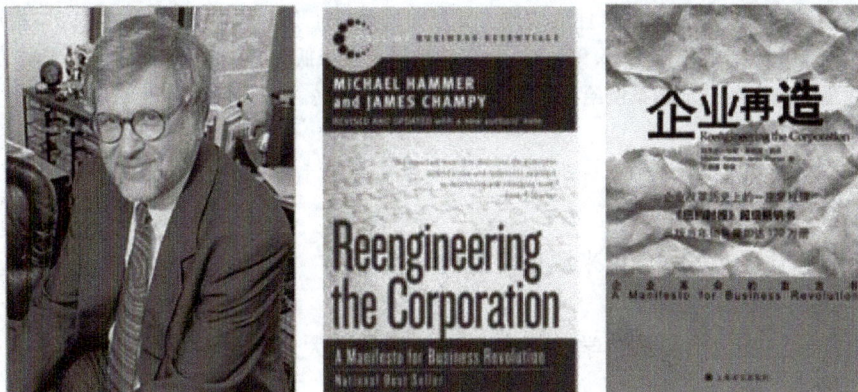

图 2-3　迈克尔·海默及其代表作《企业再造》

人物小传

【人物小传 2-22　海默】迈克尔·海默（Michael Hammer，1948—　）是美国著名的管理学家，被誉为"企业再造之父"，先后在麻省理工学院获得学士、硕士和博士学位。他还曾担任过 IBM 公司软件工程师、麻省理工学院计算机专业教授、Index Consulting 集团的 PRISM 研究负责人等职。1993 年，他和詹姆斯·钱皮（James A. Champy）合作出版了《企业再造：企业革命的宣言书》，该书迅速成为国际畅销书，连续六个月被《纽约时报》列为非小说类的头号畅销书，并在出版当年被译成 14 种语言的不同版本向世界各国发行。此后，他又陆续出版了《再造革命》《管理再造》《超越再造》《超越再造工程》《企业行动纲领》等著作。

案例分析

【案例 2-4　海尔再造】1998 年，海尔已经实现了销售收入超 100 亿元。于是，海尔开始考虑实施国际化战略，但它与国际大公司之间还存在着很大差距。这种差距集中表现在客户满意度、速度和差错率以及企业员工对市场压力的感知程度不高等方面。在企业再造前，海尔是传统的事业本部制结构，集团下设六个产品本部，每个本部下设若干个产品事业部，各事业部独立负责相关的采购、研发、人力资源、财务、销售等工作。1999年，海尔在全集团范围内对原来的业务流程进行了重新设计和再造，并以"市场链"为纽带对再造后的业务流程进行整合。

　　海尔的再造方案是：将原来各事业部的财务、采购、销售业务分离出来，实行全集团统一采购、营销和结算；将集团原来的职能管理部门整合为创新订单支持流程 3R（R&D——研发、HR——人力资源开发、CR——客户管理），和保证订单实施完成的基础支持流程 3T（TCM——全面预算、TPM——全面设备管理、TQM——全面质量管理）。推动整体业务流程运转的主动力不再是过去的行政指令，而是把市场经济中的利益调节机制引入企业内部，将业务关系转变为平等的买卖关系、服务关系和契约关系，将外部市场

订单转变为一系列的内部市场订单。海尔流程运作的平台是海尔文化和 OEC（日事日毕，日清日高）管理模式。海尔再造以后获得了极佳的成效：交货时间降低了 32%，到货及时率从 95% 提高到 98%，出口创汇增长 103%，利税增长 25.9%，应付账款周转天数降低 54.79%，直接效益为 3.45 亿元。

【思考题】海尔再造成功案例给我们带来哪些有益的启示？

2.1.3　传播科学

信息资源管理的另一理论来源是传播科学。

1. 传播科学的主要分支

传播科学主要包括图书馆学、档案学、情报学、大众传播学等分支学科。

（1）图书馆学

图书馆学（Library Science）是以图书馆实体作为研究对象的一门科学，可以进一步细分为微观图书馆学、中观图书馆学和宏观图书馆学三个层次。

微观图书馆学研究的不是具体形态的某个图书馆，而是研究经过抽象形成的科学概念的图书馆，其研究内容主要包括图书采访、图书分类、目录学、读者服务、文献检索、参考咨询等。

中观图书馆学的研究对象是中观层次的图书馆网络系统，该系统是指一定数量的图书馆依据某种共同的标准相互联系而形成的图书馆统一体。

宏观图书馆学的研究对象是宏观层次的图书馆系统，该系统通常是针对一个国家的所有图书馆而言的，不仅包括各种类型的图书馆，而且包括图书馆事业的宏观调控与管理、图书馆学教育、图书馆社会学等。

（2）档案学

档案学（Archivistics）是研究档案和档案事业发展规律的一门科学，可以进一步细分为微观档案学、中观档案学和宏观档案学三个层次。

微观档案学研究档案和档案管理过程，包括档案的收集、整理、价值鉴定、保管、统计、检索、编纂和提供利用等。

中观档案学的研究对象是档案系统（档案馆）及其组织，主要包括档案馆学和档案类型学。其中，档案馆学主要研究档案馆及其发展规律、档案馆的布局与资源共享、档案馆管理体制、档案馆网络建设等内容；档案类型学主要研究不同类型的档案及其组织体系，包括科技档案管理学、家庭档案学、会计档案学、人事档案学、诉讼档案学等内容。

宏观档案学研究国家档案事业的组织、管理和发展规律，主要包括国家档案管理体制、档案政策与法规、档案的开发与研究、档案现代化、档案教育学等内容。

（3）情报学

情报学（Information Science）是以围绕情报而形成的知识体系，可以进一步细分为微观情报学、中观情报学和宏观情报学三个层次。

微观情报学主要研究情报过程，是关于情报的产生、传播、收集、组织、存储、检索、解释和利用等过程的理论。

中观情报学的研究对象是情报系统，研究重点包括：计算机情报系统的分析、设计、实施和评价；情报系统资源的布局、开发、利用与管理；情报网络的建设与管理；国家情报系统的建设与管理。

宏观情报学的研究对象是国家情报事业，主要包括四方面的研究内容，即国家情报管理体制、国家情报政策与法规、情报产业与情报经济、情报教育。

（4）大众传播学

大众传播学（Mass Communication）又称传播学（Communication），它是研究人们运用符号进行社会信息交流的规律性和行为的一门科学，可以进一步细分为微观大众传播学、中观大众传播学和宏观大众传播学三个层次。

微观大众传播学的研究对象是传播和传播过程，主要包括传播现象、传播模式、传播者、传播内容、受传者、传播效果等内容。

中观大众传播学的研究对象是传播类型，主要包括舆论学、广告学、民意测验和公共关系等内容。其中，舆论学研究舆论的产生和形成过程、构成因素、类别与特性等内容；广告学研究广告的产生和发挥效用的基本规律；民意测验主要研究民意测验的起源与发展、特点与功能、主观态度的测量等内容；公共关系主要研究公共关系的性质、功能、模式、传播和公关人员的素质等内容。

宏观大众传播学从战略高度来研究传播活动与事业，主要包括传播与国家发展、传播与现代化、传播与国际信息新秩序、大众传播的社会作用与社会责任等内容。

2. 传播科学的模式方法

深入研究传播的一种有效方法就是模式方法。模式方法是指通过科学的抽象，把传播的全过程分解为若干组成要素，然后分别研究各个组成要素在传播过程中所处的地位和作用，以及这些要素之间的相互联系和作用，并用最简要的方式描述出来。

目前，传播科学的著名模式方法主要有：拉斯韦尔模式、香农—韦弗模式、奥斯古德—施拉姆模式、韦斯特利—麦克莱恩模式等。

（1）拉斯韦尔模式

哈罗德·拉斯韦尔最早于 1948 年在《传播的社会职能与结构》中提出了早期传播的口语化模式——拉斯韦尔模式（Lasswell's Model），通常也叫做"五 W"模式（见图 2-4）。其中，"谁"（who）是指传播者和信息来源，负责信息的采集、整理、制作和传递；"说什么"（say what）是指传递的内容，它是一组信息符号的集成；"通过什么渠道"（in which channel）即信息的物质载体，是传递信息必需的媒介体（如电话、报纸广播、电影、电视等）；"对谁"（to whom）是指对信息的接受者（即读者、听众、观众）的总称；"取得什么效果"（with what effect）是指信息传播使受众在某些方面发生的某种变化（即传播效果）。

谁 （who）	说什么 （say what）	通过什么渠道 （in which channel）	对谁 （to whom）	取得什么效果 （with what effect）

图 2-4　拉斯韦尔模式示意图

（2）香农—韦弗模式

香农和沃沦·韦弗在其 1949 年合著的《通信的数理原理》中提出了信息传输基本模

型，即香农—韦弗模式（Shannon-Weaver's Model）（见图2-5）。其涉及的内容包括：哪一种传播渠道能够运载最大数量的信号；在从发射器到接收器的途中，产生的噪声将会破坏多少传递的信号等。这一模式不仅在信息理论的范畴内加以讨论，也一直被行为科学家和语言学家们类推用于各自的领域，已成为其他传播模式和理论发展的重要及最有影响的促进因素。

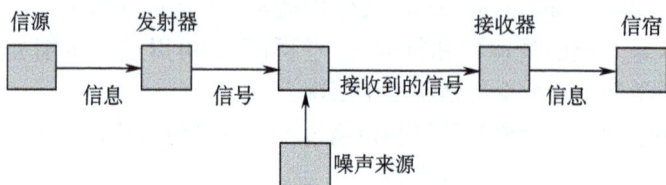

图2-5　香农—韦弗模式示意图

（3）奥斯古德—施拉姆模式

奥斯古德认为，香农—韦弗模式主要描述机械传播技术下的直线形态，不符合人际传播的实际；在人际传播的传播活动中，参与者既是信息的发送者，又是接收者。施拉姆依据该理论，于1954年在《传播是如何进行的》一文中提出了三个模式，后代学者认为第三个"循环模式"最具有新意和代表性，并将其归于奥斯古德和施拉姆两人名下，称为"奥斯古德—施拉姆循环模式（Osgood-Chramm's Model）"（见图2-6）。该模式是一个高度循环和互动的模式，表明了与单向直线形传播模式的决裂。它将传播看做是行为者双方对等的过程，依次担当信息传递者和接收者，传受双方在译码、释码、编码时是相互作用、相互影响的，传播信息、分享信息和反映信息的过程是往复循环、持续不断的。不过，该模式较适用于人际传播，而不太适合大众传播。

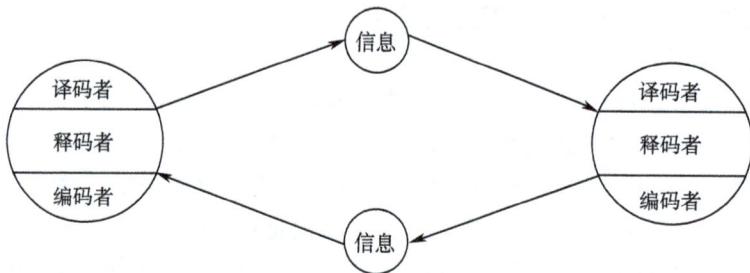

图2-6　奥斯古德—施拉姆模式示意图

（4）韦斯特利—麦克莱恩模式

韦斯特利和麦克莱恩在1957年将当时的各种研究成果加以整理，提供了一个特别适合大众传播研究的系统的模式，即韦斯特利—麦克莱恩模式（Westley-Maclean's Model），如图2-7所示。

图2-7a反映了一般传播的基本情况。此模式显示了信息源A（可能是政治家、广告客户或新闻来源）的活动，即A如何在纷繁复杂的信息X中选择内容传递给B。此外，B也能够作出一些对信息X的直接感知（X_{1B}），并能通过反馈链（fBA）作出反应。这是人际传播的一种常见情况，即由一个人向他人传递信息，或者一个人从权威信源处寻求信息。

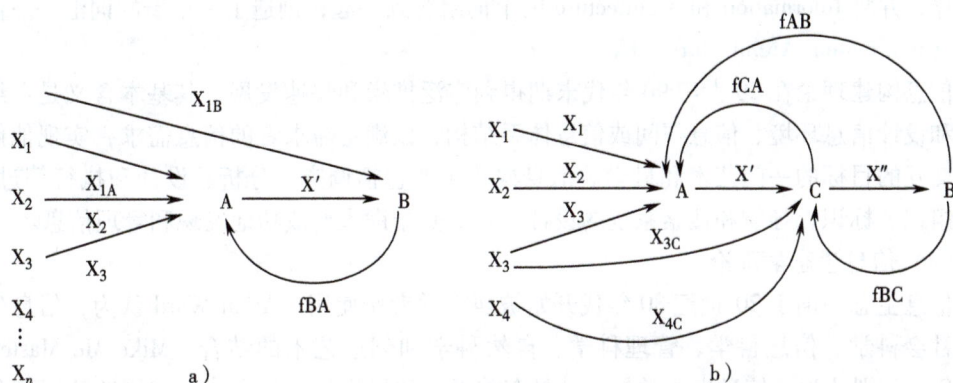

图 2-7　韦斯特利—麦克莱恩模式示意图

图 2-7b 增加了一个要素——大众传播者 C。这个增加的角色充当在 A 与 B 之间传递有关外界环境信息的"看门人"（也可以称作"把关人"）。在此模式中，新增的大众传播者 C 有三个功能：一是选择能满足受众 B 的需要或解决 B 的问题的信息 X 的抽象符号（比如文字、影像或声音等）；二是将它们转换成包含与受众 B 有共享意义的一些符号形式（大众媒介处理过的文字、影像或声音等）；三是通过某种渠道或媒介将这些符号传送给受众 B。

3. 传播科学的代表理论

（1）知识组织理论

知识组织理论（Theory of Knowledge Organization）最早由英国著名的分类法学家布利斯（Bliss）提出。所谓知识组织，是指对知识客体进行诸如整理、加工、揭示、控制等一系列组织化过程，是关于知识组织的理论与方法。知识组织可分为主观知识的组织和客观知识的组织。主观知识的组织在人的大脑中进行，表现为复杂的神经生理活动，人工智能、认知心理学等重点研究主观知识组织的内在机理；客观知识的组织是通过人的认知进行分类，并凭借一定的方法完成的。信息组织主要关注客观知识的组织活动。

（2）信息自组织理论

信息自组织理论（Information Self-organizing Theory）是信息组织方法的拓展，是信息组织理论研究中的新课题。不借助外部控制而能实现从无序到有序的转变，并维持稳定有序状态的系统称为自组织系统。信息自组织是指作为信息系统组成要素的信息，由于人与人之间、人与系统其他要素之间存在的相关性、协同性和默契性而形成特定结构与功能的过程，也就是信息系统无须外界指令而能自行组织信息，自我有序化和优化的过程。近年来，信息总量的持续增长、信息技术的飞速发展，使信息系统显著地具备了自组织的条件，特别是网络信息已经具有自组织的开放性、远离平衡和非线性相关等特征。因此，研究信息自组织理论对于网络信息的组织具有非常重要的理论与实践意义。

（3）信息构建理论

1975 年，建筑师沃尔曼（Riehard Saul Wurlnan）将信息的收集、组织和表示与建造建筑物所要解决的问题相比较后认为，客观知识空间的有序化与建筑物设计时的物理空间的有序化之间有着共同之处。因此，他将信息的序化问题视为一种服务于特定目标的建筑设计工作，并将 Information 和 Architecture 两个词组合到一起，创造了一个新的词汇——信息构建（Information Architecture，IA）。

信息构建理论在 20 世纪 90 年代末期得到广泛推崇和快速发展，其基本含义是：组织信息和设计信息环境、信息空间或信息体系结构，以满足需求者的信息需求，实现他们与信息交互的目标的一门艺术和科学。信息构建主要包括调查、分析、设计和执行等过程，涉及组织、标识、导航和搜索系统的设计，目的是帮助人们成功地发现和管理信息。

（4）信息生态学理论

信息生态一词于 20 世纪 80 年代开始被西方学者所使用。Arian Ward 认为，信息生态学是社会科学、信息科学、管理科学、自然科学和创造艺术的结合。Mike Mc Master 和 Jack Spirak 则认为，信息生态学是一种具有前瞻性的研究与设计方法，它能够认识到各种联系、信息形式和类型的多样性以及团体中心在处理信息时的重要性。一般认为，信息生态学（Information Ecology）是研究人、社会组织与信息环境相互作用的过程及其规律的科学。信息生态学是一门较新的学科，它借用成熟的生态学原理来研究人、人类社会组织与信息环境的关系。

2.2　信息资源管理学的理论框架

信息资源管理学（Information Resources Management Science）是研究信息资源管理理论与实践的学科。在信息资源管理兴起后的 20 年中，信息资源管理无论在理论还是实践领域都取得了丰硕的成果，不仅出现了一定数量的专业期刊，成立了专门的信息资源管理协会，发表了一定数量的论文和专著，而且有了相对稳定的研究群体。尤其值得一提的是，信息资源管理已发展成为一门相对成熟的课程，并被列入高等学校的教学计划当中，这标志着信息资源管理作为一门独立学科的地位已初见端倪。

进入 20 世纪 90 年代，北京大学、北京师范大学、北京理工大学、武汉大学、南开大学等几十所高校开设了信息资源管理课程。中国学者开始注重将信息资源管理与中国国情相结合，解决中国的实际问题，并试图建立信息资源管理学的学科体系。下面主要探讨信息资源管理学的研究对象、学科性质、研究内容、研究方法等基本理论问题。

2.2.1　信息资源管理学的研究对象和学科性质

1. 信息资源管理学的研究对象

在科学认识活动过程中，认识的主体是科学劳动者，认识的客体是科学对象。科学对象是开展科学认识活动的客观前提，它决定了科学研究的内容。因此，明确信息资源管理学的研究对象，是开展信息资源管理学研究的起点。

国内外学者对信息资源管理学研究对象的认识视角各不相同（例如，有的侧重于管理过程，有的侧重于管理活动内容），他们对信息资源管理学研究对象的认识也各不相同，归纳起来主要包括以下几种观点：①过程说。它认为信息资源管理的研究对象是对信息资源实施管理的过程，即与信息资源相关的计划、预算、组织、指挥、培训与控制等环节。持这种观点的学者主要有英国的马丁、博蒙特和萨瑟兰等人。②应用说。它认为信息资源管理的研究对象是对信息资源的开发利用，强调如何利用信息资源来实现组织机构的战略目标。持这种观点的学者主要有齐乔克、中国的卢泰宏。③方法说。它认为信息资源管理的研究对象是管理方法。持这种观点的学者主要有伍德、里克斯和高等人。④社会信息说。它认为信息资源管理的研究对象是社会信息现象，持这种观点的学者主要有中国的胡昌平、王万宗、岳剑波等人。⑤系统说。它认为信息资源管理的研究对象是信息管理系统。持这种观点的学者主要有赫斯英（D. Hussain）等。⑥活动说。它认为信息资源管理的研究对象是信息资源管理活动。持这种观点的学者主要有中国的孟广均等人。⑦交流说。它认为信息资源管理的研究对象是信息交流活动。持这种观点的学者主要有中国的党跃武、陈耀盛等人。此外，有些学者提出的观点并非限于某种学说，而是几种观点的综合。例如，德国学者施特勒曼（K. A. Stroetmann）综合了"过程说"与"社会信息说"的观点，指出"信息管理是对信息资源与相关信息过程进行规划、组织和控制的理论"。

2. 信息资源管理学的学科性质

信息资源管理学的学科性质是信息资源管理学的基本理论问题之一，明确该问题是深入研究该学科的一个重要步骤。通过对信息资源管理的形成背景以及信息资源管理学研究对象的考察，不难看出信息资源管理学具有交叉学科、管理学科、应用学科三方面的学科性质。

交叉学科又称边缘学科，是指在某些学科领域之间的交叉处所产生的新学科，是科学发展过程中新学科的重要生成方式。信息资源管理学是信息科学、管理学、信息技术科学等学科相互交叉而形成的交叉学科。因此，在学习和研究过程中要注意吸收与信息资源管理相关的各个学科的理论和方法，以促进信息资源管理学理论体系的丰富以及实践水平的提高。

信息资源管理学起源于管理领域，在其发展过程中充分吸收了管理学多个分支学科的理论营养。管理学是一个庞大的学科群，包括众多的分支学科（如财务管理学、旅游管理学、行政管理学、人力资源管理学等），其研究领域往往侧重于人类社会生产活动的某一方面。信息资源管理学是其中的新成员，其研究领域侧重于与信息资源相关的管理活动。

尽管信息资源管理学重视理论研究，但开展信息资源管理学理论研究的主要目的是为了利用先进的管理理念和管理方法来指导信息资源管理实践活动，以确保信息资源管理目标的最终实现。信息资源管理学产生于实践的需要，所以也必须服务于实践的需要，解决信息资源管理实践过程中产生的各种问题。因此，信息资源管理学具有鲜明的应用学科性质。

2.2.2　信息资源管理学的研究内容

信息资源管理学的研究内容主要围绕信息资源管理学的研究对象展开，以便于有效管理和利用各种信息资源，提高管理绩效。信息资源管理学的研究内容主要包括理论研究和应用研究。

1. 理论研究

一门学科的理论研究是该学科得以确立的基本条件。信息资源管理学的理论研究包括以下四个方面的内容：①理论基础。由于信息资源管理兴起于特定的社会环境，是学科综合化发展的产物，所以信息资源管理的理论基础也必然具有交叉性和综合性的特点，需要融合信息科学、管理科学、计算机科学、传播科学等多门学科的知识进行研究。②基本理论问题。信息资源管理学的基本理论问题包括信息资源管理学的学科性质、研究范围、研究领域、研究方法等。③信息资源管理教育研究。信息资源管理教育关系到信息资源管理事业的发展，开展有关信息资源管理教育研究具有重要的现实意义。④信息资源管理发展历史。信息资源管理发展历史研究包括信息资源管理的起源、形成与发展等。

2. 应用研究

信息资源管理学的应用研究是一个范围较广、较复杂的领域。根据信息资源管理在不同组织中的应用及特点，可将其分为宏观信息资源管理和微观信息资源管理两个层次。

宏观信息资源管理是指国际和国家的信息部门运用法律、经济、行政等手段管理信息资源，以确保信息资源的充分开发、有效利用以及信息事业的发展。

微观信息资源管理是指社会各组织针对自身的信息资源所实施的管理活动，即运用各种手段和方法对组织内部以及与之相关的外部信息资源进行管理。其目的在于明确组织的信息需求，保证组织信息流的畅通，以利于组织决策，提高组织的工作效率。根据不同组织实施信息资源管理的特点，又可将微观信息资源管理进一步细分为政府部门信息资源管理、工商部门信息资源管理、其他部门信息资源管理等具体类型进行研究。

2.2.3 信息资源管理学的研究方法

研究方法几乎是每门学科在确立其学科地位过程中所必须面对的问题，信息资源管理学也不例外。

科学研究方法一般可分为哲学研究方法、一般科学研究方法和专门研究方法三个层次。其中，哲学研究方法适用于一切科学研究领域，是所有学科研究方法的基础和出发点；一般科学研究方法是指普遍适用于自然科学、社会科学和思维科学研究以及对三者都适用的方法；专门研究方法是指某门学科特有的研究方法，它是该门学科方法论体系中最具特色的部分。

1. 哲学研究方法

哲学研究方法（Philosophy Research Methods）普遍存在于自然界、人类社会和人的思维活动中，是方法论体系中处于最高层次的研究方法。虽然古今中外各种哲学思想异彩纷呈，是人类智慧的结晶，但在科学研究中，应该坚持马克思主义哲学的思想观点和方法，只有这样才能得出科学论断。因此，辩证唯物主义和历史唯物主义是从事信息资源管理学研究过程中不可或缺的重要思想工具，其基本观点（如物质观、意识观、运动观、时空观、矛盾观、质量观、否定观等）对信息资源管理学研究具有重大指导意义。

2. 一般研究方法

一般研究方法（General Research Methods）普遍适用于各门学科的研究，它主要包括逻辑思维方法、控制论方法、调查法、案例分析法、试验模拟法、数学方法、移植法等。这些方法历经科学发展的锤炼，为推动各门学科的研究起了巨大促进作用。在信息资源管理学的研究过程中，同样离不开这些行之有效的方法。其中，逻辑思维方法可以说是一组方法群，包括比较方法、分类方法、类比方法、归纳与演绎、分析和综合等；控制论方法内容极为丰富，其核心是功能模拟方法和反馈方法；调查法广泛应用于社会科学研究的各个领域，主要是指通过收集与调查课题有关的材料和数据，加以分析和研究以获得结论的方法；案例分析法是管理学、法学等学科领域中的重要研究方法，是指针对某些特定课题，运用事例进行分析研究，以获得结论的研究方法；试验模拟法也称试验法，是指一种新的理论和方法在大规模推广之前，为检验其可靠性或可行性，以及为获得必要的实践经验而在小范围内试行的一种方法；数学方法是利用各种数学工具进行科学研究的方法的统称；移植法是指一门学科的理论和方法被另一门学科借鉴和使用。此外，一般研究方法还包括观察法、假说法和文献分析法等。

3. 专门研究方法

专门研究方法（Specialized Research Methods）是指某门学科特有的研究方法。一般来说，某门学科的专门研究方法应具有以下特征：一是要在学科研究中大量使用，二是要体现本学科的特色。由于信息资源管理学是一门实践性很强的学科，因而其专门研究方法不仅应具备以上两个特点，还应体现出实践性特点。一般认为，信息资源管理学的专门研究方法包括系统方法和信息方法。其中，系统方法以系统论为理论基础，该方法在信息资源管理活动中主要应用于信息系统建设；信息方法是指运用信息论的思想和观点，把研究的客体视为信息的获取、存储、转换、处理、反馈而实现其目的性运动的过程，以此达到对复杂系统运动过程规律性的认识。

本章小结

本章概述了与信息资源管理学的相关理论问题，包括信息资源管理的理论基础、信息资源管理的学科框架等内容。其中，信息资源管理的理论基础来自信息科学、管理科学和传播科学三大学科群，信息资源管理学科框架涉及信息资源管理学的研究对象、学科性质、研究内容、研究方法等基本内容。本章理论性较强，所以要求读者能够做到理论联系实际，深刻理解本章所讲的主要内容。

课后习题

一、名词解释

1. 信息科学　　　　　　　2. 管理科学

二、简答题

1. 信息资源管理的学科基础有哪些？
2. 简述信息资源管理学的主要研究内容。

三、案例题

面对洋快餐在我国各大中城市登陆的情况，上海一家快餐公司推出了"荣华鸡"中式快餐。这种快餐很符合中国人的口味，一条鸡腿、蛋炒饭或肉炒饭，再配上时令青菜，经济实惠，一时风靡上海滩。"荣华鸡"还大打广告战，"荣华鸡香喷喷""哪里有肯德基，哪里就有荣华鸡"。除了在上海开设分店外，他们还在北京等大城市开设了分店。一时间，生意兴隆，大有把肯德基赶下大海之势。但时间不长，"荣华鸡"就日渐萧条了，设在外地的分店也纷纷关门。是什么原因呢？其一，其他中式快餐竞争

者的崛起，如兰州牛肉拉面等；其二，"荣华鸡"缺乏创新，吃过以后感觉不过如此；其三，"荣华鸡"不同分店之间的口味不同，配料不同，即使同一分店不同季节的配料也不同，更不用说不同厨师手艺的不同了。

思考题：请你根据泰罗科学管理理论要点来分析"荣华鸡"失败的原因，提出发展中式快餐的道路。

四、阅读题

阅读下列管理学经典著作。

（1）（美）弗雷德里克·泰勒（Frederick Winslow Taylor）著，马风才译．科学管理原理（The Principles of Scientific Management）．机械工业出版社，2007。

（2）（法）法约尔（Henri Fayol）著，迟力耕等译．工业管理与一般管理．机械工业出版社，2007。

（3）（美）迈克尔·波特（Michael E. Porter）著，陈小悦译．竞争战略（Competitive Strategy：Techniques for Analyzing Industries and Competitors）．华夏出版社，2005。

（4）（美）迈克尔·波特（Michael E. Porter）著，陈小悦译．竞争优势（Competitive Advantage：Creating and Sustaining Superior Performance）．华夏出版社，2005。

（5）（美）迈克尔·波特（Michael E. Porter）著，李明轩等译．国家竞争优势（The Competitive Advantage of Nations）．华夏出版社，2002。

（6）（美）威廉·大内（William G. Ouchi）著，朱雁斌译．Z理论（Theory Z：How American Business Can Meet the Japanese Challenge）．机械工业出版社，2007。

（7）（美）迈克尔·哈默（Michael Hammer）、詹姆斯·钱皮（James Champy）著，王珊珊译．企业再造：企业革命的宣言书（Reengineering the Corporation：A Manifesto for Business Revolution）．上海译文出版社，2007。

在阅读上述管理学经典著作的基础上，完成以下实践任务：①撰写一篇介绍某位管理学家生平事迹的人物小传。要求：按照学年小论文的格式撰写，文字通顺，有独到见解，字数控制在1500字左右。②撰写一篇与众不同的管理学经典著作读后感。要求：按照学年小论文的格式撰写，文字通顺，有独到见解，字数控制在1500字左右。③利用Microsoft PowerPoint软件创建一个精美的演示文稿。要求：至少包括15张幻灯片，为全班同学作一次管理学经典著作读后感的主题报告。每人限时15分钟，允许其他同学提问。

五、讨论题

你认为管理是一门科学还是艺术？

第 3 章
信息生命周期管理

本章导读

本章属于信息资源管理的核心理论内容，主要概述了信息生命周期管理，包括信息采集、信息组织、信息存储、信息检索、信息传递、信息加工、信息利用等内容。需要提醒读者注意的是：由于本章理论性较强，所以要求读者能够做到理论联系实际，深刻理解本章所讲的主要内容。

开篇案例

日本人自称"信息族"，他们时时刻刻都在留意信息的获取。据常去日本的清华大学刘江永教授在《环球时报》发文介绍⊖，日本是一个只有 1 亿多人口的国家，但日本最大的报纸《读卖新闻》早、日、晚报加起来的日发行量高达 2000 万份左右，《朝日新闻》的日发行量也有 1000 多万份。这在世界任何其他地方都是不可想象的。日本所有稍好一点儿的饭店，每个房间都会送报纸，几乎所有的公共场合都有报架，摆着各种报纸供人阅读，像酒吧、餐馆这样的地方，电视会一直开着，而且大多定在新闻频道上。在等待飞机时，全日空工作人员每 20 分钟向乘客报告一次情况，哪怕和上次没有任何变化也照样报告。在此期间，空姐只送过一次饭，但日文、英文、中文的报纸和杂志却在不停地送，还播放 NHK 电视台的电视节目。只要有信息提供，日本人就会安心、平静地等待。日本很多工商业巨头在每个工作日的 7 点半到 8 点半都要举行自己的学习会，请各方面的专家来给自己讲课，扩充自己不同领域的知识和信息，很多在日本的中国学者都被请去讲过中国文化和中日关系。

日本人还特别善于从平淡无奇的信息报道中分离出重要的内容。20 世纪 60 年代初中国发现并开发了大庆油田，唯独日本和中国谈成了征求设计的买卖。原因是别的国家的设计均不符合中国大庆油田的要求，而日本则事先按大庆油田的要求进行产品设计，等待中国人去购买。那么日本人是怎么知道大庆油田的产品设计要求呢？当时，国家对大庆油田的所在位置和生产规模严格保密。当许多中国人（包括一些中上层国家干部）都还不了解大庆时，日本人却准确测知了大庆油田的所在位置和生产规模。首先，他们从《人民日报》关于新中国第一批石油钻探工人、全国著名劳动模范、铁人王进喜（1923—1970）的报道中分析发现，油田在 9 月末就已寒气逼人，因而确定了油田所在的地理纬度。其次，他们从运到北京的油罐车上

⊖ 程刚. 日本人自称情报民族，报纸电视中随时捕捉信息. 环球时报，2007-01-05，第 7 版。

剥离的黑土，证实油田位于我国的东北。同时，他们从《人民中国》杂志上看到，王进喜率井队到大庆，首先在马家窑车站下火车，根据当时的东北地图，他们很快就测知了大庆油田的所在位置。而且，他们还从高空侦察照片上发现了大庆的储油罐，并根据照片上的人和油罐的比例关系，测算出大庆石油年产量为 1200 万 t（1971 年）。根据这个油田的出油能力和炼油厂规模，日本人得出结论：中国将在最近几年出现炼油设备不足，买日本的轻油裂解设备是完全有可能的，以满足每日炼油 10 000kL 的需要。这就是日本人在 1966 年从中国公开报刊中获得的有关大庆油田的重要信息，然后按他们估计的大庆油田要求进行产品设计。

此外，日本政府还特别重视信息机构的建设，外务省分布在世界 105 个国家的 75 个驻外使馆是其搜集外交信息的前沿阵地，这些机构为日本外交提供各国动向的信息。外务省内有一个约 100 人的电信部门，以三班倒的方式在 24 小时内与世界各地保持不间断的联系，平均每天处理公务电报就有近 3000 封。在外务省的 63 个部门中，只有电信部门拥有一栋独立的四层楼，无特殊通行证的人不得进入。公务电报是用 110 根专线和普通线路收发的，这些公务电报都采取无法破译的密码。为了防止窃听还设有隐线装置。1988 年还开始研究采用"宇宙通信系统"，即使在条件恶劣的地区，也可确保通信畅通。在日本国内，信息传递十分迅速，只需要 5～10 分钟就可以搜集到世界各地金融市场的行情，3～5 分钟就可以查询并调用日本国内 1 万多个重点公司、企业当年或历年经营生产情况的时间序列数据，5 分钟即可利用经济模型和计算机模拟出国际国内经济因素变化可能给宏观经济带来影响的变动图和曲线，5～10 分钟即可以查询或调用政府制定的各种法律、法令和国会记录。这种现代化的信息处理技术大大提高了行政效率。

【思考题】日本人在信息的采集、传递、开发、利用等方面带给我们哪些有益的启示？

3.1　信息生命周期管理概述

3.1.1　信息生命周期

一般产品的生命周期主要包括产品的研究、制造、使用和报废等过程。信息也是一种具有生命周期的资源。2000 年 10 月，ISO/TC171 文件成像应用技术委员在伦敦召开年会。那次会议通过的 405 号决议建议将该委员会改名为"信息生命周期管理技术委员会"，并称"信息无论是以物理的形式还是以电子的形式管理，该信息生命周期包括信息的生成、获取、标引、存储、检索、分发、呈现、迁移、交换、保护与最后处置或废弃"[一]。但是，国内研究人员普遍认为，信息生命周期（Information Life-cycle，IL）主要包括信息的采集、组织、存储、检索、传递、加工、利用、注销，如图 3-1 所示。

图 3-1　信息生命周期过程示意图

1. 信息采集

信息采集过程也就是信息获取过程。信息采集一般是指确定信息需求（即采集什么信

　㊀　李铭．看国际动态，找国内差距，促技术发展．缩微技术，2002（2）：25-29。

息）并获得这些信息。在信息采集过程中，需要确定信息需求、信息源以及信息采集方法。信息采集的主要途径包括：查找现有数据，进行调查研究或是实验观察。

2. 信息组织

信息采集完毕之后，需要按照合适的形式来进行信息组织。信息组织是指信息的有序化，即按照一定的科学原则和方法，通过对信息特征进行描述和序化，实现无序信息向有序信息的转化，从而保证用户对信息的有效获取和利用。

3. 信息存储

信息存储是指根据确定的信息需求，将有用的信息保存起来以备将来使用。信息存储需要解决的主要问题是确定存储信息的种类，以及确定信息存储的时间、存储方式、存储介质与设备等。

4. 信息检索

信息检索是指对信息的查找和选取，它和信息存储是事物的两个方面。如果将信息的存储看做是信息库的"输入"和"存放"，则信息检索可以视为信息库的"输出"和"获取"。

5. 信息传递

信息传递是指将人们需要的信息从空间中的某一点送至另一点，其核心问题是如何准确、迅速、安全、可靠地完成传输任务。信息传递受信息系统的规模、时空分布、所采用的信息传递技术与设备等因素影响。

6. 信息加工

数据只有经过加工，通过人们的解释，并用于决策活动中，才能成为信息。信息加工的类型有许多种。例如，从加工本身来说，可以将其细分为数值处理和非数值处理两种类型。其中，数值处理主要是指数学运算处理，包括算术运算、代数运算、统计量的计算与检验、优化算法以及模型等；非数值处理是指信息的输入输出处理、文字处理、排序、归并、逻辑推理和判断等。

7. 信息利用

信息从采集、组织、存储、检索到传递和加工，其最终目的是使信息能够满足利用的需要。信息利用主要包括两方面的内容：一是技术，二是如何实现信息价值转换。其中，技术方面主要解决的是如何快速及时、高质量地将信息提供给用户。实现信息价值转化是信息利用的关键，其主要目的是使信息给生活、工作和学习带来好处，为组织带来利润。

8. 信息注销

当信息经过一段时间以后没有再继续保存的价值时，企事业单位就必须制定出科学、明确的相关制度和条例，以确保对没有保留或保存必要的信息进行注销或者回收，或是从数据库系统中予以清除。

3.1.2 信息生命周期管理

信息生命周期管理（Information Lifecycle Management，ILM）是指依据不同信息在不同阶段的价值来实施不同的管理策略，以简单、可靠、经济、有效的方式来使组织获得信息的最大价值，从而有效地降低企业的总拥有成本（Total Cost of Ownership，TCO）。一般认为，信息生命周期管理是一种信息管理模型，对信息进行贯穿其整个生命周期的管理，从创建和使用到归档和处理，它是一种针对信息进行主动管理的过程策略。索传军等在论文中对国内外信息生命周期管理研究进行了总结。[⊖]

🎓 知识拓展

【知识拓展 3-1　总拥有成本】高德纳咨询公司（Gartner Inc.）是全球最权威的 IT 研究与顾问咨询公司，它将总拥有成本定义为："TCO is the holistic view of costs across enterprise boundaries over time。TCO is a quantitative means for understanding the qualitative performance of the IS organization。TCO is a comprehensive set of methodologies, models and tools to help IS organizations better measure costs, manage costs, reduce costs, improve overall value of IT investments, align IT support to the business mission（TCO 是一种在整个企业范围内长期考虑其整体成本的一种全局性方法。TCO 是一种用于了解 IS 机构定性绩效的定性方法。TCO 是一套有助于 IS 机构测度、管理和降低自己成本的方法、模型和工具，从而提高 IT 投资的整体价值，使 IT 更好地支持业务）。"[⊖]

1. 国外研究

国外信息生命周期管理研究始于 2003 年。此后，信息生命周期管理受到越来越多的关注，发文量逐年增多。就单个作者而言，EMC 公司的数据存储专家 Joseph F Kovar 是国外发文量最多的学者。

目前，国外信息生命周期管理研究主要集中在信息生命周期管理的综述与相关技术、行业与信息生命周期管理、数据存储公司的产品和策略、存在的相关问题等方面。国外涉及信息生命周期管理的主要研究项目有：①美国加州大学圣地亚哥分校信息存储工业研究中心（ISICUCSD）的"信息生命周期管理"研究项目。该项目旨在通过调查高层管理人员对"ILM 对业务和技术推动作用、ILM 的商业价值和易实施性"的态度，考察当前相关行业对 ILM 的应用评价。②加拿大 HydroOneNetworks 公司的"信息生命周期管理"研究项目。该项目旨在寻找一种基础框架来最大限度地解决企业存储问题，包括电子邮件和老化文件存储。③美国加利福尼亚大学洛杉矶分校 CENS 的数据管理项目。④国外大型数据存储公司（如 IBM）等也对信息生命周期管理进行了研究，并且取得了一定成果。

2. 国内研究

我国信息生命周期管理研究也始于 2003 年。目前，国内对信息生命周期管理进行研究的学者较少，成果也不集中，缺乏系统、深入的研究成果。这方面的著作主要有杜国强先生的《信息生命周期管理》，它是我国从整体上研究信息生命周期管理的第一部专著[⊜]。

国内专门研究信息生命周期管理的项目较少，目前仅有郑州大学文献信息资源研究中心的"基于信息生命周期的数字馆藏管理"项目，主持人为索传军教授。涉及信息生命周期管理的相关研究项目有：①国家自然科学基金资助项目"基于秘密共享的可扩缩多播密钥管理算法及协议研究"的研究成果——信息生命周期管理的分层模型及实施方法。②国家社会科学基金项目"图书馆信息资源数字化建设模式研究"研究成果——信息资源分级

⊖　索传军等．国内外信息生命周期管理研究综述．图书馆杂志，2008（7）。

⊖　张艳．什么是总拥有成本．http://www.vsharing.com/k/CIO/2004-7/479114.html。

⊜　杜国强．信息生命周期管理．黑龙江科学技术出版社，2004。

存储实现信息生命周期管理。③国家自然科学基金资助项目"电子政务中信息资源管理对政府辅助决策的研究"成果——政府信息资源生命周期管理总体模型与实证分析。

我国信息生命周期管理研究尚处于起步阶段,缺乏相对新颖和独创性的理论,信息生命周期管理研究还有许多有待研究的问题。

本章按照信息生命周期过程将信息生命周期管理细分为信息采集、信息组织、信息存储、信息检索、信息传递、信息加工、信息利用等主要内容。

3.2 信息采集

3.2.1 信息采集概述

1. 信息采集的含义

信息采集(Information Acquisition 或 Information Collection)是指根据信息用户的需要,有计划地寻找、选择相关信息并加以聚合和集中的过程。信息采集的含义是多层次的,有时是指为建设信息库在社会上广泛采集信息,有时是指为了特定课题在馆藏文献和数据库中采集信息,有时则指信息机构为用户提供信息而进行的信息采集过程,既可以是短时间内突击性的信息采集,也可以是长期性、日积月累式的信息采集[⊖]。

2. 信息采集的范围[⊖]

(1) 内容范围

内容范围是指根据信息内容与信息采集目标和需求相关性特征所确定的范围,包括本身内容范围和环境内容范围。本身内容范围是由事物本身信息相关内容特征组成的范围,环境内容范围是由事物周边、与事物相关的信息的内容特征组成的范围。

(2) 时间范围

时间范围是指在信息发生的时间上,根据与信息采集目标和需求具有一定相关性的特征所确定的范围,这是由信息的历史性和时效性所决定的。

(3) 地域范围

地域范围是指在信息发生的地点,根据与信息采集目标和需求具有一定相关性的特征所确定的范围。这是由信息的地域分布特征和信息采集的相关性要求所决定的。

3. 信息采集的原则

不同的用户对信息需求会有差异,因而在信息采集时也会有许多差异。但在信息采集过程中,还是需要遵守以下共同规则:

(1) 目的性原则

信息数据庞大,内容繁杂,但用户需求的范围又是一定的,所以,信息采集必须有明确的目的性(又称针对性)。信息采集要根据本单位的方向、任务和服务对象的实际需求,有针对、有重点、有选择地采集利用价值较大并且符合本单位用户需求的信息。只有这

⊖ 颜瑞武,王曰芬.信息获取与用户服务.科学出版社,2010。
⊖ 田光哲.信息采集实用技术与方法.中国劳动社会保障出版社,2008。

样，才能既满足本单位用户的需要，又能提高信息工作投入产出效益。为此，信息采集人员必须对本单位内外环境和发展战略有明确的了解，这样才会有明确的采集目的和对象，大力开辟采集渠道，才能获取具有较强针对性的信息。

（2）系统性原则

所谓系统性，是指时间上的连续性和空间上的广泛性，尽可能全面地采集符合本单位所需求的信息，注意重点需求信息的连续性和完整性。

（3）及时性原则

所谓及时性，是指所采集到的信息能够反映出当前社会活动的现状，也包括他人未发现和未使用过的独具特色的信息，以及能及时、准确地反映事物个性的信息。时效性是信息的一个重要属性。过时的信息不仅其价值会降低或丧失，而且可能会造成损失，所以要力争在最短时间内向用户提供最新、最急需的信息。为此，信息采集人员必须有强烈的时间观念，尽早了解信息线索，熟悉用户的专业领域和当前形势，采集速度要快，内容要新，为信息的及时传播利用创造条件。

（4）经济性原则

同样的信息如果有多种不同的载体形式，则应该注意优先选用较经济的载体形式。

（5）计划性原则

采集信息时，既要满足当前需要，又要照顾未来的发展；既要广辟信息来源，又要做到持之以恒，日积月累。要根据本单位的任务、经费等情况制订比较周密、详细的采集计划和规章制度，详细列明信息采集的目的、范围、方式，以及人员配备、时间限定、经费数额及来源等情况。

（6）可靠性原则

信息采集必须坚持调查研究，通过比较、鉴别，采集真实、可靠、准确的信息，切忌将个别当做普遍，将局部视为全局，要实事求是，善于去粗取精、去伪存真、由表及里，深入、细致地了解各种信息的信息含量、实用价值以及可靠程度。可靠性原则保证信息是有效的。

（7）预见性原则

信息采集人员要掌握社会、经济和科学技术的发展动态，采集信息时既要着眼于现实需求，又要有一定的超前性，要善于抓苗头、抓动向，随时了解未来，采集那些对将来发展有指导作用的预测性信息。

（8）完整性原则

收集的信息在内容上必须完整无缺，必须符合一定的标准。完整性原则保证信息是全面的。

（9）准确性原则

收集的信息应与应用需求密切相关且表达无误。准确性原则保证信息的价值。

（10）易用性原则

收集到的信息应具备适当的表示形式，便于使用。

4. 信息采集的程序

信息采集主要包括以下基本程序。需要说明的是，这些程序并不是一成不变的，根据实际情况可以有所取舍。

（1）确定采集方针

每一个采集系统都要根据自己的目的和任务来制定采集方针。采集方针虽不能解决具体采集问题，但它却是指导采集工作的总原则。确定采集方针时，要根据本单位的任务和未来发展，研究信息环境，明确服务对象，考虑财力等条件，并把分工协作、合理布局、资源共享等当做总的指导方针。

（2）制订采集计划

采集计划是采集方针在一段时期内的具体实施方案。采集计划不但给采集人员规定了具体的目标，而且还提出了遇到问题时的解决办法。计划可分为年度计划、季度计划和月计划等。

（3）采集工作实施

采集工作是一项长期的、连续不断的工作，整个过程包括组织性工作和事务处理工作。由于采集财力的调配离不开外部广泛联络，所以要求采集人员必须具备很强的公共关系的能力以及细致的事务处理和财务处理能力。

（4）反馈用户信息

信息采集的根本目的不是为了积累，而是要提供给用户使用。信息到手并不意味着采集过程的终结，后续的工作应该是收集用户的反馈意见，改进工作，以便进一步提高信息采集工作的质量和效益。

5. 信息采集的方法

所谓采集方法，是指根据信息采集计划，广泛开辟信息来源，及时将信息采集到手的基本方法。信息采集方法很多，通常可以按以下标准进一步细分：

（1）按信息载体形式划分

如果按信息载体形式划分，则可将其进一步细分为：①文件研究法。文件研究法是指从各种文件中寻找所需信息的方法。②报刊摘录法。报刊摘录法是指通过对报刊的摘录获取所需信息的方法。③广播收听法。广播收听法是指通过收听广播获得所需信息的方法。④电视收看法。电视收看法是指通过收看电视获取所需信息的方法。⑤电信接收法。电信接收法是指通过电话、电报获取所需信息的方法。⑥计算机显示法。计算机显示法是指通过计算机获取所需信息的方法。⑦直接交谈法。直接交谈法是指通过两个或者两个以上人员的面对面交谈获取所需信息的方法。⑧信件询问法。信件询问法是指通过信件采集所需信息的方法。

【例3-1】20 世纪 30 年代中期，英国作家雅各布（Jacobs）发表了一本小册子，上面记载了希特勒军队的组织编制、各军区概况、参谋部人员部署以及 160 多名指挥官的姓名、简历，甚至连刚成立不久的装甲师的步兵小队都披露无遗，希特勒对此很恼火。在审讯时，雅各布坦然地说："我的全部材料都来自德国的报刊，对于军事方面的任何点滴材料，我都用卡片摘录下来，连某某将军婚礼的报道也不放过。"

（2）按信息采集方式划分

如果按信息采集方式划分，则可将其进一步细分为：

1）定向采集法。定向采集法是指在采集计划范围内，对某一学科、某一国别、某一特定信息尽可能全面、系统地进行采集。例如，很多国家设置的电视信号监视、电台信号监听都属于定向采集。

2）定题采集法。定题采集法是根据用户指定的范围或需求有针对性地采集信息。这种方法能使用户及时掌握有关信息，针对性强，但较为被动，而且由于题目具体，涉及面既深又专，难度较大。科研活动中大多采用这种方法。

3）定点采集法。定点采集法是指聘请专门的信息采集人员定点采集相关信息。该方法具有节省费用、采集全面等优点。

4）主动采集法。主动采集法是指针对特定需求或根据采集人员的预测，事先发挥主观能动性，赶在用户提出要求之前即着手采集工作。

5）跟踪采集法。跟踪采集法是指根据需要对有关信息（某一课题、某一产品或某一机构的有关信息）在一段时间内进行动态监视和跟踪，及时采集出现的一切新情况、新信息。用这种方法采集的信息连续而且及时，有利于掌握发生发展的过程，及时了解关心的问题。这对于深入研究跟踪对象很有用处。

6）社交采集法。该方法形式多种多样，如参加各种会议、旅游、参加舞会、聚会、走亲访友、娱乐、网络交流等。通过社交活动获取的信息一般都是最新的，是其他途径得不到的。

7）现场采集法。参加展览会、展销会、订货会、科技成果展示会、交易会、现场会、参观访问等，都会接触到一些实际的信息，而且往往有详细的介绍或资料，所以是采集信息的好方法。

8）积累采集法。平时读书看报时，应随时做卡片、剪报、藏书等信息积累，这些零星的片断信息，时间长了就会成为系统的信息财富。

9）委托采集法。如果时间、精力有限，或不熟悉信息来源，可以委托某一信息机构或信息人员采集，根据采集的质量支付一定费用。这种方法花费较多。

10）间谍采集法。间谍采集法是指利用间谍窃取所需信息的方法。目前，该方法广泛用于采集政治、经济、军事等方面的信息。

【例3-2】 德国的啤酒制造业曾在世界上享有盛名，它的制作方法自然是"不传之秘"，日本啤酒商觊觎已久而苦于无从下手。某年，日本一企业经理扮作"难民"来到德国，在一著名啤酒厂外观察月余，伺机行动。一天，当该厂总经理乘车从厂门口驶出时，日商不失时机地突然跃身于车前，造成了车祸。按照德国当时的法律，车祸肇事者要坐牢。德方总经理为了消弭祸端，除了送他到医院悉心治疗以外，伤愈后又特招他到啤酒厂当门卫。三年"门卫"之余，这位"难民"将啤酒厂的生产流程、工艺配方等一一了解透彻，而后回国。又过了三年，德国啤酒商发现日本不再购买德国的啤酒了，而且德国啤酒在东南亚的市场逐渐被日本啤酒取代。前边提到的那位德国总经理到日本拜访他的同行时，发现同行居然是数年前那位以身撞车的"难民"，德国人这才醒过神来。

【例3-3】 日本的A公司濒临倒闭，长期以来对外隐瞒公司资不抵债的财务状况，继续获得银行贷款苟延残喘，伺机东山再起。它的竞争对手B公司了解到这一情况以后，运用经济间谍，对A公司的财务内幕进行侦探，以便彻底击败它。B公司打听到A公司的总会计师需要镶牙，就勾结牙科医生，在为该总会计师装金属牙套时放进一个微型窃听器。从此，有关A公司经营和财务状况的核心机密，无一遗漏地被窃听了。B 公司将 A 公司面临破产的内幕公之于众，银行立即停止向 A 公司提供贷款，终于使 A 公司倒闭了。

【例3-4】1973 年，苏联有关部门在美国宣称：他们有意与美国的飞机制造业合作，在苏联建造一个年产 100 架巨型客机的飞机制造厂。美国波音公司在同行竞争中捷足先登，盛情邀请并款待了由 20 名苏联专家组成的先期"考察团"。苏联专家不仅获准参观了波音公司的飞机装配线，而且还在其实验室中拍摄了大量照片，搜集了许多机密的技术资料，但波音公司仍然是胸有成竹，他们还留有关键的一手，即制造巨型客机的合金并未透露给对方。事后，"联合建厂"的议案自然告吹，然而苏联自己设计制造的伊柳辛式巨型喷气式运输机奇迹般地翱翔于天上。原来，"机关"在鞋底。苏联专家在"考察"时所穿皮鞋的鞋底是特制的，它能吸取从飞机部件上切削下来的金属屑，这些金属屑经过苏联科技部门的化验和分析以后，波音公司的唯一"不传之秘"就与苏联的飞机制造业"共享"了。

（3）按信息采集的渠道划分

信息采集渠道是指获取信息的渠道。如果按信息采集的渠道划分，则可将其进一步细分为以下两种采集方法：①单向采集法。单向采集法是指对特定用户需求，只通过一条渠道采集相关信息，针对性很强。②多向采集法。多向采集法是指对特殊用户的特殊要求，多渠道地采集相关信息，这种方法成功率极高，但容易相互重复。

不同类型的信息，采集渠道也会有所不同。记录型信息的采集渠道主要包括：①购买。通过各种方式购买是获取记录型信息最常见、最主要的途径，包括订购、现购、委托代购等方式。②交换。交换是指信息管理机构之间以及信息管理机构与其他机构之间互相交换信息。③接收。接收是档案、期刊、图书等信息的主要来源渠道，包括国家规定的呈缴本制度和移交制度等方式。④征集。征集是指对地方、民间有关单位或个人征集历史档案、书籍、手稿等。⑤复制。复制包括静电复印、缩微胶片等。⑥其他方式。其他方式包括租借、接受捐赠、现场采集、索取等。如果想掌握好以上方法并达到运用自如的程度，则还需要做大量深入细致的调查研究工作，熟悉各类信息的情况及其特点，并学会查找和利用各种检索刊物和工具书（比如国内外出版的大量新书通报、报刊征订目录、学术专业会议预报目录等）。

实物型信息的采集渠道主要包括：①展览。展览又可细分为实物展览、订货会、展销会、交易会等。②观摩。观摩主要是指现场观摩。③观看。观看包括观看电影、电视或录像等。④参观。参观主要是指参观同行的实验室、试验站等。

思维型信息存在于人们的头脑中，其采集渠道主要包括：①交谈。交谈包括工作人员之间就他们从事的工作和活动，直接进行对话、交谈、讨论、辩论等。②采访。采访是指针对某些感兴趣的问题主动提问，以获取信息。③报告。报告包括参加各类报告会或演讲会等。④培训。培训包括参加各类培训班等。⑤录音。录音是指在交谈、采访、讨论、参观、交流等活动中，采用现场录音方式来获取信息。⑥其他方式。其他方式包括参加各种社交活动，以及进行现场调查、实地考察、技术交流等。思维型信息的采集渠道目前已引起人们的高度注意。随着信息社会的到来，人们对传递信息的时间性要求越来越高，思维型信息将会越来越受重视。

【例3-5】 某纺织厂经常指派公司调查人员分别到几家百货公司的布料柜台直接察看顾客对哪些花色的布料最喜欢，对哪些花色的布料不感兴趣。有时，也指派调查人员到服装商店去观察顾客对什么布料的服装最喜欢，借此来采集该纺织厂所想要的有用信息。

【例3-6】 美国的尼尔逊公司在全美国的1250个家庭的电视机中装上电子监视器，每90s扫描一次。每个家庭只要收看3min以上的电视节目，就会被记录下来。通过和电子计算机系统联网，就可以采集该公司所想要的商业信息。

【例3-7】 麦当劳往往在计划进入某个城市之前，总是先通过有关部门或者专业调查公司来采集该地区的相关资料，包括人口、经济水平、消费能力、发展规模和潜力、收入水平以及前期研究商圈的等级、发展机会和成长空间等数据。

（4）按信息采集的实现方式划分

如果可以按信息采集的实现方式划分，则可将信息采集方法分为两种类型，即基于人工系统的信息采集法和基于计算机系统的信息采集法。

基于人工系统的信息采集法又可以进一步细分成直接观察法、社会调查法、文献检索法、实验法等类型。

1）直接观察法。直接观察法是通过开会、深入现场、参加生产和经营、实地采样、进行现场观察并准确记录（包括测绘、录音、录像、拍照、笔录等）调研情况。主要观察两个方面：一是对人的行为的观察，二是对客观事物的观察。直接观察法应用很广泛，常和询问法、搜集实物结合使用，以提高所收集信息的可靠性。

2）社会调查法。其中，社会调查法包括普遍调查法、典型调查法、抽样调查法等。对于个体的调查，若是涉及人，则主要采用访问调查法和问卷调查法等两种调查方式。其中，普遍调查是指在一定范围内对全部被调查对象的调查，它是调查有限总体中每个个体的有关指标值。典型调查是指在一定范围内选择有代表性的重要典型对象进行调查。抽样调查是指在一定范围内，从调查对象中抽取部分样本进行调查，用所得到的调查数据推断总体。访问调查法又叫做采访法，是通过访问信息采集对象，与之直接交谈而获得有关信息，还可进一步细分为座谈采访、会议采访、电话采访、信函采访等多种形式。问卷调查法是一种包含统计调查和定量分析的信息采集方法，这种方法主要考虑的问题是：所收集信息的内容范围和数量，所选定的调查对象的代表性和数量，问卷的精心设计，问卷的回收率控制等。

3）文献检索法。文献检索法是指从浩繁文献中检索出所需信息的过程。文献检索一般可分为手工检索和计算机检索两种类型。其中，手工检索主要是通过信息服务部门收集和建立的文献目录、索引、文摘、参考指南和文献综述等来查找相关文献信息。计算机文献检索是指文献检索的计算机实现，其特点是检索速度快、信息量大，是当前收集文献信息的主要方法。

4）实验法。实验法是指通过实验过程来获取其他手段难以获得的信息或者结论。实验者通过主动控制实验条件（包括对参与者类型、信息产生条件、信息产生过程等的恰当限定或者合理设计），可以获得在真实状况下采用社会调查法或者直接观察法所无法获得的有效信息，还可以在一定程度上直接观察研究某些参量之间的相互关系，有利于研究事物的本质。实验方法也有多种形式，包括实验室实验、现场实验、计算机模拟实验、计算机网络环境下人机结合实验等。

在基于计算机系统的信息采集法中，重要的一项工作是模拟信号的处理问题。对模拟信号来说，数字化是计算机处理模拟信号的前提。模拟信号的数字化需要采样、量化、编码三个步骤。其中，采样是指用每隔一定时间的信号样值序列来代替原来在时间上连续的信号，也就是在时间上将模拟信号离散化。量化是指将模拟信号的连续幅度变为有限数量并且有一定间隔的离散值。编码则是按照一定的规律，将量化后的值采用二进制数字来表示。对图像信息来说，可以先利用各种输入设备（扫描仪、数码照相机等）将图像输入到计算机中，经过采样和量化，将图像转变成计算机能够接受的某种存储格式，该过程称为图像数字化过程。视频信息对人类来说非常重要，通过视觉获得的视频信息往往比通过其他感觉器官所获取的信息量更大。在多媒体计算机系统中，视频采集卡可以将模拟信号转换成数字信号，它主要由视频信号采集模块、音频信号采集模块、总线接口模块等功能模块组成。其中，视频信号采集模块的任务是将模拟视频信号转换成数字视频信号，并将其送入计算机中进行处理。

6. 信息采集的技术

信息采集技术主要包括以下两种类型，一类是基于人工的信息采集技术，另一类是基于信息技术的信息采集技术。其中，基于信息技术的信息采集技术还可进一步细分，主要包括以下技术。

（1）基于传感器的自动化信息采集技术

随着科学技术的迅猛发展，传感器[注]已经广泛应用于航天航空、卫星遥感、交通运输、冶金、机械制造、石化、轻工、技术监督与测试、工业生产、宇宙开发、海洋探测、环境保护、资源调查、医学诊断、生物工程、文物保护等众多领域，并逐步进入人们的日常生活中（比如，家电遥控、防盗防火报警器、自动门、生物探测器等）。可以毫不夸张地说，从茫茫太空到浩瀚海洋，甚至各种复杂工程系统，都离不开各式各样的传感器。因此，有人认为，传感器水平的高低已成为衡量一个国家科学技术现代化程度的重要标志。传感器技术在发展经济、推动社会进步等方面作用巨大，世界各国也都非常关注这一领域。

国家标准《传感器通用术语》（GB 7615—2005）中给出的传感器定义是："能感受被测量并按照一定的规律转换成可用输出信号的器件或装置，通常由敏感元件和转换元件组成。"传感器是一种检测装置，能感受到被测量的信息，并将检测感受到的信息，按一定规律变换成为电信号或其他所需形式的信息输出，以满足信息的传输、处理、存储、显示、记录和控制等要求。它是实现自动检测和自动控制的首要环节。如果没有传感器对被测的原始信息进行准确可靠的捕获和转换，则一切准确的测试与控制都将无法实现，即使最现代化的电子计算机，没有准确的信息（或转换可靠的数据）和不失真的输入，也将无法充分发挥其应有的作用。

传感器种类繁多，原理各式各样，可按不同标准来对其进行细分。例如，如果按照其工作原理划分，则可将其细分为物理传感器和化学传感器两种类型。其中，物理传感器应用的是物理效应（例如压电效应、磁致伸缩现象、离化、极化、热电、光电、磁电等），被测信号量的微小变化都将转换成电信号。化学传感器包括那些以化学吸附、电化学反应等现象为因果关系的传感器，被测信号量的微小变化也将转换成电信号。如果按其用途划

⊖ 认识传感器. http://www.mapeng.net/news/mechanical_general_knowledge/2008/5/mapeng_085191023165093.html。

分，则可将传感器细分为位置传感器、液面传感器、能耗传感器、速度传感器、加速度传感器、射线辐射传感器、热敏传感器等。如果按其原理划分，则可将传感器细分为振动传感器、湿敏传感器、磁敏传感器、气敏传感器、真空度传感器、生物传感器等。如果按其输出信号划分，则可将传感器分为模拟传感器（将被测量的非电学量转换成模拟电信号）和数字传感器（将被测量的非电学量转换成数字输出信号）、膺数字传感器（将被测量的信号量转换成频率信号或短周期信号的输出）、开关传感器（当一个被测量的信号达到某个特定的阈值时，传感器相应地输出一个设定的低电平或高电平信号）。此外，还可按其所用材料的类别、物理性质、晶体结构等标准来对传感器进行细分。

（2）基于标准化编码的信息采集技术

标准化编码主要有条码（Bar Code）和无线射频（Radio Frequency，RF）码等。

条码是指由一组规则排列的条、空以及对应的字符组成的标记。其中，条是指对光线反射率较低的部分，空是指对光线反射率较高的部分。这些条和空组成的数据能够表达一定的信息，并能用特定的设备识读，并转换成计算机兼容的二进制信息和十进制信息。

条和空的安排方式称为符号法，符号法有很多种。条码的码制是指条码符号的类型，每种类型的条码符号都是由符合特定编码规则的条和空组合而成的。

一个完整的条码的组成次序依次为：空白区（前）、起始符、数据符、校验符（可选）和终止符以及供人识读字符、空白区（后）。条码符号结构示意图和 EAN-8 商品条码的符号结构示意图如图 3-2 和图 3-3 所示。

图 3-2　条码符号结构示意图

图 3-3　EAN-8 商品条码的符号结构示意图

条码通常可细分为一维条码和二维条码。其中，一维条码按其应用还可细分为商品条码和物流条码。商品条码是以直接向消费者销售的商品为对象，以单个商品为单位使用的条码。物流条码是指物流过程中以商品为对象、以集合包装商品为单位使用的条码。物流条码包括 128 码、ITF 码、39 码、库德巴（Codabar）码等。

二维条码除了具有一维条码的优点以外，还具有信息量大、可靠性高、保密、防伪性强等优点。目前，二维条码主要有 PDF417 码、Code49 码、Code 16K 码、Data Matrix 码、MaxiCode 码等，分为堆积式（或层排式）和棋盘式（或矩阵式）两种类型。使用二维条码可以解决以下问题：①表示包括汉字在内的小型数据文件；②在有限的面积上（如电子芯片）表示大量信息；③对物品进行精确描述；④防止各种证件、卡片及单证的伪造；⑤在远离数据库和不便联网的地方实现数据采集。

每秒变化小于 1000 次的交流电称为低频电流，大于 10 000 次的称为高频电流。射频电流是一种高频交流变化电磁波。射频系统的优点是不局限于视线，识别距离比光学系统远，射频识别卡可具有读写能力，可携带大量数据，难以伪造，且有智能。由于 RF 标签具有可读写能力，对于需要频繁改变数据内容的场合尤为适用。在物流系统中，RF 适用于物料跟踪、运载工具和货架识别等要求非接触数据采集和交换的场合。此外，我国一些地方的高速公路收费站口也使用 RF 来实现不停车收费，铁路系统则使用 RF 来记录货车车厢编号。

一套完整的射频识别（Radio Frequency Identification，RFID）系统由阅读器（Reader）与应答器（Transponder）两部分组成。其工作原理是：由 Reader 发射一特定频率的无限电波能量给 Transponder，以驱动 Transponder 电路，将内部的 ID 码送出。此时，Reader 接收该 ID 码。Transponder 的特点在于免用电池、免接触、免刷卡，所以不怕脏污，且晶片密码为世界唯一，无法进行复制，安全性高，长寿命。目前，RFID 应用非常广泛，典型应用有动物晶片、汽车晶片防盗器、门禁管制、停车场管制、生产线自动化、物料管理。RFID 标签包括有源标签和无源标签两种类型。

（3）基于全球定位系统的信息采集技术

全球定位系统（Global Positioning System，GPS）是一种结合卫星和通信发展起来的新技术，它主要利用导航卫星来进行测时和测距。全球定位系统是美国从 20 世纪 70 年代开始研制，历时 20 余年，耗资 200 亿美元，于 1994 年全面建成。实践证明，全球定位系统具有全天候、高精度、自动化、高效益等优点，目前它已成功应用于大地测量、工程测量、航空摄影、运载工具导航和管制、地壳运动测量、工程变形测量、资源勘察、地球动力学等多个学科，并且取得了非常好的经济效益和社会效益。

全球定位系统主要由空间、地面控制、用户设备三部分组成。

1）空间部分。GPS 的空间部分由 24 颗工作卫星组成，它位于距地表 20 200km 的

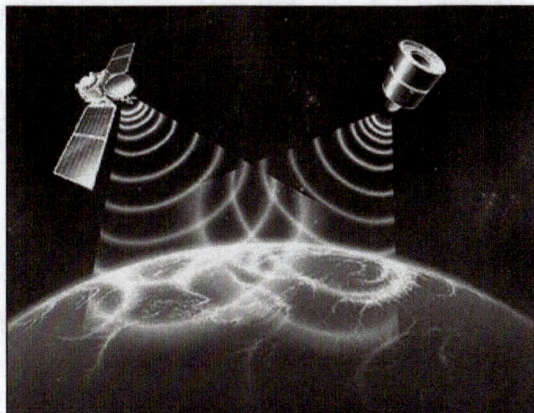

上空，均匀分布在 6 个轨道面上（每个轨道面 4 颗），轨道倾角为 55°。此外，还有 4 颗有源备份卫星在轨运行。卫星的分布使得在全球任何地方、任何时间都可观测到 4 颗以上的卫星，并能保持良好定位解算精度的几何图像。这样，就提供了在时间上连续的全球导航能力。

2）地面控制部分。地面控制部分由一个主控站、5 个全球监测站和 3 个地面控制站组成。监测站一般装配有精密的铯钟和能够连续测量到所有可见卫星的接收机。监测站将取得的卫星观测数据经过初步处理后，传送到主控站。主控站从各监测站收集跟踪数据，计算出卫星的轨道和时钟参数，然后将结果传送到 3 个地面控制站。地面控制站在每颗卫星运行至其上空时，将这些导航数据及主控站指令注入卫星。这种注入对每颗 GPS 卫星每天进行一次，并在卫星离开注入站作用范围之前进行最后的注入。如果某地面站发生故障，那么卫星中预存的导航信息还可用一段时间，但导航精度会逐渐降低。

3）用户设备部分。用户设备部分即 GPS 信号接收机，其主要功能是能够捕获到按一定卫星截止角所选择的待测卫星，并跟踪这些卫星的运行。当接收机捕获到跟踪的卫星信号后，即可测量出接收天线至卫星的伪距离和距离的变化率，解调出卫星轨道参数等数据。根据这些数据，接收机中的微处理计算机就可按定位解算方法进行定位计算，计算出用户所在地理位置的经纬度、高度、速度、时间等信息。

目前，GPS 在物流管理、铁路运输管理、军事物流管理等方面都获得了广泛应用。例如，汽车自动定位及跟踪调度（即车辆导航）已成为 GPS 的主要应用领域之一。目前，全世界在车辆导航上的投资年均增长 60.8%。在铁路运输管理方面，可以通过 GPS 和计算机网络实时收集全路列车、机车、车辆、集装箱及所运货物的动态信息，可实现列车、货物实时追踪管理。只要知道货车的车种、车型、车号，就可以立即从近 10 万 km 的铁路网上流动着的几十万辆货车中找到该货车，还能得知这辆货车现在的位置及所有的车载货物发货信息。

知识拓展

【知识拓展 3-2　物联网】物联网（The Internet of Things）是指"物物相连的互联网"，由国际电信联盟（ITU）在 2005 年正式提出。其概念中包含两层主要意思：①物联网的核心和基础仍然是互联网，是在互联网基础之上的延伸和扩展的一种网络。②其用户端延伸和扩展到任何物品与物品之间，进行信息交换和通信。物联网主要通过射频识别装置、红外感应器、全球定位系统、激光扫描器等信息传感设备，按约定的协议，将任何物品与互联网相连接，进行信息交换和通信，以实现智能化识别、定位、跟踪、监控和管理。物联网用途广泛，目前已经广泛应用于智能交通、环境保护、政府工作、公共安全、平安家居、智能消防、工业监测、老人护理、个人健康、花卉栽培、水系监测、食品溯源、敌情侦查和情报搜集等众多领域。

3.2.2　信息采集对象

在进行信息采集和加工之前，必须先弄清楚信息采集的对象——信息源。

1. 信息源的含义

信息源是指信息的来源，其定义因学科领域的不同而有多种不同的解释。联合国教科文组织（UNESCO）在其出版的《文献术语》中将信息源（Information Source）定义为："组织或个人为满足其信息需要而获得信息的来源。"

📖 **知识拓展**

【知识拓展3-3　联合国教科文组织】联合国教科文组织的全称是联合国教育、科学及文化组织（United Nations Educational，Scientific and Cultural Organization，UNESCO），它是隶属联合国的一种专门机构，于1946年11月4日在巴黎宣告正式成立，目前有190多个会员和若干准会员。其宗旨是"通过教育、科学及文化促进各国间合作，对和平与安全作出贡献，以增进对正义、法治及《联合国宪章》所确认之世界人民不分种族、性别、语言或宗教均享人权与基本自由之普遍尊重。"

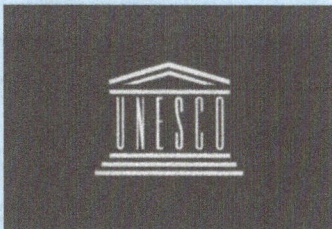

2. 信息源的类型

按照不同的分类方法，可将信息源分成不同的类型。

（1）按组织边界划分

如果按组织边界划分，可将信息源分为内部信息源和外部信息源。

内部信息源产生组织的内部信息。组织中的各个部门在工作中会形成大量的有用信息，不同层次的管理人员依赖于其他层次的管理人员提供信息，他们也是内部信息源的组成部分。此外，内部信息源还包括组织经过多年发展积累下来的图书、报刊、档案等信息。

外部信息源是指在组织外部为组织活动提供信息的信息源，与组织自身的业务和外部环境相关。此外，还可以从因特网等信息网络中获取大量的综合性信息。由此可见，组织的外部信息来源较广泛。

（2）按信息的数字化形式划分

如果按信息的数字化形式划分，则可将信息源分为数字化信息源和非数字化信息源。

数字化信息源提供的信息来自于计算机存储设备，包括内存和外存，并且可以通过网络传输。这类信息源包括组织内部的各种信息系统、内联网、因特网以及各种国际联机检索网络等。由于某些数据和信息通过计算机更易于存储处理和提供利用，因此，人们通常将它们通过一定的方式存入计算机，形成数字化信息源。

组织内部的非数字化信息源除了包括专业书籍、期刊、文书、档案等印刷型文献以外，还包括直接观察（如管理人员到车间巡视，了解企业的生产情况）、组织内部的生产快报、手工收集的信息、非正式的传播渠道（如参加各种社交活动，与下属或朋友闲聊等），通过以上途径都有可能获取与组织活动相关的重要信息。组织外部的非数字化信息源分布广泛，包括专业书刊及其出版部门、大众传播媒介等。在知识管理时代，部分显性知识可以存储在计算机中，而隐性知识则大部分存储在人脑中，在成为显性知识之前，难以将其数字化。因此，挖掘隐性知识对组织的发展和创新具有重要意义。

（3）按信息的载体形式划分

如果按信息的载体形式划分，则可将信息源分为印刷型信息源、缩微型信息源、电子型信息源、实物信息源、声像信息源。

印刷型信息源数量极为庞大，它们通过印刷技术传播各类信息。这类信息源包括出版社、杂志社、报社等生产这类信息的组织机构，以及图书馆、信息中心等收藏大量印刷型信息的文献信息部门。当然，由于各组织业务范围有限，因此，作为组织的信息管理人员，只要掌握与本组织活动相关的信息源就可以了。

缩微型信息源是指通过缩微技术制作的大量缩微胶片、平片等。它们提供的信息需通过缩微阅读机才能获得，规模较大的图书馆、档案馆和科技信息中心均提供这类信息。

近年来，由于信息技术的发展，电子出版物大量涌现，使得电子型信息源异军突起，成为组织信息的重要来源之一。电子信息出版物包括磁盘、光盘和数据库产品等，它们大多来自于计算机公司、数据库公司等。

实物信息源主要提供实物信息，包括各种实物以及提供实物的产品展览会、博览会，还包括各类百货公司、商场等。实物能使人们直观了解产品的形状、构成、颜色、型号等信息，甚至可以通过一定的方式（如试用该产品）获知该产品的性能、质量等。

声像信息源提供声音和图像信息，包括各类声像制品（如图片、照片、磁带等）、部分电子出版物（如 CD、VCD 等光盘制品）。广播、电视等大众传媒也提供声像信息，所以也属于声像信息源。各类图片、照片、磁带和录像带等往往是对组织内外部活动的真实记录，因而相对较可靠。

（4）按信息的运动形式划分

如果按信息的运动形式划分，则可将信息源分为静态信息源和动态信息源。

静态信息源提供变化不大或不会发生变化的信息。例如，组织中的工资管理系统所提供的工资信息在一定时期内不会有太大的变化，所以属于静态信息源。再如，由于档案信息是对过去发生事件的记录，其信息内容一般不会发生变化，因而也属于静态信息源。

动态信息源提供的信息通常处于变化之中。例如，证券公司提供的股票价格信息，经常在一天之内会有几次变动。再如，市场需求信息也会因时、因地、因人而表现出不同特性。因此，可将证券公司和市场管理机构称为动态信息源。对组织来说，静态信息源主要来自组织内部，动态信息源主要来自组织外部。

（5）按信息的加工层次划分

如果根据不同加工层次来划分，则可将信息源细分为一次信息源、二次信息源、三次信息源和四次信息源。

1）一次信息源

一次信息源（Primary Information Source）是指在科研、生产、经营、文化及其他各类活动中生产的原始信息，包括专著、报纸、期刊、专利文献、标准文献、会议文献、样本等成品信息，即人们对自然和社会信息进行首次加工（固化）形成的文字记载。

2）二次信息源

二次信息源（Secondary Information Source）是指对一次信息源进行再加工，通过整理、提炼和压缩，并按其外部特征（如题名、作者等特征）和内容特征序化，形成另一类新的信息源形式（如题录、书目、索引、文摘等）。二次信息源的重要作用不仅在于报道，更重要的是为查找一次信息提供线索。

3）三次信息源

　　三次信息源（Tertiary Information Source）是指在选择相关的一、二次信息源的基础上，加以分析、综合而编写出来的信息源形式（如综述、述评、学科年度总结、文献指南、书目之书目、百科全书、年鉴等）。

　　4）四次信息源

　　四次信息源（Quaternary Information Source）也称集约信息源，是指文献信息源和实物信息源的集约化和系统化，前者包括档案馆、图书馆、数据库等，后者包括博物馆、样品室、展览馆、标本室等。

知识拓展

【知识拓展3-4　文献信息源⊖】

　　1. 图书

　　一般来讲，**图书**（Book）是指内容比较成熟、资料比较系统、有完整定型的装帧形式的出版物。图书的范围较广，主要包括学术专著、参考工具书（手册、年鉴、百科全书、辞典、字典等）、教科书等。如果想要全面、系统地获取某一专题的知识，参阅图书是行之有效的一种方法。

　　图书是记录和保存知识、表达思想、传播信息的最古老、最主要的文献形式。它的信息承载量大，便于存放、携带，可不受空间、时间和设备限制。这些优点使图书过去、现在和将来都是人类社会最主要的信息交流媒介之一。近年来，电子图书的种类和数量增长迅速。

　　2. 期刊

　　期刊（Periodicals）也称杂志（Journals 或 Magazine），是指那些定期或不定期出版、汇集了多位著者论文的连续出版物。它与专利文献、科技图书三者被视为现代文献的三大支柱，也是利用率最高的文献源。

　　期刊的主要特点是：每种期刊都有固定的名称和版式，有连续的出版序号，有专门的编辑机构编辑出版，与图书相比，它出版周期短，刊载速度快，数量大，内容较新颖、丰富。因此，期刊已成为人们寻找研究上新发现、新思想、新见解、新问题的首要信息源。

　　3. 报纸

　　报纸（Newspaper）是出版周期最短的定期连续出版物。报纸的基本特点是内容新、涉及面广、读者最多，是影响面比较广的文献信息源。报纸的缺点是材料分散、知识不系统、信息分布较零乱，也是一种较难于保存和积累信息的文献。报纸的数量又十分庞大。据联合国教科文组织统计，全世界共出版报纸5万种，其中日报就有约8000种。目前，世界上主要的报纸都实现了电子化。

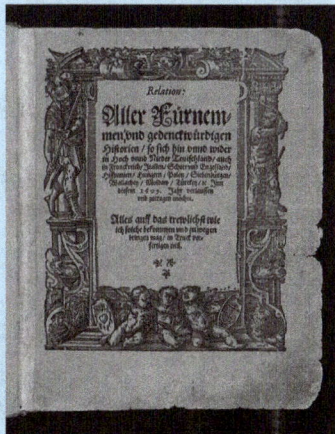

　　4. 专利文献

　　专利文献（Patent）是记录有关发明创造信息的文献，蕴涵着技术信息、法律信息和经济信息。广义的专利包括专利申请书、专利说明书、专利公报和专利检索工具，以及与专利有关的一切资料。狭

⊖　主要文献信息源及其特点. http://www.doc88.com/p-951287900069.htm。

义的专利仅指各国专利局出版的专利说明书。专利文献的主要特点是：数量庞大、报道快、学科领域广阔、内容新颖、具有实用性和可靠性。由于专利文献的这些特点，它的科技情报价值越来越大，使用率也日益提高。

5. 科技报告

科技报告（Scientific and Technical Report）又称研究报告和技术报告，是科学技术工作者围绕某个课题研究所取得的成果的正式报告，或对某个课题研究过程中各阶段进展情况的实际记录。科技报告自 20 世纪 20 年代产生以来，发展迅速，已成为继期刊之后的第二大报道科技最新成果的文献类型。从报道的内容看，科技报告大多都涉及高、精、尖科学研究和技术设计及其阶段进展情况，客观地反映科研过程中的经验和教训。科技报告的特点是：单独成册，所报道成果一般必须经过主管部门组织有关单位审定鉴定，其内容专深、可靠、详尽，而且不受篇幅限制，可操作性强，报告迅速。有些报告因涉及尖端技术或国防问题等，所以一般控制发行。

如果按内容划分，科技报告可分为基础理论研究报告和工程技术研究报告两大类。如果按储存来划分，科技报告可分为报告书（Report，R）、技术札记（Technical Notes，TN）、论文（Papers，P）、备忘录（Memorandum，M）、通报（Bulletin）、技术译文（Technical Translations）等。如果按报告所反映的研究进展程度来划分，科技报告可细分为初步报告（Primary Report）、进展报告（Progress Report）、中间报告（Interim Report）、终结报告（Final Report）。如果按流通范围来划分，科技报告又可细分为绝密报告（Top Secret Report）、机密报告（Secret Report）、秘密报告（Confidential Report）、非密报告（Unclassified Report）、解密报告（Declassified Report）等。

6. 学位论文

学位论文（Theses，Dissertation）是高等院校和科研院所的本科生、研究生为获得学位资格而撰写的学术性较强的研究论文，是在学习和研究中参考大量文献、进行科学研究的基础上而完成的。学位论文的特点是：理论性、系统性较强，内容专一，阐述详细，具有一定的独创性，是一种重要的文献信息源。

学位论文除由本单位收藏外，一般还由国家指定单位专门进行收藏。国内收藏硕士、博士学位论文的指定单位是中国科学技术信息研究所和国家图书馆。检索国内学位论文可以利用《中国学位论文全文数据库》，检索国外学位论文可利用 Dialog 国际联机系统或国际大学缩微胶卷公司（University Microfilms International）编辑出版的《国际学位论文文摘》《美国博士学位论文》以及《学位论文综合索引》等检索工具。

7. 会议文献

会议文献是在各种会议上宣读和交流的论文、报告和其他有关资料。传统会议文献多数以会议录（Proceedings）形式出现。目前，全世界每年出版的会议论文集已超过 4000 种，会议论文数十万篇。

会议文献的主要特点是：传播信息及时、论题集中、内容新颖、专业性强、质量较高，往往代表某一学科或专业领域内最新的学术研究成果，基本上反映了该学科或专业的学术水平、研究动态和发展趋势。会议文献是科技查新中重要的信息源之一。

8. 政府出版物

政府出版物（Government Publication）是指各国政府部门及其设立的专门机构发表、出版的文件，可分为行政性文件（如法令、方针政策、统计资料等）和科技文献（包括政府所属各部门的科技研究报告、科技成果公布、科普资料及技术政策文件等），其中科技文献约占 30% ~40% 左右。

政府出版物的特点是：内容可靠，与其他信息源有一定重复。借助于政府出版物，可以了解某一国家的科技政策、经济政策等，而且对于了解其科技活动、科技成果等，有一定的参考作用。

政府出版物的形式很多，常见的有报告、公报、通报、通讯、文件汇编、会议录、统计资料、图表、地名词典、官员名录、国家机关指南、工作手册、地图集以及传统的图书、期刊、小册子，也包括缩微、视听等其他载体的非书资料。

9. 标准文献

标准（Standard）是公认的权威机构批准的标准化工作成果。狭义的标准文献是指按规定程序制定、经公认的权威机构批准的一整套在特定范围内须执行的技术规格、技术规则、技术要求等规范性文献；广义的标准文献是指与标准化工作有关的一切文献，包括标准形成过程中的各种档案、宣传推广标准的手册及其他出版物，揭示报道标准文献信息的目录、索引等。

标准文献的主要特点是：能较全面地反映标准制定国的经济和技术政策，技术、生产及工艺水平，自然条件及资源情况等；能够提供许多其他文献不可能包含的特殊技术信息。它们具有严肃性、法律性、时效性和滞后性。标准文献是准确了解该国社会、经济领域各方面技术信息的重要参考文献。

检索国内标准的检索工具主要有《中国标准化年鉴》《中国国家标准汇编》《国家标准和部标准目录》《中国国家标准文献数据库》等；检索国外标准文献的检索工具主要有《国际标准文献数据库》（中国标准情报中心编）《ISO 国际标准目录》《美国国家标准目录》《英国标准年鉴》等中译本资料及各国标准的原版目录。

10. 产品样本

产品样本（Product Sample）是厂商为向客户宣传和推销其产品而印发的介绍产品情况的文献。根据内容和出版情况，产品样本可视为各国厂商出版物，包括产品目录、单项产品样本、产品说明书、企业介绍和广告性厂刊。

11. 档案

档案（Archive）是国家机构、社会组织以及个人从事政治、军事、经济、科学、技术、文化、宗教等活动直接形成的具有保存价值的各种文字、图表、声像等不同形式的历史记录，是完成了传达、执行、使用或记录现行使命而备留查考的文件材料。档案以其集记录性和原始性于一体的特点而区别于遗留下来的实物，又因其可靠性和稀有性而区别于一次文献，这就使相当一部分档案在一定时间内是受到保护的，在利用上有特殊的要求和价值。

档案的内容广泛、形式多样、材料来源庞杂。从文献形式上看，包括了信函、日记、账簿、报告、照片、地图、图样、协议书、备忘录、会议记录、契约、布告、通知、履历表等。由于档案是各个机关、组织和个人在其特定的社会活动中积累而成的文件组合体，因而其产生和存在始终与其形成单位及职能活动密切相连，形成了档案独有的"全宗"概念。"全宗"是一个独立的机关、企业在社会实践活动中形成的全部档案的总称。

12. 灰色文献

灰色文献（Gray Literature）是对一组特殊类型的文献的总称，目前还没有一个明确的定义，各种称谓也很多，如非正式出版文献（Non-publication Literature）、非常规文献（Non-conventional Literature）、难获文献（Hard-to-get Literature）、内部刊物（House Journals）、地下文献（Underground Literature）等。灰色文献一般被看做是非公开出版物，具体包括不公开出版或者发行的政府文献、学位论文、科技报告、技术档案、工作文件、产品资料、企业文件、内部刊物、未刊稿、贸易文献等。灰色文献的主要特点是种类繁多，流通渠道特殊，形式多样，具有特殊参考价值。

（6）按其他划分方法

此外，还可根据提供信息的单位和部门的性质进行划分，将信息源区分为文献信息部门（如图书馆、科技信息中心和档案馆等）和非文献信息部门（如与组织有相同业务的竞争对手、咨询公司等）。

3. 2. 3　信息评价

信息在时间和空间上的分布都极为广泛，新知识、新信息不断产生。因此，如何对信息进行评价，从而掌握和利用适合的信息源，是急需解决的问题。

信息评价主要涉及信息源评价、信息采集效率评价、信息准确度评价、信息经济性评价等内容。

1. 信息源评价

信息源评价有两个目标：一是确定信息是通过哪种信息载体、从什么样的信息源获得的；二是确定信息发生的意图和可靠性。

收集到各种信息之后，一般要先按类型将各种信息源分开，然后检查各类信息源所携带的信息是否正确、可靠，是不是附加了某种限定条件等。按信息源整理信息，不仅能够很好地掌握其分类范畴，还可以系统地检验、评价信息的意义和价值。

此外，还可以根据信息源利用的目的来划分信息源。对于综合性信息源，应按其不同的目的将信息源按类划分，这样就可以使信息源有序化，对其中使用率较高的信息源进行经常性的跟踪和监视。

平时应注意认识这些信息源的分类及其各自的特点，评价各类信息源的可靠性，为信息利用作好准备。信息管理人员要努力使信息利用者提高认识，使其掌握各类信息源的利用方法和获取途径。这是信息管理的重要任务。

目前，对信息源进行评价一般采用两种方法：一是根据对信息源的一般要求，对信息源进行评分，这种方法称为直接评价法（Direct Evaluation Method）；二是调查对各种信息源的利用情况或根据信息利用者的实践需要来评价信息源，该方法称为间接评价法（Indirect Evaluation Method）。

2. 信息采集效率评价

对于信息采集的过程，可以利用查全率、查准率、及时率、费用率、劳动耗费率等指标来衡量和评价其效率。

（1）查全率

查全率用来衡量切题信息采集的完整程度，即指某一信息系统（信息库）所含的全部切题性信息（对该系统全体用户而言）在当时系统内外所有切题信息中所占的比例。如果 r 表示该信息系统中切题的信息，R 表示当时系统内外全部切题的信息，那么信息查全率（记为 P）可以表示为：

$$P = \frac{r}{R}$$

（2）查准率

查准率用来衡量信息资源收集的针对性，即指某一信息系统（信息库）所含的全部切题信息（对该系统全体用户而言）在当时该系统所有信息中所占的比例。如果 r 表示该系统中切题的信息，Q 表示系统内所有的信息，那么信息查准率（记为 E）可以表示为：

$$E = \frac{r}{Q}$$

（3）及时率

及时率用来衡量信息采集的速度，即在最短的时间内完成信息采集过程的能力。它由收集过程的每一环节（从信息的产生到被输入信息库）所花费的总时间来计算，可以表示为：

$$T = \sum_{i=1}^{n} t_i$$

式中，$i = 1，2，\cdots，n$，表示收集过程的环节数。

（4）费用率

费用率用来衡量信息采集的资金效率。它取决于收集过程的组织、各环节的技术装备等因素。计算费用率的困难在于单位信息很难确定，不同单位的信息不能任意分解，而且其价格不一样，如二次信息和一次信息的价格就有较大差别。可以用信息的件数来大致表示信息的单位，这样，如果 F 表示年度收集信息的总花费，G 表示年收集到的信息量（总件数），那么单位信息的费用率（记为 C）可表示为：

$$C = \frac{F}{G}$$

（5）劳动耗费率

信息采集的劳动耗费率是指信息系统搜集到的单位信息所耗费的最低劳动量，可用收集过程所有环节的劳动消耗总数来计算。如果用 l_i 表示搜集信息的工作量（$i = 1，2，\cdots，n$），L 表示单位（件）信息在每一环节中的劳动耗费（可用人、时等单位表示），那么劳动耗费率可表示为：

$$L = \sum_{i=1}^{n} l_i$$

3. 信息准确度评价

信息评价的另一个重要方面是评价信息的准确度，可以从两种角度来进行。

第一种角度包括下面三种方法：①从不同的信息源获得同一性质的信息，对这些信息进行比较；②定期地、系统地收集信息，调查过去同种信息是否出现，并和新获取的信息进行比较评价；③从多种信息源搜集、分析同种信息和相关信息，与切题的信息进行比较评价。

第二种角度是从信息所含的六个要素出发评价信息的准确度。任何信息都包含六个要素：内容（What）、原因（Why）、时间（When）、地点（Where）、人（Who）、状况（How），即"5W1H"。对信息进行比较评价时，要把信息分解成上述六个方面。其步骤大致如下：①把信息分成六个要素，按要素分成不同的组；②分析各组中有无共同点，把具有共同点的信息抽出来；③将抽出来的具有共同点的信息要素构成信息形态；④把组成信息形态的要素分别同原信息进行比较；⑤根据比较结果，对被认为最有共同点的原信息作进一步调查检验，分析它与其他信息的相关程度、相关的交接点等。

4. 信息经济性评价

信息的经济性是指要使所需信息的价值与获得该信息所付的费用保持平衡。为了经济而有效地搜集信息，可以从以下几个方面出发来进行信息评价：①对所需信息存在率的评价：调查有关的信息源、载体、实物（产品等）是否存在，如果存在，要用什么方法从何种途径获得，评价获取的难易程度。②对所需信息适合率的评价：评价获取的信息与所需信息的内容吻合程度。例如，解决问题的有效程度，为利用该信息而需要加工处理的必要程度等都是评价的尺度。③对所需信息可靠性的评价：对于二次信息和三次信息，应评价其性质、加工深度、是否能获得证明来确认其可靠性。此外，由于信息既可以传递某一事物或课题的全部内容，也可以传递部分内容，因此，根据其所处的位置便可评价信息的可靠性。

知识拓展

【知识拓展 3-5　网络信息评价】因特网是开放性的全球分布式网络，现已发展成为包含科技、文化、商业、新闻、娱乐等多种形式和类别、极具价值的网络信息资源。网络信息评价可分为第三方评价法、网络信息用户评价法以及由文献计量学引申和发展而来的网络计量法。其中，第三方评价法是指由第三方根据特定的信息需求，建立符合特定信息需求的信息评价指标体系，按照一定的评价程序或步骤，得出网络信息的评价结论。网络信息用户评价法主要是由网络资源评价的专业机构向用户提供相关的评价指标体系和方法，由用户根据其特定信息需求从中选择符合其需要的评价指标和方法。网络计量法是目前正在探讨和研究的一种网络信息评价方法，它主要依据网络信息的自身特征和规律，能在一定程度上克服第三方评价法和网络信息用户评价法的主观性、价值偏向性。

3.3　信息组织

信息组织在信息管理中具有承上启下的作用，它既是建立信息系统的重要条件，又是信息存储与检索的基础，还是发挥信息效用从而创造价值的保证。

知识拓展

【知识拓展 3-6　知识组织】知识组织（Knowledge Organization）的概念最早由英国著名分类法专家 H. E. 布利斯（H. E. Bliss，1870—1955）在 1929 年首次提出，他出版了《知识组织和科学系统》《图书馆的知识组织》两部著作。受历史和科学技术的局限，当时知识组织思想主要关注图书文献的分类。1989 年，德国法兰克福成立了国际性学术研究机构国际知识组织学会（International Society for Knowledge Organization，ISKO）。在该机构的推动下，20 余年来"知识组织"的研究活动有了显著发展。随着时代的变迁，知识组织被赋予新的内涵，其组织对象从文献转向数字资源和网络资源，其组织目的是满足信息网络空间下信息用户对知识流的控制需求。⊖

信息组织（Information Organization，IO）是指按照一定的科学规则和方法，通过对信息的外在特征（如信息的物理形态、题名、责任者、信息的类型、信息生产和流通等）和内容特征（信息具体内容的规范化概括）的描述和序化，实现无序信息向有序信息的转化。

本节讨论信息组织的基本概念和基本内容，包括分类法、主题法、SGML、HTML、XML、元数据等。其中，分类法和主题法是信息组织的两种主要方法，SGML、HTML、XML 是信息组织的主要标记语言，元数据则为信息对象提供了描述信息的可能性。

⊖　知识组尹鸿博. 美国知识组织理论的历史与发展. http://blog. sina. com. cn/s/blog_5837c93801000b17. html。

3.3.1　分类法

1. 分类法概述

（1）分类法的概念

类是具有某种共同属性的一组事物的集合。分类是指根据事物的属性对其进行区分和类聚的过程。信息分类是指根据信息内容的学科属性与其他相关的特征，对各种类型的信息进行系统的揭示和区分，并加以组织的一种方法。

信息分类法是信息分类的主要依据。目前的信息分类法主要是指文献分类法，它包括等级列举式、分面组配式、半分面分类法三种类型。①等级列举式分类法。等级列举式分类法又称穷举式分类法，它将所有类目组成一个等级系统。著名的等级列举式分类法有"杜威十进分类法""美国国会图书馆图书分类法"和"中国图书馆分类法"（简称"中图法"）等。②分面组配式分类法。分面组配式分类法在类目之间完全采用分面结构，将文献的内容分为若干个因素，从分面寻找相应的类号，并按照一定的次序将其排列组配成一个完整的分类号。分面组配式分类法的特点主要在于将事物分面。分面又称组面，简称面，就是按某种分类标准（分类特征）产生出来的一组面类目。③半分面分类法。半分面分类法又称为列举组配式分类法，是指以等级列举式的类目体系为基础，在类目拓展方面采用分面组配的方法，实现等级列举式类表与分面组配同等标引的功能。该分类法以"国际十进分类法"和俄罗斯的"图书馆书目分类法"为代表。

（2）类目体系结构

类目体系是分类法的主体，它是根据类目内在关系和一定原则组成的。类目体系设置的合理与否、类目组织质量的高低，决定了分类法的实用性和适用性。类目体系包括主表和附表。主表一般由基本部类、基本大类、简表和详表等构成。附表主要由附于主表之后和主表内的相应类目之后的复分表组成。

2. 分类步骤与分类标引

分类和分类标引是信息分类组织的两个重要环节。

（1）分类步骤

对信息进行分类，实际上是进行两个方面的操作，即认识信息和把握类目内涵。认识信息就是分析信息的学科范畴和内容性质，来确定信息的属性。把握类目内涵就是把握上下位类目（如自然科学与物理学为上下位类目）之间的类属关系、同位类目（如物理学与化学学为同位类目）之间的平等关系等。分类过程主要包括信息查重和分析两个步骤。

在对信息进行分类前，首先要进行查重，即利用题名目录或机读目录，查明待标的文献与已入藏文献的关系，分别以不同的情况进行处理：如果属于复本，仍使用原文献的主题标识，但如果原来的标引有明显错误，则应予以纠正；如属于某文献的不同版本或不同卷册，主题标识一般不变（按分卷标引者除外）；如果是新种类文献则需进行分类。查重可减少标引误差，保证文献标引的一致性，还可提高标引速度。

对信息进行分析，主要是对其主题进行分析。主题包括事物、所属学科及其分支、事物的某方面或某层面等。主题分析首先从信息所论述的问题、问题所涉及的主要领域、问题研究的重点，以及所论述问题的目标等方面入手，概括信息的主题。其次对构成主题的基本要素，要素对主题的作用以及要素之间的关系进行分析，明确主题结构。最后，对主题类型进行分析。主题的类型主要有两种：单主题和多主题。单主题是指信息研究的对象或事物是单一的，多主题是指信息同时涉及几个研究对象或事物。

（2）分类标引

分类标引是指对主题分析的结果赋予信息相应的类号和相应的辅助号码而形成分类检索标识的过程。分类标引主要包括以下工作程序：①内容分析。通过分析题名（包括书名、刊名、篇名），浏览目次、文内标题、图表、数据、实例、参考文献目录，甚至涉猎全文，了解该文献所研究的学科或专业内容以及作者的写作目的、读者对象等。对于论题生疏，难于把握学科、专业内容的，要通过查阅工具书或请教专家来解决。②确定主题。根据内容分析结果，确定最能体现该信息本质属性的主题，以及应该予以揭示的该信息的次要属性主题。③归类。根据信息内容的学科属性，查阅"中国图书馆分类法"，确定相应的主要分类号，以及附加分类号或分析分类号，并将其赋予信息，作为分类检索标识。④审核。审核信息的分类检索标识是否正确，以保证信息分类标引的质量。内容包括：信息主题分析的正确性、充分性，类号的准确性以及号码组合的合理性。

知识拓展

【知识拓展 3-7　自动分类】信息分类是信息加工的主要方法之一，但长期以来主要依靠人工进行分类，而人工分类存在工序复杂、效率低等缺点，所以国内外开始利用计算机来实现自动分类（Automatic Classification）。所谓自动分类，是指用计算机来代替人工，自动产生能够表达信息资源内容特征的分类标识的一种信息资源加工方式。自动分类的优点是速度较快，便于提高信息资源加工的质量和效率。

自动分类研究的基础是自动标引。如果按标引方法进行划分，则可将自动分类标引分为抽词分类标引法（Derivative Indexing）和赋词分类标引法（Assigned Indexing）。抽词分类标引法操作较为简单，易于实现。赋词分类标引法操作相对来说难度更大一些。

如果按自动分类的实现途径进行划分，则可将自动分类分为自动聚类和自动归类。其中，自动聚类是指从待分类对象中提取特征，再将提取的全部特征进行比较，并按一定原则将具有相同或相近特征的对象定义为一类，设法使各类中包含的对象大体相等；自动归类是指先分析待分类对象中的特征，将其与各种类别中对象具有的共同特征进行比较，再将待分类对象归入特征最接近的一类并赋予相应的分类号。

自动分类算法涉及关键词的切分、类主题词的获取、类别的统计并类、权重分析定类、补充复分类号五大步骤，具体实施过程如下所述：①从待分类信息资源库中取一条待分类记录，利用自动切分技术提取关键词。②利用切分出来的关键词查找"关键词与类主题词关联数据表"，得到类主题词。③利用类主题词查找"类主题权重数据表"，获得对应的分类号和权值。当所有的分类用词的分类号及权值均取完后，进行类号合并以及权重求和。④分析定类，对已经取出的所有类号进行分析比较：如果只有一个类号，则无须判断直接进行定类；如果有多个类号，则按类号权值最大者进行定类。⑤如果需要进行复分，则利用复分信息查找"复分数据表"，得到复分号后补充到已经确定的分类号中。

3.3.2　主题法

1. 主题法概述

（1）主题法的概念

主题是指信息所论述的主要对象，包括事物、问题、对象等。而经过选择，用来表述信息主题的词语，称为主题词。主题法是直接以表达主题内容的词语作检索标识、以字顺为主要检索途径，并通过详尽的参照系统等揭示词间关系的标引和检索方法。

（2）主题法的类型

从不同角度对主题法的类型进行划分，可以有许多不同的分法。如果按照选词方法来划分，则可将主题法分为以下几种类型：①标题法。标题法是一种以标题词作为主题标识，以词表预先确定的组配方式标引和检索的主题法。所谓标题词，是指经过词汇控制，用来标引文献的词或词组，通常为比较定型的事物名称。目前，使用最广泛的标题表是"美国国会图书馆标题表"。②元词法。元词法是一种以元词作为主题标识，通过字面组配的方式表达文献主题的主题法。所谓字面组配，是指几个主题词的组配只着眼于形式而不考虑其概念之间关系的组配方法。元词是用来标引文献主题的、最基本的、词义上不可再分的语词。③叙词法。叙词法是以从自然语言中精选出来的、经过严格处理的语词作为文献主题标识，通过概念组配方式表达文献主题的主题法类型。所谓概念组配，是指几个相互组配的主题词之间，在概念上必须具有交叉或限定的逻辑关系。叙词又称主题词，是指经过规范化处理、以基本概念为基础的表达文献主题的词和词组。④关键词法。关键词是指出现在文献标题、文摘、正文中，对揭示、描述和表征文献主题内容具有实质意义的、起关键作用的语词。

（3）主题词表

主题检索工具一般称为主题词表（Subject Headings，Subject List）或叙词表（Thesaurus）。与分类表一样，国内外都有很多主题词表，如汉语主题词表、医学主题词表等。

🎓 **知识拓展**

【知识拓展3-8　汉语主题词表】《汉语主题词表》由中国科学技术情报研究所和北京图书馆共同主编，科学技术文献出版社1979年出版，是我国第一部大型综合性主题词表，按社会科学与自然科学两个系统分别编列。其中，收录正式主题词91 158条左右，非正式主题词17 410条左右。全表共分3卷10分册，包括主表、附表、辅助索引表。①主表（即主题词字顺表）。它是主题标引和组织主题目录的依据。该表按主题词汉语拼音排列。主题词款目包括主题词汉语拼音、英译名、范畴号、注释和参照系统。②附表。它是从主表中派生出来的一种专用表。该词表共有四个专用表：世界各国行政区划名称表、自然地理区划名称表、组织机构名称、人物名称表。每个表都附有英汉对照索引。③辅助索引表。该索引表包括范畴索引、词族索引、轮排索引和英汉对照索引。

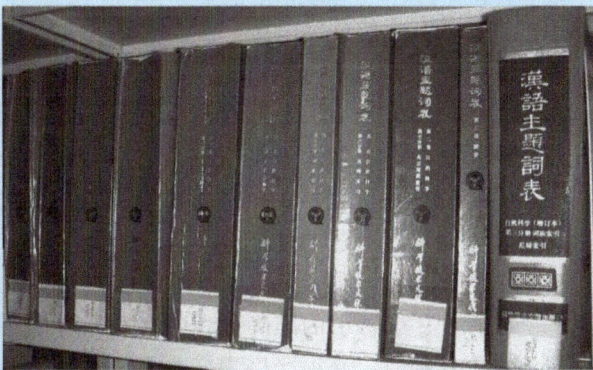

2. 主题标引

主题标引是依据一定的主题词表或主题标引规则，赋予信息资源语词标识的过程。中文文献主题标引一般采用"汉语主题词表"，并以"中国分类主题词表"作为补充。

知识拓展

【知识拓展3-9 中国分类主题词表】《中国分类主题词表》是在《中国图书馆分类法》编委会的主持下，从1987年开始由全国40个图书情报单位共同参加编制、1994年出版的一部大型文献标引工具书。它是在《中国图书馆分类法》第3版和《汉语主题词表》的基础上，为实现分类主题一体化标引，为机助标引、自动标引提供条件，降低标引难度，提高检索效率和标引工作效率，编制而成的分类检索语言和主题检索语言兼容互换的工具。2005年9月，北京图书馆出版社出版了《中国分类主题词表》的第2版和电子版。

（1）主题标引方式

不同的主题标引方式，直接反映着对文献主题标引的深度。常用的主题标引方式包括：①分组标引法。它是将同一文献中的多个主题分为若干个单元主题，再依单元主题分组进行标引的方法。②整体标引法。它是一种对文献信息进行概括性主题标引的方法。③全面标引法。它是将某种文献信息所含的大、小主题全部标引出来的方法。④专指标引法。它是选择与文献信息主题概念相符的、最专指的主题词标引的方法。⑤集中与分散同时标引法。它是指对丛书、多卷书、论文集等多卷册出版物既进行概括性主题标引，又对每个独立的分册进行主题标引的方法。⑥分析标引法。它是对某种文献在整体标引的前提下，再对其中某些重要的章节或附录进行标引的方法。⑦部分标引法。它是根据本单位的学科专业性质与用户研究的需要，只选择与本单位专业对口的、针对性强的主题因素进行标引的方法。⑧上位词标引法。它是指某些文献主题，在"词表"中既无专指概念，又无法组配标引时，采用上位概念进行标引的方法。⑨靠词标引法。它是指某些文献信息主题，在"词表"中既无专指概念，又无法组配或用上位概念标引的情况下，选择含义近似的主题词标引的方法。⑩增词标引法。它是指文献信息主题属于新概念、新事物和新学科，在"词表"中无对应的词可标引时，采用新增主题词进行标引的方法。凡新增补的主题词必须填好新增主题词登记卡。

（2）主题标引规则

为了保证主题标引的准确性和一致性，防止和减少可能出现的各种错误，在对文献主题进行概念转换时，必须严格遵守主题词标引的基本规则，包括：选词规则、组配规则、主标题确定的规则。

（3）主题标引步骤

主题分析是主题标引的基础环节，其质量不仅直接影响标引的质量，而且从根本上影响检索系统的检索效率。主题分析的步骤如下：①审读资料。通过审读资料，了解和判断资料所反映的中心内容和其他主题因素。首先，阅读题名，题名是对资料内容的概括。其次，在资料无题名或题名不能全面、准确地反映资料主题时应浏览全文。浏览全文应注重了解题名未能反映的主题和深层次主题，发掘隐含主题。②确定主题类型。主题的类型可以分为单主题和多主题两种。单主题包括单元主题和复合主题（即多元主题），多主题则由几个单主题组成。③确定主题结构。主题结构是指构成主题的主题要素、主题中心和主题面的构成形式及其相互关系。主题结构分析是对文献中复合主题的成分进行分析,以便查明主题构成因素及其关系。④主题概念的选定。在审读文献题名或全文的基础上,提炼、选定一个或若干个表达文献主题的自然语言作为主题概念。

（4）主题检索工具

对各种类型的信息进行主题标引的目的是建立主题检索工具或者主题检索系统。主题检索工具按照其物质条件和检索手段的不同可分为手检工具和机检系统。其中,手检工具包括主题目录和主题索引,具体由主题款目、参照、助检标志等组成。主题机检是以主题标识为检索依据的机检系统,是计算机检索系统的重要组成部分,主要是指以受控主题标识为检索词的机检系统。比较典型的受控主题系统包括文献单位以图书为对象的目录系统和以论文为对象的检索系统。从现今使用的各种机检系统的情况来看,主题机检系统一般具有以下功能:主题词检索功能、入口词检索功能、组配检索功能、综合查找功能、浏览功能、词典浏览功能、限制范围检索功能、排序显示功能和手工输出检索功能。

📘 **知识拓展**

【知识拓展 3-10　自动标引】自动标引（Automatic Indexing）是指利用计算机来代替人工,自动生成用来表达信息内容特征的主题标识的信息加工方式。最早开展自动标引研究的人首推美国人卢恩（H. P. Luhn）,他在 1956 年首次开展了自动标引试验,并提出词频统计加权方法。此后,西文自动标引技术获得较快发展,并产生了一批实用的自动标引系统。20 世纪 80 年代,中国的上海交通大学、中国软件技术开发总公司、北京航空航天大学、北京大学等单位也先后建立了各自的试验性汉语自动标引系统。

如果按自动标引方案划分,则可将自动标引分为自动抽词标引和自动赋词标引两种类型。其中,自动抽词标引是指利用计算机从信息单元中自动抽取能够表达信息内容的主题标识。自动抽词标引的假定条件是:待标引文本以机读形式存在,计算机利用根据一定算法编写的自动抽词标引程序来实施抽词标引过程。自动抽词标引的过程包括:①使用计算机分析正文或者文摘。②对照禁用字表,从正文或者文摘中删除高频的语法功能词。③对保留词的词干进行加工,去掉后缀（或前缀）,将每个词还原到其词根。④先分析词根在正文中出现的频率,再按加权函数导出各词根的权值。⑤将权值大于特定阈值的词选做标引的关键词。

自动赋词标引是指根据信息的内容特征,从规范化的主题词表中选出相应的主题词,赋予该信息作为其主题标识的一种自动标引方法。自动赋词标引的主要过程包括:①为每一个控制词编制一个主题词表。②分析正文或摘要,找出其中的重要关键词。③将重要关键词与主题词表进行比较。④如果正文或摘要中出现了与主题词表中匹配的语词,则该语词是相关的,并确定将该词用于标引。

3.3.3　标记语言

标记语言（Markup Language）是指用一系列约定好的标记来对电子文档进行标记,以实现对电子文档的语义、结构以及格式的定义。下面介绍 SGML、HTML、XML 等信息组织中常用的标记语言。

1. 标准通用标记语言

（1）标准通用标记语言的含义

IBM 公司从 20 世纪 60 年代起就开始研究通用标记语言（Generalized Markup Language，GML）来描述文件及其格式。1978 年，美国国家标准局将 GML 规范成标准通用标记语言（Standard Generalized Markup Language，SGML）。1986 年，国际标准化组织（ISO）发布了 SGML 的正式文本，使 SGML 成为描述各种电子文件结构和内容的通用国际标准。

（2）标准通用标记语言的结构

SGML 的程序一般由语法定义、文档类型定义和文档实例三部分组成。其中，语法定义部分定义了文件类型和文档实例的语法结构，文档类型定义部分定义了文档实例的结构和组成结构的元素类型，文档实例则是 SGML 程序的主体部分。

一个典型的 SGML 文档可以分为结构、内容和样式三个层次。为了描述文档的结构，SGML 定义了文档类型定义（Document Type Definition，DTD），它为组织文档的文档元素（如章和章标题、节和节标题等）提供了一个框架。内容是指文档自身（即原始信息），包括信息名称（标题）、段落、项目列表和表格中的具体内容等。SGML 正在定义样式的设置标准，即文档样式语言学和规范语言。

（3）标准通用标记语言的特点

SGML 的主要特点是它的通用性与独立性。其中，通用性是指 SGML 可以支持无数的文档结构类型（如报告、技术手册、章节目录、设计规范、信函和备忘录等），独立性是指它与硬件、软件独立。SGML 可以创建与特定硬件无关的文档，因此很容易与使用不同计算机系统的用户交换文档。

2. 超文本标记语言

（1）超文本标记语言的含义

超文本标记语言（Hyper Text Markup Language，HTML）是一种用来制作超文本文档的简单标记语言。用 HTML 编写的超文本文档称为 HTML 文档，它能独立于各种操作系统平台（如 UNIX、Windows 等）。

（2）超文本标记语言的标记

HTML 通过使用各种标记（Tags）来标识文档的结构以及超链（Hyperlink）的信息。

HTML 的标记总是封装在一对尖括号"＜＞"中。其语法要点有：①单标记。某些标记称为"单标记"，这种标记只需单独使用就能完整地表达意思，这类标记的语法是：＜标记＞内容。最常用的单标记是＜P＞，它表示一个段落（Paragraph）的结束，并在段落后面加一空行。②双标记。双标记由"始标记"和"尾标记"两部分构成，必须成对使用。其中，始标记告诉 Web 浏览器从此处开始执行该标记所表示的功能，尾标记告诉 Web 浏览器在这里结束该功能。始标记前加一个斜杠（/）即成为尾标记。这类标记的语法是：＜标记＞内容＜/标记＞。其中，"内容"部分就是要被这对标记施加作用的部分。例如，想突出对某段文字的显示，可以将此段文字放在一对＜EM＞ ＜/EM＞标记中：＜EM＞text to emphasize＜/EM＞。③标记属性。许多单标记和双标记的始标记内可以包含一些属性，其语法是：＜标记 属性1 属性2 属性3 ……＞。各属性之间无先后次序，属性也可省略（即取默认值）。例如，＜HR SIZE＝3 ALIGN＝LEFT WIDTH＝"75%"＞。④HTML 文档结构。除了一些个别标记外，HTML 文档的标记都可嵌套使用。其中，＜HTML＞在最外层，表示这对标记间的内容是 HTML 文档。＜HEAD＞之间包括文档的头部信息（如文档总标题等），若不需头部信息则可省略此标记。＜BODY＞标记一般不省略，表示正文内容的开始。有关 HTML 的命令详解，可参考相关书籍进行研究，在此不再赘述。

3. 可扩展标记语言

可扩展标记语言（Extensible Markup Language，XML）是 W3C（World Wide Web Consortium）组织于 1998 年 2 月发布的标准。在网络环境下，XML 的用途主要有两个：一是作为元标记语言，定义各种实例标记语言标准；二是作为标准交换语言，担负起描述交换数据的作用。

XML 是一种"语义标记语言"，它具有通过标记清晰地表达语义的能力。XML 将信息的内容、结构和表示分开定义。XML 文档存储数据本身，通过标记来组织数据内容。XML 采用文档类型定义（Document Type Definition，DTD）或 XML 模式（XML Schema，XMLS）通过定义标记及其相互之间的关系，来定义 XML 文档的语义元素及其语义结构，使得计算机能准确"理解"XML 文档中数据的语义，进而能自动处理。DTD 既可以作为一个独立的文档提供，也可以嵌入 XML 文档内，使用相当灵活；XML Schema 则具有与 XML 文档完全一致的语法，使用更加方便。XML 采用层叠样式表（Cascading Style Sheets，CSS）或扩展样式表语言（Extensible Stylesheet Language，XSL）来描述 XML 文档中数据的表示样式，使同一 XML 文档中的数据内容可以用不同的格式在浏览器上显示，或者适合其他计算机程序使用。XML 文档之间的超链接（Hyper Link）是通过 Xlink 语言来支持的。这些功能都相对独立又紧密配合，使 XML 成为能方便地跨平台的语言。

3.3.4　元数据

1. 元数据概念

（1）元数据的含义

元数据（Metadata）是"关于数据的数据"，是对数据进行组织和处理的基础，是用来描述数字化信息资源并确保这些数字化信息资源能够被计算机自动辨析、分解、提取和分析归纳的一种框架或一套编码体系。美国图书馆学会和存取委员会给元数据作出如下定义：元数据是结构化的编码数据，用于描述载有信息的实体特征，以便标识、发现、评价和管理被理解的这些实体。在信息资源组织中，就元数据的功能而言，它具有定位、描述、搜索、评估和选择等功能，而其最基本的功能在于为信息对象提供描述信息。

（2）元数据的格式

元数据格式可通过内容结构、句法结构、语义结构三层结构来定义。其中，内容结构（Content Structure）对该元数据的构成元素及其定义标准进行描述。句法结构（Syntax Structure）定义了元数据结构以及如何描述这种结构。语义结构（Semantic Structure）定义了元数据元素的具体描述方法，包括三个层次：①元素定义。元素定义是对元素本身有关属性进行明确定义，一般采用 ISO 11179 标准。②元素内容编码规则定义。内容编码规则确定在描述元素内容时应该采用的编码规则。③元素语义概念关系。将元素放在一个概念体系中来说明它的上下文关系，说明它与其他概念的关系。

（3）元数据的应用

元数据主要有以下具体应用：①确认和检索（Discovery and Identification），即帮助人们检索和确认所需要的资源，数据元素往往限于作者、标题、主题、位置等简单信息。②著录描述（Cataloging），用于对数据单元进行详细、全面的著录描述，数据元素囊括内容、载体、位置与获取方式、制作与利用方法，甚至相关数据单元方面等，数据元素数量往往较多。③资源管理（Resource Administration），支持资源的存储和使用管理，数据元素除比较全面地著录描述信息外，往往还包括权利管理（Rights/Privacy Management）、电子签名（Digital Signature）、资源评鉴（Seal of Approval/Rating）、使用管理（Access Management）、支付审计（Payment and Accounting）等方面的信息。④资源保护与长期保存（Preservation and Archiving），支持对资源进行长期保存。数据元素除对资源进行描述和确认外，往往还包括详细的格式信息、制作信息、保护条件、转换方式（Migration Methods）、保存责任等内容。⑤系统建模（System Modeling），对系统整体过程进行描述，支持自动的系统流程定义和识别，支持基于系统模型的模块搜寻、嵌套和匹配等。

自 20 世纪 90 年代以来，在多个不同领域出现了多种元数据格式，应用于这些领域的元数据格式主要包括：网络资源（Dublin Core、IAFA Template、CDF、Web Collections）、文献资料（MARC、Dublin Core）、人文科学（TEI Header）、社会科学数据集（ICPSR SGML Codebook）、博物馆与艺术作品（CIMI、CDWA、RLG REACH Element Set、VRA Core）、政府信息（GILS）、地理空间信息（FGDC/CSDGM）、数字图像（MOA2 metadata、CDL metadata、Open Archives Format、VRA Core、NISO/CLIR/RLG Technical Metadata for Images）、档案库与资源集合（EAD）、技术报告（RFC 1807）、连续图像（MPEG-7）。

2. 都柏林核心元素集

（1）都柏林核心集的含义

都柏林核心元素集，简称都柏林核心集（Dublin Core Set），诞生于 1995 年 3 月，当时参与由世界上最大的图书馆及信息中心 OCLC（Online Computer Library Center, Inc.）/伊利诺伊大学的国家超级计算应用中心（National Center for Supercomputing Applications, NCSA）主持会议的与会代表们一致认为有必要定义一个简单的用于描述网络上文件类对象资源（DLO）的元素集，并最终在这次会议后产生了一个包含 13 个元素的元素集。后来，经过几次扩充和修改，最终形成了一个包含 15 个元素的元素集。

（2）都柏林核心集的元素

目前，都柏林核心集包括内容、知识产权、实例化三大类元素。

用于描述内容的元素有 7 个：①Title 赋予资源的名称，有一个限定词，即 Alternative（声明正式标题的替代标题）。②Coverage 用于描述资源内容的广度和范围，限定词有 Spatial（描述资源内容的空间特征）和 Temporal（描述内容的时间特征）。③Description 是对资源内容的说明，有 Table of Contents（资源内容的子单元列表）和 Abstract（资源内容的概要）两个限定词。④Type 用于描述资源内容的类型或者种类。⑤Relation 用于描述当前资源与其他资源联系的类型，限定词有 Is Version of（当前资源是被引用的资源的一个版本）、Is Part of（当前资源是被引用资源的一个部分）、References（当前资源引用或指向被引用资源）。⑥Source 用于说明当前资源源自哪个资源。⑦Subject 是对资源内容的主题进行声明。

用于描述知识产权的元素有 4 个。其中，①Contributor 是对负责为资源内容撰稿的实体进行描述。②Creator 是负责为资源内容撰稿的实体（可以是人、组织或服务）。③Publisher 是负责使资源可供人们利用的实体集。④Rights 是关于对资源所拥有的权利的信息。

用于实例化的元素有 4 个。其中，①Date 用于描述与资源生成期中的一个事件相关的日期。限定词有：Created（资源的创建日期）、Valid（资源的有效期）、Available（资源可供使用的时间范围）、Issued（资源正式发行的日期）、Modified（更改资源的日期）。②Format 用于描述资源的物理或数字表现形式是什么。限定词有：Extent（资源的大小和持续时间）和 Medium（资源的物质或物理载体）。③Identifier 用于明确地确定给定环境内的资源。④Language 用于描述资源内容采用的语言是什么。

3. 资源描述框架

（1）资源描述框架的含义

资源描述框架（Resource Description Framework，RDF）是 W3C 组织于 1999 年颁布的一种标准。它的功能是利用当前存在着的多种元数据标准来描述各种网络资源，形成人机可读的、可以由计算机自动处理的文件。RDF 的目标是建立一个供多种元数据标准共存的框架。在这个框架中，能够充分利用各种元数据的优势，并能够进行基于 Web 的数据交换和再利用。因此，RDF 的关键是框架结构。

（2）资源描述框架的组成

资源描述框架主要由以下三部分组成：①RDF Data Model。RDF 提供了一个通过资源属性及其相应值来描述特定资源的模型（Model），它是一个三元组：{资源节点 N，属性类 P，节点的属性类取值 V}。由资源节点、属性类和属性值组成的一个三元组叫做 RDF 陈述（Statement）。陈述可以理解为"资源 R 具有值为 V 的 P 属性"。在一个模型中，陈述既可以作为资源节点，同时也可以作为值节点出现。②RDF Schema（RDFS）。RDFS 是 RDF 的扩展，用来增强对资源语义的进一步描述，如类、属性、类与属性之间的隶属关系等。RDF Schema 使用一种机器可以理解的体系来定义描述资源的词汇。RDF Schema 的定义和宣布使用了 XML Name Space（命名空间）机制。XML Name Space 的作用是用来避免不同元素被命名为相同的控制标记而给应用带来困扰。③RDF Syntax。RDF 以 XML 为其宿主语言，通过 XML 语法实现对各种元数据的集成，将形式描述转换成机器可以理解和处理的文件。在使用元数据描述数据时，通常要结合都柏林核心（Dublin Core，DC）、RDF 和 XML。

3.4　信息存储

本节主要讨论信息存储的基本含义和主要技术。

3.4.1　信息存储概述

1. 信息存储的含义

信息存储是指通过各种介质来记录信息并使之有序化的过程。它包含三层含义：一是将所采集的信息按照一定规则记录在相应的信息载体上；二是将这些载体按照一定的特征和内容组织成系统有序的、可供检索的集合体；三是应用计算机等先进的技术和手段，提高信息存储的效率和利用水平。

2. 信息存储的作用

信息存储的作用主要表现在以下四个方面：①方便检索。将加工处理后的信息存储起来，形成信息库，为用户从中检索所需信息提供极大的方便。②延长寿命。信息存储还可以有效地延长信息的使用寿命，提高信息的使用效益。③利于共享。将信息集中存储到信息库中，为用户共享使用其中的信息内容提供了便利。人们可以反复使用其中信息，提高了信息的利用率。④方便管理。将信息集中存储到信息库中，就可以采用先进的数据库管理技术定期对其中的信息内容进行更新和删除，剔除其中已经失效老化的信息内容。

3. 信息存储的原则

信息存储时需要遵守以下基本原则：①统一性。统一性原则是指信息的存储形式应该在全国甚至全世界范围内保持一致，这就要求信息存储时需要遵守相关的国家标准或者国际标准。②便利性。便利性原则是指信息的存储形式要以方便用户检索为前提，否则会影响用户使用该信息。③有序性。有序性原则是指信息存储时要按一定规律进行排列，以方便用户检索。④先进性。先进性原则是指信息的存储形式应该尽量采用计算机以及其他新兴材料作为信息存储的载体。

4. 信息存储的要求

信息存储时需要遵守的基本要求包括：①求全。所谓"全"，是指信息存储要尽可能做到全面系统，应有尽有。②求新。所谓"新"，是指存储的信息要新颖。越是新颖的信息，其使用价值越大。③求省。所谓"省"，是指信息存储过程中要尽量降低费用，以便最大限度地提高效益。④求好。所谓"好"，是指要建设和管理好与信息存储相关的设备和设施。

3.4.2　信息存储技术

传统的信息存储技术主要是纸张印刷存储技术，现代信息存储技术主要包括磁存储技术、缩微存储技术、声像存储技术以及光盘存储技术，它们具有存储容量大、密度高、成本低、存取迅速等优点，所以获得了广泛应用。

1. 印刷存储技术

东汉宦官蔡伦发明造纸术以后，由于纸又轻又薄，成本低，可大量生产，所以它成为人类在较长时期内使用的主要书写材料。然而，单靠手工抄写文字信息费时费力，不能满足大量复制的需要。南宋时期，毕昇发明了活字印刷术，使文字信息可以大量复制，广为传播。

纸张印刷存储是指将带有文字信息的印版表面涂上油墨类的物质，用一定压力印到纸张表面用以保留和传递信息。由于纸张上的文字信息直观易读，因此纸张是人们最常用的信息载体。其不足之处是：存储信息密度太低，体积过大，占用空间太多，而且纸张易燃烧，易受潮霉烂，易遭虫蛀、风化，因而保存信息的时间偏短。

纸质文献的类型多种多样，一般按照文献编纂方法和出版特点划分，可以将纸质文献分为图书、期刊、报纸、会议文献、科技报告、标准文献、专利文献、学位论文、产品说明书等。

2. 磁存储技术

在现代信息存储技术中，磁存储是信息存储的主要手段，磁存储信息系统（尤其是硬磁盘存储系统）已成为当今各类计算机系统最主要的存储设备。

目前常用的磁存储介质主要有：①磁带。磁带是最早出现的一种磁表面存储载体，它始于录音介质，主要用来记录模拟信号。磁带是磁介质存储中成本最低、存储速度最慢的一种类型。②硬盘。硬盘又称硬磁盘，是在铝合金圆盘上涂有磁表面记录层的磁记录载体。硬盘的直径有 14in、8in、5.25in 和 3.5in 等多种，其中以 14in 的硬盘用得最多。硬盘通常由多个盘片组成，称为盘组；每张盘片由若干闭合同心圆组成磁道；盘组中同一半径的磁道构成一个立体的筒壁，称为柱面；每面上又被均匀地以扇子形状划分为若干段，每段称为一个扇区。不同磁道上的扇区弧长虽不相同，但存储量相同。一般来说，盘的大小不同、密度不同，盘面上的磁道数也不同，扇区的分法也不尽相同。磁盘存储器最大的优点是能够随机存取所需要的数据，数据传输速度快，适合作为大容量的检索设备。③软盘。软盘技术诞生于 20 世纪 70 年代。软盘又称为软磁盘，是在柔性塑料圆盘上涂有磁记录层的载体。软盘的直径有 8in、5.25in、3.5in 等几种。软盘的优点是它的驱动器体积小，重量轻，结构简单，价格低。其主要缺点是存储容量小，存取速度与数据传输率都较低。④移动存储磁盘。移动存储磁盘可用于存储任何数据文件以及在计算机间方便地交换文件，包括移动硬盘、U 盘等。移动存储磁盘以其大容量、小身材、兼容性好、性能稳定等优点，已经取代软盘成为人们常用的数据传递工具。

3. 缩微存储技术

1839 年，英国人丹赛（John Benjamin Dancer）用摄影技术将 51cm 的文件缩小为 2.2cm，开辟了缩微存储的先河。1925 年，美国人首先装配成旋转式缩微摄影机。1932 年，美国国会图书馆将馆藏资料拍摄成缩微胶片。1933 年，用于拍摄报纸的平台式缩微摄影机研制成功。1936 年，德国研制成功缩微平片。此后，人们开始用缩微技术来保存各类馆藏档案资料。第二次世界大战后，缩微技术蓬勃发展。1954 年，世界上第一台计算机输出缩微胶片装置研制成功。1957 年，缩微阅读复印机问世。近几年来，缩微存储技术逐步与计算机通信技术相结合，向自动化、大容量等方向发展。

👤 人物小传

【人物小传3-1】约翰·本杰明·丹赛（John Benjamin Dancer，1812—1887）是英国著名的物理学家和摄影师。1839 年，丹赛尝试将缩微技术和摄影技术结合起来，他在实验室利用显微镜装置，首次将一个 20in（约 508 mm）大小的原件，拍摄成 1/8in（约 3.2 mm）的缩微品，比原件缩小了许多倍，并因此被称为"缩微摄影之父"。此外，丹赛还发明了多种仪器和设备。

缩微存储技术主要是利用摄影机将印刷品上的内容缩微拍摄到胶片上，冲洗成缩微胶片后予以存储。缩微摄影机有旋转式、平台式、步进式三种，有银盐、重氮、微泡三种材料的胶片，有卷式（16 mm 和 35 mm）、片式（148 mm×105 mm 标准尺寸）等规格的缩微胶片。

缩微存储技术的主要优点包括：①存储信息密度高，可以节省用纸张存储信息所占空间的98％。在存储相同资料的情况下，缩微胶片与普通纸占用空间比为1∶50。②存储方法简单，成本低，比较经济。相同的一份资料，制作成缩微胶片，其价格仅相当于纸印刷品的1/10～1/15，相当于磁盘的1/100～1/1000，以及光盘的1/10～1/100，并可节省邮寄费用。③保存期长，通常环境中保存期长达50年，在标准条件下可保存几百年。④缩微品忠实于原件，不易出错。同其他存储方式（如磁盘、光盘等）相比，其误码率为零。⑤采用缩微技术能将非统一规格的原始文件规范化、标准化，便于管理。缩微技术还可以与计算机技术、通信技术结合使用，实现自动化检索。缩微存储技术的不足之处是：必须借助缩微阅读机或缩微阅读复印机才能阅读，并且不能对照阅读；保存条件要求非常严格。

目前，缩微存储技术主要有以下类型：①计算机输出缩微胶片。计算机输出缩微胶片（Computer Output Microfilm，COM）通常将计算机内的机读数据通过COM设备转换成人可以阅读的缩微影像，并直接输出到缩微胶片上。②计算机辅助缩微检索系统。计算机辅助缩微检索系统（Computer Assisted Retrieval，CAR）是指将计算机检索技术、缩微品以及纸质资料的特点融为一体的自动化检索系统。计算机与缩微胶片自动检索机直接相连，用户只要将检索指令输入计算机，就可在输出装置上获得检索结果。③计算机输入缩微胶片。计算机输入缩微胶片（Computer Input Microfilm，CIM）装置能将缩微胶片上的信息通过计算机和扫描器转换成计算机可读的二进制信息输入到计算机中。CIM具有经济性、耐久性、体积小、存取信息性能好等优点，因此其应用范围日益扩大。④激光全息缩微片。激光全息缩微片是指将印刷品内容的缩微影像，经由光束干涉，将干涉条纹存储在胶片上来实现密度极高的信息存储（105mm×148mm的全息平片上可存储16开本大小的资料12 040页）。其主要优点是：存储密度高，抗干扰能力强，显示复制设备较简单。但目前，全息缩微片技术尚不成熟，有待进一步发展。⑤缩微传真。缩微传真技术是将缩微照相与传真融为一体的技术，它为数字扫描和缩微图像传输创造了条件。缩微传真系统通过电话线、卫星和微波，将缩微信息传至传真接收器内，接收器收到信号后将信息转换成普通的字符，再将这些字符打印或者显示出来。

4. 声像存储技术

声像存储技术是指将信息通过录音或者录像等方式记录存储的一种信息存储技术，它包括录音存储技术、录像存储技术和电影存储技术。

录音是指将声音存储起来的过程。1898年，丹麦人波尔森制成第一台录音机，从此敲开了语音存储的大门。录音磁带发展经历了钢丝、钢带、纸基磁带、塑料基磁带、聚酯基磁带和二氧化铬磁带的过程。目前，录音磁带有普通磁带、LH磁带（低噪声输出磁带）、钴磁带和二氧化铬磁带、铁铬磁带、金属磁带等。录音磁带存储语音信息简单方便，易普及，但因噪声较大、易受外界环境影响，造成音质差，目前已被光盘取代。

录像是指将图像信息存储起来的过程。录像在原理上与录音基本相同，即录像是将图像信号先变成光信号，再将光信号变成电信号，继而将电信号变成磁信号，通过磁头对磁带的扫描，以剩磁方式储存在磁带上。放像时，以扫描方式使磁带上的剩磁场在磁头线圈中感应出电信号来重现图像。

在录像存储技术的基础上，电影存储技术实现了信息的动态存储，并且同时伴有声音的录制，实现了声像的合二为一。电影存储技术的主要优点有存储信息的动态性、声像的合一性、保存的长期性、再现技术的简单性等，其主要缺点是：所用设备价格昂贵，技术环节较多。

人物小传

【人物小传 3-2】 波尔森（Valdemar Poulsen，1869—1942）是丹麦著名发明家，他在电子工程的许多领域中都有重要发明，被誉为"丹麦的爱迪生"。1898 年 12 月 1 日，波尔森获得了磁性录音机的发明专利。1900 年，波尔森在巴黎展览会上展出了自己的录音机，引起了很大反响。但是，由于找不到必要的经济后盾，波尔森的公司后来失败了。直到第二次世界大战以后，磁带和钢丝录音机才成为有用之物，遍地流行。

5. 光盘存储技术

光盘存储技术是 20 世纪 70 年代以来发展起来的利用激光和计算机存储信息的新型存储技术。它主要利用聚焦成直径在 1 μm 以下的激光束，在光盘表面的低熔点金属膜上逐点打微孔，以便实现信息的高密度存储。光存储经历了只读存储器 CD-ROM、可刻录存储器 CD-RW、DVD-ROM、DVD 刻录等阶段。

与信息的磁存储相比，光存储具有以下特点：①存储密度高，容量大。光盘的存储密度在目前的大容量存储器中是最高的，它不仅可以用来存储计算机中的数据和文字信息，而且可以广泛用于声音和图像信息的存储。②价格低廉，便于复制。光盘的价格仅是相同容量磁盘的千分之一，而且其体积要更小。如果将录有信息的光盘制成凸凹模板，就可以像压印唱片一样大量复制，其价格也与普通唱片相仿。③坚固耐用，存储寿命较长。光盘密封较好，不易受尘土、有害气体以及电磁场的影响，而且它利用激光来进行非接触式存取，不仅可以快速随机存取，而且不存在磨损现象，使用寿命高达 10 年以上。光盘的主要缺点是：误码率比较高，核对误码需占 20% ~30% 的光盘空间。

目前，信息存储技术不断向体积小、存储密度高、容量大、功能多的方向发展。由于多方面因素的影响，各种存储技术将并存相当长的一段时期，发挥各自的优势服务于全社会。

知识拓展

【知识拓展 3-11　云存储⊖】 云存储（Cloud Storage）是在云计算（Cloud Computing）概念上延伸和发展出来的一个新概念。它为中小型企业（Small to Medium Business，SMB）和大公司竞争铺平了道路。云计算是分布式处理（Distributed Computing）、并行处理（Parallel Computing）和网格计算（Grid Computing）的发展，是通过网络将庞大的计算处理程序自动分拆成无数个较小的子程序，再交由多部服务器所组成的庞大系统经计算分析之后将处理结果回传给用户。云存储概念与云计算相类似，是指通过集群应用、网格技术或分布式文件系统等功能，将网络中大量各种不同类型的存储设备通过应用软件集合起来协同工作，共同对外提供数据存储和业务访问功能的一个系统。

⊖　根据"什么是云存储（http://iot. 10086. cn/2013-07-04/1370512334864. html）"改编。

访问层	个人空间服务、运营商空间租赁等……	企事业单位或SMB实现数据备份、数据归档、集中存储、远程共享……	视频监控、IPTV等系统的集中存储，网站大容量在线存储等……

应用接口层	网络（广域网或互联网）接入、用户认证、权限管理
	公用API接口、应用软件、Web service等

基础管理层	集群系统分布式文件系统网格计算	内容分发P2P重复数据删除数据压缩	数据加密数据备份数据容灾

存储层	存储虚拟化、存储集中管理、状态监控、维护升级等
	存储设备（NAS、FC、iSCSI等）

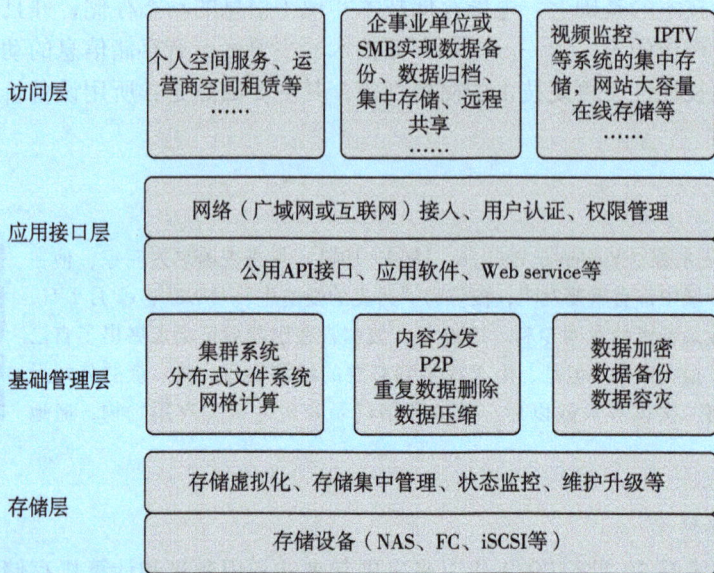

云存储系统的结构模型由存储层、基础管理层、应用接口层、访问层 4 层组成。其中，存储层是云存储最基础的部分。存储设备可以是光纤通道（Fiber Chanel，FC）存储设备，也可以是网络附着存储（Network Attached Storage，NAS）和 iSCSI 等 IP 存储设备，还可以是 SCSI 或 SAS 等直接连接存储（Direct Attached Storage，DAS）设备。云存储中的存储设备往往数量庞大且分布在不同地域，彼此之间通过广域网、互联网或者光纤通道网络连接在一起。基础管理层是云存储最核心的部分，也是云存储中最难以实现的部分。基础管理层通过集群、分布式文件系统和网格计算等技术，实现云存储中多个存储设备之间的协同工作，使多个存储设备可以对外提供同一种服务，并提供更大、更强、更好的数据访问性能。应用接口层是云存储最灵活多变的部分。不同的云存储运营单位可以根据实际业务类型，开发不同的应用服务接口，提供不同的应用服务（如视频监控应用平台、IPTV 和视频点播应用平台、网络硬盘应用平台、远程数据备份应用平台等）。任何一个授权用户都可以通过标准的公用应用接口来登录云存储系统，享受云存储服务。云存储运营单位不同，云存储提供的访问类型和访问手段也不同。

3.5　信息检索

本节讨论信息检索概念，包括信息检索的含义、类型、程序和方法。

3.5.1　信息检索概述

1. 信息检索的含义

信息检索（Information Retrieval，IR）是指根据特定用户在特定时间、特定条件下的特定需求，运用某种检索工具，按照一定的检索过程、方法和技术，从各种各样的信息系统中查出所需的信息，生成用户所需要的信息资源的过程和技术。

狭义的信息检索就是信息检索过程的后半部分，即从信息集合中找出所需要的信息的过程，也就是我们常说的信息查寻（Information Search 或 Information Seek）。

信息检索对个人、国家、社会都有重要意义，主要表现在以下三个方面：①信息检索有利于充分利用信息资源，避免重复劳动；②信息检索有利于缩短获取信息的时间，提高工作效率；③信息检索有利于决策者进行决策。

🔍 案例分析

【案例 3-1　阿波罗飞船燃料箱问题】美国在实施阿波罗登月计划过程中，对阿波罗飞船的燃料箱进行压力实验时，发现甲醇会引起钛应力腐蚀，为此付出了数百万美元来研究解决这一问题。事后查明，早在十多年前，就有人研究出来了，方法非常简单，只需在甲醇中加入 2% 的水即可，检索这篇文献的时间是十多分钟。在科研开发领域里，重复劳动在世界各国都不同程度地存在。据统计，美国每年由于重复研究所造成的损失，约占全年研究经费的 38%，达 20 亿美元之巨。日本有关化学化工方面的研究课题与国外重复的，大学占 40%、民间占 47%、国家研究机构占 40%，平均重复率在 40% 以上；我国的重复率则更高。

【思考题】（1）你认为对一个国家来说，重复研究会产生哪些弊端？
　　　　　（2）请你利用各种检索工具，查找出目前世界上重复研究比例最高的前十个国家，请写出详细的检索报告。

2. 信息检索的原则

信息检索的基本原则包括：①目的性。目的性是指信息检索一定要以所要达到的目的为原则，绝对不要盲目行事。②时间性。信息检索要有一个时间概念。③全面性。全面性是指信息检索中心应该尽量全面、系统地提供用户所需要的一切信息。④准确性。准确性要求信息检索的结果应该尽可能做到准确无误。⑤规范性。信息检索应该遵循信息检索规律，按检索规则办事。

3.5.2　信息检索的类型

可以依据不同的标准来对信息检索进一步细分。

1. 按检索内容划分

如果按检索内容划分，则可将信息检索分为：①文献检索。文献检索是指根据检索的要求，利用检索工具查找出符合需要的文献或论文。②事实检索。事实检索是指查找有关某一事物的发生与发展情况及相关资料。③数据检索。数据检索是指查找某种数据、公式、图表或化学式等。

2. 按检索方式划分

如果按检索方式划分，则可将信息检索分为：①手工检索。手工检索是指人们利用卡片目录、文摘、索引等检索工具，通过人工查找所需信息的行为。可以采用多种方法，如常用法、追溯法、分段法等。②机器检索。机器检索是指人们借助机器（包括电子计算机）查找信息库中所存信息的行为。机器检索主要包括穿孔卡片检索、缩微检索和电子计算机检索。机器检索的服务方式有两种：一是回溯查找服务，是指从提出需要时算起回溯到过去某个时候为止而提供的一次性检索服务；二是定题服务（SDI），是指信息服务机构根据用户对于某一专题的特定需求，输入计算机建立需求档案，定期对新到的资料进行检索，然后将检索结果随时提供给用户。SDI 又可分为标准 SDI 和用户委托 SDI。标准 SDI 是指信息机构在广泛调查社会信息需求的基础上，选择一批外界急需解决而且适用面较广的检索课题，建立通用型的检索提问文档，向用户进行征订，或将检索结果编印成最新资料通报的形式供用户选购。用户委托 SDI 是指用户按自己的需要委托信息机构为自己建立起专用的提问文档，然后接收信息机构提供的 SDI 服务。

3. 按系统连接情况划分

如果按系统连接情况划分，则可将信息检索分为：①成批检索服务。成批检索服务是指将用户的提问积累起来，成批进行检索处理。这种方式适用于提问量大、不需立即回答的检索服务项目。早期的计算机检索多采用这种方式。②联机检索服务。联机检索服务是指检索者使用终端设备，通过通信线路，运用特定的指令和检索策略与有关数据库直接联系的一种检索方式。目前，联机检索服务随着计算机技术和通信技术的发展，已成为极有发展前途的一种检索服务方式。

3.5.3 信息检索的程序

无论是哪种类型的信息检索，都包括以下基本程序：

1. 确定检索的范围和深度

信息检索的范围是指检索信息内容的宽度。例如，某电子企业所需要的信息是仅包括计算机价格形成信息，还是包括计算机价格形成信息、计算机价格体系信息、计算机价格体制信息等。只有明确了信息检索内容的宽度，才能在信息检索过程中做到有的放矢，以最短的检索时间收到最好的信息检索效果。信息检索的深度有两个含义：①信息检索的长度。例如，如果已确定检索硬盘价格信息，但硬盘价格信息又包括很多年份，需要哪些年份的价格信息呢？过去的所有硬盘价格信息是否都需要？未来的硬盘价格预测信息是否也需要？所有这些就是信息的深度问题。②是否需要索取信息的根源。如果已检索到所需要的硬盘价格信息，还要不要索取信息原件呢？这也属于信息的深度问题。确定了信息检索的深度，才能使信息检索一步到位，避免重复劳动。

2. 选择检索工具

信息检索的工具很多，主要有目录、索引、文摘等。在检索过程中，要根据需要科学地选择合适的信息检索工具。在一般情况下，当需要检索的信息内容十分清楚时，可以选用目录检索工具；如果只确定了检索信息的大概范围而具体内容心中无数时，则可选用索引检索工具；如果只需要获取一些信息的主干内容和重要数据，则可选用文摘检索工具。

3. 选择检索途径

信息检索总是根据信息的某种外表特征和内容特征来查找并索取信息资料的，这些特征被称为信息的检索途径，包括分类途径、主题途径、信息名称途径、信息提供者途径、序号途径等，检索时可以根据需要加以选择。如果检索途径选择不当，往往会造成漏检和误检，影响信息检索的效果。

4. 选择检索方法

选择检索方法的目的在于寻求花费时间少、查获信息资料全的有效方法。信息检索的主要方法有常用法、追溯法和循环法。

5. 实施信息查找

实施信息查找是检索的实质性阶段。在信息查找过程中，如果是手工检索，则可根据检索者所提供的索取信息的标识符号进行查找，到某一具体收藏地点去查寻所需的信息资料；如果是机器检索，则可以依据目录、索引以及文件名称或者主题词等去查寻所需的信息资料。

6. 调取信息资料

调取信息资料既可能是指将信息资料调取出来，也可能是指为信息需求者提供复印、打印服务，还可能是指将信息资料直接提供给需求者使用。

3.5.4　信息检索的方法

方法好比是过河的船或桥，有了船或桥就能很快到达彼岸。查找信息资料也是一样，如果能够掌握科学的方法，就可以很快地完成检索任务。目前，信息检索的主要方法有以下三种：

1. 常用法

常用法又可进一步细分为顺查法、倒查法和抽查法。顺查法是指从时间上由远而近检索信息资料的方法，这种方法是根据已知课题所涉及信息资料产生的年代，需要了解它的全部发展情况，通常是从最初的年代开始查找，然后逐期逐年进行查找。例如，如果想查找某学科的发展史，则可采用顺查法进行查找才能查全。这种方法的优点是：漏检率小，查准率高；其缺点是：费时费力，效率低。倒查法是指从时间上由近向远进行回溯性检索信息资料的方法。这种方法将主要注意力放在查找近期的信息资料上。就新课题研究而言，非常适合采用倒查法来查找所需的信息资料，既能节省检索时间，又能节约费用。抽查法是指按课题研究的需要，抽查一定时期、一定内容的信息资料的一种方法。该方法对于研究某一历史阶段的课题非常重要。例如，如果想要获取有关电子计算机的信息资料，则只需要将目光聚集到 20 世纪 40 年代以来的数十年间就可以了。

2. 追溯法

追溯法又称扩展法，是指当查到某项可用的信息资料后，根据其信息来源逐项向前追查信息的源头或者出处，然后再依据信息源所提供的线索，再向前追查其他相关的信息资料，直到满意为止。这种方法一般是在缺乏工具书或者信息资料较少的情况下才采用，使用时比较费时费力，所以有一定的局限性。

3. 循环法

循环法又称分段法，实际上是上述两种方法的综合使用。一般是先使用常用法查找一批有用的信息资料，然后利用信息资料所附的来源进行追溯查找，以便扩大查找线索。如果需要，再利用常用法查找补充信息资料，然后再追查信息资料的源头，这样循环往复，直至满意为止。

3.6　信息传递

信息传递是信息价值得以实现的重要条件。

🔍 **案例分析**

【案例 3-2　杜邦在信息超链接中化险为夷⊖】 2005 年 7 月 9 日，美国环保署宣称，杜邦"特富龙"的关键原料全氟辛酸铵，可能会致癌或影响生育，美国环保署开出高达 3 亿美元的行政程序性惩罚。这场风波在中国市场引起强烈反应，杜邦不粘锅销量急剧下降，有些商场开始停售杜邦不粘锅，国家相关机构开始介入。7 月 15 日，杜邦（中国）公司要求总部派出技术专家，解答国家有关部门、客户、消费者以及媒体提出的所有技术问题；当日，杜邦（中国）公司常务副总经理任亚芬、杜邦（中国）公司氟应用产品部技术经理王文莉做客新浪嘉宾聊天室。7 月 18 日，"特富龙俱乐部自在下午茶"活动在上海举行，杜邦（中国）公司的代表徐军接受记者访问。7 月 19 日，杜邦（中国）北京分公司公共事务部经理接受电话采访表示，媒体对杜邦不粘锅的报道与事实有偏差。7 月 20 日下午，杜邦（中国）公司在北京召开媒体见面会。杜邦（中国）公司总裁查布郎在新闻发布会上与记者见面，三位在杜邦美国总部负责"氟产品"的技术专家也携带相关技术资料来到北京，回答记者及消费者的问题。接着，美国杜邦总裁贺利得接受《人民日报》采访，向外界宣称："我们可以拿整个杜邦公司的名誉作担保，杜邦不粘锅绝对安全。"10 月 13 日，国家质检总局对特富龙的检测结果证明"特富龙"无毒。10 月 14日，有关"特富龙"无毒的报道铺天盖地，虽角度各异，主题却只有一个：杜邦"特富龙"无毒，并且以前也都一直无毒。

【思考题】（1）你认为本案例反映了信息传递在现实生活中能起到什么作用？
　　　　　　（2）你是否还能够列举更多的类似案例？

3.6.1　信息传递概述

1. 信息传递的含义

信息传递是指以信息提供者为起点，通过传输媒介或者载体，将信息传递给信息接收者的过程。

按美国数学家香农的狭义信息论观点，信息传递由信源、信道、信宿三个要素组成。其中，信源（又称信息源）是指信息的发送源，客观世界中的人、机器以及其他物体都可以成为信源；信道是指传递信号的通道，在实际工作中一般是指信息传递的渠道和载体（如报刊、文件、电信等）；信宿是指信息的接收者，客观世界中的人、机器、动物等在一定条件下都可以成为信宿。

2. 信息传递的意义

信息传递在信息管理的整个过程中具有非常重要的地位，离开信息的传递，信息的使用价值就会丧失殆尽。信息传递的意义主要表现在以下两个方面：①只有经过传递，信息才能实现其价值，发挥其作用。信息本身所具有的价值叫做潜在价值，信息实际发挥出来的作用叫做实用价值。信息传递是将信息的潜在价值向实用价值转移的重要环节，信息的

⊖　杜邦在信息超链接中化险为夷. http://jpkc. hkc. edu. cn/2009/gggx/show ＿lilun. asp？id ＝68。

价值只有在信息传递的过程中才能实现，如果信息长期存储在信息库中，将会逐渐变得毫无用处。②只有经过传递，信息才能成为领导决策的依据、组织指挥的前提以及控制的基础。各类组织的主管领导在进行决策、计划、组织、控制、指挥等管理过程中，都离不开信息的传递。总之，信息传递始终围绕着领导决策活动进行，它贯穿于领导决策的始终。

3. 信息传递的原则

在实际工作中，如果工作的性质、范围、职责不同，则对信息传递的要求肯定不一样；如果需要传递的信息的性质和内容不同，则对信息传递的要求也会不同。

就一般情况而言，信息传递时需要遵守以下共同原则：①快速原则。快速原则要求以最快的速度将信息从信源传递到信宿。只有遵守快速原则，才能最大限度地发挥信息的使用价值，否则信息就会失去其存在的意义。②低耗原则。低耗原则要求以最低的费用将信息从信源传递到信宿。只有遵守低耗原则，才能保证信息使用的普及和推广，否则信息的使用者就会望而却步。③量大原则。量大原则要求信息传递的负载量要尽可能大。只有遵守量大原则，才能加快信息传递的速度。④质高原则。质高原则要求信息传递的质量要高，不能在传递过程中出现信息失真、畸变等现象。如果在信息传递过程中出现各种不正常情况，则不仅达不到信息使用者的预期目的，而且容易将信息需求者的决策引向歧途。⑤保密原则。保密原则要求信息传递要做到保密，信息的传递者要根据信息内容的秘密程度以及保密的有关规定，选择恰当的传递方式，严格控制传递范围，采取必要的保密措施，以确保信息传递的安全。

4. 信息传递的特征

信息传递的主要特征包括：①目的性强。信息传递是指人们为了特定目的而进行的传递行为，它具有强烈的目的性。例如，企业做广告宣传自己的产品，是为了让消费者了解自己产品的优越性。②时效性强。信息传递要求以最快的速度将信息从信源传递到信宿，这是由信息的时效性决定的。③知识性强。信息传递的知识性较强，要求信息的传递者必须具备一定的素养，并非人人都能够胜任。④选择性强。信息传递的选择性较强，要求信息的传递者根据实际需要从现有的信息传递工具中选择合适的一种或者几种。⑤保密性强。信息传递的保密性较强，要求信息的传递者注意信息的传递范围，不得随意扩大信息的接收源，否则会损害使用者的利益。

5. 信息传递的程序

信息传递包括以下三个基本程序：①完成信息检索。信息检索是信息传递的前提，只有获取检索到的信息以后才能够有效地传递信息。从某种程度上说，信息检索的质量决定着信息传递的质量。②选择信息传递工具。信息传递的时效性要求信息的传递者根据实际需要选择合适的信息传递工具，一般要求选择速度快、安全系数高的传递工具。③接收使用信息。接收使用信息是信息传递的最后一环。信息的使用者接收到正确的信息以后，就可以直接使用这些信息了。

3.6.2　信息传递的工具

信息传递过程中需要选择合适的信息传递工具，以下列举的是常用的十种信息传递工具：①语言。语言是人类特有的信息传递工具，人们利用语音按照一定的规则可以表达意见、交流思想。②报纸杂志。通过报纸杂志的传送和阅读，就可将大量的信息从信源传递到信宿。③图书。通过购买和阅读图书，人们可以从中获得大量有用的信息。④广播电视。广播是指利用无线电台或者有线电台对外发送大量信息的设施。电视是指利用无线电波传送物体运动影像的设施。⑤电报电话。电报是指利用电能传递文字、照片、图表的一种装置。电话是指利用电能使地处两地的人们之间能够相互交谈的设施。⑥计算机网络。计算机网络是指由计算机组成的通信网络，利用它可以从某一位置向另一位置传送大量的信息。⑦通信卫星。通信卫星是指专门用于在国际国内之间传递信息的人造卫星，又被称为"太空中继站"。⑧激光通信。激光通信是指利用激光负载信息并传送到远方的一种通信工具，它具有通信容量大、保密性强等优点。⑨光纤通信。光纤通信是指利用具有特殊光学性能的玻璃细丝导光的原理而实现的一种通信工具，它具有通信容量大、速度快、费用低等优点。⑩电传。电传是一种新型的信息传递工具，它是指利用光电效应，通过有线或者无线装置向远方传递文件、照片、图表、书信等真迹的一种装置。

3.6.3　信息传递的方式

信息从信源传送给信宿的过程中，所采用的具体方式的恰当与否，直接影响着信息传递的时效和质量。以下列举的是常见的几种信息传递方式：

1. 按信息的流向划分

如果按信息的流向划分，可将信息传递方式分为以下四种模式：①单向传递。单向传递是指信息传递者直接将信息传递给单个信息接收者的传递方式。②多向传递。多向传递是指信息传递者直接将信息传递给多个信息接收者的传递方式。③相向传递。相向传递是指信息传递者和信息接收者之间相互传递信息的传递方式。④反馈传递。反馈传递是指信息传递者和信息接收者根据对方的需要向对方传递信息的传递方式。

2. 按信息的传递范围划分

如果按信息的传递范围划分，则可将信息传递方式分为以下三种模式：①内部传递。内部传递是指一个组织机构内部的上下级之间、平级之间、工作部门之间所进行的信息传递，它通常具有封闭性的特点。②外部传递。外部传递是指一个组织机构与其他组织机构之间、组织机构与社会之间所进行的更为广泛复杂的信息传递，它通常具有开放性的特点。③两人传递。两人传递是指在两个人之间相互传递信息，其优点是保密性相对较强，但接收范围过于狭小，不利于信息使用价值的快速实现。

3. 按信息的传递载体划分

如果按信息的传递载体划分，则可将信息传递方式分为以下多种模式：①语言传递。语言传递主要是指通过对话、座谈、会议、讲座、录音、技术交流和推广人员口授等形式传递信息。②文字传递。文字传递主要是指通过报纸、杂志、图书、黑板报、墙报、宣传橱窗等形式传递信息。③直观传递。直观传递主要是指通过实物展览、现场观摩、商品展销等形式传递信息，其优点是真实可靠。④交通工具传递。交通工具传递主要是指通过汽车、火车、飞机、轮船等交通运输工具传递文字形式的信息。⑤电信传递。电信传递是指将信息转换成电信号，再通过有线或者无线电路传递到接收端并转换成信息。⑥光传递。光传递是指通过光导纤维、激光等载体来传递信息，它具有速度快、容量大等优点，将成为人类最主要的信息传递方式。

3.7　信息加工

信息加工是将所采集的信息转化为有用信息的关键环节。

3.7.1　信息加工概述

信息加工是对收集来的信息进行去伪存真、去粗取精、由表及里、由此及彼的加工过程。它是在原始信息的基础上，生产出价值含量高、方便用户利用的二次信息过程。只有在对信息进行适当处理的基础上，才能产生用来指导决策的有效信息。

信息加工首先要进行需求分析。需求分析要考虑的问题包括：①问题研究，研究解决此问题需要哪些信息、使用什么样的方法、采用什么样的形式来表达处理结果等。②人机分工，即考虑哪些工作由机器处理比较方便，哪些工作留给人做更合适。③评价标准，即对加工结果进行解释，并确定如何衡量信息加工的结果。

信息加工没有固定的模式，不同的要求和不同类型的原始信息，加工的方式也各不相同。从广义来说，凡是对信息本身所施加的操作都可以统称为信息加工。本章所说的信息加工则是狭义概念，是指对信息进行算术运算、逻辑推理、建立模型、求解处理等。

一般来说，信息加工主要包括以下三方面的内容：①信息的筛选和判别。由于大量的原始信息中不可避免地会存在一些假信息和伪信息，只有通过认真筛选和判别，才能防止鱼目混珠、真假混杂。②信息的分类和排序。采集来的信息是一种初始、零乱、孤立的信息，只有对这些信息进行分类和排序，才能方便进行存储、检索、传递和使用。③信息的分析和研究。对分类排序后的信息进行分析比较、研究计算，就可使信息更具使用价值。

3.7.2　信息加工方式

可以按不同的标准对信息加工方式进一步细分。

1. 按处理功能的深浅划分

按处理功能的深浅不同，可将信息加工细分为预处理加工、业务处理加工、决策处理加工三种方式。其中，预处理加工是对信息简单整理，加工出的是预信息。业务处理加工是对信息进行分析，总结出辅助决策的信息。决策处理加工是对信息进行统计推断，以产生决策信息。

2. 按处理的响应时间划分

按处理的响应时间的不同，可将信息加工细分为实时加工和成批加工两种方式。其中，实时加工是将送过来的信息立即进行处理，即时作出响应。一般实时处理系统只允许处理已确定的工作，只限于面向常规的作业业务，以确保响应的及时性。成批加工是将送过来的信息存起来达到一定数量或时间后，再集中进行处理。这种成批处理方式适用于以下两种统计分析业务：如果不搜集一定数量的必要信息，就没有什么处理意义和效果；没有必要急于得到处理结果。

3. 按系统与用户之间的距离划分

按系统与用户之间的距离远近不同，可将信息加工细分为远程加工和本地加工两种方式。其中，远程加工是指用户不必去信息中心，而通过通信线路利用远处的计算机进行加工的方式。本地加工是指在放置计算机的地方使用计算机进行信息加工这样一种方式。

4. 按组织管理和计算机配置划分

按组织管理和计算机配置不同，可将信息加工细分为集中式和分布式。其中，集中式是将计算机放在单位机关等指定的地方，由中心计算机集中承担处理功能和处理量；分布式是以统一的规划为基础，将适当规模的计算机系统安装在单位机关及其下属单位，分别承担处理功能和处理量。

5. 按是否利用计算机划分

按是否利用计算机，可将信息加工细分为手工加工和计算机加工两种方式。其中，采用手工方式进行信息加工，不仅烦琐，而且容易出错，往往需要很长时间才能满足管理决策的需要。采用计算机加工方式则大大缩短了信息加工时间，可以满足管理者的决策需求，还能将人们从烦琐的手工管理方式中解放出来。

3.7.3 信息加工过程

信息加工过程一般有信息选择、信息预处理、信息约简与变换、信息分析与处理、信息评估与维护等环节。

1. 信息选择

信息选择的任务主要是从已有信息（如数据库、数据仓库中的信息）中选择相关数据，创建一个目标数据集。根据实际需要，有时将数据集分为训练子集和测试子集。

在进行信息选择过程中，需要考虑以下问题：①属性选择的客观性。某些重要知识可能隐藏在那些与分析过程不相关的属性中。②数据的同构性。由于数据可能来自不同的系统，需要统一各种不同的数据模型。③数据的动态性：有些数据在处理过程中可能会发生变化。④采样策略。例如，样本的采集是采用随机策略还是分层策略等。⑤样本数目。样本规模过大，将影响信息加工的效率；规模过小，处理过程的有效性难以保障。规模的确定往往与选择的处理方法有直接关系。

此外，信息选择还包括从领域专家处获取相关领域背景知识，并在进一步处理信息之前检查背景知识与目标数据集的相容性。

2. 信息预处理

从不同环境收集来的目标数据集可能存在一些不确定性内容，包括：字段标记错误、有特殊语义的数据值、空值。信息加工人员必须配合领域专家对这些内容进行确认。例如，字段标记错误往往是操作员在录入数据时输入错误或者受某种外界因素干扰产生的，这些错误数据称为"噪声"。噪声数据有时与系统中的一些小概率数据（统称为"异常数据"）难以区别，甄别异常数据、剔除噪声是信息预处理的重要任务之一。

3. 信息约简与变换

信息约简是通过某种方法降低算法的搜索空间，通常分为垂直约简和水平约简两种类型。其中，垂直约简是使用降维或变换方法来减少变量（在信息系统中常以属性表示）数目，水平约简则是通过对对象进行分析（包括离散化、泛化等），合并具有相同属性值的对象，以减少对象数目。此外，不同信息分析与处理方法有不同的输入要求，信息变换就是对信息进行编码，使其成为分析和处理时所要求的某种格式。

4. 信息分析与处理

信息分析与处理就是应用相关算法从预处理过的信息中寻找对信息利用（如预测、决策等）有价值的隐含模式。为了获得满意的结果，需要考虑以下三方面的问题：①确定信息加工类型，如确定信息加工是为用户产生信息（发现型），还是对用户提出的假设进行验证（验证型）等。②方法选择，即根据信息加工的任务，选择适当的方法。在实际情况中，对某类任务往往有多个方法可供选择，且这些选择对处理结果产生很大的影响，但目前尚无一套合适的准则来指导处理方法的选择，有效的途径只是通过经验。③运行效率，即要保证发现过程是有效率的，对大型数据库的运行时间是可预见、可接受的。

5. 信息评估与维护

由于信息加工的主要目的是支持预测和决策，所以确定处理结果的可信度、对结果进行必要的筛选和维护就显得非常重要。信息评估与维护包括以下三方面的内容：①结果筛选。信息加工所获得的模式数目可能远超过用以分析的数据量，必须过滤（移去）不感兴趣的或显而易见的模式。②结果评价。对结果进行评价就是确定所发现模式的可信度，基本方法是将样本数据集分成两部分，一部分是训练集，用来发现模式；另一部分是测试集，用来测量结果的可信度。③结果维护。由于信息加工所涉及的样本数据集常常是动态变化的，所以需要对所处理的结果进行维护，以确保结果与数据的变化保持一致。

6. 过程改进与结果整合

信息加工是一个反复进行的复杂过程，如果领域专家对处理结果不满意，信息加工人员就需要按照反馈意见来改进信息加工，以最终满足领域专家的要求。通常从以下三个方面进行改进：①重新定义数据集；②改进信息加工方法；③重新定义约束或算法参数。

结果整合是为应用作准备，工作内容包括：①结果输出。将处理结果以文件、报表或其他形式呈现给用户。②一致性检查。确信处理结果与以前的处理结果或领域知识不抵触。

3.7.4　信息加工方法

针对不同的处理目标，支持信息加工的方法很多，概括起来主要包括统计学习方法、机器学习方法、可视化技术、不确定性分析和数据库/数据仓库技术。

1. 统计学习方法

统计学研究以往主要集中于预定假设的检验和数据的模型拟合上，所用方法的依据通常是概率模型。目前，统计学的焦点已逐步从模型估计转移到模型选择上，不再只是寻找最佳的参数值，而是将模型结构也作为搜索过程的一部分，这种趋势非常适合信息处理的目的。现代统计学方法与信息加工的关系日益密切，作为信息加工的一个基本工具，统计学方法正在发挥越来越重要的作用。用于信息加工的统计学习方法主要有相关分析法、回归分析法、主成分分析法、聚类分析法、时间序列分析法、判别分析法等。

（1）相关分析法

相关分析（Correlation Analysis）是指测定经济现象之间相关关系的规律性，并据以进行预测和控制的分析方法。进行相关分析要依次解决以下问题：①确定现象之间有无相关关系以及相关关系的类型。对不熟悉的现象，则需收集变量之间大量的对应资料，用绘制相关图的方法作初步判断。从变量之间相互关系的方向看，变量之间有时存在着同增同减的同方向变动，是正相关关系；有时变量之间存在着一增一减的反方向变动，是负相关关系。从变量之间相关的表现形式看，有直线关系和曲线关系；从相关关系涉及变量的个数看，有一元相关或简单相关关系和多元相关或复相关关系。②判定现象之间相关关系的密切程度，通常是计算相关系数 R，其绝对值在 0.8 以上表明高度相关，必要时应对 R 进行显著性检验。③拟合回归方程，如果现象间相关关系密切，就根据其关系类型，建立数学模型并采用相应的数学表达式（即回归方程）来反映这种数量关系。④判断回归分析的可靠性。采用数理统计方法来对回归方程进行检验。⑤根据回归方程进行内插外推预测和控制。

（2）回归分析法

回归分析（Regression Analysis）是指确定两种或两种以上变量之间相互依赖的定量关系的一种统计分析方法。回归分析的主要内容包括：①从一组数据出发确定某些变量之间的定量关系式，即建立数学模型并估计其中的未知参数。估计参数的常用方法是最小二乘法。②对这些关系式的可信程度进行检验。③在许多自变量共同影响着一个因变量的关系中，判断哪个（或哪些）自变量的影响是显著的，哪些自变量的影响是不显著的，将影响显著的自变量选入模型中，并剔除影响不显著的变量，通常采用逐步回归、向前回归和向后回归等具体方法。④利用所求的关系式来对某一生产过程进行预测或控制。

回归分析的类型有很多。如果按其涉及自变量的多少划分，可将回归分析细分为一元回归分析和多元回归分析；如果按其自变量与因变量之间的关系类型划分，则可将其细分为线性回归分析和非线性回归分析；如果回归分析中只包括一个自变量和一个因变量，且二者的关系可用一条直线近似表示，则可将这种回归分析称为一元线性回归分析；如果回归分析中包括两个或两个以上的自变量，且因变量和自变量之间是线性关系，则可将这种回归分析称为多元线性回归分析。

（3）主成分分析法

主成分分析（Principal Component Analysis，PCA）又称主分量分析，是指将多个变量通过线性变换，以选出较少个数重要变量的一种多元统计分析方法。在实际课题中，为了全面分析问题，往往提出很多与此有关的变量（或因素），因为每个变量都在不同程度上反映这个课题的某些信息。但是，在用统计分析方法研究这个多变量的课题时，变量个数太多就会增加课题的复杂性。主成分分析的基本思想是：对于原先提出的所有变量，建立尽可能少的新变量，使得这些新变量是两两不相关的，而且这些新变量在反映课题的信息方面尽可能保持原有的信息。主成分分析最早是由 K. 皮尔森引入的，后来由 H. 霍特林将该方法推广到随机向量的情形。

（4）聚类分析法

聚类分析（Cluster Analysis）又称群分析，是根据实体的特征对其进行聚类或分类，发现数据集整个空间的分布规律和典型模式的一种多元统计分析方法。聚类分析是数据挖掘中十分活跃的研究领域。聚类分析的应用遍及科学研究、工程实践以及商业活动的各个领域。例如，聚类可帮助商业领域的市场管理者发现客户数据库中的不同人群，并基于购买模式刻画这些人群分组。

目前，研究人员提出了许多聚类算法。传统的聚类算法可以进一步细分为划分方法（Partitioning Method，PAM）、层次方法（Hierarchical Method）、基于密度的方法、基于网格的方法和基于模型的方法等五种类型。其中，划分方法的基本思想是：首先创建 k 个划分，k 为要创建的划分个数；然后利用一个循环定位技术通过将对象从一个划分移到另一个划分来帮助改善划分质量。典型的划分方法包括：K-mean、K-medoids、CLARA、CLARANS、FCM 等。层次方法的基本思想是：创建一个层次以分解给定的数据集。该方法可以分为自上而下（分解）和自下而上（合并）两种操作方式。为弥补分解与合并的不足，层次合并经常要与其他聚类方法相结合，如循环定位。典型的这类方法包括BIRCH、CURE、ROCK、CHEMALOEN 等。基于密度的方法的基本思想是：根据密度完成对象的聚类。它根据对象周围的密度（如 DBSCAN）不断增长聚类。典型的基于密度方法包括 DBSCAN、OPTICS 等。基于网格的方法的基本思想是：首先将对象空间划分为有限个单元以构成网格结构；然后利用网格结构完成聚类。典型的基于网格的方法包括STING、CLIQUE 等。基于模型的方法的基本思想是：假设每个聚类的模型并发现适合相应模型的数据。典型的基于模型方法包括 COBWEB、CLASSIT 等。

（5）时间序列分析法

时间序列分析法（Time Series Analysis）是指根据事物在时间序列中呈现的节律性、周期性或者连续性等特征，由已知推测未知、由现在推知未来的一种方法。通过对历史数据变化的分析，可以评价事物的现状和估计事物未来的发展变化。

时间序列分析法还可以细分为确定型和随机型两种类型。其中，确定型时间序列分析法只计算趋势和季节变化对变量的影响，并将这两种影响加以综合，作为时间序列的近似估计值。而随机型时间序列分析法分析时间序列的随机性质，它要比简单外推方法更加完善，可以提供比确定型时间序列模型更多的信息，但其计算相对较复杂。

确定型时间序列分析法主要包括：趋势外推法、移动平均法、指数平滑法和季节变化预测法。其中，趋势外推法（Trend Extrapolation）是根据过去和现在的发展趋势推断未来的一类方法的总称，用于科技、经济和社会发展的预测。移动平均法（Moving Averages）是通过平均和移动的平滑作用来消除数据中异常干扰的时间序列，它是一种简单、适用的方法，常用于预测有关需求、生产、销售等的短期经济问题。指数平滑法（Exponential Smoothing）是一种重要的时间序列法，常用于预测有关需求、销售等经济问题。季节变化预测法（Seasonal Forecasting）又称季节周期法、季节指数法、季节变动趋势预测法，是指对包含季节波动的时间序列进行预测的一种方法，主要包括同月平均法、季节系数和环比法。其中，同月平均法适用于主要受季节变化影响，而无明显趋势变化的时间序列；季节系数法适用于受季节变化影响并存在趋势变化的时间序列；环比法适用于除季节变化外还有其他周期变化的时间序列。

（6）判别分析法

判别分析（Discriminant Analysis）是指在分类确定的条件下，根据某一研究对象的各种特征值来判别其类型归属问题的一种多变量统计分析方法。其基本原理是按照一定的判别准则，建立一个或多个判别函数，用研究对象的大量资料确定判别函数中的待定系数，并计算判别指标，据此即可确定某一样本属于何类。

可以根据不同标准来对判别分析进行细分。例如，根据判别中的组数，可将其细分为两组判别分析和多组判别分析；根据判别函数的形式，可将其细分为线性判别和非线性判别；根据判别式处理变量的方法不同，可将其细分为逐步判别、序贯判别等；根据判别标准不同，可将其细分为距离判别、Fisher 判别、Bayes 判别等。

判别分析在气候分类、农业区划、土地类型划分中有着广泛的应用。例如，在市场调研中，一般根据事先确定的因变量（如产品的主要用户、普通用户和非用户，自有房屋或租赁，电视观众和非电视观众等）找出相应处理的区别特性。

2. 机器学习方法

机器学习（Machine Learning）是研究计算机怎样模拟或实现人类的学习行为，以获取新的知识或技能，重新组织已有的知识结构使之不断改善自身的性能。它是人工智能的核心，是使计算机具有智能的根本途径，其应用遍及人工智能的各个领域，主要包括专家系统、认知模拟、规划和问题求解、数据挖掘、网络信息服务、图像识别、故障诊断、自然语言理解、机器人和博弈等。

可以按照不同的标准来对机器学习进一步分类。例如，如果按其学习策略（学习过程中系统所采用的推理策略）来划分，则可将机器学习进一步细分为以下 6 种基本类型：①机械学习（Rote learning）。学习者无须任何推理或其他知识转换，直接吸取环境所提供的信息。这类学习系统主要考虑的是如何索引存储的知识并加以利用。②示教学习（Learning from Instruction 或 Learning by Being Told）。学生从环境（教师或其他信息源如教科书等）获取信息，把知识转换成内部可使用的表示形式，并将新的知识和原有知识有机地结合为一体。③演绎学习（Learning by Deduction）。学生所用的推理形式为演绎推理。推理从公理出发，经过逻辑变换推导出结论。这种学习方法包含宏操作（Macro-operation）学习、知识编辑和组块（Chunking）技术。④类比学习（Learning by Analogy）。这是指利用两个不同领域（源域、目标域）中的知识相似性，可以通过类比，从源域的知识（包括相似的特征和其他性质）推导出目标域的相应知识，从而实现学习。⑤基于解释的学习（Explanation-based Learning，EBL）。学生根据教师提供的目标概念、该概念的一个例子、领域理论及可操作准则，首先构造一个解释来说明为什么该例子满足目标概念，然后将解释推广为目标概念的一个满足可操作准则的充分条件。⑥归纳学习（Learning from Induction）。由教师或环境提供某概念的一些实例或反例，让学生通过归纳推理得出该概念的一般描述。

机器学习的具体算法包括规则归纳、遗传算法、免疫算法、蚁群算法、决策树等。①规则归纳。规则归纳（Rules Induction）是知识发掘领域中最常用的方式，它是依据一连串"如果……则……"逻辑规则来对数据进行细分的一种技术。在实际运用时，如何界定规则为有效是最大问题，通常需先将数据中发生数太少的项目剔除，以避免产生无意义的逻辑规则。②遗传算法。遗传算法（Genetic Algorithm）是模拟达尔文生物进化论的自然选择和遗传学机理的生物进化过程的计算模型，是一种通过模拟自然进化过程搜索最优解的方法，它最初由美国密歇根大学 J. Holland 教授于 1975 年首先提出，称为简单遗传算法（SGA）。③免疫算法。研究人员在将生命科学中的免疫概念引入到工程实践领域以后，尝试借助其中的有关知识与理论，并将其与已有的一些智能算法有机地结合起来，以建立新的进化理论与算法，提高算法的整体性能。基于这一思想，在保留原算法优良特性的前提下，力图有选择、有目地利用待求问题中的一些特征信息或知识来抑制其优化过程中出现的退化现象，这种算法称为免疫算法（Immune Algorithm，IA）。④蚁群算法。蚁群算法（Ant Colony Optimization，ACO）又称蚂蚁算法，是一种用来在图中寻找优化路径的概率型算法。1992 年，Marco Dorigo 在其博士论文中首次提出蚁群算法，其灵感来源于蚂蚁在寻找食物过程中发现路径的行为。蚁群算法是一种求解组合最优化问题的新型通用启发式方法，该方法具有正反馈、分布式计算和富于建设性的贪婪启发式搜索的特点。⑤决策树。决策树（Decision Tree）是一种常用的信息预测模型算法，它根据不同的特征，以树形结构表示分类或决策集合，进而产生规则和发现规律。决策树的概念最早出现在 CLS（Concept Learning System）中。决策树方法中影响最大的是 J. R. Quinlan 于 1986 年提出的 ID3 方法，他提出用信息增益（即信息论中的互信息）来选择属性作为决策树的节点。由于决策树方法具有算法描述简单、分类速度快、识别样本效率高等优点，所以 ID3 方法成为当时机器学习领域中最有影响的方法之一。后来，不少学者提出了改进的 ID3 方法。

3. 可视化技术

数据可视化（Data Visualization）方法是一种通过利用可视化技术将数据显示出来，帮助人们利用视觉分析来寻找数据中的结构、特征、模式、趋势、异常现象或相关关系等知识的方法。

数据可视化概念最早来自科学可视化（Scientific Visualization 或 Scientific Visualisation），它是一个跨学科的研究与应用领域。科学可视化主要利用计算机图形学来创建视觉图像，以帮助人们理解那些采取错综复杂而又往往规模庞大的数字呈现形式的科学概念或结果。

近年来，随着网络技术和电子商务的发展，人们又提出了信息可视化（Information Visualization）的概念。信息可视化的研究对象是大规模非数字型信息的视觉表达（Representation）问题（例如，软件系统中众多的文件或者代码行、图书馆与文献书目数据库以及国际互联网上的关系网络等）。信息可视化关注的是建立以直观方式来传达抽象信息的手段和方法，利用人类眼睛通往心灵深处的广阔带宽优势，使得用户能够目睹、探索以至立即理解大量信息。

4. 不确定性分析

不确定性分析（Uncertainty Analysis）是指对决策方案受到各种事前无法控制的外部因素变化与影响所进行的研究和估计，它是决策分析中常用的一种方法。进行不确定性分析需要依靠决策人的知识、经验、信息和对未来发展的判断能力，并采用科学的分析方法，包括：①计算方案的损益值，即把各因素引起的不同收益计算出来，收益最大的方案为最优方案。②计算方案的后悔值，即计算出由于对不肯定因素判断失误而采纳的方案的收益值与最大收益值之差，后悔值最小的方案为最佳方案。③运用概率求出期望值，即方案比较的标准值，期望值最好的方案为最佳方案。④综合考虑决策的准则要求，不偏离规则。

下面，简要介绍一些用于不确定性分析的相关理论。

（1）贝叶斯网络

贝叶斯网络（Bayesian Network）是珀尔（Judea Pearl）在 1988 年提出的一种基于概率推理的图形化网络。所谓概率推理，是指通过一些变量的信息来获取其他概率信息的过程。基于概率推理的贝叶斯网络是为了解决不确定性和不完整性问题而提出的，它对于解决复杂设备不确定性和关联性引起的故障很有优势，所以在医疗诊断、统计决策、专家系统等多个领域中获得了广泛应用。贝叶斯网络是一个有向无环图（Directed Acyclic Graph，DAG），由代表变量的节点及连接这些节点的有向边构成。其中，节点代表随机变量，节点间的有向边代表了节点间的相互关系（由父节点指向其后代节点），用条件概率表达关系强度，没有父节点的用先验概率进行信息表达。节点变量可以是任何问题的抽象（如测试值、观测现象、意见征询等）。

人物小传

【人物小传 3-3　珀尔】朱迪亚·珀尔（Judea Pearl，1936—　）现为美国加利福尼亚大学洛杉矶分校（UCLA）计算机科学学院教授，并担任认知系统实验室主任。同时，他还是美国国家工程院院士、国际人工智能协会（AAAI）和 IEEE 的资深会员。在 1970 年加入 UCLA 之前，他在 RCA 研究实验室工作，负责超导存储设备的研究。1965 年，他获得罗格斯（Rutgers）大学的物理学硕士学位，同年获得布鲁克林理工学院的电气工程学博士学位。2008 年，他获得富兰克林研究所计算机与认知科学专业的富兰克林奖章。2011年，他获得了被誉为"计算领域诺贝尔奖"的图灵奖，奖励他在人工智能领域的基础性贡献，他所提出的概率和因果性推理演算法改变了人工智能最初基于规则和逻辑的方向。

（2）模糊逻辑

模糊逻辑（Fuzzy Logic）是指一系列利用模糊集合理论来描述带有不确定性的研究对象，并对实际问题进行模糊评判、模糊决策、模糊模式识别、模糊聚类分析等分析和处理的一种方法。目前，基于模糊集合理论的方法在遥感图像的模糊分类、地理信息系统（GIS）模糊查询、空间数据不确定性表达和处理等方面获得了广泛应用。

（3）粗集理论

粗集理论（Rough Set Theory）是一种用于处理不精确、不确定和不完备信息的智能数据决策分析工具，较适用于基于属性不确定性的数据挖掘。粗集方法的主要优点是：不需要给出额外信息，可简化输入信息的表达空间，算法简单，易于操作。粗集处理的对象是类似二维关系表的信息表。目前，关系型数据库管理系统和数据仓库管理系统为粗集的数据挖掘奠定了坚实的基础，国际上已经研制出一些基于粗集的工具应用软件，例如加拿大里贾纳（Regina）大学开发的 KDD-R 以及美国堪萨斯（Kansas）大学开发的 LERS 等。

（4）证据理论

证据理论（Evidence Theory）是一种通过可信度函数（度量已有证据对假设支持的最低程度）和可能函数（衡量根据已有证据不能否定假设的最高程度）来处理不确定性信息的理论，可用于具有不确定属性的数据挖掘。目前，尽管证据理论在群决策领域得到了一定程度的应用，但其固有的一些问题（如计算量问题、悖论问题等）在很大程度上限制了其实际应用。

（5）灰色理论

灰色理论（Grey Theory）是一门研究信息部分清楚、部分不清楚并带有不确定性现象的应用数学学科，最早由我国华中科技大学的邓聚龙教授在 1982 年提出。在客观世界中，大量存在的不是白色系统（信息完全明确），也不是黑色系统（信息完全不明确），而是灰色系统。因此，灰色理论以这种大量存在的灰色系统为研究对象，从而获得了进一步发展。目前，灰色理论已经广泛应用于不同学科的不同领域，并且获得了许多可喜的科研成果。

（6）可拓理论

可拓理论（Extension Theory）是我国科学人员提出的一种新的科学理论与方法。与其他相关理论方法相比较，可拓理论包含了更多的哲学思想，目前已经逐步应用到经济学、中医药、知识挖掘、数据挖掘等多个不同领域，主要用来解决矛盾和看似不可解的问题。

5. 数据库/数据仓库技术

随着 20 世纪 90 年代后期因特网的兴起与飞速发展，人类进入一个新的时代，海量数据和信息扑面而来，应接不暇。因此，采用先进的数据库技术和数据仓库技术去分析和整理这些海量数据，并从不同视角进行精确的分析和判断，就显得更加迫切和重要了。

（1）数据库技术

数据库（Database）技术产生在 20 世纪 60 年代末~70 年代初，其主要目的是有效地存取和管理大量的数据资源。数据库技术的主要研究内容是如何存储、使用和管理数据。自 20 世纪 90 年代以来，数据管理不再只是存储和管理数据，而是转变成管理用户所需要的各种数据。数据库有很多种类型，从最简单的存储各种数据表格到能够进行海量数据存储的大型数据库系统，并且在情报检索、人工智能、专家系统、计算机辅助设计等多个领域获得了广泛应用。

（2）数据挖掘技术

数据挖掘（Data Mining）是从大量的、不完全的、有噪声的、模糊的、随机的数据中提取隐含在其中的、人们事先不知道的、但又是潜在有用的信息和知识的过程。随着信息技术的高速发展，人们积累的数据量急剧增长，如何从海量数据中提取有用的知识已成为当务之急。数据挖掘就是为顺应这种需要应运而生发展起来的数据处理技术，它还是知识发现（Knowledge Discovery in Database，KDD）的关键步骤。

数据挖掘的主要功能包括：①自动预测趋势和行为。数据挖掘自动在大型数据库中寻找预测性信息，以往需要进行大量手工分析的问题如今可以迅速、直接地由数据本身得出结论。②关联分析。关联是某种事物发生时其他事物会发生的一种联系，关联分析的目的是找出数据库中隐藏的关联网。有时并不知道数据库中数据的关联函数，即使知道也是不确定的，因此关联分析生成的规则带有可信度。③分类和聚类。分类按照分析对象的属性、特征，建立不同的组类来描述事物；聚类是把一组个体按照相似性归成若干类别。④概念描述。概念描述就是对某类对象的内涵进行描述，并概括这类对象的有关特征。⑤偏差检测。这是指从数据库中找出那些异常记录，从而发现商业运营中的问题或风险。

（3）数据仓库技术

数据仓库概念创始人 W. H. Inmon 在《建立数据仓库》（Building the Data Warehouse）一书中对数据仓库（Data Warehouse）的定义是：数据仓库就是面向主题的、集成的、不可更新的（稳定性）、随时间不断变化（不同时间）的数据集合，用以支持经营管理中的决策制定过程。随着数据仓库技术应用的不断深入，近年来数据仓库技术获得了很大进展，出现了经营分析系统、决策支持系统等典型数据仓库系统，并且在许多行业和单位得到了广泛应用。

（4）联机分析技术

当今的数据处理大体可以细分为两大类型，即联机事务处理（on-Line Transaction Processing，OLTP）和联机分析处理（on-Line Analytical Processing，OLAP）。其中，OLTP 是传统关系型数据库的主要应用，主要是基本的日常事务处理（如银行交易）。OLAP 是数据仓库系统的主要应用，它支持针对共享多维信息和特定问题的联机数据访问和复杂分析，侧重决策支持，并且提供直观易懂的查询结果，允许管理决策人员对数据进行深入观察。

现代 OLAP 系统一般以数据仓库作为基础，即从数据仓库中抽取详细数据的一个子集，经过必要的聚集后存储到 OLAP 存储器中，供前端分析工具读取。OLAP 系统还可以按其数据存储格式进一步细分为关系 OLAP（Relational OLAP，ROLAP）、多维 OLAP（Multidimensional OLAP，MOLAP）和混合型 OLAP（Hybrid OLAP，HOLAP）三种类型。其中，ROLAP 将分析用的多维数据存储在关系型数据库中，并根据应用需要有选择地定义一批实视图作为表也存储在关系型数据库中。MOLAP 将 OLAP 分析所用到的多维数据在物理形式上存储为多维数组形式，形成立方体结构。HOLAP 是 MOLAP 和 ROLAP 两种结构的有机结合，能满足用户各种复杂的分析请求。

3.8 信息利用

信息利用以用户为中心，与信息需求和信息提问有密切的关系。

3.8.1 信息利用概述

1. 信息利用的含义

信息利用（Information Utilization）是指将经过采集、处理并存储的信息提供给相关组织或者个人，以满足其信息需求的过程。需要补充说明的是，国内有人认为信息利用就是信息服务，但是，信息服务概念的外延要更加宽泛一些，它包括几乎全部的传播领域以及所有的信息相关部门。例如，美国的信息服务业就包括处理服务、网络服务、专门服务、系统集成、系统营运、软件产品、交钥匙系统等七种类型。

2. 信息利用的意义

信息利用的重要意义主要体现在以下三个方面：

①有利于实现信息的价值，促进社会生产力的提高。信息具有知识性、增值性和效用性等特点。人们通过有效地利用信息，使它渗透到组织的管理活动中，就能够产生巨大的社会效益和经济效益，促进社会生产力的提高，从而实现信息的使用价值。

②有利于实现信息的增值和共享。在实际工作中，通过信息的转换、复制和传递等环节，可以实现信息在空间中的广泛传递；通过对信息的合理存储与管理，可以实现信息在时间上的长久传递。这样就使得可供利用的信息在更广阔的时空范围内进行扩散和渗透，促使信息不断增值，从而达到信息共享的目的。

③有利于提高组织决策的成功率。决策可被看成是信息的加工和再生产过程，而信息的传递和利用则决定着该过程的"原料（即信息）"供给，从而间接地影响到组织决策的成功率。

3.8.2 信息利用的方式

信息利用的方式常常会因信息管理机构的不同而呈现出丰富多彩的变化。信息利用的常见方式主要有三种类型：

①信息提供服务方式。信息提供服务方式是指有选择地为信息利用者提供信息的服务方式。信息提供服务的主要表现方式包括广播节目播放、电视节目播放、图书出版发行、图书阅览、图片阅览、档案阅览、报纸杂志发行、新书通报、馆藏图书档案的外借和阅览、文献复制服务、信息发布服务等。

②信息咨询服务方式。信息咨询服务方式是指在信息提供服务方式的基础上发展起来的一种服务方式，其基本特点是改变所采集或存储的信息的形态以产生新的信息，信息咨询服务的主要表现方式包括热线解答、出版发行书目服务、报刊论文索引服务、馆藏文献线索咨询服务、事实咨询服务、数据咨询服务、统计资料咨询服务、定题信息服务、在研项目跟踪服务、用户教育服务、信息预测服务等。

③信息网络服务方式。信息网络服务方式是指建立在计算机、通信等现代信息技术的基础上，以应用软件为手段、以信息库为利用对象的一种服务方式。它既可以将信息提供服务方式和信息咨询服务方式统一起来，也可以有助于最大限度地实现个性化信息服务。信息网络服务的主要表现方式包括图文信息电视广播服务、电子出版物的发布、电子函件、电子公告板（BBS）服务、联机公共目录查询（OPAC）服务、光盘远程检索服务、远程电视会议服务、用户电子论坛、用户点播服务等。

3.8.3 信息利用的途径

信息利用的基本途径是信息编写。在信息管理过程的采集、加工、存储、传递等诸环节中，都需要将最终结果用书面文字进行编写，并通过多种信息载体向外发布。信息编写过程中需要抓好两个重点：一是信息选题的常见方法；二是信息编写的基本要求。

信息选题是信息编写的首要环节。只有选择合适的选题，才有可能编写出高质量的信息。要想准确把握信息选题，首先要了解不同组织机构的信息需求，其次要灵活运用信息选题的常见方法。

信息选题的常见方法包括：①适时出新法。适时出新法是指在特定期限内根据不断变化的形势，捕捉具有新意的信息选题。②个性发掘法。个性发掘法是指根据实际情况的不同，发掘最具特色、最具典型并且最有推广价值的信息选题。③冷热并重法。冷热并重法是指利用辩证的观点、科学的态度以及发展的眼光去分析信息选题中的冷热情况。④跟踪领导法。跟踪领导法是指信息选题必须适应领导的实际需要。⑤纵横结合法。纵横结合法是指信息选题既要考虑事物发展的各个阶段情况，又要考虑从事物发展各阶段的不同侧面选题。⑥喜忧兼报法。喜忧兼报法是指需要同时兼顾考虑对组织机构业绩有利和不利的信息选题。⑦上下辅助法。上下辅助法是指从组织机构的上下级单位发送的信息资料中发掘信息选题。

信息编写的主要类型有动态型信息、问题型信息、经验型信息、建议型信息等，它们的编写要求大致如下：①动态型信息。动态型信息反映的是某项工作、活动或者事件的发生、发展以及变化的客观情况，因此在编写动态型信息时必须做到信息内容准确无误、信息标题简洁新颖、突出主要内容。②问题型信息。问题型信息反映的是已经发生、正在发生或者即将发生的各种问题的客观情况。在编写动态型信息时，必须做到反映问题发生的真实面貌，要写明已发生问题的产生原因及其所造成的后果或影响，要做到快写快报。③经验型信息。经验型信息反映的是某个地区、部门、单位或者某一方面、某项工作的重要经验信息。在编写动态型信息时，必须做到：要对信息内容进行深层次开发，从中提炼出有价值的东西，要重点突出经验信息的具体做法以及所取得的成果。④建议型信息。建议型信息是指能够帮助决策者出谋划策的信息。在编写建议型信息时，除了需要遵循前面三类信息的一般编写要求以外，还必须写明建议的针对性或目的性、建议采取的措施或方法，以及采取该建议后可以解决的问题等。

本章小结

本章主要概述了信息生命周期管理过程，包括信息采集、信息组织、信息存储、信息检索、信息传递、信息加工、信息利用等环节。由于本章内容多，理论性强，所以要求读者能够做到理论联系实际，深刻理解本章所讲的主要内容，为今后进一步学习其他各章节内容打下坚实的理论基础。

课后习题

一、选择题

1. 组织内部信息源包括以下哪些内容？（   ）

A. 生产部门　　　　B. 人事部门　　　　C. 营销部门　　　　D. 管理部门　　　　E. 因特网

2. 信息采集时需要遵守哪些共同规则？（   ）

A. 目的性原则　　B. 系统性原则　　C. 经济性原则　　D. 可靠性原则　　E. 预见性原则

3. 信息传递的原则有哪些？（   ）

A. 快速原则　　　B. 低耗原则　　　C. 量大原则　　　D. 质高原则　　　E. 保密原则

4. 信息加工的主要方法包括（   ）。

A. 统计学习方法　B. 机器学习方法　C. 不确定性理论　D. 可视化技术　　E. 数据库技术

5. 以下哪些是目前缩微存储技术主要类型的简称？（   ）

A. COM　　　　　B. CAR　　　　　C. CAD　　　　　D. CAM　　　　　E. CIM

二、填空题

1. 按组织边界划分，可将信息源细分为_____和_____。

2. 按采集渠道划分，可将信息采集细分为_____和_____。

3. 信息采集途径可以细分为_____和_____。

4. 声像存储技术是指将信息通过录音或者录像记录存储的一种信息存储方式，它包括录音存储技术、_____和_____。

　　5. 按检索方式划分，可将信息资源检索分为_____和_____两种类型。

三、名词解释

1. 信息采集　　2. 信息加工

四、简答题

1. 简述信息采集的基本原则。

2. 简述信息存储的主要技术。

五、案例题

　　沈飞集团公司自 1951 年正式创建以来，创造了中国航空史上的一个又一个的第一，先后研制生产了 20 多种型号、几千架飞机，为中国航空工业的发展和国防现代化建设作出了重大贡献，被誉为"中国歼击机的摇篮"。

　　1985 年，沈飞集团公司在航空工业系统率先组建了以公司科技处为依托的经济技术信息中心，直属于公司副总经理兼总工程师的领导。该中心的具体任务就是通过各种渠道，利用各种手段收集信息、筛选信息、传递信息、反馈信息，为沈飞集团公司各级领导决策，为生产经营、技术改造、市场营销等方面服务。为此，该公司从 1986 年起开始组建公司内外信息网络，充分发动群众，利用各种关系，广开信息渠道，为公司收集大量信息。企业要发展信息工作，必须建立各种规章制度和管理办法，制定信息管理工作标准和技术标准，建立各种类型的工作程序等。沈飞集团公司在实践过程中不断强化制度建设，制定了一套管理条例。

　　目前，沈飞集团公司的信息工作有了很大发展，取得了一批成果。例如，通过信息传递卡向公司各分厂传递各类具体项目信息年均 270 条，成交率为 55%，年均成交额达 1500 万元。沈飞集团公司还通过信息中心成功洽谈了一批项目。

　　沈飞集团公司信息中心员工收集相关信息以后，按以下方式进行传递：①编印《信息内参》，每周编印一期；②编印《专供信息》，将重要的宏观信息或者微观信息，根据需要对象和专业范围进行传递；③编印《经济信息快讯》和《信息剪报》，将收集到的市场经济信息进行归类，并印发给公司各单位；④通过信息传递卡，将各种专项信息及时传递给有关专业厂和部门；⑤出版《产品与技术》和《沈飞科技情报》，前者主要提供新产品开发、新技术应用等信息，后者则集中反映了军品科研方面的信息资料；⑥编辑《客车文献题录索引》，主要提供给公司民品部和沈飞汽车制造有限公司。

　　请根据上述背景材料，回答以下问题：沈飞集团公司在信息利用方面有哪些值得借鉴的经验？

第 4 章

信息系统资源管理

本章导读

信息系统资源管理是信息资源管理的重要组成部分，涉及的问题和领域较多。本章主要讨论信息系统基本概念、信息系统项目管理、信息系统质量管理、信息系统安全管理等内容。本章的重点内容是：信息系统项目管理、信息系统质量管理、信息系统安全管理。本章的难点内容主要是数据加密技术。此外，由于本章的理论性和实践性均较强，概念较多，所以要求读者在深刻理解与信息系统资源管理相关的基本概念的基础上，将理论与实践结合起来，灵活运用项目管理等方面的知识。

开篇案例

中信公司是 S 市一家高新技术开发企业。最近，该公司承接了市教育局委托的一个教育信息管理系统开发项目，张三被公司任命为项目经理。张三以前曾担任过多个 Java 开发项目的程序设计人员，经验丰富，技术扎实，办事也很认真。接到任务后，张三开始组建了项目团队，并根据项目前期情况，制订了初步项目计划表，如表 4-1 所示。

表 4-1　项目进度计划表

任 务 名 称	工 作 量	开 始 时 间	结 束 时 间
项目计划	5	2013 年 1 月 1 日	2013 年 1 月 6 日
需求分析	20	2013 年 1 月 6 日	2013 年 1 月 26 日
设计	21	2013 年 1 月 26 日	2013 年 2 月 13 日
开发	30	2013 年 2 月 16 日	2013 年 3 月 16 日
测试	66	2013 年 2 月 16 日	2013 年 4 月 22 日
培训	63	2013 年 2 月 16 日	2013 年 4 月 19 日
文档	43	2013 年 2 月 16 日	2013 年 3 月 29 日
测试	97	2013 年 1 月 26 日	2013 年 5 月 3 日
部署	7	2013 年 5 月 3 日	2013 年 5 月 10 日
实施总结	3	2013 年 5 月 10 日	2013 年 5 月 13 日

项目进行了一半，公司总经理要求张三提前完工。为了加快项目进度，张三对项目计划进行了修改，制订了极其详细的项目进度计划表，随即分发到项目组成员手中并开始实施。但是，随着项目不断取得进展，项目需求在不断变更，项目组人员也有所更换，项目组已经没有再按照计划来进行工作，大家都是在当天早上才安排当天的工作事项，张三每天都被工作安排得焦头烂额，项目开始出现混乱。项目组中甚至有些技术人员在拿到项目计划的第一天就说："计划没有变化快，要计划有什么用？"所以他们只顾自己编写程序，从不过问其他事情。2013 年 7 月初，S 市教育局开始不断催促张三尽快完工，以便在暑假试用。公司总经理也在不同场合多次批评张三没有完成好项目开发任务。

【思考题】请简要分析张三在制订项目计划时出现了哪些问题？应当如何应对？

4.1 信息系统概述

4.1.1 系统

系统和信息系统是信息系统资源管理的两个核心概念。下面简要介绍系统的含义、特性、类型等内容。

1. 系统的含义

系统（System）是从希腊语"systema"一词派生而来的。关于系统的定义有很多。国际标准化组织技术委员会（ISO/TC）给出的系统定义是："能完成一组特定功能，由人、机器，以及各种方法组成的有机集合体。"

2. 系统的特性

系统一般具有以下主要特性：①集合性。为了实现系统的特定功能，系统至少要由两个或者两个以上的要素组成。②整体性。组成系统的各个要素不是盲目联系在一起，而是相互联系，相互作用，构成一个有机整体。③相关性。构成系统的要素之间、要素与系统之间、系统与环境之间的关系是：相互联系，相互依存，相互制约。④界限性。系统都有相应的界限，这个界限就是系统的环境。⑤环境适应性。系统与外部环境有物质、能量和信息的交换，环境变化会引起系统特性变化，反之亦然。⑥目标性。任何系统都有鲜明的目标性，即都是为了实现某一特定目标而构造的。⑦层次性。层次性是指任何系统都可以划分成若干子系统，各个子系统又可以进一步细分为若干子模块，以此类推可以将系统逐层分解。

🔍 **案例分析**

【案例 4-1 米格-25 叛逃事件】1976 年 9 月 6 日，前苏联空军第 11 独立集团军第 23 军第 513 歼击航空兵团军事飞行员维克多·别连科上尉，驾驶当时最先进的米格-25（MiG-25）歼击机，从索科洛夫卡机场起飞，在执行计划飞行任务期间叛逃日本，原计划在日本北海道军事机场着陆，与事先等候的西方间谍秘密交接，因躲避不明真相的日本歼击机拦截导致迷航及飞机燃油即将耗尽等原因，被迫在日本函馆民用机场着陆。由于米格-25 歼击机是美国军方当时梦寐以求的一种先进高空高速歼击机，所以美日两国军事专家欢喜若狂。但是，当他们将飞机拆解以后，却大失所望。原来他们认为这么先进的飞机，其零部件一定有很高的技术水平，发动机的耐高温部件一定是钛合金。拆开后，却发现发动机整个是钢结构，而且有些电子元器件居然是西方早已淘汰的晶体管。但这的的确确是世界上一流的先进战斗机。面对这些情况，美日两国军事专家都不禁对飞机的设计者和制造者肃然起敬。

【思考题】（1）你认为在米格-25 的设计中体现了哪些系统特性？
（2）你是否还能够列举更多的类似实例？

3. 系统的类型

可以从不同角度对系统进行细分。例如，如果按系统与外部环境的关系进行划分，可将系统分为封闭系统和开放系统。其中，封闭系统（Close System）是指与外界无明显联系的系统。开放系统（Open System）是指与外界环境存在物质、能量、信息交换的系统。环境对封闭系统无影响，但对开放系统有影响。

如果按系统的结果划分，则可将系统分为肯定型系统和非肯定型系统。肯定型系统（Positive-type System）的行为可以完全预料到；非肯定型系统（Non-positive-type System）的行为则不能完全预料。

如果按系统的复杂程度划分，则可将系统分为简单系统和复杂系统。简单系统（Simple System）组成部分之间的关系较少，组成部分个数较少；而复杂系统（Complex System）组成部分之间的关系较多，组成部分个数较多。

4.1.2 信息系统

信息系统（Information System）是由计算机硬件、网络和通信设备、计算机软件、信息资源、信息用户和规章制度组成的以处理信息流为目的的人机一体化系统。

1. 信息系统的功能

信息系统通常具有输入、存储、处理、输出、控制五项基本功能。①输入功能。信息系统的输入功能取决于系统所要达到的目的、系统的能力以及信息环境的许可。②存储功能。存储功能指的是系统存储各种信息资料和数据的能力。③处理功能。信息系统一般都具有信息的加工、处理等功能。④输出功能。信息系统最终都能够实现最佳的输出功能。⑤控制功能。信息系统的控制功能可以对构成系统的各种信息处理设备进行控制和管理。

2. 信息系统的类型

采用不同的标准，可将信息系统分成不同的类型。例如，如果按行政级别划分，则可将信息系统分为国家信息系统、省市级信息系统等子系统；如果按行业进行划分，则可将信息系统分为工业信息系统、农业信息系统、商业信息系统、交通信息系统等子系统；如果按处理事务或者职能的不同划分，则可将信息系统分为研发信息系统、人事信息系统、生产信息系统等子系统。

从信息系统的发展和系统特点来看，人们常将信息系统细分为事务处理系统、管理信息系统、决策支持系统、专家系统和办公自动化系统五种类型。

（1）事务处理系统

事务处理系统（Transaction Processing System，TPS）又称电子数据处理系统（Electronic Data Processing System，EDPS）或者数据处理系统（Data Processing System，DPS）。它是计算机用于管理工作的早期形式，最初产生于 20 世纪 50 年代，主要用于支持企业运行层次的日常操作事务，所处理的问题位于管理工作的底层，业务活动有记录、汇总、综合、分类等，主要操作包括排序、列表、更新和生成等。TPS 的原始输入数据往往是管理工作中的各类初始单据，输出是分类和汇总的各种报表。在信息系统不断发展、形态日趋复杂的今天，TPS 仍然是其他信息系统的基础，是其他高层次系统的底层数据处理部分，提供有关日常数据的输入、输出、存储、转换等功能。

（2）管理信息系统

管理信息系统（Management Information System，MIS）是指为了实现整体管理目标，对管理信息进行系统化综合处理，并辅助各级管理人员进行管理决策的信息系统。从某种角度看，MIS 有着非常广泛的内涵，它是包括设备、人、信息资源、管理手段和管理方法等多方面因素在内的一个复杂信息系统。从历史发展来看，MIS 是在 TPS 的基础上发展起来的，但它在信息处理的思想、方法、手段，以及功能的实现上与 TPS 有较大差别。随着信息技术以及信息系统应用理论和实践的发展，信息系统的应用领域不断扩大，MIS 也被赋予了更加丰富的内涵。所以说，就广义的 MIS 概念而言，后来出现的决策支持系统等也可以包括在 MIS 范畴之内。

（3）决策支持系统

决策支持系统（Decision Support System，DSS）产生于 20 世纪 70 年代初，是在管理信息系统的基础上发展起来的一种高级形式的信息系统，它主要运用自然语言识别和处理技术、人工智能技术以及四库（数据库、模型库、方法库、知识库）技术，并充分利用各种专家的知识经验，用以模拟人的推理、思维过程。DSS 的主要特点是：它主要面向组织中的高层决策人员，更趋于解决半结构化问题和非结构化问题；它强调决策过程中人的作用，系统对人的决策只起辅助和支持作用；它对决策过程的支持以应用模型为主，系统模型反映了决策制定的原则和机理；它在结构上由数据库、模型库以及相关部分组成。

（4）专家系统

专家系统是一个智能计算机程序系统，其内部含有大量的某个领域专家水平的知识与经验，能够利用人类专家的知识和解决问题的方法来处理该领域问题。简言之，专家系统（Expert System）是一种能够模拟人类专家解决领域问题的计算机程序系统。

目前，专家系统已经应用到化学、数学、物理、生物、医学、农业、气象、地质勘探、军事、工程技术、法律、商业、空间技术、自动控制、计算机设计和制造等众多领域，开发了几千个的专家系统，其中不少在功能上已达到甚至超过同领域中人类专家的水平，并在实际应用中产生了巨大的效益。

（5）办公自动化系统

办公自动化系统（Office Automation System，OAS）是 20 世纪 70 年代以来发展起来的一项处理办公业务的综合性科学技术，它将以人为主体、以计算机为核心的各种先进设备以及信息等结合成一种办公体系，使人们的一部分办公业务活动，借助于机器设备，构成服务于某种目标的人机信息处理系统。由于使用了先进的信息处理设备，人们有可能充分利用办公信息资源，提高办公质量和效率。办公自动化系统不仅有很强的文字、数据处理能力，而且在计算机网络支持下能够进行图形、图像、声音等的综合处理。

4.2　信息系统项目管理

信息系统建设可以看做是一种项目，因此可以利用项目管理思想来进行指导。

4.2.1　信息系统项目管理概述

1. 项目管理概述

项目管理是第二次世界大战后期发展起来的一项重要的管理技术。尽管在此之前项目管理已经广泛应用于工程建设项目和新产品开发等众多领域，但直到第二次世界大战以后，它作为管理技术复杂、需要多学科协作的一种特殊工具，其价值才逐渐被人们所认识，项目管理方法也因此获得了迅速发展。

（1）项目概念

项目已经普遍存在并影响着人们的工作和生活，项目一词的使用可谓太多太滥。例如，修建一座水电站、引进一项新产品、购买一辆汽车，都可以说成是项目。那么，"项目"的含义到底是什么呢？一般认为，项目（Project）是一种组织单位，是指具有明确目标的一次性任务，具有明显的生命周期，阶段性强。

🔍 **案例分析**

> [**案例4-2 长江三峡水利枢纽**] 长江三峡水利枢纽是当今世界上最大的水利枢纽工程。三峡工程包括一座混凝重力式大坝、泄水闸、一座堤后式水电站、一座永久性通航船闸和一架升船机。三峡工程建筑由大坝、水电站厂房和通航建筑物等三部分组成。大坝坝顶总长 3035m，坝高 185m，水电站左岸设 14 台，右岸 12 台，共装机 26 台，前排容量为 70 万 kW 的小轮发电机组，总装机容量为 1820 万 kW，年发电量为 847 亿 kW·h。通航建筑物位于左岸，永久性通航建筑物为双线五级连续梯级船闸及单线一级垂直升船机。
>
> 【思考题】本案例体现了项目的哪些特性？

（2）项目管理概念

项目管理（Project Management）是指在一定约束条件下，为了高效率地实现项目的目标，按照项目的内在规律和程序，对项目的全过程进行有效的计划、组织、领导和控制的系统管理活动。

项目管理具有以下基本特点：①复杂性。复杂性是指项目管理是一项复杂的工作。②创造性。由于项目具有一次性的特点，由此决定了项目管理既要承担风险又必须发挥创造性。③阶段性。项目具有可以预知的寿命周期。项目在其寿命周期中，通常有一个较明确的阶段顺序。④适用性。项目管理并非万能管理，它只有在适当条件下应用才会有效。

2. 项目管理的主要内容

项目管理包括任务划分、计划安排、经费管理、审计与控制、风险管理等主要内容。

（1）任务划分

任务划分又称工作分解结构（Work Breakdown Structure，WBS），它是指将整个开发工作定义成一组任务的集合，该组任务又可以进一步划分成若干个子任务，进而形成具有层次结构的任务群。

WBS 的主要内容有：①任务设置。任务设置是在统一文档格式的基础上详细说明每项任务的内容、应该完成的文档资料、任务的检验标准等。②资金划分。资金划分是根据任务的大小、复杂程度、所需的软硬件，以及技术条件等多种因素来确定完成该任务所需要的资金及分配情况。③任务计划时间表。任务计划时间表是根据所设置的任务来确定完成的时间。④协同过程与保证完成任务的条件。协同过程与保证完成任务的条件是指在任务划分时要考虑了为了完成该项任务所需要的外部和内部条件。在进行任务划分之后，将这些任务落实到具体的人并建立一张任务划分表，在这张表中标明任务标号、任务名称、完成任务的责任人。

WBS 的主要方法有三种。第一种方法是按系统开发项目的结构和功能进行划分，例如，可将整个开发系统分成硬件系统、软件系统，每一个子系统还可以进一步细分。第二种方法是按系统开发阶段进行划分，例如，按系统开发中的系统分析、系统设计、系统实施中的各个阶段来划分出每个阶段应该完成的任务、技术要求、软硬件支持、完成的标准、人员组织及责任、质量保证、检验及审查等内容。第三种方法是从实际出发，将上述两种方法结合起来使用。

在 WBS 的过程中应该注意两方面的问题。首先，划分任务的数量不宜过多，也不宜过少。任务划分的数量过多将会引起项目管理的复杂性和系统集成的难度，任务划分的数量过少则会对项目组成员（特别是项目负责人）提出更高的要求，从而影响整个系统的开发。因此，应该注意任务划分的恰当性。其次，在任务划分以后应该对任务负责人赋予一定的职权。应该明确责任人的任务、界限、对其他任务的依赖程度、确定约束机制和管理规则。

（2）计划安排

计划安排（Schedule）是指在任务划分完毕以后，制订出整个开发计划和项目管理计划，并产生任务时间计划表，表明任务的开始时间、约束时间，以及任务之间的相互依赖程度。任务时间计划表可以按照任务的层次形成多张表，这些表是所有报告的基础，可以利用它们对整个计划实施监控。在建立任务时间计划表的过程中，通常可以采用多种方法。例如，既可以采用表格形式，也可以采用图形形式，还可以使用软件工具。具体采用哪种方式，主要取决于实际应用的需要。

（3）经费管理

经费管理（Financial Management）是信息系统建设项目管理的关键因素，项目经理可以运用经济杠杆来对整个开发工作进行有效的控制。

在进行经费管理过程中，通常需要制订两个重要计划，即经费开支计划和经费预测计划。经费开支计划的主要内容包括：完成任务所需要的资金分配；确认任务的责权以及考虑可能出现的超支情况；系统开发时间表，以及相应的经费开支情况；如果需要变动，则应该及早通知项目经理。经费预测计划的主要内容包括：估计在不同时间所需的经费情况，了解项目完成的百分比，与经费开支计划进行比较，允许项目经理对经费进行有计划的调整。

（4）审计与控制

审计与控制（Audit and Control）是项目管理的重要组成部分，它对于整个项目开发能否在预算范围内按照任务时间计划表来完成相应的任务起着关键作用。

项目审计与控制的主要步骤包括：①制定系统开发的工作制度。按照所采用的开发方法，针对每一类开发人员制定出其工作过程中的责任、义务、完成任务的质量标准等。②制订审计计划。按照总体目标和工作标准制订出进行审计的计划。③分析审计结果。按照计划对每一项任务进行审计，分析执行任务时间计划表和经费的变化情况，确定需要调整、变化的部分。④控制。根据任务时间计划表和审计结果，掌握项目进展情况，及时处理开发过程中出现的问题，修正开发工作中出现的偏差，保证系统开发工作的顺利进行。对于项目开发中出现的各种变化情况，项目经理应该及时与用户和主管部门进行联系，取得他们的理解和支持，及时针对变化情况采取相应的对策。

传统的项目控制方法主要有文件控制法、报表控制法、图表控制法、会议控制法，再加上沟通各方面信息的通信联系制度。在资源昂贵、复杂并有较大风险的现代大型项目中，通常需要开发一个有效的项目管理信息系统。

（5）风险管理

由于项目实施过程中存在着一定的风险，所以任何一个项目都应该有风险管理。项目风险管理（Project Risk Management）主要包括风险辨识、风险分析、风险缓和、风险跟踪等四个步骤。风险辨识是指确定可能会出现的风险。风险分析是指对辨识出的风险进一步确认后分析风险概况（比如风险出现的个数和时间等）。风险缓和是指确定风险等级，对高级风险制定出相应的对策，并采取特殊措施进行处理。风险跟踪是指对辨识后的风险进行跟踪管理，以便根据实际情况及时修正计划。

📘 知识拓展

【知识拓展4-1　风险识别方法】风险识别的具体方法主要有以下七种：①现场观察法，即通过直接观察组织的各种生产经营设施和具体业务活动，具体了解和掌握组织面临的风险。②财务报表法，即通过分析组织的资产负债表和经营报表中的每一个会计科目，确定某个特定组织在何种情况下会有什么样的潜在损失及其成因。③询问法，即向组织的经营者或者风险经理提出一系列风险咨询问题，以加强其对组织可能蒙受的损失的系统认识，促使其去收集和分析组织经营活动和财产的专门信息，并制定组织的风险管理对策和计划。④业务流程法，即以业务流程图的方式，将组织从原材料采购直接送到顾客手中的全部业务经营过程划分为若干环节，每个环节再配以更加详尽的作业流程图，据此对相应环节进行重点预防和处置。⑤内部交流法，即通过与企业各部门有关人员的广泛接触和信息交流，全面了解各部门风险发生情况，以发现被遗漏或忽视的风险，提高各部门在风险管理中的协同能力。⑥案例分析法，即在预测未来可能出现的风险的基础上，从过去的风险管理实践中寻找相似的案例和经验，汲取有关教训，并以此作为制定对策的主要依据。⑦咨询法，即以一定的代价委托咨询公司或者保险代理人进行风险调查和识别，并提出风险管理方案，供经营者决策参考。经营者如果能将自己的调查分析与之对照，则效果更佳。上述方法各有优缺点，管理者必须依据组织的业务特点、环境变化和管理需要，进行适当的选择和组合。

3. 项目管理软件的采用

项目管理技术的发展和计算机技术的发展是密不可分的。项目管理技术出现之时也正是计算机诞生的时候。因此，早期开发的网络计划软件都运行在大型机上，主要用于国防和土木建筑工程，项目管理软件成本较高。到了20世纪90年代初，国内很多单位接受了国外项目管理的先进思想，并开始引进国外先进的项目管理软件。

（1）项目管理软件的功能

目前，市场上存在着数以百计的项目管理软件（Project Management Software），它们具有不同的功能。因此，在购买和使用项目管理软件时，需要综合考虑项目的实际情况，以及项目管理软件的功能。

大多数项目管理软件具有的功能主要包括：①成本预算和成本控制功能。用户可以按多种方式对项目的成本进行预算。在实施项目过程中，还可以随时对单个资源、整个项目的实际成本与预算成本进行分析、比较和调整，使成本控制在一定的范围之内。②计划制订和资源管理功能。大多数项目管理软件都能够维护资源清单、任务清单，并根据用户指定的任务信息和资源信息排定项目日程，并随任务和资源的修改而调整日程安排。③项目监督和项目跟踪功能。大多数项目管理软件都可以对项目的进度、费用，以及资源的消耗等进行跟踪和监督。④图形生成和报表生成功能。利用项目管理软件，可以根据具体情况方便、快捷地生成甘特图、网络图、资源图表、日历等多种图表。⑤信息存取和电子邮件功能。许多项目管理软件允许用户从 Excel、Access、Lotus 等应用程序中获取信息，还可将项目管理软件中存储的项目信息转存到指定的应用程序中。⑥多项目和子项目处理功能。许多项目管理软件允许用户将不同的项目存放在不同的文件中，还允许用一个大文件存储多个项目，以便于组织、查看和使用相关数据。⑦排序和筛选功能。大多数项目管理软件都提供排序和筛选功能。用户可以通过排序按其所需顺序来浏览信息，还可以通过筛选来指定需要显示的信息，而将其他信息隐藏起来。⑧安全管理功能。一些项目管理软件具有安全管理机制，可对项目管理文件以及文件中的基本信息设置密码，限制对项目文件以及文件中特定的数据项进行访问。⑨假设分析功能。假设分析是项目管理软件的一个超前功能，它使用户可以了解项目中发生各种情形时的效果。用户通过在项目管理软件中选用不同的参数设置，可以运用不同的合作情景，然后作出评估，这样就可以对某些偶发事件提前作好准备，防患于未然。

（2）常用的项目管理软件

据不完全统计，目前共有 100 多种项目管理软件，根据软件的功能和价格水平划分，可将其分为两种档次：一种是高档项目管理软件，供专业项目管理人士使用，这类软件功能强大，价格一般在 2000 美元以上，如 Primavera 公司的 P3、Gores 技术公司的 Artemis、ABT 公司的 WorkBench、Welcom 公司的 OpenPlan 等；另一种是低档项目管理软件，适用于一些中小型项目，这类软件的功能不是很齐全，但价格较便宜，如 TimeLine 公司的 Time Line、Scitor 公司的 Project Scheduler、Primavera 公司的 SureTrak、Microsoft（微软）公司的 Project 2000 等。下面介绍的是目前市场上常见的几种项目管理软件的概况。

Primavera Project Planner（简称 P3）是国际上项目管理软件的领头羊。它是美国 Primavera 公司开发的高档项目管理软件，主要用于工程项目进度计划的编制和流动控制以及资源和费用的预算管理与动态控制等方面。P3 软件适合用于任何工程项目，能够有效地控制大型和复杂的项目，用户可以用它同时管理多个工程。

Microsoft Project 2000 由美国微软公司开发，是一个易于使用、功能齐全的优秀项目管理软件包。它是强有力的计划、分析和管理工具，可以用于控制简单或者复杂的项目，它能帮助用户建立项目计划，对项目进行管理，并在执行过程中追踪所有的活动，使用户可以实时掌握项目进度的完成情况、实际成本与预算的差异、资源的使用情况等信息。Microsoft Project 2000 中新增的 Microsoft Project Central 组件还允许工作组成员、项目经理以及其他风险承担者在 Web 站点上交换和处理项目信息，交流合作计划或者状态报表。

Project Scheduler 是 Scitor 公司推出的一个简单易用、功能强大的项目管理软件，用户可以用它来管理项目中的各种活动。利用项目分组，用户还可以观察到多个项目中的一个主进度计划，并且可以进行分析更新。数据可以通过工作分解结构、组织分解结构、资源分解结构等进行调整和汇总。

SureTrak Project Manager（简称 SureTrak）是 Primavera 公司推出的用于管理中小型项目的管理软件。SureTrak 是一个高度视觉导向的程序，利用其中的图形处理方式可以方便、快捷地建立项目进度并实施跟踪，它支持多项目进度计算和资源计划，并用不同颜色来区分不同的任务。此外，SureTrak 中还提供了 40 多种标准报表，可以任意选用。用户利用其电子邮件和网上发布功能，可以进行数据交流。

Project Management WorkBench（简称 PMW）是应用商业技术公司（ABT）开发的项目管理软件。PMW 提供了对项目建模、分析和控制的图形化手段，具有项目管理所需的各种功能，可以用来管理各种复杂项目，所以深受广大工程技术人员的欢迎。可用不同的PMW 视图来创建项目计划，进行进度安排、资源定义以及资源分配、项目跟踪。

CA-SuperProject 是 Computer Associates International（简称 CA）推出的一个常用项目管理软件，适用于 Windows、OS/2、UNIX、DOS、VAX/VMS 等多种操作系统平台。该软件采用了先进、灵活的进度安排，允许用户在多个项目之间调整进度表和资源，还可以根据整个预定计划、当前完成情况、剩余情况等精确地重新制订剩余部分的执行计划，并采用多层密码方式保护项目数据的安全性。

4. 信息系统项目管理的重要性

信息系统项目管理的重要性主要体现在以下两个方面：

首先，项目管理是保证管理信息系统建设项目顺利、高效完成的一种过程管理技术，它贯穿于信息系统的整个生命周期。信息系统建设是一项长期的任务，必须根据组织的改革、发展需要和可能，将其分成若干个项目，分步骤进行开发。项目管理方法完全可以应用在管理信息系统建设项目的管理之中。信息系统建设项目包括信息系统分析、设计和实施等过程，它由项目负责人（项目经理）负责，利用可以获得的资源为用户组织系统的建设。根据系统科学的观点，小项目可以构成大项目，大项目可以分解成若干个小项目。

其次，对信息系统进行项目管理是一种有效的管理方法。信息系统的项目开发（简称信息系统开发）管理的基本问题就是如何按所选择的研制方法，进行有效的计划、组织、控制。同其他工程项目一样，研制信息系统也需要在给定的时间内计划、协调和合理使用各种资源。因此，对信息系统进行项目管理是一种有效的管理方法。

4.2.2 信息系统项目的计划管理

1. 项目计划概述

任何项目管理都是从制订项目计划开始的。项目计划是有效协调项目工作、推动项目工作顺利进行的重要工具之一。

（1）项目计划的作用

项目计划的作用主要表现在以下五个方面：①可以确定项目组各成员及其工作的责、权、利，以便按要求去指导和控制项目的工作，减少项目风险。②可以促进项目组成员、项目委托人以及管理部门之间的交流与沟通，增加顾客的满意度，并使项目各工作协调一致。③可以使项目组成员明确各自的奋斗目标，实现目标的方法、途径和期限，并确保以最小的代价去实现项目目标。④可以作为进行分析、协商，以及记录项目范围变化的基础，还可以作为约定时间、人员管理、经费管理的基础，便于对项目进行跟踪控制。⑤用图表方式将项目计划与实际工作进行对比，不仅使报告效果更佳，而且减少工作量，便于审计跟踪。

⊕ 案例分析

【案例 4-3　铁道部某工程局的项目计划】铁道部某工程局是一支特别能战斗、特别能吃苦的队伍。20世纪 90 年代，该局承担的西南某铁路隧道工程号称是"地质博物馆"，各种不同的地质状况全都出现在不到 10km 的地段。施工难度之大，工期要求之短，质量要求之高，前所罕见。在竞标中很多施工队都知难而退了，只有该局逆流而上，一举夺标，还提前 20 天完成任务。他们是怎样实现工程提前的呢？首先，在招标前他们详细阅读了有关地质资料，找出了施工的主要矛盾是瓦斯爆炸和涌水，采取了相应的技术措施；其次，在制订计划时，从人员、设备、材料、时间上都留有余地，用十二分措施保证十分指标的实现；再次，针对各种突发情况，制订了各种应急计划，从而做到有条不紊，忙而不乱。周密的计划、科学的管理终于使计划得以提前实现。

【思考题】（1）你认为本案例体现了项目计划的哪些意义？
（2）你认为该工程局在制订项目计划时遵循了哪些计划原则？

（2）项目计划的原则

如果想顺利实现项目的最终目标，则在项目计划制订过程必须遵守以下五个基本原则：①目的性原则。任何项目都有一个或者多个明确的目标，所以任何项目计划的制订都要围绕项目目标的实现而展开。②系统性原则。项目计划本身是一个系统，由一系列彼此相对独立而又密切相关的子计划组成，它们构成有机协调的整体。③动态性原则。在项目的生命周期内，项目环境和条件处在不断变化之中，所以要求项目计划必须随着环境和条件的变化而不断调整和修改，以保证实现项目的目标。④相关性原则。任何项目计划都是一个系统的整体，构成项目计划的任何子计划的变化都会影响到其他子计划的制订和执行，所以在制订项目计划时要充分考虑各个子计划之间的相关性。⑤职能性原则。项目计划的制订和实施不是以某个组织或者部门内的机构设置或者利益要求为依据，而是以项目和项目管理的整体和职能为出发点，涉及项目管理的各个部门和机构。

（3）项目计划的步骤

项目计划过程主要包括以下九个步骤：①定义产品。此处所指的"产品"是一个广义的概念，包括项目的最终产品和中间产品。②确定任务，即确定实现项目目标必须做的各项工作，并以工作分解结构图来予以反映。③建立逻辑关系图，即确定各项任务之间的相互依赖关系，发现可能遗漏的任务，并建立直观的展现。④为任务分配时间，根据经验或者应用相关方法来给任务分配可支配的时间。⑤确定项目组成员可支配的时间。可支配的时间是指具体花在项目中的确切时间，应该扣除正常可支配时间中的假期和教育培训等方面的时间。⑥为任务分配资源并进行平衡，即对各项任务的持续时间、开始时间以及任务分配等进行调整，保持各项任务之间的相互依赖关系，证实其合理性。通过资源平衡可使项目组成员承担合适的工作量，还可以调整资源的供需状况。⑦确定管理支持性任务。管理支持性任务往往贯穿于项目的始终，具体是指项目管理、项目会议等管理支持性任务。⑧重复以上过程直到完成。⑨准备计划汇总。计划汇总包括个人进度计划、累积的任务汇总、人员阶段汇总、累积的资源汇总、任务分配单等内容。

2. 项目计划工具

项目计划工具有很多种，下面简要介绍几种常用的项目计划工具。

（1）工作分解结构图

工作分解结构图（WBS 图）是指将项目按其内在结构或者实施过程的顺序逐层进行分解而形成的结构示意图。WBS 图不仅是实施项目、创造最终产品或者服务所必须进行的全部活动的一张清单，而且是进度计划、人员分配、预算计划的重要基础。

为了简化 WBS 图的信息交流过程，常常利用编码技术对 WBS 图进行信息交换。常用的 WBS 图编码方法有四位编码法和六位编码法两种。

如果采用四位编码法，则第 1 位数表示处于 0 级的整个项目，第 2 位数表示处于第 1 级的子单元（或者子项目）的编码，第 3 位数表示处于第 2 级的具体工作单元的编码，第 4 位数表示处于第 3 级的更细、更具体的工作单元的编码。编码的每一位数字由左至右表示不同的级别，即第 1 位表示 0 级，第 2 位表示 1 级，第 3 位表示 2 级，第 4 位表示 3 级。图 4-1 中给出的是采用四位编码法的某电子商务信息系统建设项目的 WBS 示意图。

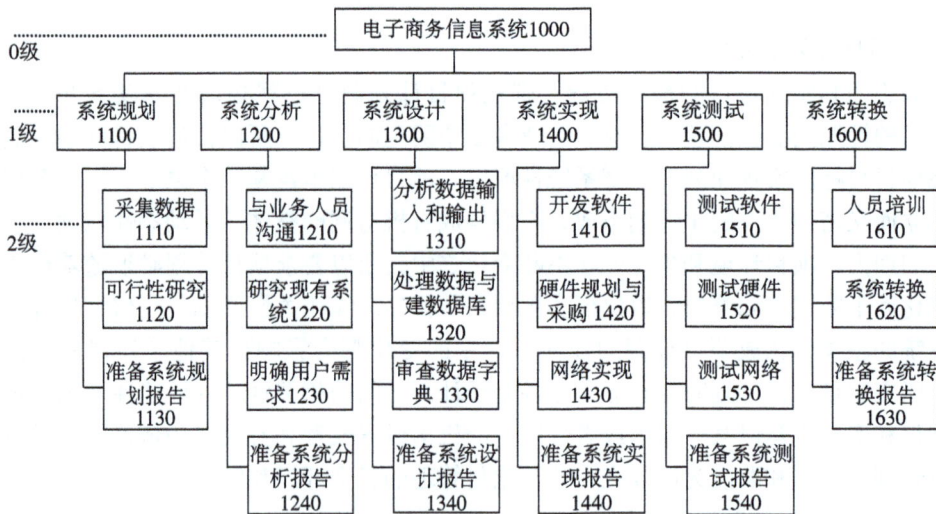

图 4-1　某电子商务信息系统建设项目的 WBS 图

在国外的项目管理实践中，WBS 图的编码还采用六位数表示。如果采用六位编码法，则其构成方法与四位数编码法基本相同，其中第 3、4 两个数相当于四位数编码法中的第 3 位数，而第 5、6 两个数相当于四位数编码法中的第 4 位数。

需要补充说明的是：在制定 WBS 编码图时，责任和预算也可以用同一编码数字制定出来。

（2）线性责任图

将工作分解结构图与项目的有关组织机构图相对照，即可用于项目组织工作中的任务分配和责任落实，并形成线性责任图。

　　线性责任图（Linear Responsibility Chart），通常称为 LRC 图，是将所分解的工作落实到有关部门或者个人，并明确表示出有关部门（或者个人）对组织工作的关系、责任、地位。LRC 图除了可以明确项目组织中各部门或者个人的职责以外，还可以用于系统阐明项目组织内部门与部门之间、个人与个人之间的相互关系。LRC 图使得各部门或者个人不仅能够认识到自己在项目组织中的基本职责，而且充分认识到与他人配合中应该承担的责任，从而能够全面，充分地认识到自己的全部责任。表 4-2 给出的是某电子商务信息系统的 LRC 图。

表 4-2　某电子商务信息系统的 LRC 图

WBS ＼ 责任者	张成	王杰	李明	周义	李龙	周元	李春	张克	张抗	张铭	吴天	吴非	郑成	李鹏	李双
1000 电子商务信息系统	P				S		S				S		S		
1100 系统规划	P	S	S												
1110 采集数据	P				S							S			
1120 可行性研究		P		S	S			S	S						
1130 准备系统规划报告	S		P												
1200 系统分析				P	S	S									
1210 与业务人员沟通			S	P							S		S		
1220 研究现有系统				P											
1230 明确用户需求						P									
1240 准备系统分析报告				P											
1300 系统设计							P	S	S	S					
1310 分析数据输入和输出					S	S	P								
1320 处理数据与建数据库							P							S	S
1330 审查数据字典	S	S		S				P							
1340 准备系统设计报告								P	S						
1400 系统实现		S					S	P	S						
1410 开发软件							S	P	S	S					
1420 硬件规划与采购							S	P							
1430 网络实现											P				
1440 准备系统实现报告		P													
1500 系统测试			S										P	S	S
1510 测试软件					S	S							P		
1520 测试硬件							S					S		P	
1530 测试网络									S	S					P
1540 准备系统测试报告			P										S	S	S
1600 系统转换	P	S		S											
1610 人员培训				P							S	S			
1620 系统转换	P										S	S			
1630 准备系统转换报告	S	P		S											

　　注：P 代表主要责任者；S 代表次要责任者。

（3）项目行动计划表

项目行动计划表（Project Action Plan）是指为了实现项目目标，而将有关的一系列活动或者任务进行细分，并按内在的层次关系将所需要的资源、前项任务、持续时间等，加以记录而形成的表格。项目行动计划表在不同的项目组织中有不同的表现形式。其中，最常见的两种形式是备忘录式（见表4-3）和表格式（见表4-4）。

表4-3 某电子商务信息系统的行动计划表（备忘录式）示例

为了使本电子商务信息系统建设项目能够如期完成，我们必须遵照下表采取行动：

1月1日~1月28日

建议由项目经理张成负责组织完成系统规划任务，由项目工程师王杰、李明等具体执行。

……

11月12日~12月17日

建议由项目经理张成负责组织完成系统转换任务，由项目工程师王杰、项目组长周义等具体执行。

表4-4 某电子商务信息系统的行动计划表（表格式）示例

活动	代号	小活动	完成时间	负责人	紧前活动
系统规划	A	1. 采集数据	1月1日~1月14日	张成	—
	B	2. 可行性研究	1月1日~1月21日	王杰	—
	C	3. 准备系统规划报告	1月22日~1月28日	李明	1，2
系统分析	D	4. 研究现有系统	1月29日~3月4日	李龙	3
	E	5. 与业务人员沟通	1月29日~2月18日	周义	3
	F	6. 明确用户需求	2月19日~3月11日	周元	5
	G	7. 准备系统分析报告	3月12日~3月18日	周义	4，6
系统设计	H	8. 分析数据输入和输出	3月19日~4月29日	李春	7
	I	9. 处理数据与建数据库	3月19日~5月13日	张克	7
	J	10. 审查数据字典	5月14日~5月27日	张抗	8，9
	K	11. 准备系统设计报告	5月28日~6月10日	张铭	10
系统实现	L	12. 网络实现	6月11日~7月22日	吴非	11
	M	13. 硬件规划与采购	6月11日~8月19日	张克	11
	N	14. 开发软件	6月11日~9月23日	吴天	11
	O	15. 准备系统实现报告	9月24日~10月7日	王杰	12，13，14
系统测试	P	16. 测试网络	10月8日~10月21日	李双	15
	Q	17. 测试硬件	10月8日~10月21日	李鹏	15
	R	18. 测试软件	10月8日~11月4日	郑成	15
	S	19. 准备系统测试报告	11月5日~11月11日	李明	16，17，18
系统转换	T	20. 系统转换	11月12日~11月25日	张成	19
	U	21. 人员培训	11月12日~12月9日	周义	19
	V	22. 准备系统转换报告	12月10日~12月17日	王杰	20，21

4.2.3 信息系统项目的进度管理

1. 项目进度计划概述

项目进度计划（Schedule）是在 WBS 的基础上对项目、活动作出的一系列时间计划。基本进度计划要说明的是哪些工作必须于何时完成以及完成每一任务所需要的时间。

（1）常用的项目进度计划方法

常用的项目进度计划的方法主要有关键日期表、甘特图、关键路线、计划评审技术四种。

关键日期表又称里程碑图（Milestone），它是一种最简单的进度计划表，只列出一些关键活动和进行的日期。

甘特图（Gantt Chart）是进度计划最常用的一种工具，最早由甘特（Henry Lanrence Gantt）在 1917 年提出。甘特图又称线条图或者横道图（Bar Chart），它是以横线来表示每项活动的起止时间。图 4-2 中给出的是某电子商务信息系统的甘特图。

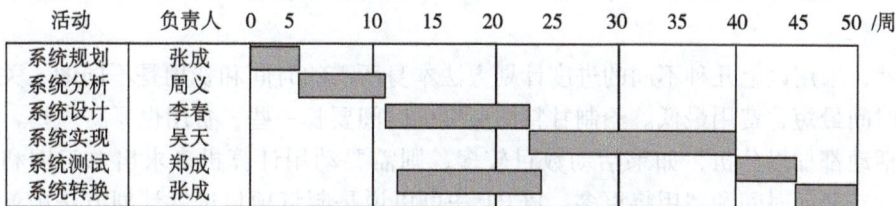

图 4-2　某电子商务信息系统的甘特图

人物小传

【人物小传 4-1　甘特】亨利·甘特（Henry Laurence Gantt，1861—1919）是美国机械工程师和管理学家。他在 1917 年发明了甘特图。甘特图用于包括美国胡佛水坝等大型项目计划当中，直到现在仍然是一种重要的项目管理工具。甘特一生中发表了 150 多篇文章和《劳动、工资、利润》《工业领导》《工作的组织》等著作，获得过十多项发明专利权，先后在史蒂文斯工学院、哥伦比亚大学、哈佛大学和耶鲁大学任教。

甘特图的优点是简单、明了、直观、易于编制，所以它仍然是小型项目管理中的常用工具。即使在大型工程项目中，它也是高级管理层了解全局、基层安排进度时的有用工具。甘特图可以体现出各项活动的开始和终了时间，以及它们的先后顺序，但各项活动之间的关系却没有表示出来，同时也没有指出影响项目寿命周期的关键所在。因此，对于复杂的项目来说，甘特图就显得难以适应。

为了弥补甘特图的不足，20 世纪 50 年代后期，人们提出了一些新的计划管理方法。例如，为了协调公司内部不同业务部门的工作，美国的杜邦公司（DuPont）和兰德公司（RAND）在 1956 年提出了关键路线法（Critical Path Method，CPM），取得了显著效果。20 世纪 50 年代后期，美国海军特种计划局（U. S. Navy Special Projects Office）在制订北极星导弹研制计划（Polaris Missile Project）时，为了弥补甘特图的不足，提出了计划评审法（Program Evaluation and Review Technique，PERT），使该导弹研制任务提前两年多完成。

CPM 和 PERT 是 20 世纪 50 年代后期几乎同时出现的两种计划方法。随着科学技术和生产的迅速发展，出现了许多庞大而又复杂的科研项目，它们工序繁多，协作面广，常常需要调动大量的人力、物力和财力。因此，如何将它们合理、有效地组织起来，使之相互协调，在资源有限条件下，以最短的时间和最低的费用，最好地完成整个项目就成为一个突出的问题。CPM 和 PERT 就是在这种背景下出现的。这两种计划方法是分别独立发展起来的，但其基本原理是一致的，即用网络图来表达项目中各项活动的进度和它们之间的相互关系，并在此基础上，进行网络分析，计算网络中各项时间参数，确定关键活动与关键路线，利用时差不断地调整与优化网络，以求得最短周期。之后，还可以将成本与资源考虑进去，以求得综合优化的项目计划方案。因为这两种方法都是通过网络图和相应的计算来反映整个项目的全貌，所以又叫做网络计划技术。此后，人们还陆续提出了一些新的网络技术，如图示评审技术（Graphical Evaluation and Review Technique，GERT）、风险评审技术（Venture Evaluation and Review Technique，VERT）等。

显然，采用以上几种不同的进度计划方法本身所需的时间和费用是不同的。关键日期表编制时间最短，费用最低。绘制甘特图所需的时间要长一些，费用也要高一些。CPM 要把每个活动都加以分析，如果活动数目较多，则需要动用计算机来求出总工期和关键路线，因此花费的时间和费用将更多。PERT 法可以说是制订项目进度计划方法中最复杂的一种，所以需要花费的时间和费用也最多。

（2）项目进度计划方法的选择

采用进度计划方法时应该考虑以下六种因素：①项目的规模大小。小项目应采用简单的进度计划方法，大项目为了保证按期按质实现项目目标，就需要考虑用较复杂的进度计划方法。②项目的复杂程度。项目的规模并不一定总是与项目的复杂程度成正比。例如，修一条公路，规模虽然不小，但并不太复杂，故可以采用较简单的进度计划方法。而研制一个小型电子仪器却要求有较复杂的步骤以及较多的专业知识，所以需要采用较复杂的进度计划方法。③项目的紧急性。在项目急需进行（特别是在开始阶段）时，需要对各项工作发布指示，以便尽早开始工作，此时如果花费很长时间去编制进度计划，就会延误时间，所以不妨考虑采用较简单的进度计划方法。④对项目细节掌握的程度。如果在开始阶段对项目的细节了解不够清楚，则无法应用 CPM 和 PERT 方法。⑤总进度是否由一两项关键事项所决定。如果项目进行过程中有一两项活动需要花费很长时间，而在此期间可以将其他准备工作都安排好，则对其他工作就不必编制更详细、更复杂的进度计划了。⑥有无相应的技术力量和设备。例如，如果没有计算机设备，则通常难以应用 CPM 和 PERT 方法。没有受过良好训练的技术人员无法胜任利用复杂方法来编制进度计划。此外，还需要考虑客户的要求以及进度计划预算等因素。总之，到底采用哪一种方法来编制进度计划，需要全面考虑以上种种因素。

案例分析

【**案例4-4 项目管理与进度计划管理**】某系统集成公司现有员工50多人，业务部门分为销售部、软件开发部、系统网络部等。经过近半年的酝酿后，该公司的销售部在2013年1月直接与某银行签订了一个银行前置机的软件系统项目。合同规定，6月28日之前系统必须投入试运行。在合同签订后，销售部将该合同移交给软件开发部，开始进行项目实施。项目经理小丁做过5年的系统分析和设计工作，但这是他第一次担任项目经理。小丁还兼任系统分析工作。此外，该项目还有2名有过1年工作经验的程序员、1名测试人员、2名负责组网和布线的系统工程师。项目组成员均全程参加该项目。在承担该项目之后，小丁组织大家制订了项目的WBS图，并参照以往的经验制订了如下所述的项目进度计划：对于应用子系统，1月5日~2月5日需求分析，2月6日~3月26日系统设计和软件设计，3月27日~5月10日编码，5月11日~5月30日系统内部测试；对于综合布线子系统，2月20日~4月20日完成调研和布线；对于网络子系统，4月21日~5月21日完成设备的安装和联调。另外，6月1日~6月20日进行试运行，6月28日进行系统验收。

【**思考题**】（1）假设小丁在2月17日发现系统设计刚刚开始，由此推测3月26日很可能完不成系统设计，请你指出导致该问题的原因可能有哪些。

（2）小丁应该如何保证项目整体进度最终不会拖延？

2. 网络计划技术简介

（1）网络计划技术的主要内容

网络计划技术是一种组织产生和计划管理的科学方法，它利用网络图表示现实系统的空间结构（即现实系统各个组成部分的逻辑联系方式）和时间结构（即各种进度安排），对网络时间（或流程）进行计算和优化，以求得系统的整体工期、资源利用、成本降低等方面的优化，并达到监督、控制和管理工程进度的目的。

网络计划技术的基本内容包括网络图、时间参数、关键路线、网络优化。

1）网络图（Network Diagram）是指网络计划技术的图解模型，反映整个工程任务的分解和合成。其中，分解（Break Down）是指对项目任务的划分，合成（Compose）是指解决各项工作的协作与配合。

2）时间参数。在实现整个工程任务过程中，人、事、物的运动状态都是通过转化为时间参数来反映的，这些时间参数包括各项工作的作业时间、开工与完工的时间、工作之间的衔接时间、完成任务的机动时间及工程范围和总工期等。

3）关键路线。通过计算网络图中的时间参数，求出工程工期并找出关键路线。在关键路线上的作业称为关键作业，这些作业完成的快慢直接影响着整个计划的工期。在计划执行过程中关键作业是管理的重点，在时间和费用方面则要严格控制。

4）网络优化。网络优化是指根据关键路线法，通过利用时差，不断改善网络计划的初始方案，在满足一定的约束条件下，寻求管理目标达到最优化的计划方案。

（2）网络图的组成要素

网络图（Network Diagram）是一种图解模型，因其形状如同网络而得名。网络图通常由活动、节点、路线三个要素组成。

网络图包括节点式和箭线式两种类型。其中，节点式网络图（Activity-on-node，AON）

又称单代号网络图，是指以节点及其编号表示工作，以箭线表示工作之间逻辑关系的网络图，并在节点中加注工作代号、名称和持续时间。箭线式网络图（Activity-on-arrow，AOA）又称双代号网络图，是指以箭线及其两端节点的编号来表示活动的网络图。由于AOA 的运用要更加广泛一些。因此，如果没有特别说明，则本书中所提供的网络图示例都采用 AOA。

1）活动。活动（Activity）又称为作业或者工序，是指整个项目任务中可以划分开发的相对独立的部分工作。在网络图中工序通常用实箭线表示，箭尾 i 表示活动开始，箭头 j 表示活动结束，活动的名称要标注在箭线上面，活动的持续时间（或称工时）T_{ij} 要标注在箭线下面。有些活动不消耗资源也不占用时间，称为虚活动（Dummy Activity），用虚箭线表示。在网络图中设立虚活动主要是表明某一事件与另一事件之间的相互依存、相互依赖的关系，是属于逻辑性的联系。

根据网络图中活动之间的相互关系，可将活动细分为紧前活动、紧后活动、平等活动和交叉活动等四种类型。其中，紧前活动是指紧接在该活动之前的活动，紧后活动是指紧接在该活动之后的活动，平等活动是指能与该活动同时开始的活动，交叉活动是指能与该活动相互交替进行的活动。

2）节点。节点（Node）又称为事件（Event）或者事项，是指某项工序开始或完成时的瞬间状态。由于节点是在某个时间点上，所以它不消耗任何资源和时间。在网络图中，节点通常是用数字填写在圆圈内来表示的，该数字代表节点的编号。因此，网络图中两个节点之间的活动也可以以箭尾节点编号与箭头节点编号来表示。网络图中的第一个节点称为始节点，表示一个项目的开始；最后一个节点称为终节点，表示一个项目的完成。

3）路线。网络图中的路线（Path）是指自网络始点开始，顺着箭线所指的方向，连续不断地经过一系列的活动和节点直至网络终点这样一条通道。一条路线上各项活动的时间之和是该路线的总长度，又称为路长（Path Length）。在一个网络图中有很多条路线，其中总长度最长的路线称为关键路线（Critical Path），关键路线上的各项活动称为关键活动（Critical Activity），关键路线上的各个节点称为关键节点（Critical Node），关键路线的路长等于整个项目的总工期。有时一个网络图中的关键路线不止一条，即若干条路线长度相等。除关键路线外，其他的路线统称为非关键路线（Non-critical Path）。在网络图中，关键路线通常是用粗线条或者其他醒目的彩色线条标出，以示区别。关键路线并非一成不变。在一定条件下，关键路线与非关键路线之间可以相互转化。例如，当采取一定的技术措施和组织措施以后，缩短了关键路线上的作业时间，就有可能使关键路线发生转移，即原来的关键路线变成了非关键路线，原来的某一非关键路线就会变成了关键路线。

（3）网络图的绘制规则

在绘制网络图时，必须严格遵循以下基本规则：①网络图中不允许出现循环路线。在绘制网络图时，如果违背该规则，则使组成回路的活动永远不能结束，并造成项目永远不能完工。②相同两节点之间只允许有一条箭线。进入一个节点的箭线可以有多条，但相同两节点之间只允许有一条箭线。当需表示多活动之间的关系时，需增加节点和虚活动来表示。③网络图中不允许出现缺口。在网络图中，除了始节点和终节点以外，其他各节点的前后都必须有箭线连接，即图中不能有缺口，使自网络始节点起经由任何箭线都可以达到网络终节点。否则，将使某些活动失去与其紧后（或紧前）活动应有的联系。④箭线的首尾必须有节点。该规则不允许从某条箭线的中间引出另一条箭线，也不允许在箭线的中间汇入另一条箭线。⑤网络图中只允许有一个始节点和一个终节点。为了表示项目的开始和结束，网络图中只能有一个始节点和一个终节点。⑥网络图绘制时应力求简单明了。箭线最好画成水平线或具有一段水平线的折线，箭线应尽可能避免交叉，尽量将关键路线布置在中心位置。

（4）网络时间计算与关键路线确定

为了编制网络计划，找出关键路线，需要计算网络图中各项活动以及每个节点的相关网络时间。网络时间计算主要包括活动时间、节点时间、时差等的计算。

活动时间又称作业时间（或者工序时间），是指完成一项活动（或称工作或工序）所需要的时间，也就是一项活动的延续时间。

确定活动时间，直接关系项目周期的长短，所以它是网络时间计算的基础。活动时间的确定一般有单一时间估计法和三点时间估计法两种方法。

在确定活动时间时，如果只给出一个时间估计值，则称该方法为单一时间估计法。单一时间估计法（Single Time Estimate）适用于有类似的工时资料或者经验数据可供借鉴、完成活动的各有关因素都比较确定的情况。

三点时间估计法（Three Time Estimation）适用于不确定性因素较多或者无先例可循的情况，先对各项活动作出三种估计时间（最乐观时间、最悲观时间、最可能时间），然后应用概率方法来计算各项活动时间的平均值和方差。其中，最乐观时间（Most Optimistic Time）是指在任何事情都进行得很顺利的情况下完成某项活动所需要的最少时间，通常用符号 a 表示；最悲观时间（Most Pessimistic Time）是指在最不利的情况下（例如，遇到不常见或者没有预见到的困难）完成某项活动所需要的最多时间，通常用符号 b 表示；最可能时间（Most Likely Time）是指在正常情况下完成某项活动所需要的时间，通常用符号 m 表示。采用三点时间估计法时，如果将网络图中活动 (i,j) 的平均时间记为 $t(i,j)$，则该活动时间的平均值的计算公式如下所示：

$$t(i,j) = \frac{a + 4m + b}{6} \tag{4-1}$$

如果将网络图中活动 (i,j) 的时间均方差记为 $\sigma^2(i,j)$，则该活动的时间均方差的计算公式如下所示：

$$\sigma^2(i,j) = \left(\frac{b - a}{6}\right)^2 \tag{4-2}$$

节点时间（Node Time）又称事件时间（Event Time）。在网络图中，由于节点本身并不占用时间，它只是表示某项活动应在某一时刻开始或者结束，因此，节点时间包括两个，即节点最早实现时间和节点最迟实现时间。

节点最早实现时间（Earliest Finish Time of Node）是指从该节点出发的各项活动的最早可能开工时间，它等于从始节点到该节点的各条路线中最长路线的路长时间。在网络图中，用 $T_{E(j)}$ 表示节点 j 的最早实现时间，其具体计算方法和步骤如下所述：①假定网络图中始节点的最早实现时间为 0，即 $T_{E(1)} = 0$；②从始节点开始，自左向右逐个节点向前计算，直到网络图的终节点；③如果节点 j 的前面只有一条箭线进入，则节点 j 的最早实现时间等于该箭线的箭尾节点 i 的最早实现时间加上该活动时间，即：

$$T_{E(j)} = T_{E(i)} + T(i,j) \tag{4-3}$$

④如果节点 j 的前面有多条箭线进入，则应该分别计算每条箭线的箭尾节点的最早实现时间加上各自的活动时间，并取其中的最大值作为节点 j 的最早实现时间，即：

$$T_{E(j)} = \max\{T_{E(i)} + T(i,j)\} \tag{4-4}$$

式中，$j, i \in \mathbf{Z}$（$\mathbf{Z}$ 为整数集合），并且 $j>1$，$i>1$。

节点最迟实现时间（Latest Finish Time of Node）是指以该事件为结束点的所有作业最迟必须结束的时间。在网络图中，用 $T_{L(i)}$ 表示节点 i 的最迟实现时间，其具体计算方法和步骤如下所述：①在通常情况下，由于节点本身不消耗时间，且终节点没有后续作业，故网络图终节点的最早开始时间就作为终节点的最迟实现时间，即 $T_{L(n)} = T_{E(n)}$，n 为终节点；②从终节点开始，自右向左逐个节点向后计算，直到网络图的始节点；③如果节点 i 由一条箭线发出，则节点 i 的最迟实现时间等于该箭线的箭头节点 j 的最迟实现时间减去该活动时间，即：

$$T_{L(i)} = T_{L(j)} - T(i,j) \tag{4-5}$$

④如果节点 i 由多条箭线发出，则应该分别计算每条箭线的箭头节点的最迟实现时间减去各自的活动时间，并取其中的最小值作为节点 i 的最迟实现时间，即：

$$T_{L(i)} = \min\{T_{L(j)} - T(i,j)\} \tag{4-6}$$

活动的时间计算是在节点的最早实现时间、最迟实现时间以及活动时间的基础上进行的。活动时间参数主要有四个，即活动最早开始时间、活动最早结束时间、活动最迟开始时间、活动最迟结束时间。

活动最早开始时间（Early Start Time）又称为活动最早开工时间，是指该活动最早可能开始的时间，它等于代表该活动的箭线的箭尾节点的最早实现时间。如果用 $T_{ES(i,j)}$ 表示活动 (i,j) 的最早开始时间，则可得到以下公式：

$$T_{ES(i,j)} = T_{E(i)} \tag{4-7}$$

活动最早结束时间（Early Finish Time）又称为活动最早完工时间，是指该活动可能完工的最早时间，它等于该活动的最早开工时间加上该活动的活动时间。如果用 $T_{EF(i,j)}$ 表示活动 (i,j) 的最早结束时间，则可得到以下公式：

$$T_{EF(i,j)} = T_{ES(i,j)} + T(i,j) \tag{4-8}$$

或者

$$T_{EF(i,j)} = T_{E(i)} + T(i,j) \tag{4-9}$$

活动最迟开始时间（Late Start Time）又称活动最迟开工时间，是指在不影响紧后活动的如期开工而最迟必须开始的时间，它等于代表该活动的箭线的箭头节点的最迟实现时间减去该活动的活动时间。如果用 $T_{LS(i,j)}$ 表示活动 (i,j) 的最迟开始时间，则可得到以下公式：

$$T_{LS(i,j)} = T_{L(j)} - T(i,j) \tag{4-10}$$

活动最迟结束时间（Late Finish Time）又称为活动最迟完工时间，是指该活动的最迟开工时间加上该活动的活动时间，也就等于代表该活动的箭线的箭头节点的最迟实现时间。如果用 $T_{LF(i,j)}$ 表示活动 (i,j) 的最迟结束时间，则可得到以下公式：

$$T_{\mathrm{LF}(i,j)} = T_{\mathrm{LS}(i,j)} + T(i,j) \tag{4-11}$$

或者
$$T_{\mathrm{LF}(i,j)} = T_{\mathrm{L}(j)} \tag{4-12}$$

计算各项活动的最早开工与完工时间、最迟开工与完工时间，其主要目的是分析和找出各项活动在时间和衔接上是否合理，是否有潜力可挖。如果想达到上述目的，则必须首先进行网络时差的计算。网络时差主要包括活动总时差和活动单时差。

活动总时差（Activity Total Float）是指在不影响整个项目最早结束时间的条件下，某项活动最迟开始时间与最早开始时间的差，它表明该项活动开工时间允许推迟的最大限度，所以又称"宽裕时间"或者"富余时间"。如果用 $S(i,j)$ 表示活动 (i,j) 的总时差，则可得到以下公式：

$$S(i,j) = T_{\mathrm{LS}}(i,j) - T_{\mathrm{ES}(i,j)} \tag{4-13}$$

或者
$$S(i,j) = T_{\mathrm{LS}}(i,j) - T_{\mathrm{EF}(i,j)} \tag{4-14}$$

如果对式（4-13）和式（4-14）进一步推导，则可得到：

$$S(i,j) = T_{\mathrm{L}(j)} - T_{\mathrm{E}(i)} - T(i,j) \tag{4-15}$$

总时差在网络图的路线中，可以储存起来，相互可以共用。一条路线中可能有若干个总时差，其中的最大值就作为该路线的总时差。

活动总时差的实际意义在于：在紧前活动尽量提前、紧后活动尽量推后的情况下，使该活动获得更多的机动时间。

活动单时差（Activity Slack Time）是指在不影响紧后活动的最早开始时间的前提下，该活动的最早结束时间可以推迟的时间，所以被称为"自由富余时间"。如果用 $R(i,j)$ 表示活动 (i,j) 的单时差，则可得到以下公式：

$$R(i,j) = T_{\mathrm{E}(j)} - T_{\mathrm{E}(i)} - T(i,j) \tag{4-16}$$

（5）网络关键路线的确定

在一个网络图中，总时差为零的活动称为关键活动（Critical Activity），时差为零的节点称为关键节点。从始节点到终节点，沿箭头方向由总时差为零的关键活动所组成的路线就叫做关键路线。

关键路线又称为主要矛盾线，其周期决定了整个作业进度的周期。由于关键路线通常是从始节点到终节点时间最长的路线，因此，如果想缩短整个项目的总工期，则必须在关键路线上想办法，抓住关键路线上的薄弱环节，采取措施，挖掘潜力，即通过压缩关键路线上的活动（作业）时间来使整个工期缩短，达到合理利用资源的目的；如果在非关键路线或者非关键活动上盲目行动，则很可能会造成人力、物力、财力的极大浪费。因此，关键路线能使管理者对项目做到心中有数，重点明确。

网络关键路线的确定主要有比较法、时差法、破图法三种方法。

所谓比较法，是指将网络图中的各条路线活动时间相加，求出每条线路的路长，然后进行比较，路长最长者即为关键路线。比较法的优点是浅显易懂，但对稍微复杂一些的网络图，由于线路很多，计算量就很大，较费时。因此，求小型网络图的关键路线适合采用比较法。

时差法主要是通过计算网络图中的活动总时差，并将活动总时差为零的活动连接起来形成关键路线。时差法既科学又准确，适合用于确定大型、复杂的网络图中的关键路线。

该方法也需要计算每项活动的总时差，所以计算量也相当大。

破图法方便快捷，避免了一些重复的计算，计算量相对较小，适合用于在活动交汇点较多的网络图中确定其关键路线。采用破图法确定关键路线的具体步骤包括：①找出第一个有两条（或两条以上）箭线进入的节点 j，逆箭线方向而上，直到这些路线又交汇于同一个节点 i 时为止。②比较节点 i 和 j 之间的各条路线的工期，保留工期最长的一条路线，破开（或称"丢弃"）其他各条路线。③顺着箭线编号，找出下一个有两条（或两条以上）箭线进入的节点 k，先按第一步的方法逆向回汇到某一节点 k'，再按第二步的方法进行比较，保留 k' 至 k 之间工期最长的路线而将其他路线丢弃。按同样的方法和步骤不断地分析和破解，直到网络图的终节点。④当破图结束时，剩下的能够连接从始节点到终节点的路线即是关键路线。

（6）计划评审技术的应用

前面介绍的关键路线技术适用于有经验的项目，其每一个活动都有一个肯定的完成时间，所以以将关键路线技术称为"肯定型网络计划技术"。计划评审技术则适用于从未经历过的项目，其活动时间是不肯定的，故又称为"非肯定型网络计划技术"。

计划评审技术与关键路线技术在网络的编制和时间参数的计算方法上基本相似，但由于每一个活动时间采用的是三个不同的时间估计值，所以需要利用统计规律来求出一个平均值，使非肯定型网络转化为肯定型网络。

为了便于理解，下面结合一个简单示例来说明计划评审技术的应用。

例如，表 4-5 中给出了某项目中各项活动的三点时间估计值。

表 4-5　某项目中各项活动的时间估计值　　　　　　　　　（单位：天）

活动代号	紧前活动	最乐观时间（a）	最悲观时间（b）	最可能时间（m）
A	无	3	8	4
B	A	1	7	3
C	A	6	14	7
D	B	2	9	4
E	C	5	10	6

可以采用三点时间估计法来计算表 4-5 中所给出的各项活动的平均时间值。根据式（4-1），该项目各项活动平均时间的计算步骤如下：

$$t(1,2) = \frac{3 天 + 4 天 \times 4 天 + 8 天}{6} = 4.5 天$$

$$t(2,3) = \frac{1 天 + 4 天 \times 3 天 + 7 天}{6} \approx 3.3 天$$

$$t(2,4) = \frac{6 天 + 4 天 \times 7 天 + 14 天}{6} = 8 天$$

$$t(3,5) = \frac{2 天 + 4 天 \times 4 天 + 9 天}{6} = 4.5 天$$

$$t(4,5) = \frac{5 天 + 4 天 \times 6 天 + 10 天}{6} = 6.5 天$$

根据式（4-2），该项目各项活动的时间均方差的计算步骤如下：

$$\sigma^2(1,2) = \left(\frac{8-3}{6}\right)^2 = \frac{25}{36}（天^2）$$

$$\sigma^2(2,3) = \left(\frac{7-1}{6}\right)^2 = 1（天^2）$$

$$\sigma^2(2,4) = \left(\frac{14-6}{6}\right)^2 = \frac{64}{36} = \frac{16}{9}（天^2）$$

$$\sigma^2(3,5) = \left(\frac{9-2}{6}\right)^2 = \frac{49}{36}（天^2）$$

$$\sigma^2(4,5) = \left(\frac{10-5}{6}\right)^2 = \frac{25}{36}（天^2）$$

根据以上计算结果，可以绘制如图 4-3 所示的网络图。

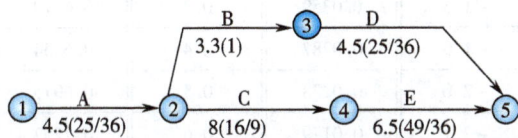

图 4-3　某项目的网络图

项目的各项活动时间序列以及项目的工期时间均服从正态分布。因此，如果将项目的预计工期记为 T，将项目的指定工期记为 T_S，将项目的预计工期的均方差记为 σ^2，项目工期时间在标准正态分布 $N（0，1）$ 下的临界值记为 z，则可得到如下公式：

$$z = \frac{T_S - T}{\sigma} \tag{4-17}$$

根据计算出的不同 z 值，查标准正态分布表，即可求出对应的概率 P。

例如，在图 4-3 中，如果该项目的指定工期 $T_S = 22$ 天，则可按以下步骤来计算该项目在该指定工期条件下的完成概率。

第一步，计算网络图中各项活动的总时差。

由于本例较简单，所以可以根据前面介绍的方法进行计算，并将活动总时差为零的活动确定为关键活动，由此确定本例中的关键路线为：①→④→⑤。

第二步，计算网络图中该项目的预计工期。

由于项目的预计工期等于关键路线上各项活动的预计时间平均值之和，由此确定本例中该项目的预计工期为：

$$T = t(1,2) + t(2,4) + t(4,5) = 4.5 天 + 8 天 + 6.5 天 = 19 天$$

第三步，计算网络图中该项目的预计工期的均方差。

由于该项目的预计工期均方差等于网络图中关键路线上各项关键活动的预计时间均方差之和：

$$\sigma^2 = \sigma^2(1,2) + \sigma^2(2,4) + \sigma^2(4,5) = \frac{25}{36} + \frac{16}{9} + \frac{25}{36} = 3.167（天^2）$$

由此可以求出：$\sigma = 1.779$ 天

第四步，计算网络图中该项目工期时间在标准正态分布下的临界值，记为 z。

将上述各项计算结果值和已知值代入式（4-17），即可求得：

$$z = \frac{22 \ 天 - 19 \ 天}{1.779 \ 天} \approx 1.686$$

第五步，查标准正态分布表，计算网络图中该项目的完工概率。

查标准正态分布表，如表 4-6 所示，可知：Φ（1.686）≈ 0.95。由此可知，如果该项目的指定工期为 22 天，则 22 天完工的概率（P）为 95%。

表 4-6　z 及 P 值对照表（部分）

z	P	z	P	z	P	z	P
0	0.5000	-1.6	0.0548	0.1	0.5398	1.7	0.9554
-0.1	0.4602	-1.7	0.0446	0.2	0.5793	1.8	0.9641
-0.2	0.4207	-1.8	0.0359	0.3	0.6179	1.9	0.9713
-0.3	0.3821	-1.9	0.0287	0.4	0.6554	2.0	0.9770
-0.4	0.3446	-2.0	0.0228	0.5	0.6915	2.1	0.9821
-0.5	0.3085	-2.1	0.0179	0.6	0.7257	2.2	0.9861
-0.6	0.2743	-2.2	0.0139	0.7	0.7580	2.3	0.9893
-0.7	0.2420	-2.3	0.0107	0.8	0.7881	2.4	0.9918
-0.8	0.2119	-2.4	0.0082	0.9	0.8159	2.5	0.9938
-0.9	0.1841	-2.5	0.0062	1.0	0.8413	2.6	0.9953
-1.0	0.1587	-2.6	0.0047	1.1	0.8643	2.7	0.9965
-1.1	0.1357	-2.7	0.0035	1.2	0.8849	2.8	0.9974
-1.2	0.1151	-2.8	0.0026	1.3	0.9032	2.9	0.9981
-1.3	0.0968	-2.9	0.0019	1.4	0.9192	3.0	0.9987
-1.4	0.0808	-3.0	0.0014	1.5	0.9332		
-1.5	0.0668	0.0	0.5000	1.6	0.9452		

如果将式（4-17）进行移项，则可得到：

$$T_S = T + \sigma z \tag{4-18}$$

因此，如果已经确定某项目指定工期完工的概率 P，则只需要查标准正态分布表，求出相应于 P 的临界值 t，再利用式（4-18），即可计算出指定完工概率下的计划指定工期 T_S。

例如，在图 4-3 中，如果指定完工的概率 $P = 0.9987$，预计工期为 19 天，查表可知：$z \approx 3$，将 z 值代入式（4-18）则可得到：

$$T_S = 19 \ 天 + 1.779 \ 天 \times 3 \approx 25 \ 天$$

如果将网络图中活动 (i,j) 的指定完工时间记为 $T_S(i,j)$，则可得到以下公式：

$$z(i,j) = \frac{T_S(i,j) - T(i,j)}{\sigma(i,j)} \tag{4-19}$$

根据 $z(i,j)$ 值，查标准正态分布表，即可求出对应的概率。

例如，在图4-3中，如果指定活动（2，3）的完工时间为5天，即 $T_S(2,3)=5$，则可利用式（4-19）求出：

$$z(2,3) = \frac{5\ 天 - 3.3\ 天}{1\ 天} = 1.7$$

查标准正态分布表可知，在指定5天时间内完成活动（2，3）的情况下，其完成概率 $P = 0.9554 \approx 95.5\%$。

3. 信息系统项目计划的变更管理

（1）信息系统项目计划的变更管理过程

在信息系统项目计划的执行过程中，经常会出现项目的进度早于或者晚于计划进度，或者是已经发生的实际成本要低于或者高于计划成本的情况。此时，就需要对原有的项目计划进行相应的调整。信息系统项目计划的变更管理过程如图4-4所示。

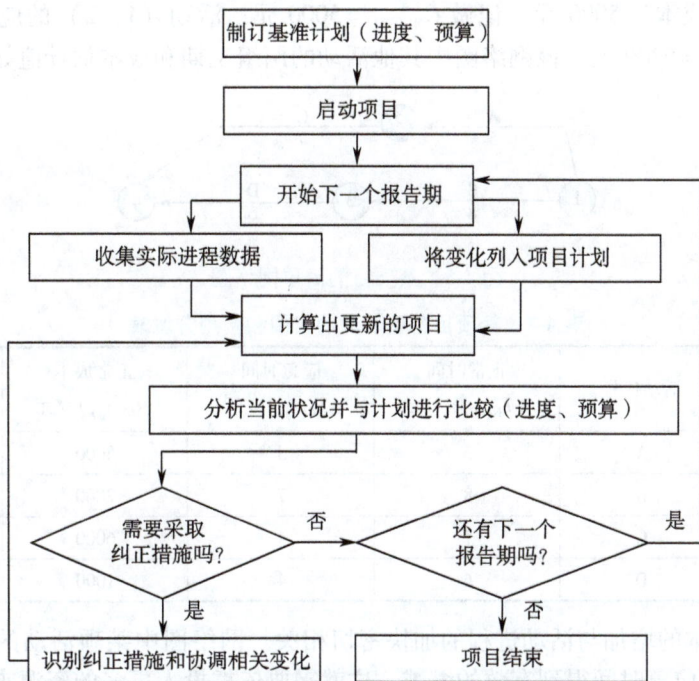

图4-4 信息系统项目变更管理过程

如果在信息系统项目执行过程中发现其进度计划或者预算计划需要进行调整，则调整的重点应放在以下三方面：①对近期内即将发生的活动加强控制，积极挽回时间和成本，力争做到早控制、早主动。②对工期估计最长或者预算估计最大的活动应进一步审核预估依据，并做好压缩该活动的时间和费用等准备工作。③将某些可以再细分的活动进一步细分，研究细分活动之间的并行工作或者知识重用的可行性，如果可行则能有效地压缩时间和费用。

（2）时间—成本平衡法

在有关信息系统项目计划调整的所有方法当中，由于时间—成本平衡法是其中一种较常用的重要方法，所以下面重点介绍该方法的具体应用。

时间—成本平衡法是一种以最低的相关成本的增加来缩短项目工期的方法，它主要基于以下五个方面的假设：

1）每项活动都有两组工期和成本估计。有关工期的两组估计分别是正常时间和应急时间，有关成本的两组估计分别是正常成本和应急成本。正常时间（Normal Time）是指在正常条件下完成某项活动所需要的估计时间，活动(i, j)的正常时间记做$T_{N(i,j)}$。应急时间（Crash Time）是指完成某项活动所需要的最短估计时间，活动(i, j)的应急时间记做$T_{C(i,j)}$。正常成本（Normal Cost）是指在正常时间内完成某项活动的预计成本，活动(i, j)的正常成本记做$C_{N(i,j)}$。应急成本（Crash Cost）是指在应急时间内完成某项活动的预计成本，活动(i, j)的应急成本记做$C_{C(i,j)}$。

例如，在如图4-5所示的简单网络图中，活动（1，2）（即活动A）的正常时间为5天，记做$T_{N(1,2)} = 5$天；活动（1，2）的应急时间为3天，记做$T_{C(1,2)} = 3$天；活动（1，2）的正常成本为5000元，记做$C_{N(1,2)} = 5000$元；活动（1，2）的应急成本为6200元，记做$C_{C(1,2)} = 6200$元。该网络图中其他活动的两组工期和成本估计值如表4-7所示。

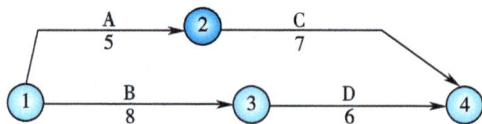

图4-5　某项目的简单网络图

表4-7　某项目各项活动的时间和费用分派表

活动(i, j)	活动代号	正常时间 （$T_{N(i,j)}$）/天	应急时间 （$T_{C(i,j)}$）/天	正常成本 （$C_{N(i,j)}$）/元	应急成本 （$C_{C(i,j)}$）/元
（1，2）	A	5	3	5000	6200
（1，3）	B	8	7	2000	2500
（2，4）	C	7	4	6000	9000
（3，4）	D	6	4	1000	2200

2）项目成本的增加与活动进程的加快密切相关。网络图中某项活动的工期可以通过从正常时间减至应急时间得到有效的缩减，这就需要依靠投入更多的资源来实现，如指派更多的人员、延长工作时间、使用更多的设备等。

3）应急时间是确保活动按质量完成的时间下限。无论对某项活动投入多少额外的资源，也不可能在比应急时间更短的时间内完成该项活动。例如，图4-5中活动（1，2）的最短完成时间不能少于3天。

4）如果需要将活动的预计工期从正常时间缩至应急时间，则必须有足够的资源保证。

5）在活动的正常点和应急点之间，时间和成本之间呈线性比例关系。

如果将每项活动的预计工期从正常时间缩至应急时间，则各项活动都有自己的单位时间加急成本。如果将网络图中活动(i, j)的单位时间加急成本记做$C_{T(i,j)}$，则可得到以下计算公式：

$$C_{T(i,j)} = \frac{C_{C(i,j)} - C_{N(i,j)}}{T_{N(i,j)} - T_{C(i,j)}} \tag{4-20}$$

例如，图 4-5 中各项活动的单位时间加急成本，可按式（4-20）计算如下：

$$C_{T(1,2)} = \frac{C_{C(1,2)} - C_{N(1,2)}}{T_{N(1,2)} - T_{C(1,2)}} = \frac{6200 \text{元} - 5000 \text{元}}{5 \text{天} - 3 \text{天}} = 600 \text{元／天}$$

$$C_{T(1,3)} = \frac{C_{C(1,3)} - C_{N(1,3)}}{T_{N(1,3)} - T_{C(1,3)}} = \frac{2500 \text{元} - 2000 \text{元}}{8 \text{天} - 7 \text{天}} = 500 \text{元／天}$$

$$C_{T(2,4)} = \frac{C_{C(2,4)} - C_{N(2,4)}}{T_{N(2,4)} - T_{C(2,4)}} = \frac{9000 \text{元} - 6000 \text{元}}{7 \text{天} - 4 \text{天}} = 1000 \text{元／天}$$

$$C_{T(3,4)} = \frac{C_{C(3,4)} - C_{N(3,4)}}{T_{N(3,4)} - T_{C(3,4)}} = \frac{2200 \text{元} - 1000 \text{元}}{6 \text{天} - 4 \text{天}} = 600 \text{元／天}$$

在图 4-5 所示的网络图中，从开始到完成共有两条路线，即路线①→②→④和路线①→③→④。

如果按正常工期估计，则路线①→②→④需要 12 天完成，路线①→③→④需要 14 天完成。因此，路线①→③→④是该网络图的关键路线，该项目的最早结束时间等于关键路线①→③→④的时间长度（即 14 天），该项目的总成本 C 等于网络图中各项活动的正常成本之和，即：

$$C = C_{N(1,2)} + C_{N(2,4)} + C_{N(1,3)} + C_{N(3,4)}$$
$$= 5000 \text{元} + 6000 \text{元} + 2000 \text{元} + 1000 \text{元} = 14\,000 \text{元}$$

如果全部活动均在各自的应急时间内完成，则路线①→②→④需要 7 天时间，路线①→③→④需要 11 天时间。因此，如果按应急时间估计值进行计算，则该项目的最早结束时间等于关键路线①→③→④的时间长度（即 11 天），比在正常时间内完成这些活动提前 3 天时间。此时，该项目的总成本 C 等于网络图中各项活动的应急成本之和，即：

$$C = C_{C(1,2)} + C_{C(2,4)} + C_{C(1,3)} + C_{C(3,4)}$$
$$= 6200 \text{元} + 9000 \text{元} + 2500 \text{元} + 2200 \text{元} = 19\,900 \text{元}$$

一般情况下，没有必要去缩短网络图中全部活动的工期，因为关键路线的工期决定整个项目的总工期。换言之，加速非关键路线上活动的进展不会缩短项目的完成时间，只会增加项目的总成本。

时间—成本平衡法的目标就是要通过压缩那些使总成本增加最少的活动的工期，来确定项目最短的完成时间。为了实现这一目标，就必须在每次平衡一个时间段的前提下，压缩关键路线上那些有最低单位时间加急成本的活动。

为了将项目的总工期从 14 天减至 13 天，首先必须找出关键路线①→③→④，然后才能确定关键路线上哪项活动能以最低的每天加急成本被加速。加速活动 B 的进程每天需要 500 元，加速活动 D 的进程每天需要 600 元。因此，如果将活动 B 缩短 1 天，则项目的总工期可从 14 天缩短至 13 天，但项目总成本增加了 500 元（即活动（1，3）的每天加急成本），达到 14500 元。

为了再缩短一个时间段，从 13 天缩短至 12 天，必须再次找出关键路线。图 4-5 中路线①→②→④的工期仍是 12 天，路线①→③→④的工期由 14 天减至为 13 天，所以关键路线仍然是①→③→④，它必须再次被减少。对于关键路线①→③→④来说，由于在将项目的总工期从 14 天减至 13 天时，活动（1，3）已经达到其应急时间（即 7 天）。此时，仅有的选择是加速活动（3，4）的进程，使其工期减少1天，这样就可以将关键路线①→③→④的工期减至12天，但该项目的总成本新增了600元（即活动（3，4）的每天加急成本），达到15 100元。

如果想要将项目的总工期再缩短1天，从12天缩短至11天，则需再次分析。此时，由于图4-5中路线①→②→④和路线①→③→④的工期都是12天，所以这两条路线都是关键路线。为了将整个项目的总工期从12天缩短至11天，必须将路线①→②→④和路线①→③→④都加速1天。如果想使路线①→②→④加速1天，则可以压缩活动（1，2）或者活动（2，4），其中压缩活动（1，2）的每天加急成本是600元，而压缩活动（2，4）的每天加急成本是1000元；对于路线①→③→④来说，只有活动（3，4）仍有剩余时间可以被压缩，还可以将该活动的时间压缩1天，从5天缩短至4天，同时增加600元的成本。因此，为了将项目的总工期从12天减至11天，必须将活动（1，2）和活动（3，4）的时间各压缩1天。这样，该项目的总成本就新增了1200元（即活动（1，2）的每天加急成本加上活动（3，4）的每天加急成本），达到16 300元。

如果想采取得力措施，再一次将项目的总工期缩短1天，从11天缩短至10天，则需进行以下分析。由于图4-5中路线①→②→④和路线①→③→④的工期都是11天，所以这两条路线都是关键路线。为了将整个项目的总工期从11天缩短至10天，必须将路线①→②→④和路线①→③→④都加速1天。对于路线①→③→④来说，由于活动（1，3）和活动（3，4）都已经达到了它们的应急时间，所以不能再进一步加速这两项活动的进程了。此时，如果加速路线①→②→④的进程，则显得毫无意义，因为这样做只能增加项目的总成本，却不能缩短项目的总工期。换言之，缩短该项目总工期的能力由于路线①→③→④的工期不能再进一步缩短而受到限制。

表4-8中列出了因项目总工期的缩短而导致项目总成本的相应增加情况。例如，如果项目的总工期减少1天，则项目的总成本将新增500元；如果项目的总工期减少2天，则项目的总成本将新增1100元；如果项目的总工期减少3天，则项目的总成本将新增2300元；如果该项目的所有活动均达到各自的应急时间，则项目的总成本将新增3600元，而项目的完成时间仍然不会少于11天。在本例中，项目总成本的增加速度显然要远远超过项目总工期的缩短速度。

表4-8 时间—成本平衡法的举例

加速前后的项目总工期/天	加速前的关键路线	被加速的活动	增加的成本/元	加速后的总成本/元	备 注
14	①→③→④			14 000	正常估计
14→13	①→③→④	①→③	500	14 500	活动①→③已到应急时间
13→12	①→③→④	③→④	600	15 100	
12→11	①→②→④ ①→③→④	①→② ③→④	1200	16 300	活动③→④已到应急时间
11→10	①→②→④ ①→③→④	①→② ②→④	3600	19 900	加速活动①→②和②→④，只能增加项目的总成本，不能再缩减总工期

（3）信息系统项目成本计划的变更控制

信息系统项目的合同总价款确定以后，就需要制定各项活动的预算估计。各项活动的负责人还应该将分摊到的预算再分摊到每个报告期中去。在信息系统项目执行过程中，总会有因各种因素引起的成本变动，为了对信息系统项目的成本计划进行监控，通常选取项目的累计预算成本、累计实际成本和累计盈余量三个指标来监控项目成本的变动情况。

下面，我们以一个小型的科研管理信息系统开发为例介绍该方法的具体应用。假设该科研管理信息系统项目采用原型法方式进行开发，分为系统分析、系统设计、系统实现三项大活动，合同总价款为 10 万元，拟在 10 周内开发成功。

该科研管理信息系统的每周分摊预算与预算累计表如表 4-9 所示。

表 4-9　某科研管理信息系统的每周分摊预算与预算累计表　（单位：万元）

	周										分活动小计
	1	2	3	4	5	6	7	8	9	10	
系统分析	0.4	0.6	0.6								1.6
系统设计				1.2	1.2	1.4	1.6	1.6			7.0
系统实现									0.7	0.7	1.4
每周预算成本小计	0.4	0.6	0.6	1.2	1.2	1.4	1.6	1.6	0.7	0.7	10.0
从项目开始累计预算成本	0.4	1.0	1.6	2.8	4.0	5.4	7.0	8.6	9.3	10.0	

累计预算成本（Cumulative Budged Cost，CBC）是指从项目启动到某一期之间所有每期预算成本的加总。例如，本例中到第 6 周为止累计预算成本为 5.4 万元。

将该科研管理信息系统项目三个大活动在每周发生的实际成本记录下来，并填入表 4-10 中。

表 4-10　某科研管理信息系统的每周实际成本与实际成本累计表（单位：万元）

	周										分活动小计
	1	2	3	4	5	6	7	8	9	10	
系统分析	0.2	0.7	0.7	0.1							1.7
系统设计			0.1	1.2	1.4	1.5	1.7	1.6	0.2		7.7
系统实现								0.1	0.7	0.8	1.6
每周实际成本小计	0.2	0.7	0.8	1.3	1.4	1.5	1.7	1.7	0.9	0.8	11.0
从项目开始累计实际成本	0.2	0.9	1.7	3.0	4.4	5.9	7.6	9.3	10.2	11.0	

累计实际成本（Cumulative Actual Cost，CAC）是指从项目启动到某一期之间所有每期实际发生成本的加总。例如，本例中到第 6 周为止累计实际成本为 5.9 万元。

盈余量（Earned Value）又称绩效量，它是用来衡量实际工作价值的一个重要参数，通常用每个报告期收集到的活动完工比率来确定盈余量。例如，如果将某科研管理信息系统项目各项活动在每周的完工比率记录，则可得到如表 4-11 所示的表格。

表 4-11　某科研管理信息系统项目的每周完工比率表　　　　　　　　（%）

	周										分活动小计
	1	2	3	4	5	6	7	8	9	10	
系统分析	10	40	90	100	100	100	100	100	100	100	100
系统设计	0	0	5	25	40	55	70	90	100	100	100
系统实现	0	0	0	0	0	0	0	5	35	100	100

通常将盈余量定义为完工比率（Percent Complete）与该活动总的分摊预算的乘积。例如，第 6 周系统设计活动的盈余量等于 55% 与 7 万元的乘积，即为 3.85 万元。利用同样的方法可以计算出该科研管理信息系统项目的每周累计盈余量情况，如表 4-12 所示。累计盈余量（Cumulative Earned Value，CEV）是指从项目启动到某一期之间所有每期实际发生盈余量的总和。换言之，累计盈余量的含义是指截止到某一报告期时，所有实际发生成本所做工作的真正有效价值。

表 4-12　某科研管理信息系统项目的每周累计盈余量表　　　　（单位：万元）

	周										分活动小计
	1	2	3	4	5	6	7	8	9	10	
系统分析	0.16	0.64	1.44	1.60	1.60	1.60	1.60	1.60	1.60	1.60	1.60
系统设计			0.35	1.75	2.80	3.85	4.90	6.30	7.00	7.00	7.00
系统实现								0.07	0.49	1.40	1.40
从项目开始累计盈余量	0.16	0.64	1.79	3.35	4.40	5.45	6.50	7.97	9.09	10.00	

分别计算出累计预算成本、累计实际成本和累计盈余量这三个指标以后，就可以将它们分别填入表 4-13 中，以方便进行该项目的成本绩效分析。当然，也可以在同一坐标图中画出 CBC、CAC 和 CEV 三条曲线，从中也可以反映在每一个报告期该项目的成本绩效是改善了还是恶化了。

表 4-13　某科研管理信息系统的三个指标值比较表　　　　（单位：万元）

	周										分活动小计
	1	2	3	4	5	6	7	8	9	10	
累计预算成本（CBC）	0.40	1.00	1.60	2.80	4.00	5.40	7.00	8.60	9.30	10.00	
累计实际成本（CAC）	0.20	0.90	1.70	3.00	4.40	5.90	7.60	9.30	10.20	11.00	
累计盈余量（CEV）	0.16	0.64	1.79	3.35	4.40	5.45	6.50	7.97	9.09	10.00	

在某个报告期时，如果 CAC > CBC，则一般意味着该项目的成本计划没有得到很好的执行，实际发生的成本超出了预算。此时，若还存在 CEV > CAC，则表示实际进度加快了，可按前面介绍的时间—成本平衡法进行分析。如果 CAC < CBC，则一般意味着该项目实际发生的成本没有超出预算，但有可能没有完成既定的工作量。此时，若存在 CEV > CAC，则表示成本与进度都得到了很好的控制；若存在 CEV < CAC，则表示没有实现应该完成的工作量，进度产生了拖延。

例如，在本例第 7 周时，由于 CBC = 7.00 万元，CAC = 7.60 万元，而 CEV = 6.50 万

元，所以该项目执行到第 7 周时既超出了成本预算，又没有完成既定的工作量。因此，必须按照如图 4-4 所示的信息系统项目变更管理过程，对第 7 周后的进度和成本重新进行调整，调整的重点应该放在近期发生的项目和分摊预算比较高的活动上。

此外，在对某个信息系统项目进行成本绩效分析时，还有两个具体指标可供参考使用，即成本绩效指数和成本差异。

成本绩效指数（Cost Performance Index，CPI）是衡量正在进行项目的成本绩效的一个指标，其计算公式如下：

$$CPI = \frac{CEV}{CAC} \qquad (4\text{-}21)$$

例如，在本例第 7 周时，由于 CAC = 7.60 万元，CEV = 6.50 万元，所以可根据式（4-21）计算出该项目的成本绩效指数为：

$$CPI = \frac{6.50\ \text{万元}}{7.60\ \text{万元}} \approx 0.86$$

上述计算结果表明：每支出 1 元仅实现 0.86 元的盈余量。在一般情况下，如果 CPI 在 1.0 以下或者逐渐变小时，就应该采取纠正措施。

成本差异（Cost Variance，CV）是衡量正在进行项目的成本绩效的另一个指标，其计算公式如下：

$$CV = CEV - CAC \qquad (4\text{-}22)$$

CV 指标是以货币形式来表明盈余量与实际成本之间的差异。例如，在本例第 7 周时，由于 CAC = 7.60 万元，CEV = 6.50 万元，所以可根据式（4-22）计算出该项目的成本差异为：

$$CV = 6.50\ \text{万元} - 7.60\ \text{万元} = -1.10\ \text{万元}$$

上述计算结果表明：该项目第 7 周的绩效值要比已经花费的实际成本少 1.10 万元，所以应该采取相应的纠正措施。

4.2.4　信息系统项目的人员管理

信息系统项目是智力密集、劳动密集的项目，它受人力资源影响较大，信息系统项目成员的结构、责任心、能力以及项目团体的稳定性等因素都对信息系统项目的质量和成功起着决定性的作用。

人在信息系统项目中既是成本，又是资本。一方面，由于人力成本在信息系统项目成本构成中所占的份额较大，所以必须从成本角度对信息系统项目的人力资源进行平衡，尽量使人力资源的投入最小；另一方面，由于人力资源是信息系统项目中的一项资本，所以必须采取有效的措施，尽可能地发挥人力资本的价值，使人力资源的产出最大。

信息系统项目的人员管理内容极其丰富，下面主要从人力资源平衡和项目的团队组织这两个方面去讨论信息系统项目的人员管理问题。

1. 信息系统项目的人力资源平衡

以 Rayleigh 的名字命名的 Rayleigh 曲线本来是用来解释某些科学现象的。1985 年，Norden 发现该曲线也可以用来说明科研和开发项目在实施阶段所需要的人力，所以该曲线又称 Rayleigh – Norden 曲线。1986 年，Putnam 又将该曲线与软件开发联系起来，发现在软件生存期内各个阶段所需要的人力成本具有与 Rayleigh 曲线十分相似的形状。

经验表明：信息系统项目的人力分配也大致符合 Rayleigh – Norden 曲线的分布，即呈现出前后用人少、中间用人多的不稳定人员需求情况（见图 4-6）。

在图 4-6 中，以横坐标代表距离开发起点的时间，纵坐标代表在不同时间点需要的人力。该图中用虚线画出的矩形显示了因平均使用人力而带来的一些问题：开始阶段人力过剩，造成浪费（如图 4-6 中的①所示）；到开发后期需要人力时，又显得人手不足（如图 4-6 中的②所示）；以后再来补偿，则已经为时过晚（如图 4-6 中的③所示），甚至可能会出现如 Brooks 定律所说的结论："向一个已经拖延的项目追加开发人员，可能使它完成得更晚。"

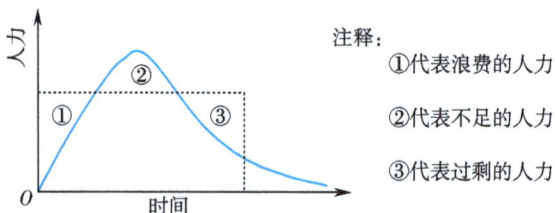

图 4-6 用做人力计划的 Rayleigh-Norden 曲线示意图

另外，由于信息系统项目开发属于技术工种，所需要的开发人员并不是一旦需要就能够立刻找到，因此，在制订信息系统项目人力资源计划时，既要依据 Rayleigh-Norden 曲线配备相应的人力，又要使某个阶段的人力尽量趋于稳定，确保整个项目开发期间人员的波动不要太大。有人将这样的过程称为人力资源计划的平衡。

人力资源平衡法是制定人力资源需求波动最小化的一种进度计划方法，它是在不延长项目完工时间的情况下建立人力资源均衡利用的进度计划。

下面以某高校教师管理信息系统为例，说明人力资源计划平衡法的具体用法。假设该教师管理信息系统项目准备采用原型法进行开发，并且拟定了如图 4-7 所示的简单网络图。该网络图中各项活动的具体含义如表 4-14 所示。为了讨论方便起见，还假定参加该项目的所有开发成员都是多面手，即项目成员之间可以相互替代，并且不存在人力资源约束条件。

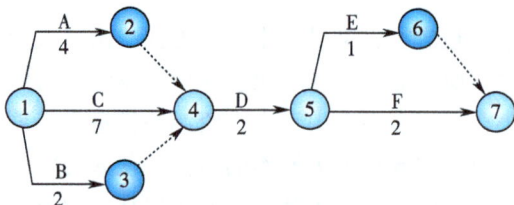

图 4-7 某教师管理信息系统项目的网络图

如果不采用项目管理思想，则人们通常都希望项目中各项活动都能够做到尽可能早开始、尽可能早结束。例如，如果假定图 4-7 中的每一项活动都在其最早开始时间执行，则可以绘制出如图 4-8 所示的人力资源分配图。

表4-14 某教师管理信息系统项目网络图中各项活动的具体含义

活动代号	活动名称	活动完成时间/周	所需开发人员数/人
A	网络实现	4	1
B	硬件购买	3	1
C	软件开发	7	2
D	系统测试	2	2
E	人员培训	1	1
F	文档写作	2	1

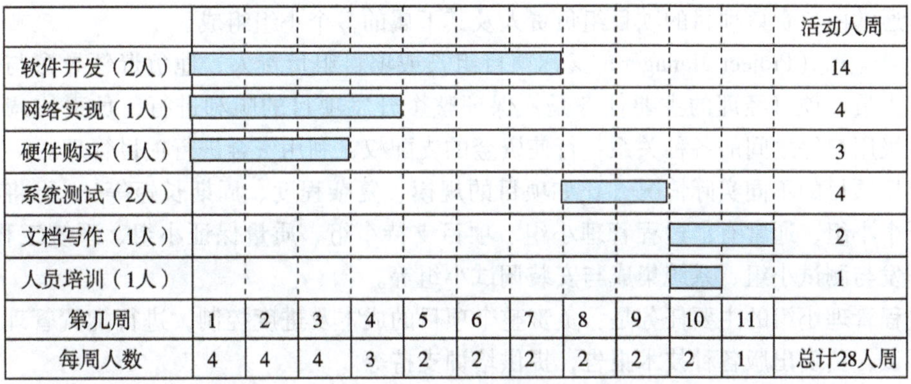

												活动人周
软件开发（2人）												14
网络实现（1人）												4
硬件购买（1人）												3
系统测试（2人）												4
文档写作（1人）												2
人员培训（1人）												1
第几周	1	2	3	4	5	6	7	8	9	10	11	
每周人数	4	4	4	3	2	2	2	2	2	2	1	总计28人周

图4-8 基于活动最早开始时间的人力资源分配图

从图4-8中可以看出：该教师管理信息系统项目总工期为11周，总工作量为28人周。其中，第1~3周需要4名开发人员，第4周需要3名开发人员，第5~10周需要2名开发人员，第11周需要1名开发人员。显然，该项目的人力资源需求波动较大。

为了使该项目的人力资源需求尽可能平衡，不妨将非关键活动"硬件购买"推迟到第5周开始。这样，就可以得到调整后的人力资源分配图（见图4-9）。

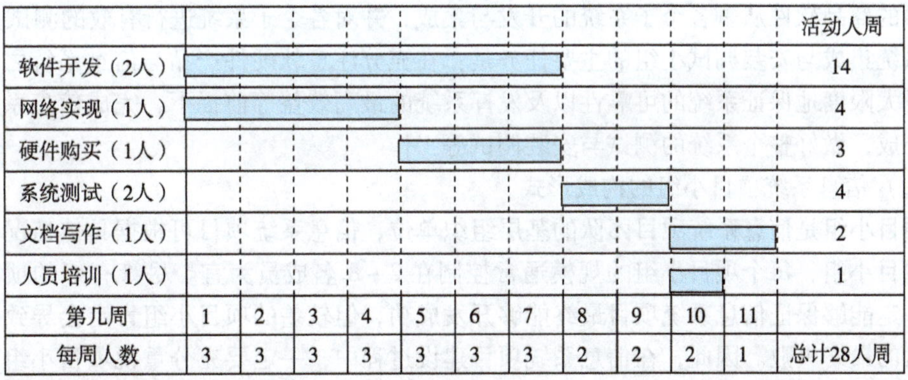

												活动人周
软件开发（2人）												14
网络实现（1人）												4
硬件购买（1人）												3
系统测试（2人）												4
文档写作（1人）												2
人员培训（1人）												1
第几周	1	2	3	4	5	6	7	8	9	10	11	
每周人数	3	3	3	3	3	3	2	2	2	1	1	总计28人周

图4-9 基于资源平衡的人力资源分配图

从图4-9中可以看出：该教师管理信息系统项目总工期仍为11周，总工作量仍为28人周，尽管调整了该项目的人力资源分配，但并未影响该项目的进度。其中，第1~7周需要 3 名开发人员，第 8~10 周需要 2 名开发人员，第 11 周需要 1 名开发人员。显然，相对于图 4-8 来说，调整后该项目的人力资源需求波动较小。

需要补充说明的是：上述讨论是在无资源约束情况下进行的。如果有资源约束（例如，上述项目只能找到 2 名开发人员），则在此情况下进行的人力资源平衡的方法基本上与上述方法类似，也就是通过推迟非关键路线上的活动来使资源需求尽可能达到平衡，但该项目的进度可能会有较大的变化。

2. 信息系统项目的团队组织

（1）信息系统项目的组织机构

为了保证信息系统开发工作的顺利进行，必须首先建立类似项目组这样的组织机构。项目组通常由负责该项目的项目组负责人及其下属的多个小组组成。

项目经理（Project Manager）又称项目组长或项目组负责人，他负责领导参与该项目的所有人员。项目经理的主要任务是：保证整个开发项目的顺利进行，负责协调开发人员、各级用户等之间的各种关系；行使资金的支配权，利用资金进行项目管理。

根据项目的不同实际情况（比如项目的规模、复杂程度、周期长短等），可将项目分成若干个小组，通常有：过程管理小组、项目支持小组、质量保证小组、系统工程小组、系统开发与测试小组、系统集成与安装调试小组等。

过程管理小组的主要任务是：负责整个项目的成本及进度控制，进行配置管理，负责安装调试，负责出版各种技术报告，提供培训支持等。

项目支持小组的主要任务是：及时提供系统开发所需要的各种设备和材料，负责项目开发的成本核算，负责合同管理，提供安全保证等。

质量保证小组的主要任务是：及时发现影响系统开发质量的各种问题，并尽快解决。

系统工程小组的主要任务是：按照系统工程的一般特性，运用系统观点制定出系统开发各个阶段的任务。换言之，该小组的主要任务是将整个开发过程按阶段划分出若干个任务，明确每个任务的责、权、利，使开发工作得以顺利进行。

系统开发与测试小组的主要任务是：充分利用系统开发的若干关键技术、开发模型以及成熟的商品软件从事各个子系统的开发与集成，并对各个子系统进行有效的测试。

系统集成与安装调试小组的主要任务是：在充分注意软硬件产品与信息系统之间的结合、最大限度地保证系统的可靠性以及发挥系统的最高效益等前提下，完成信息系统的软硬件集成，做好整个系统的测试与安装调试等工作。

（2）信息系统项目小组的构成形式

项目小组是信息系统项目团队的基层组织单位，信息系统项目可根据具体情况分成若干个项目小组，每个项目小组的规模通常控制在 2~8 名成员为宜。尽管有好的项目小组并不一定能够保证信息系统项目最终能够开发成功，但较差的项目小组肯定会导致信息系统项目的最终失败。因此，在信息系统项目建设过程中，一定要充分重视项目小组的具体构成。

信息系统项目小组的构成方式主要有主程序员小组、专家小组、民主小组、层次型小组四种类型。

主程序员小组方式的组长由主程序员担任，成员包括程序库管理人员、系统分析人员以及程序员若干名。主程序员小组方式的主要优点是：能够节约交换意见的时间，主程序员可以进行细致的管理工作，能够集中管理最新的程序和文档，容易培养人才。主程序员小组方式的主要缺点是：主程序员的负担较重，并且国内比较缺乏这方面的人才，难以适应大项目的开发管理，容易忽视小组长和程序员以外人员的工作。

专家小组是主程序员小组的另一种表现形式，组长仍由主程序员担任，成员包括程序库管理人员、行政管理人员、工具管理人员、测试负责人员、语言专家。专家小组方式的特点是：主程序员编写全部程序，编程以外的工作由分工负责的专门人员担任。专家小组方式的主要优点是：减轻了主程序员的负担，从而便于提高工作效率和工作质量。专家小组方式的主要缺点是：主程序员以外人员的业务量不平衡。

民主小组方式的组长由临时负责人担任，另外还包括若干名小组成员。民主小组方式的特点是：无正式任命的负责人，有工作时由成员中最合适的人担任临时负责人，平均分配各项工作，民主发挥工作人员的能力和长处。民主小组方式的主要优点是：全体成员都可以自由发表意见。民主小组方式的主要缺点是：出现问题时难以迅速解决。

层次型小组方式的主要特点是将多个主程序员小组有机地结合起来，在小组长下设立若干个分组长，每个分小组包括若干名小组成员。层次型小组方式的主要优点是：容易传递各种信息。层次型小组方式的主要缺点是：由于权力分散，所以很难对项目整体进行统一管理和调整。

（3）信息系统项目经理的职责和技能

在信息系统项目中，项目经理是确保信息系统项目目标顺利完成的重要人员，它是一个成功的信息系统项目中必不可少的因素。信息系统项目经理的基本职责是领导信息系统项目的计划、组织和控制等工作，以实现项目的总体目标。信息系统项目经理负责协调各个项目成员的活动，使他们作为一个和谐的整体，适时履行各自的工作职责。因此，有人将信息系统项目经理比作是运动队的教练，或者是交响乐队的指挥家。

信息系统项目经理的具体职责包括计划、组织、控制等。

项目经理首先要明确项目目标，并就该目标与客户取得一致意见，再与项目团队成员进行沟通，领导团队成员一起制订实现项目目标的具体计划。此外，为了对该计划的实际执行情况进行评价和管理，项目经理还必须通过手工方式或者利用计算机建立一个项目管理信息系统，以便将项目的实际进程与计划进程进行比较。

组织工作涉及为进行工作获取合适的资源。首先，信息系统项目经理要决定项目中哪些工作需要由组织内部人员完成、哪些工作需要由组织外部人员完成。其次，信息系统项目经理应该要求组织内部人员作出相应的承诺，与外部承包人员协商达成合同，并根据任务实际情况为内部人员或者承包人员分配职责、授予权力、选派团队领导，还要为团队营造一个良好的工作环境。

为了对项目实施有效的监控，信息系统项目经理必须设计或者利用项目管理信息系统，对项目的实际进程进行跟踪，并与计划安排进行比较，从而有效地控制整个信息系统项目。如果实际工作进程落后于计划进程或者发生意外事件，则信息系统项目经理应该立即采取措施，不能依靠等待和观望。

如果想确保某个信息系统项目的成功，则除了要求信息系统项目经理能够在项目的计划、组织、控制等方面发挥领导作用以外，还要求信息系统项目经理具备以下领导技能：①坚强的领导能力。信息系统项目经理是通过项目团队成员来取得工作成果的。项目领导工作主要是激励项目团队成员齐心协力工作，以便成功地完成计划，实现项目目标。②良好的人员开发能力。信息系统项目经理应该创造一种学习环境，使项目团队成员能够从项目中获得知识，实现自身价值，还应该对团队成员进行训练和培养，鼓励成员进行创新并勇于承担风险。③非凡的沟通技巧。经常进行有效的沟通，是确保信息系统项目顺利开展、及时发现潜在问题、保持客户满意、避免发生意外的有效措施。因此，信息系统项目经理必须是一位良好的沟通者，能够与项目团队成员以及承包商、客户、公司高层管理人员等定期交流沟通。④良好的人际交往能力。良好的人际交往能力是信息系统项目经理必备的技能之一。项目经理必须与项目团队成员建立良好的人际关系，并且能够正确处理团队成员之间的不和与意见分歧。⑤良好的处理压力能力。信息系统项目经理必须有能力处理工作中出现的各种压力。在某些情况下，项目经理要在项目团队与客户之间或者在团队与上层管理层之间起缓冲作用。如果客户或者上层管理层对项目进展不满意，则项目经理要勇于承担责任，以免项目团队受到打击。⑥良好的解决问题能力。信息系统项目经理应该是一个问题解决专家，经常鼓励项目团队成员及早发现问题并独立将其解决。对于可能会严重影响信息系统项目目标实现的问题，信息系统项目经理应该与团队其他成员一起合作，寻找最佳的解决方案。⑦高超的管理时间能力。优秀的信息系统项目经理必须能够充分利用好他们的时间。为了尽可能有效地利用和管理好时间，信息系统项目经理必须能够掌握时间管理技巧，做到自我约束，能分清轻重缓急，并愿意授权。

🔍 案例分析

【案例4-5　双项目经理是否可行】A 公司的 IT 部门分为规划部和研发部。其中，规划部负责出方案，和供应商谈订单；研发部负责项目实施和解决具体的技术问题。李伟是研发部的部门主管，技术能力出色，在团队中很有影响力，但他不熟悉公司其他部门的业务，并且由于性格内向，不擅长进行沟通和协调。规划部的部门主管是王斌，他与李伟的情况正好相反，他的沟通能力很强，对公司业务相当了解，但提起软件技术和项目管理就两眼一抹黑。最近，A 公司准备上线一套 ERP 系统，需要任命一位项目经理，对项目全权负责。到底是选李伟还是选王斌？A 公司的总经理 S 一时拿不定主意。正在这时，有人给总经理 S 提了个建议：干脆实行"双项目经理"，由李伟和王斌共同承担这个角色。在职位上两个人是平等的，S 总经理指定一个对上级负责的人，由他负责面对上级，而项目中的各种决策、实施则由两人互补长短来进行。"双项目经理"说法对于 S 总经理来说还是第一次听说。不过想来想去，他觉得李伟和王斌其实都算不上项目经理的最佳人选。如果实行"双项目经理"，则需要他们二人之间具有非常高的默契协作能力，怎么办才好呢？

【思考题】（1）IT 项目经理的主要职责有哪些？他应该具备哪些领导技能？

（2）"双项目经理"是否可行？为什么？

（3）假设你是总经理，准备如何解决本案例中提及的项目经理任命问题？

4.3　信息系统质量管理

本节主要讨论质量管理、全面质量管理、软件质量管理等内容。

4.3.1　质量与质量管理概述

1. 质量与质量管理的含义

人们对"质量"一词并不陌生，经常能够看到和听到产品质量、服务质量、教育质量等名词概念。在实际应用过程中，"质量"常被解释为"适用性""用户的满意程度"或者"符合顾客的要求"，这些解释仅仅表示了质量的部分属性。

国际标准化组织在 2005 年发布的 ISO9000：2005 国际标准中将质量（Quality）定义为"一组固有特性满足要求的程度"。中国国家标准 GB/T 19000—2008 中也等同采用了 ISO9000：2005 中给出的质量定义。

国际标准化组织在 2005 年发布的 ISO9000：2005 国际标准中将质量管理（Quality Management）定义为"在质量方面指挥和控制组织的协调的活动"。中国国家标准 GB/T 19000—2008 中也等同采用了 ISO9000：2005 中给出的质量管理定义。

2. 质量管理的发展阶段

从实践情况来看，如果按照解决质量问题所依据的手段和方式来进行划分，则质量管理的发展已经历了检验质量管理、统计质量管理和全面质量管理三个阶段。

（1）检验质量管理阶段

第二次世界大战之前，人们对质量管理的理解还只限于质量的检验。在检验质量管理阶段，检验工作中质量管理的内容主要由检验部门来负责产品的检验，这种做法实际上是"事后把关"，目的是过滤出不合格的产品，这对提高工作效率、保证产品质量能起到一定的促进作用，但也存在其固有的缺陷：①缺乏系统观念，责任不明，一旦出现质量问题容易扯皮、推诿。②在生产过程中缺乏预防，一旦发现废品，通常难以补救。③它要求对成品进行百分之百的检验，在大批量生产情况下这种做法在经济上是不合理的。

在本阶段，由谁来执行检验这一职能经历了三个具体过程：①操作者的质量管理。20世纪以前，主要是依靠操作者的手艺和经验把关检验质量。②工长的质量管理。20 世纪初，美国出现了以泰罗为代表的科学管理理论，强调工长在保证质量方面的作用，于是执行质量管理的责任就转移到工长身上。③检验员的质量管理。20 世纪初期以后，由于公司规模不断扩大，执行质量检验的责任又由工长转移到专职的检验人员身上，大多数企业都设立了专职的检验部门。

（2）统计质量管理阶段

第二次世界大战爆发以后，由于战争对大量军需品的需要，质量检验工作逐渐显示出其固有的缺陷，检验部门成为生产过程中最薄弱的环节。例如，由于事先无法控制质量，检验工作量很大，军火生产常常拖延交货期，影响前线的军需供应。因此，美国政府和国防部组织数理统计专家采用质量控制的统计方法，扭转了军需品生产的困难局面。此后，许多公司纷纷将该方法用于其产品的质量管理上。

在统计质量管理阶段，为了提高产品合格率、降低生产成本，通常是通过利用数理统计原理，事先控制不合格产品的出现，并检验成品的质量。质量管理的职能在方式上逐渐由原来的专职检验人员转移到专业的质量控制工程师和技术人员身上。实践证明，统计质量管理是保证产品质量、预防不合格产品的一种有效方法。但是，由于这一阶段过分强调质量控制的统计方法，忽视管理工作，使人们误认为"质量管理就是统计方法"，并且由于数理统计理论较深奥，所以还使人们误认为"质量管理是统计学家的事"，因而对质量管理产生"高不可攀""望而生畏"的感觉，这就在一定程度上限制了质量管理统计方法的普及和推广。

（3）全面质量管理阶段

20 世纪 50 年代以来，生产力迅速发展，科学技术日新月异，社会经济进步很快，并且出现了许多新情况。例如，人们对成品质量的要求更高、更多了，质量管理被看成是生产管理大系统中的一个子系统，世界各国更加重视质量保证问题，管理理论获得了新的发展（例如，出现了"自我控制""自主管理""无缺陷运动"等理论）。在此背景下，美国通用电气公司的质量总经理费根堡姆在 1961 年出版了《全面质量管理》一书，率先提出全面质量管理概念。

20 世纪 60 年代以后，进入全面质量管理阶段，生产实践要求把质量问题作为统一的有机整体进行综合分析，由此产生了动员企业全体职工参与质量管理的全面质量管理思想，全面质量管理概念逐步被世界各国所接受，取得了较丰硕的成果，逐渐形成了一门较完整的质量管理学科。20 世纪 80 年代以来，人们又提出了一些新概念。例如，日本提出了"全公司质量控制"（Company-wide Quality Control，CWQC），美国提出了"质量经营管理"（Quality Management，QM），欧洲一些国家提出了"全面质量保证"（Total Quality Assurance，TQA）。国际标准化组织也将 QM 和 TQA 纳入 ISO 9000 系列国际标准中。中国自 1978 年开始推行全面质量管理活动，经过宣传试点、普及推广到深化提高，不仅取得了显著效益，而且形成了具有中国特色的质量管理理论。

4.3.2　全面质量管理

1. 全面质量管理概念

（1）全面质量管理的定义

全面质量管理就是以质量为中心，全体职工以及有关部门积极参与，将专业技术、经营管理、数理统计和思想教育等结合起来，建立起产品的研究、设计、生产、服务等全过程的质量体系，从而有效地利用人力、物力、财力、信息资源等，以最经济的手段生产出让顾客满意的产品，使组织、全体成员以及全社会均能够受益，从而确保组织获得长期的成功和发展。

（2）全面质量管理的特点

从上面给出的全面质量管理定义中可以归纳出全面质量管理具有以下特点：

1）全面质量管理目标以"适用性"为标准。传统的质量管理以"符合性"为质量标准，即以是否符合技术标准和规范为目标。全面质量管理以是否适合用户需要、用户是否满意为基本目标，即以"适用性"为其质量标准。

2）全面质量管理是"三全"的质量管理。全面质量管理要树立"三全"质量管理的观点，即全企业的质量管理、全过程的质量管理以及全员参加的质量管理。

3）全面质量管理是企业管理的中心环节。20 世纪 70 年代，日本质量管理专家水野滋提出"质量经营"思想，认为全面质量管理是以质量为中心的经营管理，全面质量管理在企业各项工作和经营中处于中心地位。

4）全面质量管理是以人为本的管理。全面质量管理强调在质量管理中要调动人的积极性，发挥人的创造性。产品质量不仅要使用户满意，而且要使本组织的每位员工满意。以人为本，就是要使企业的全体员工齐心协力搞好质量管理工作。

5）全面质量管理是动态性质量改进。传统质量管理思想的核心是质量控制，它是一种静态的管理。全面质量管理强调有组织、有计划、持续地进行质量改进，不断地满足变化着的市场和用户的需求，所以是一种动态的管理。

2. 全面质量管理的基本要求

全面质量管理的基本要求可以概括为"三全一多样"。所谓"三全"，是指全员工的质量管理、全过程的质量管理、全企业的质量管理；所谓"一多样"，是指质量管理方法多样。

（1）全员工的质量管理

产品质量是全企业各方面、各部门、各环节全部工作的综合反映。企业中任何一个环节，任何一个人的工作质量都会不同程度地影响着产品质量。因此，产品质量人人有责，必须将企业所有人员的积极性和创造性充分调动起来，不断提高人的素质，使得人人关心产品质量，人人做好本职工作，全体员工参加质量管理活动。

（2）全过程的质量管理

全过程的质量管理包括了从市场调查、产品的设计开发、生产销售直到服务的全过程的质量管理。全面质量管理要求将产品质量形成全过程的各个环节以及相关因素控制起来，做到以预防为主，防检结合，重在提高。

（3）全企业的质量管理

全企业的质量管理可以从两个方面进行理解：从组织角度来看，全企业的质量管理要求企业各个管理层次都有明确的质量管理活动内容，但各有侧重，例如上层管理侧重质量决策；从质量职能角度来看，由于产品质量职能分散在企业的有关部门之中，所以如果想保证和提高产品质量，就必须将分散到企业各个部门的质量职能充分发挥出来。

（4）多方法的质量管理

随着现代科学技术的发展，顾客对产品质量的要求越来越高，影响产品质量的因素也越来越复杂。因此，如果想将影响产品质量的各种复杂因素有效地控制起来，就必须根据不同情况，灵活运用多种多样的现代化管理方法来解决产品质量问题，其中需要特别注意统计方法的运用。

3. 全面质量管理质量改进的一般方法

全面质量管理质量改进的一般方法就是一切按 PDCA 循环办事。PDCA 循环是由美国质量管理专家戴明（William Edwards Deming）博士最早提出来的概念，所以又称"戴明循环"。

PDCA 循环是能使任何一项活动有效进行的一种合乎逻辑的工作程序，特别是在全面质量管理中获得了广泛的应用。PDCA 循环的基本内容可以概括为"四个阶段、八个步骤、七种工具"。

👤≡ 人物小传

【人物小传4-2　戴明】威廉·爱德华·戴明（William Edwards Deming，1900—1993）博士是世界著名的统计管理学专家和质量管理专家，他因对世界质量管理发展作出的卓越贡献而享誉全球。戴明博士最早提出了 PDCA 循环概念，并在质量管理中得到了广泛应用。20 世纪 80 年代初，他将一系列统计学方法引入美国产业界，为后来杰克·韦尔奇等人的六西格玛管理法奠定了基础。现代管理学之父彼得·德鲁克称他"对日本和美国都产生了难以估量的影响"，以他的名字命名的"戴明品质奖"至今仍是日本品质管理的最高荣誉。

四个阶段是指 P（Plan，计划）阶段、D（Do，执行）阶段、C（Check，检查）阶段、A（Action，行动）阶段。P 阶段是要以提高产品质量、降低消耗为目的，通过分析诊断，制定改进目标，确定实现这些目标的具体措施和方法。D 阶段要贯彻执行和措施，实现既定的计划内容。C 阶段要对照计划要求，检查和验证执行的效果，及时发现计划过程中的经验和问题。A 阶段是总结和处理阶段，要将成功的经验加以肯定，制定成标准、规程、制度，巩固成绩，克服缺点。

上述四个阶段的内容又可以进一步细分为以下八个步骤：①分析现状，发现问题。对于存在的质量问题，要尽可能用数据加以说明。在分析现状时，要切忌出现"没有问题""质量很好"等自满情绪。②诊断分析产生质量问题的各种影响因素。要求对产生质量问题的各种影响因素进行详尽分析，切忌主观判断和粗枝大叶。③找出影响质量问题的主要原因。影响质量问题的原因可能是多方面的。因此，如果想真正解决质量问题，则应该从中找出主要原因。④针对主要原因，制定措施和计划。措施和活动计划应该具体明确，一般要求包括 5W1H，具体内容包括：为什么（Why）要制定这个措施？预计实现什么（What）目标？在哪里（Where）执行？由谁（Who）负责执行？何时（When）开始和完成？怎样（How）执行？⑤实施计划。按既定措施和计划的要求去做。⑥调查执行效果。根据改进计划的要求，检查和验证实际执行的结果，看是否实现了预期目标。⑦巩固成绩，标准化。把成功的经验总结出来，制定相应的标准、制度和规定，以便巩固已经取得的成绩，防止重蹈覆辙。⑧将遗留问题转入下一循环。把没有解决或新出现的问题转入下一个 PDCA 循环中去解决。

在上述八个步骤中，前四个步骤是 P 阶段的具体化，第五个步骤是 D 阶段的具体化，第六个步骤是 C 阶段的具体化，最后两个步骤则是 A 阶段的具体化。

4.3.3　质量管理常用工具

质量管理常用工具可以进一步细分为老七种工具和新七种工具。

1. 质量管理老七种工具

质量管理老七种工具是指在全面质量管理活动中获得过广泛应用的直方图、因果图、排列图、查检表、散布图、分层法、控制图。老七种工具是一些简易的图形管理工具。在质量管理过程中，它们被用作数据整理、数据显示或者质量改进，通常不需要进行复杂的计算，也可以将它们应用在其他领域中。

（1）直方图

直方图（Histograms）是指用条形符号来表示事件在一段时间内由不同原因而引发的次数的一种图表。例如，为了寻找顾客退还已购产品的原因，公司就可以利用直方图来显示因不同原因（如失效、尺寸错误、颜色不对、顾客不喜欢等）而退货的件数。

直方图可以用于收集和分析在一段时间内一个系统的数据，或者用来对某系统发生的变化可能带来的影响进行评价。当用户的信息分为不同的类型并且互不相关（也就是说，某个事件的发生当且仅当属于某个类别）时，比较适合使用直方图。例如，可以用直方图来表示在一门课程中有多少学生得了"A"、有多少学生得了"B"等。因为同一名学生不可能同时在一门课程中既得"A"又得"B"，所以每个分数级别是相互独立的。

直方图的绘制步骤主要包括：①确定问题。②确定所收集的数据类别，并且开始收集数据。然后执行以下操作：计算数据总数 N，定组数 K（$K = 1 + 3.23 \lg N$），求最大值 L 与最小值 S 以及全距 R，确定组距 H = 全距/组数，确定组界，制作次数分配表。③建立坐标轴。横轴表示数据的类别，事件发生的次数则列在竖轴上。④按照一段时间内的发生频率在图中用条形符号表示各个数据类别的情况。图中使用的数据可以来自检查单，也可直接来自于直方图的模板。⑤分析直方图。观察所得到的直方图的形状，它是否表明了数据的分布遵循正态分布（特征是对称且呈钟形）？数据是规则的（在全部范围内保持不变）还是完全的随机分布？数据分布是否偏移于一侧？所有这些情况都能表明好消息和坏消息，也能指出各种问题的可能的解决办法。

（2）因果图

当某个问题的特性（结果）受到一些要因（原因）的影响时，将这些要因加以整理，使之成为相互关联并且有条理的图形，这类图形被称为特性要因图或者因果图（Cause and Effect Diagrams），又叫做鱼骨图（Fish-bone Diagram）。

因果图是团队成员诊断问题的有效的方法。例如，如果公司的团队不知道为什么订单处理延误了，使用因果图将帮助他们识别问题的可能原因并加以分类。因此，因果图是对所研究系统中各种问题各个可能的原因进行辨识和排序的一种出色工具。

因果图帮助团队集中在原因而不是现象上，它帮助团队成员了解问题的复杂性、问题的多个原因之间的关系，以及识别在团队控制之内或者之外的问题的原因。简言之，因果图的用途主要是：①改进分析；②管理；③制定标准；④质量管理导入以及相关人员教育。

因果图的绘制步骤包括：①使用因果图来观察、识别问题所在。②识别并在每个"鱼刺"框内对原因进行分类。③在每个原因分类基础上，列出问题可能的具体原因。④回答下列问题，分析可能的原因。在控制之内的原因中，哪些项目对问题可能有最大的影响，按顺序列出。另外，还要考虑需要额外的信息。

（3）排列图

排列图（Pareto Diagrams）又称为帕累托图，它是一种用条形符号，按事件发生频率由高到低的顺序将事件进行排列，以对显著原因与不显著原因进行区分，并确定优先权的图。排列图是建立在帕累托定律的基础上，该定律表明 80% 的事件由 20% 的原因引起。排列图表示了帕累托定律，并且指出了哪种原因是造成大多数问题的主要原因。

20 世纪 60 年代，质量管理专家朱兰将排列图引入到质量管理工作中，并且应用在分析属性或计数值的质量管理数据上。排列图作为一种通用工具，也可应用在存货管理等其他领域中。利用排列图，可以提供以下信息：①了解哪些项目属于重要问题；②明白事情的大小顺序；③知道每一项目在整体中所占的比例；④预测减少某一项目后的整体效益；⑤知道改进效果如何；⑥知道改进前后不合格内容及缺点内容的变化。

人物小传

【人物小传 4-3　朱兰】约瑟夫·莫西·朱兰（Joseph M. Juran，1904—2008）是世界著名的质量管理专家，被誉为质量领域的"首席建筑师"，他所倡导的质量管理理念和方法始终深刻影响着全球企业界和质量管理的发展。管理学大师彼得·德鲁克对朱兰的评价是："美国制造业在过去 30~40 年中所取得的成就与朱兰博士的贡献是分不开的。"《管理突破》（Management Breakthrough）和《质量计划》（Planning for Quality）是他撰写的两部经典著作。

排列图的主要绘制步骤包括：①确定问题。②确定所收集的数据类别，确定收集数据的时间，接着开始收集信息。在收集每种数据时，应该使用调查表。③建立一个频率表。在第一栏将数据类别按降序排列，即按频数从最多到最少的顺序排列；在第二栏中列出各种类别的发生次数并在栏底部进行汇总；在第三栏中记录累积的发生次数；用每个类别的发生次数除以所有的发生次数算出每个类别的百分比，将百分比数据记入第四栏。④建立坐标轴。将数据类别标在水平轴上，事件的发生频数标于左竖轴，事件发生的百分比标在右竖轴。⑤绘制排列图。将频率表中的数据绘制到排列图中。⑥分析排列图。确定哪个类别对这个问题来讲是重要的，哪个类别是无关紧要的。针对那些重要的类别采取措施，因为它们将带来最显著的改进。

（4）查检表

查检表（Check Sheets）是以一种简单的方法将问题查检出来的表格或者图形。在收集数据时，可以设计一种简单的表格，将有关项目和预定搜集的数据，依其使用目的，以简单符号加以填注，用来了解现状、进行分析或者检核使用，依此原则设计出来的表格或者图形称为查检表。

在质量管理工作中，查检表的应用场合主要包括：①日常管理，包括质量管理项目的点检、作业前的点检、设备安全、作业标准是否被遵守的点检。②特别调查，例如为了找出问题原因调查、产品不合格原因调查或为了发现改善点所进行的点检。③取得记录，例如为了要制作报告所进行的数据收集和检核。

（5）散布图

散布图（Scatter Diagrams）是指用于显示两个因素之间关系的图表。比如，它可以显示一个因素的特性（如销售）与相关的另一因素（如广告费用支出）之间的关系。利用散布图可将相对应的两组数据，分别依 X 轴及 Y 轴画入坐标图中，以观测两组数据间是否相关及其相关程度。若两变量间呈原因及结果的关系，则在绘图时一般是将代表原因之变量（或称为自变量，Independent Variable）置于 X 轴，另外将代表结果之变量（或称因变量，Dependent Variable）置于 Y 轴。

当怀疑系统中两个变量可能有关系，但还不能确定这种关系是什么的时候，就可以使用散布图。比如，有时不能确定是否每周广告花钱越多，那一周的销售量就越高，这时散布图就能帮助证实广告支出与销售量之间的关系及其相关强度如何。

散布图的主要绘制步骤包括：①识别要测试的关系（例如，想要了解广告费用支出与总销售量之间的关系）。②收集数据。至少收集 25 组关于这两个变量的数据。太少的数据可能妨碍清楚地认识两个变量之间的关系。③分别在 X 轴和 Y 轴对两个变量标注和画出刻度。如果认为一个因素影响另一个因素，把它标在 X 轴（横轴）上，把被影响因素标在 Y 轴（纵轴）上。例如，怀疑广告费用影响销售量，则把广告费用作为 X 轴，总销售量作为 Y 轴。④描出每组数据对应的点，建立散布图。⑤使用第二步中每周的数据在图上描出对应的点。如果有些组数据相同，要么把点画在一起，要么在相应的位置画上与组数相同的圆圈。⑥分析散布图。如果图上的点呈现一定的格局，则说明两个变量之间可能存在关系，但是并不能证明它们是因果关系。例如，在上例中，可能存在未知的第三方因素影响广告费用大小和总销售量。解释散布图时要注意，图上只反映了系统中两个变量之间的关系。

（6）分层法

分层法（Stratification）是针对部门、人、工作方法、原材料、零件、设备、地点等分别搜集数据以找出其间的差异，而针对差异加以改善的方法。其主要作用是：通过各种分类（分层），依各类收集数据以寻找不合格所在或最佳条件以改善品质。影响产品品质的因素或产生不合格品的原因可能相当复杂。其原因可能在材料、零件、机器设备、操作人员方面，也有可能在操作方法方面。要找出原因出自何处，就必须通过数据分类加以分析。

（7）控制图

控制图（Control Charts）就是带有统计意义上的上限和下限的走势图。其中，上下限用于显示系统的变化是处于正常的或者可预测的状态（由于系统的正常原因），还是处于异常的或不可预测的状态（由于特殊原因）。变异的"正常原因"由随机分布在平均值附近并且在上下限控制之内的点显示；变异的"特殊原因"则是处于控制限之外，是怪异的和不可预测的，可能由人为错误、工作环境、异常事件引起，或者由输入变化、设备或者度量准确性变化引起。变异的所有特殊原因都应该进行调查和消除。

控制图用于评估系统的稳定性和监视一个过程随时间的变化。它用于了解系统的变异是由"正常原因"引起的还是由"特殊原因"引起的。后者说明系统可能会失去控制。

控制图的主要绘制步骤包括：①绘制走势图。②计算平均值，用符号 $\overline{X}$ 表示。③在走势图上画一条实横线表示 X 的平均值（$\overline{X}$）。④计算数据的控制上限（UCL）和控制下限（LCL）。有几种不同的控制图，各使用不同的统计方法计算 UCL 和 LCL。计算控制上下限的方法超出本书的范围。⑤用虚线分别划出上下限。⑥解释结果。在解释控制图时，注意发现表明系统失去控制的几种情况：有的点在控制线以外，有多个点在平均值上下运行，有多个点在同一方向上运行。如果出现上述这些情况，则表明系统不稳定，应该尝试去识别特殊原因，并且努力消除它们。⑦减少系统中的变异。一旦引起变异的特殊原因被消除，系统就会稳定。可以考虑用其他方法改变过程或者系统本身以尽快减少变异，也就是说，减少导致系统变异的正常原因。假设有足够的样本，如果上下限越接近（$\overline{X}$），各点越接近（$\overline{X}$），则系统越稳定。

2. 质量管理新七种工具

质量管理新七种工具包括关联图、亲和图、系统图、矩阵图、矩阵数据分析法、过程决策程序图、箭条图。

（1）关联图

关联图（Inter-relationship Diagraph）是将若干个存在的问题及其原因间的因果关系用箭头线连接起来的一种图示工具，它是一种关联分析说明图。通过关联图可以找出因素之间的因果关系，便于统观全局、分析以及拟定解决问题的措施和计划。

关联图法的主要用途是：①制定、展开质量保证和质量管理方针；②制定质量管理的推进计划；③分析制造过程中产生不合格品的原因，尤其是潜在原因；④提出解决市场投诉的措施；⑤有效地推进 QC 小组活动；⑥促进采购原辅材料、外构件的质量管理；⑦改进各职能管理工作的质量。

关联图法解决问题的一般步骤是：①提出认为与问题有关的一切主要原因（因素）；②用简明通俗的语言表示主要原因；③用箭头表示主要原因之间和主要原因与问题之间的逻辑关系；④了解问题因果关系的全貌；⑤进一步归纳出重点项目，用双圈标出。

关联图法的主要特点是：①适合于整理因素关系复杂的问题；②从计划阶段开始就能够以广阔的视野把握问题；③可准确地抓住重点；④容易协调大家的意见；⑤不拘形式自由发表意见，便于探索问题的因果关系；⑥能打破成见。

（2）亲和图

亲和图（Affinity Diagram）也称为 KJ 法，它是由日本学者川喜田二郎（Kawakita Jiro）于 1970 年前后研究出来并加以推广的一种质量管理方法。所谓 KJ 法，就是针对某一问题，充分收集各种经验、知识、想法和意见等语言、文字资料。通过 A 型图解进行汇总，并按其相互亲和性归纳整理这些资料，使问题明确起来，求得统一认识和协调工作，以利于问题解决的一种方法。

KJ 法的主要用途包括：①归纳思想、认识事物：对未知的事物或领域，虚心收集实际资料，并从杂乱无章的资料中整理出事物的相互关系和脉络，就某件事情达共识。②打破现状：哲学家康德说过，经验是不可靠的，在原有经验基础理论上形成的成见，常常成为阻力，妨碍事物的发展，前人的思想或理论体系可能成为束缚。要求进步，必须打破现状。旧有的概念体系一经破坏、崩溃，思想观念又处于混乱状态，这时，需要用 KJ 法再次归纳整理思想。③计划组织：不同观点的人们集中在一起，很难统一意见。最好能由相互理解的人员组成计划小组。为着共同的目标，小组成员提出自己的经验、意见和想法，然后将这些资料编成卡片并利用 A 型图解进行整理。④贯彻方针：向下级贯彻管理人员的想法和方针，靠强迫命令不会取得好的效果。A 型图可以帮助人们进行讨论，集思广益，从而将方针自然地贯彻下去。

亲和图是对头脑风暴会议产生的各种创意和问题进行记录和排序的一种工具。建立亲和图是调动所有团队成员参与决策制定过程的一种有效方法。当问题比较复杂、团队难以理清思路时，使用亲和图。为了让团队各个成员都参与头脑风暴或者决策过程，也可以使用亲和图。

亲和图的主要创建步骤包括：①确定问题和困难，并把它们张贴到每位团队成员都容易看到的地方。②让各位成员静思5分钟，通过"头脑风暴"考虑解决问题的各种创意。在头脑风暴过程中，应该鼓励团队每一位成员尽可能提出各种与众不同的创意，但不要花时间去评估各个创意。③每一位成员都发表一条想法让大家共享。这条创意要写在一张3cm×5cm的卡片上或者胶贴便条上。若使用卡片，则卡片应该正面朝上放到桌面上。若使用胶贴便条，则要贴在一张大纸上或墙壁上。连续分发直到每个创意都张贴上并得到共享。和其他头脑风暴法一样，任何创意都不要当场讨论和批评，目的只在于让团队成员提出尽可能多的创意。④团队成员开始对卡片（便条）分组或者分类。团队成员要把卡片放成堆或重新调整便条张贴的位置，以便将在某方面有相同之处的创意放在一起。在这个过程中，团队成员不要进行任何讨论，直到他们自己认为每一张卡片都已经放到了应该放的堆里。⑤团队领导或者服务人员应该向团队人员朗读每一堆里的卡片，团队人员给各堆卡片确定一个名字或者符号并写在域名卡上。⑥在一张大纸上把所有的卡片贴在相应的域名卡的位置，建立起亲和图。把每一类卡片画到一个框图里。给亲和图加上标题和日期（见图4-10）。⑦在亲和图上讨论各个创意和问题。例如，是否需要进一步分类？以上分类能使团队成员找到问题及其原因和可能的解决方案吗？已经产生的各个创意对于问题的解决有什么帮助？哪个创意对问题的解决影响最大？准备采用哪些创意？准备在何时开始采用？

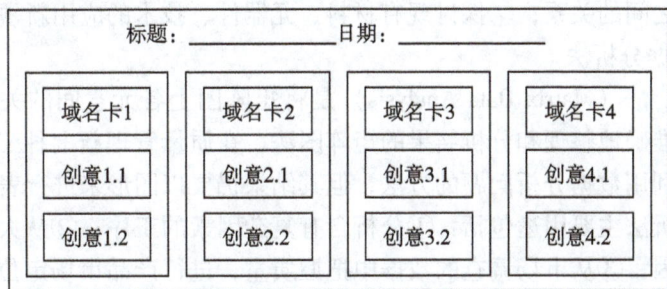

图 4-10　亲和图样式示意图

（3）系统图

系统图（Systematic Diagram）所使用的图能将事物或者现象分解成树枝状，所以也称为树型图。系统图就是把要实现的目的与需要采取的措施或手段系统地展开，并绘制成图，以明确问题的重点，寻找解决问题的最佳手段或措施。

在计划与决策过程中，为了采取这一手段，需要考虑它下一级的相应手段。这样，上一级手段就成为下一级手段的行动目的。利用同样的方法，将要达到的目的和所需要的手段按顺序层层展开，直到可以采取措施为止，并且绘制成系统图，就能对问题有一个全貌的认识，然后从图形中找出问题的重点，提出实现预定目标的最理想途径。

系统图的主要用途有：①对新产品研制过程中设计质量进行展开；②制订质量保证计划，对质量保证活动进行展开；③与因果图结合起来使用；④对目标、方针、实施事项进行展开；⑤明确部门职能和管理职能；⑥对解决企业有关质量、成本、交货期等问题的创意进行展开。

使用系统图的一般步骤包括：①确定具体的目的和目标；②提出手段和措施；③进行评价；④绘制手段、措施卡片；⑤形成目标手段的系统展开图；⑥确认目标是否能够充分实现；⑦制订实施计划。

（4）矩阵图

所谓矩阵图（Matrix Diagram），就是从问题的各种关系中找出相关要素，并以矩阵的形式，把问题及与其有关对应关系的各个因素，按行和列排成图，并在交点处标出两者之间的关系，从中确定关键的方法。

矩阵图分 L 形、T 形、X 形和 Y 形，它们的基本原理大致相同。在寻求问题的解决手段时，若目的（或结果）能够展开为一元手段（或原因），则可用系统图法。然而，若有两种以上的目的（或结果），则其展开用矩阵图法较为合适。

在分析质量问题的原因、整理用户需求、分解质量目标时，将问题、用户需求、质量目标放在矩阵图的左边，将问题的原因、用户需求转化来的质量目标或针对质量目标提出的质量措施列在矩阵图的上方，用不同的符号表示它们之间的强弱。

矩阵图的主要用途包括：①设定系统产品开发、改进的着眼点；②产品的质量展开以及其他展开，被广泛应用于质量功能展开（QFD）之中；③系统核实产品的质量与各项操作乃至管理活动的关系，从而便于全面地对工作质量进行管理；④发现制造过程中产生不合格品的原因；⑤了解市场与产品的关联性分析，制定市场产品发展战略；⑥明确一系列项目与相关技术之间的关系；⑦探讨现有材料、元器件、技术的应用新领域。

（5）矩阵数据分析法

矩阵数据分析法（Matrix Data Analysis）是将矩阵图上各元素间的关系用数据定量化表示，以便能更准确地整理和分析结果的矩阵图法。在质量管理新七种工具中，矩阵数据分析法是唯一地利用数据分析问题的方法，但其结果仍要以图形来进行表示。

矩阵数据分析法主要用途包括：①分析含有复杂因素的工序；②从大量数据中分析不合格品产生的原因；③从市场调查的数据中把握质量，进行产品市场定位分析；④感官特性的分类系统化；⑤复杂的质量评价；⑥对应曲线的数据分析。

（6）过程决策程序图

在质量管理过程中，要想实现目标或者解决问题，总是希望按计划推进原定的各步骤。但是，随着各方面情况的变化，当初拟定的计划不一定行得通，往往需要临时改变计划，特别是解决困难的质量问题，修改计划的情况更是屡屡发生，为应付这种意外事件，提出了一种有助于使事态向理想方向发展的解决问题的方法，这就是过程决策程序图法。

过程决策程序图（Process Decision Program Chart，PDPC）法，其工具就是 PDPC 图。PDPC 法于 1976 年由日本人最早提出来，是为了完成某项任务或是实现某个目标，在制订行动计划或进行方案设计时预测可能出现的障碍和结果，并且相应地提出多种应变计划的一种方法。这样，在计划执行过程中遇到不利情况时，仍能按第二、第三或其他计划方案进行，以便实现预定的计划目标。

PDPC 法具有以下特征：①从全局、整体的角度去掌握系统的状态，所以可以进行全局判断；②可以按时间先后顺序来掌握系统的进展情况；③可密切注意系统进程的动向，掌握系统输入与输出间的关系；④情报及时，计划措施可被不断补充和修订。

使用 PDPC 法的基本步骤包括：①召集有关人员讨论所要解决的课题；②从自由讨论中提出达到理想状态的手段、措施；③对提出的措施，列举出预测的结果及遇到困难时应采取的措施和方案；④将各研究措施按紧迫程度、所需工时、实施的可能性及难易程度予以分类；⑤决定各项措施的先后顺序，并用箭头线向理想状态方向连接起来；⑥落实实施负责人及实施期限；⑦不断修订 PDPC 图。

（7）箭条图

箭条图（Arrow Diagram）又称为网络计划技术，在我国则称之为统筹法，它是安排和编制最佳日程计划、有效实施管理进度的一种科学管理方法。

所谓箭条图，是指将推进计划所必需的各项工作，按其时间顺序和从属关系，用网络形式表示的一种"矢线图"。任何一项任务或者工程，都可以分解为许多作业，这些作业在生产工艺和生产组织上相互依赖、相互制约，箭条图可以将各项之间的这种依赖和制约关系清晰地表示出来。通过箭条图，能找出影响工程进度的关键因素，因而能进行统筹协调，合理利用资源，以提高效率与效益。

箭条图具有以下主要作用：①制订详细计划；②可以在计划阶段对方案进行仔细推敲，从而保证计划的严密性；③进入计划实施阶段以后，对于情况的变化和计划的变更都可以作出适当的调整；④能够具体、迅速地了解某项工作工期延误对总体工作的影响，从而能够及早采取措施。计划规模越大，越能反映出该工具的作用。

4.3.4　软件质量管理

信息系统的质量通常难以管理，其主要原因是信息系统的质量指标难以定义，即使能够定义也难以度量。但是，由于信息系统的核心是软件，所以下面主要从软件质量管理角度入手来讨论信息系统的质量管理问题。

1. 软件质量的概念

软件质量是软件的生命，它直接影响到软件的使用与维护。软件开发人员、维护人员、管理人员和用户都十分重视软件的质量。

（1）软件质量的定义

国际标准化组织 ISO 在质量特性国际标准 ISO/IEC 9126 中将软件质量定义为反映软件产品满足规定需求和潜在需求能力的特征和特性的总和。ANSI/IEEE Std 1061—1992 中，将软件质量（Software Quality）定义为："与软件产品满足规定的和隐含的需求能力有关的全部特征和特性。"

（2）软件质量的特性指标

从面向管理的观点（或者从使用者的观点）来看，软件质量可由功能性（Functionality）、有效性（Efficiency）、可靠性（Reliability）、安全性（Security）、易用性（Usability）、可维护性（Maintainability）、可扩充性（Expandability）、可移植性（Portability）和重用性（Reusability）九个主要特性指标来进行定义，它们的实际价值就在于体现了使用者（用户）的观点。软件质量主要特性指标的含义如表 4-15 所示。

表 4-15　软件质量主要特性指标的含义

主要特性指标	含　　义
功能性	软件所实现的功能达到它的设计规范和满足用户需求的程度
有效性	在规定的条件下，用软件实现某种功能所需的计算机资源（包括时间）的有效程度
可靠性	在满足一定条件的应用环境中，软件能够正常维持其工作的能力
安全性	为了防止意外或人为的破坏，软件应具备的自身保护能力
易用性	用户在学习、操作和理解某个软件过程中所作努力的程度
可维护性	当环境改变或软件出故障时，使其恢复正常运行所作努力的程度
可扩充性	在功能改变和扩充情况下，软件能够正常运行的能力
可移植性	使软件从现有运行平台向另一运行平台过渡所作努力的程度
重用性	整个软件或者其中一部分能作为软件包而被再利用的程度

（3）软件质量的二级特性指标

质量管理的目的在于使信息系统项目或者软件产品的质量达到用户满意的程度（即面向用户观点的软件质量主要特性指标）。但是，在软件产品的实际生产过程中，并不能用软件质量的主要特性指标直接进行质量控制和管理，必须将这些面向用户的主要特性指标转化为面向技术的特性指标，这种转化主要是通过对每个质量特性定义一组二级特性来完成的。二级特性进一步刻画了软件质量特性，有助于描述各个软件特性之间的关系。

从软件设计的观点出发，软件质量特性主要由可追踪性（Traceability）、完备性（Completeness）、一致性（Consistency）、精确性（Accuracy）、简单性（Simplicity）、可操作性（Operability）、培训性（Training）、通信有效性（Communicativeness）、处理有效性（Process Efficiency）、设备有效性（Device Efficiency）、模块性（Modularity）、系统无关性（System Independence）、自描述性（Self-descriptiveness）、结构性（Structuredness）、清晰性（Clarity）、可扩充性（Expandability）、文档完备性（Document Completeness）、健壮性（Robustness）、公用性（Publicity）、可见性（Visibility）、保密性（Security）、可防护性（Protection）、数据安全性（Data Security）和通用性（Generality）24 个质量二级特性决定。软件质量二级特性指标的含义如表 4-16 所示。

表 4-16　软件质量二级特性指标的含义

二级特性指标	含　　义
可追踪性	在特定的开发和运行环境下，提供从实现到用户需求可追溯的思路
完备性	所需功能全部实现的软件属性
一致性	提供软件从设计到实现技术和标识一致的属性
精确性	在计算机输出时可提供用户所定义的精度
简单性	在可理解的方式下，简化功能的定义和实现
可操作性	决定着与软件操作有关的规程，并提供有用的输入与输出
培训性	提供对用户进行熟练操作培训的特性
通信有效性	在执行各项功能时，使用最少的通信资源
处理有效性	对于各种功能的实现，占用最少的处理时间

(续)

二级特性指标	含　义
设备有效性	对于各种功能的实现，占用最少的系统设备
模块性	软件的内部结构应具有模块内高聚合、模块间低耦合的特性
系统无关性	提供不依赖于运行环境（主机、性能、操作系统、外部设备）的特性
自描述性	对功能的实现可进行自我说明
结构性	具有良好的软件结构
清晰性	用不复杂、可理解的方式对程序结构作出清楚的描述
可扩充性	提供广泛兼容的系统结构和数据存储结构的特性
文档完备性	软件文档齐全、描述清楚、符合国家标准
健壮性	在意外情况下，能继续执行和快速排除故障的能力
公用性	采用公共的通信协议、数据表示和接口标准
可见性	提供开发与操作状态可监控的特性
保密性	提供对数据存取过程和传输过程进行加密的特性
可防护性	授权管理和身份识别的特性
数据安全性	提供各类数据文件的安全备份的特性
通用性	在一定范围内，软件可以被普遍使用的特性

🔍 案例分析

【案例4-6　软件质量已经成为全球话题】1981年，由计算机程序改变而导致的1/67的时间偏差，使航天飞机上的5台计算机不能同步运行，这个错误导致了航天飞机发射失败。1986年，1台Therac-25机器泄漏致命剂量的辐射，致使两名医院病人死亡。造成惨剧的原因是一个软件出现了问题，导致这台机器忽略了数据校验。2005年11月1日，日本东京证券交易所股票交易系统发生大规模系统故障，导致所有股票交易全面告停，短短两个小时就造成了上千亿日元的损失。经查明，故障的"元凶"是2005年10月为增强系统处理能力而更新的交易程序存在缺陷。虽然系统在工程师的紧急抢救下得以恢复，但这已经在整个金融界留下了挥之不去的浓重阴影。上述症结都指向了灾难的源头：如果软件质量不过关，后果将不堪想象。据美国国家标准和技术研究院的报告显示，美国大型专用软件开发的失败率高达70%，美国经济因软件错误而导致的损失每年高达595亿美元。

【思考题】（1）请在查找相关数据资料的基础上简要介绍一下我国的软件质量现状。

（2）国产软件的主要质量问题表现在哪些方面？

2. 软件质量管理的概念

软件质量管理（Software Quality Management）可以定义为："为了确定、达到和维护需要的软件质量而进行的有计划、系统化的所有管理活动。"软件质量管理活动大致上可分为质量控制和质量设计，这两类活动内容在功能上是互补的。

（1）质量控制

质量控制主要包括计划、规程评价和产品评价。

为了进行质量控制，首先必须制订一个软件质量管理计划，该计划确定了质量目标、在每个阶段为实现总目标所应达到的要求、对进度进行安排、确定所需人力、资源和成本等内容，它贯穿于整个软件的生存期之中，并指导软件开发各个阶段的具体活动。

所谓规程，是指对在软件生存期中应当遵循的一些政策、规则和标准的具体实施的描述。软件质量管理应包括对软件开发、生产、管理和维护过程中所遵循的各种规程的评价。

软件质量管理应包括对软件产品本身的评价。软件产品评价的主要目的是确保产品与其需求相符合，常用的软件产品评价方法主要包括走查（Walk-through）、代码的审计、测试结果的分析以及软件的质量度量和评估等。

（2）质量设计

质量设计主要是指质量准则的实际运用。在软件质量设计过程中，应当确定该软件应该达到什么水平，并考虑如何设计高质量的软件，以及如何通过测试来确定软件产品的质量等问题。

3. 软件质量模型

从产品角度来看，软件质量依赖于软件的内部属性（或称软件质量因素）及其组合。因此，为了对软件产品质量进行度量，首先必须对影响软件产品质量的各种因素进行度量，并建立实用的软件质量度量体系或者模型。1968 年，Rubey 和 Hartwick 提出了软件某些属性的度量方法。1976 年，波姆（Boehm）提出了定量评价软件质量的概念，给出了60 个软件质量度量公式和软件质量度量的层次模型。1978 年，Walters 和 McCall 提出了包括度量要素（Factor）、准则（Criteria）和度量（Metric）在内的三层次软件质量度量模型。随后，G. Murine 又提出了软件质量度量（Software Quality Metrics，SQM）技术，用于定量评价软件质量，并且付诸实践。国际标准化组织（ISO）也在 1985 年提出了软件质量度量工作报告。

👤 人物小传

【人物小传 4-4　波姆】巴里·波姆（Barry W. Boehm，1935—　　）是非常有影响力的计算机专家，被誉为"软件工程估算模型 Cocomo 模型之父""软件过程螺旋式模型之父"。他是美国航空航天学会（AIAA）、美国计算机协会（ACM）、美国电气和电子工程师协会（IEEE）的会员和美国国家工程院院士，曾担任过 AIAA 计算机系统技术委员会的主席、IEEE 软件工程技术委员会的主席、美国空军科技顾问委员会信息技术小组主席以及卡内基·梅隆大学（CMU）软件工程学院客座教授委员会主席等职。目前，他担任南加利福尼亚大学软件工程中心主任和 TRW 公司计算机科学部的软件工程教授。波姆在计算机软件工程领域作出了杰出贡献，其主要著作有《软件工程经济学》《软件成本估算：Cocomo II 模型方法》等。

中国在 SQM 研究方面起步较晚，但近年来发展较快。中国软件工作者根据 ISO 近年来对软件质量的讨论趋势和 ISO/TC97/SC7 的最新建议稿，参照国外许多 SQM 模型并结合中国的实际情况，综合构成了 SSC（Shanghai Software Center）软件质量度量模型及其度量方法，从而形成了 SSC 软件质量评价体系。它是由软件质量要素、评价准则、度量三个层次构成的软件质量度量模型。

（1）软件质量要素

软件质量要素代表面向管理的软件质量管理观点，这些要素为系统开发初期建立质量

169

需求提供了有力的工具。SSC 模型中采用了功能性、可靠性、易用性、有效性、可维护性、可移植性 6 个软件质量要素。

（2）评价准则

评价准则是质量特性分解和转换的结果，它代表的是面向技术的观点。SSC 模型中选用了 24 个评价准则，即精确性、健壮性、安全性、通信有效性、处理有效性、设备有效性、可操作性、培训性、完备性、一致性、可追踪性、可见性、硬件系统无关性、软件系统无关性、可扩充性、公用性、模块性、清晰性、自描述性、简单性、结构性、产品文件完备性、可运行性和无故障性。

（3）度量

SSC 模型的第三层是度量，每一度量由若干度量问题（又称度量元）组成，根据对度量问题的回答与计分可以反映度量的得分，从而可以反映评价准则与软件质量要素的得分。

4. 软件质量管理中的标准与规范

西方发达国家很早就意识到建立软件标准的重要性，并着手研究和制定了各种软件工程标准。例如，美国国防部为了适应军用软件的开发需要，先后制定出一系列软件工程标准，其中与软件质量管理有关的美国军用标准主要有：DDDD5000.29《主要国防系统的计算机资源管理》、MIL-5-52779A《软件质量保证需求规范》、MIL-Q-9858A《质量需求规范》、MIL-STD-480《配置控制——工程变化、偏差及弃权》、MIL-STD-483《系统、设备、军需品及计算机程序的配置实践》、MIL-STD-490《规格说明书实践》、MIL-STD-1521A《对系统、设备和计算机程序的技术评审和审计》、AFR800-14Vol. Ⅰ《系统计算机资源的管理》、AFR800-14Vol. Ⅱ《系统计算机资源的获得和支持规程》、DOD-STD-2168《软件质量评价》。

IEEE 和 ISO 等国际标准组织也制定了一批较成熟的软件工程标准。其中，IEEE 近年来制定的软件质量管理方面的标准主要有 IEEE 730：2001《软件质量保证计划》（SQAP）、IEEE/EIA Std 12207《软件生命周期过程》、IEEE Std 1012《验证与确认》、IEEE Std 1028《评审》。

我国软件产业起步较晚，软件标准是近几年才开始制定的。由于计算机应用的日益广泛和计算机软件的迅速发展，对软件标准的要求越来越迫切，中国的计算机与信息处理标准化技术委员会软件工程分技术委员会已开始进行这项工作，并且制定了一些软件方面的标准（草案），上报国家标准化管理委员会待批，这些标准的制定和实施对中国软件的发展和软件质量的提高起到了一定的促进作用。自 1983 年以来，中国正式颁发的有关软件文档管理的国家标准有几十项。目前，与软件质量有关的国家标准主要有《软件文档管理指南》（GB/T 16680—1996）、《计算机软件文档编制规范》（GB/T 8567—2006）、《信息技术软件工程术语》（GB/T 11457—2006）、《计算机软件测试文档编制规范》（GB/T 9386—2008）和《计算机软件需求规格说明规范》（GB/T 9385—2008）。

软件质量保证是软件工程学科的一部分，它试图通过特殊的手段和计划，在软件生存期内系统地应用软件工程的原理、方法和实践来处理软件质量问题。下面简要介绍与软件质量保证相关的常用国际标准。

（1）ISO 9000 族标准在软件质量管理中的应用

从 ISO 9000 族标准中可以选择相应的标准来满足软件质量保证的需要，主要包括 ISO 9001、ISO 9000-3 和 ISO 9004-2。ISO 9001 是在软件设计、开发、生产、安装和维护时的质量保证的参考文件，该标准应用于所有软件产品和满足各种技术需求的软件维护活动中，它是评价软件质量的首要标准。ISO 9000-3 是将 ISO 9001 在组织开发、供应和维护方面的内容修改成适合软件应用的标准，包括总框架、生存周期的活动以及完成和集成整个系统的维护支持活动。ISO 9004-2 是指导软件维护和服务的质量系统标准，它为向客户提供服务的各类机构在建立和执行质量系统时提供了指导方针。由于客户对软件产品的内容了解的程度不等，所以该标准在为其提供的软件产品的结构以及所使用的概念和原理可以适用于规模不等的各类机构。

此外，与软件质量管理相关的 ISO 9000 族标准还有 ISO 9004-4、ISO 9002 以及 ISO 9003。ISO 9004-4 是近来公布的很有用的附加标准，是用来改善软件质量的质量管理系统文件。ISO 9002 适用于评价软件产品是否满足技术需求，但不包括设计需求，该标准可以代替 ISO 9001，作为面向软件维护而不涉及软件设计，为某些咨询、计算机培训以及服务公司使用的基本标准。ISO 9003 适用于汇编和测试运行情况的标准，目前已经不再使用。

（2）软件能力成熟度模型标准

不断改进软件开发过程是软件工程的基本原理之一。许多软件开发案例都说明这样一些事实：软件产品能否按开发计划顺利完成、软件质量能否得到完全保证，在很大程度上取决于软件开发组织能否妥善定义并严格执行其软件工程。因此，自 20 世纪 80 年代中期以来，国际软件产业界逐渐重视对软件过程的研究，并取得了重大突破，其标志就是 1987 年美国卡内基·梅隆大学软件工程研究所（Software Engineering Institute，SEI）以 W. S. Humphrey 为首的研究小组发表的研究成果"承包商软件工程能力的评估方法"。1991 年，该成果又进一步发展成为软件能力成熟模型（Capability Maturity Model for Software，SM-CMM 或 CMM），1993 年 2 月修改为 CMM 1.1。

SEI 给 CMM 下的定义是："对于软件组织在定义、实现、度量、控制和改善其软件过程的进程中各个发展阶段的描述。这个模型便于确定软件组织的现有过程能力和查找出软件质量及过程改进方面的最关键的问题，从而为选择过程改进战略提供指南。"

迄今为止，CMM 在美国已成为事实上的标准，美国许多承担政府重大软件项目的公司都一直按照 CMM 模型不断改进其软件过程以提高软件能力。鉴于 CMM 的巨大应用前景，SEI 已在美国注册了 CMM 的专利和商标。同时，围绕以 CMM 为基础的软件过程评估和软件能力评价建立了从审核员培训到提供评估和评价的一整套服务体系。目前，CMM 模型的原理和作用已得到国际公认，它不仅可用来评估软件开发单位的能力，更重要的是可供软件开发单位自我评估，并找出提高本单位软件开发能力的最有效途径。目前，该模型已在北美、欧洲和日本等国家及地区得到了广泛应用。例如，日本和韩国的许多大型信息技术骨干企业纷纷采纳了 CMM 模型及其相关标准。日本的富士通公司已根据 CMM 模型及其相关标准，自行发展了 SDEM-90（Software Development Engineering Methodology）标准。20 世纪 90 年代，国际标准化组织经过调查，确定国际软件产业界需要关于软件过程评估的一项国际标准，并于 1993 年开始组织制定软件过程评估标准，于 1998 年 10 月发表了 ISO/IEC TR 15504《信息技术——软件过程评估（Software Process Assessment，SPA)》标准，该标准由概念和介绍指南、过程和过程能力的参考模型、评估、评估指南、评估模型和标识指南、审核员资格指南、过程改进指南、确定承包方过程能力的使用指南、术语 9 个部分构成。

4.4　信息系统安全管理

本节简要介绍信息系统安全的含义、影响因素、安全技术等主要内容。

4.4.1　信息系统安全概述

根据 1994 年颁布的《中华人民共和国计算机信息系统安全保护条例》，计算机信息系统（Computer Information System）是指由计算机及其相关的和配套的设备、设施（含网络）构成的，按照一定的应用目标和规则对信息进行采集、加工、存储、传输、检索等处理的人机系统。

信息系统主要由实体和信息两大部分组成。实体是指实施信息的收集、传输、存储、加工处理、分发和利用的计算机及其外部设备和网络，主要由计算机系统（包括硬件系统和软件系统）和通信系统（包括工作站、计算机网络以及通信网络）组成。信息是指存储在计算机及其外部设备上的程序和数据。

1. 计算机信息系统安全的含义

根据《中华人民共和国计算机信息系统安全保护条例》，可将信息系统安全（Information Systems Security）定义如下："保障计算机及其相关和配套的设备、设施的安全以及运行环境的安全，保障信息的安全，保障计算机功能的正常发挥，以维护计算机信息系统的安全运行。"

信息系统的安全性主要体现在以下四个方面：①保密性。保密性是指确保信息系统中的信息不被外露。②可控制性。可控制性是指可以控制授权范围之内的信息流向和行为方式。③可审查性。可审查性是指对已经出现的系统安全问题能够提供调查的依据和手段。④抗攻击性。抗攻击性是指抵抗来自系统外部的各种非法访问、使用或破坏行为的能力。

2. 影响计算机信息系统安全的因素

计算机信息系统面临着多方面不安全因素的影响，可将影响信息系统安全的主要因素分成自然因素和人为因素两种类型。

（1）自然因素

自然因素（Natural Factors）是指因自然力造成的影响信息系统安全性的因素，可将其进一步细分为自然灾害、自然损坏和环境干扰。自然灾害是指因火灾、地震、风暴、水灾、雷击、静电和鼠害等造成的事故和损失。自然损坏是指因计算机信息系统本身的脆弱性造成的威胁，例如元器件失效、设备故障、设计不合理、保护功能差和整个系统不协调等影响计算机信息系统安全的因素。环境干扰是指高低温冲击、电压过高或过低、振动冲击、电磁波干扰、辐射干扰等因素。

（2）人为因素

人为因素（Human Factors）可分为无意损坏和有意破坏两种类型。无意损坏（No Intention to Damage）是指由于人的疏忽大意而造成对信息系统的各种损坏。有意破坏（Intentional Damage）是指直接破坏信息系统中的各种设备设施，或是非法窃取或使用信息系统中的资源或者信息，由此造成对信息系统的各种破坏。

3. 信息系统面临的威胁和攻击

由于信息系统涉及有关国家安全的政治、经济和军事情况以及一些工商企业单位与私人的机密和敏感信息，所以它不仅成为国家和某些部门的宝贵财富，而且成为敌对国家、组织以及非法用户威胁和攻击的主要对象。

由于计算机信息系统主要由实体和信息两部分组成，所以信息系统面临的威胁和攻击主要包括对实体的威胁和攻击，以及对信息的威胁和攻击这两部分内容。此外，计算机犯罪和计算机病毒这两种形式严重危害着信息系统的安全，它们均包括了对计算机信息系统实体和信息这两个方面的威胁和攻击。

（1）对信息系统实体的威胁和攻击

计算机信息系统实体主要由计算机本身、计算机外部设备以及通信网络（即计算机网络）等三部分组成。因此，对信息系统实体的威胁和攻击主要包括对计算机本身的威胁和攻击、对计算机外部设备的威胁和攻击、对计算机网络的威胁和攻击等三方面的内容。对信息系统实体造成威胁和攻击的主要影响因素包括各种自然灾害、人为破坏、设备故障、场地和环境因素、电磁干扰、电磁泄漏、战争破坏、存储介质的被盗和散失等。有关对计算机信息系统实体威胁和攻击方面的例子比比皆是。

（2）对信息的威胁和攻击

对信息的威胁和攻击主要包括信息泄露和信息破坏两种形式。

信息泄露（Information Disclosure）是指用户非法获得目标信息系统中的信息（特别是敏感信息）。信息泄露事件很多。例如，1990 年 10 月，美国三名工作人员利用政府的计算机窃取军事机密信息，非法获得了大量军事文件以及联邦政府调查局关于菲律宾前总统马科斯及其密友的敏感信息。

信息破坏（Information Destruction）是指因偶然事故或者人为破坏而使信息系统中的信息被非法修改、删除、增加、伪造或者复制，从而破坏了信息的正确性、完整性以及可用性。其中，偶然事故包括以下几种可能情况：因软硬件故障引起的安全策略失效；因工作人员的误操作而使系统出错并造成信息严重破坏；因自然灾害的破坏而造成计算机系统受到严重破坏；因环境因素的突然变化而使系统信息出错、丢失或者破坏。人为破坏主要有以下几种手段：利用系统本身的脆弱性；滥用特权身份；不合法地使用；修改或者非法复制系统中的数据。

4.4.2　信息系统安全技术

1. 信息系统安全技术的主要内容

信息系统安全技术主要包括实体安全技术、数据安全技术、软件安全技术、网络安全技术、安全管理技术、计算机犯罪防范技术、计算机病毒防治技术等内容。

（1）实体安全技术

信息系统的实体安全技术是指在全部计算机和通信环境内，为了确保信息系统安全运行，确保系统在信息的采集、传输、存储、处理、显示、分发和使用等过程中不被丢失、泄露和破坏，而对计算机信息系统采取的各种技术措施。

（2）数据安全技术

数据安全技术是指为了保证信息系统中的数据免遭破坏、修改、泄露和窃取等威胁和攻击而采取的各种技术方法，主要包括口令保护技术、存取控制技术、数据加密技术等。

（3）软件安全技术

软件安全技术是指为了确保信息系统中的软件免遭破坏、非法复制和使用而采取的各种技术和方法，主要包括口令的控制与鉴别技术、软件加密技术、软件防复制技术、防动态跟踪技术等。

（4）网络安全技术

网络安全技术是指为了确保计算机网络及其节点的安全而采取的各种技术和方法，主要包括数据加密技术、访问控制技术、数字签名技术、密钥管理技术、防火墙技术、通信流分析控制技术等。

（5）安全管理技术

安全管理技术是指通过对系统运行的管理来提高系统安全性的各种技术和方法，包括信息系统的安全管理、机房环境的监测和维护等。

（6）计算机犯罪防范技术

计算机犯罪防范技术是指通过一定的技术手段和方法，杜绝计算机犯罪的发生，并在计算机犯罪事件发生后能及时提供犯罪的有关活动信息，自己跟踪或者侦察犯罪，制裁打击犯罪分子。

（7）计算机病毒防治技术

计算机病毒防治技术是指为了解除计算机病毒对信息系统的安全性威胁而采取的各种技术和方法。

2. 计算机信息系统实体的安全

信息系统的实体安全主要包括场地环境安全、设备安全、存储介质安全等三方面的内容。

（1）场地环境安全

要确保计算机信息系统的安全，必须保证计算机信息系统实体有一个安全的环境条件，主要包括机房环境条件、计算机安全等级、机房场地环境的选择、机房的建造、计算机的安全防护等内容。

由于计算机信息系统实体是由电子设备、机电设备以及光磁材料等组成的复杂系统，它们与机房环境条件有着密切的关系，所以要确保计算机机房有一个合适的环境条件。机房的温度一般应该控制在 18 ~ 24℃，湿度应保持在 40% ~ 60% 为宜。此外，还应该采取防尘、防腐蚀、防振动、防噪声、防电气干扰、防电磁干扰、防虫害等方面的措施和技术。

为了对必须保护的信息提供足够的保护，而对不重要的信息不提供多余的保护，应对计算机机房规定不同的安全等级，对相应的机房场地提供不同的安全保护。根据国家标准GB/T 9361—2011《计算机场地安全要求》，计算机机房的安全等级分为 A、B、C 三种基本类型。

根据国家标准 GB/T 2887—2011《计算机场地通用规范》，计算机主场地的选择应该符合一定的要求，比如远离高压线、强振动源、噪声源、强电磁场、有害气体源以及存放腐蚀、易燃、易爆物品的地方，有较好的防风、防火、防水、防地震以及防雷击的条件等。

根据国家标准 GB/T 2887—2011《计算机场地通用规范》的规定，依据计算机系统的规模、用途以及管理体制不同，可选用不同房间：①主要工作房间：计算机机房；②基本工作房间：数据处理间、媒体存放间；③第一类辅助房间：低压配电间、不间断电源室、蓄电池室、空调机室、发电机室、气体钢瓶室、监控室等；④第二类辅助房间：资料室、维修室、技术人员办公室；⑤第三类辅助房间：储藏室、缓冲间、技术人员休息室、盥洗室等。

计算机的安全防护是针对环境的物理灾害和人为蓄意破坏而采取的安全措施和对策，通常是指防火、防水、防震、防振动冲击、防电源掉电、防温度湿度冲击、防盗以及防物理、防化学和生物灾害等。

（2）设备安全

要选择稳定可靠、抗震防潮、抗电磁辐射和静电能力强、对环境条件的要求尽可能低的各种设备。此外，还应该对计算机系统设备、通信与网络设备等采取一定的安全措施，主要包括计算机系统的可靠性技术、故障诊断及维护技术、抗电磁干扰技术、防电磁泄漏技术、实体的访问控制技术等内容。

采用计算机系统可靠性技术的主要目的是确保计算机系统实体（即计算机及其外部设备和网络及通信线路）可靠、无故障和无差错。

计算机的故障诊断技术则是通过检测和排除系统元器件或者线路故障，或者纠正程序的错误来保证和提高系统可靠性的技术和方法。计算机的故障诊断方法包括人工诊断法和自动诊断法两种类型。人工诊断法是指技术熟练的计算机维护人员依靠示波器、万用表等仪器对有故障的计算机直接进行测试，而把检查程序作为辅助检测手段。自动诊断法包括功能测试法、结构测试法和故障诊断专家系统等具体方法。

计算机及其外部设备工作时会产生寄生电磁辐射，在空间上以电磁波形式传输，当辐射出的能量超过一定程度时就会干扰计算机本身及其周围的电子设备。抑制电磁干扰的基本方法主要有电磁屏蔽法、接地系统法、电源系统法。电磁屏蔽法是指对受电磁干扰的地方采用不同的屏蔽方法，如电屏蔽、磁屏蔽、电磁屏蔽等，并将屏蔽体良好接地。接地系统法是指通过采用接地系统，来达到消除多电路之间流经公共阻抗时所产生的共阻抗干扰，避免计算机电路受磁场和电位差的影响，以确保计算机及其外部设备的安全。电源系统法是指为了确保信息系统的稳定性和安全性，系统的主机机房应采用双路供电或者一级供电，并配备有不间断电源（UPS），系统不与其他电器设备共用电源。

电磁泄漏是指计算机及其外部设备工作时，伴随信息输入、传输、存储、处理、输出、显示等过程，有用的信息通过寄生电磁信号或者谐波辐射出去。防电磁泄漏是信息系统安全的一个重要环节。抑制信息外泄的方法主要有两种：一种方法是采用电子屏蔽技术来掩饰计算机的工作状态和保护信息；另一种方法是采用物理抑制技术，以阻止电磁波的传播。

如果要确保计算机系统实体的安全，防止非法用户使用系统以及合法用户对系统资源的非法使用，就必须对实体的访问进行控制。访问控制通常采取两种措施：一种是识别与验证访问系统的用户，常用的验证手段包括口令验证、利用信物进行身份验证、利用人类特征进行身份验证；另一种是决定用户访问权限，即决定某个已被系统识别与验证的用户对某一系统资源可以进行何种访问（如读、写、修改、运行等）。

（3）存储介质安全

计算机信息系统中的信息大都存储在特定的存储介质中，所以存储介质的安全是确保计算机信息系统安全中的一项重要内容。目前的存储介质主要有磁盘、磁带、光盘等，必须对它们建立一套严格的科学管理制度和管理方法。存储介质的主要防护要求有防火、防高温、防潮、防霉、防水、防震、防电磁场、防盗等。

3. 数据库安全技术

（1）数据库安全概述

数据库的安全性是指保护数据库，以防止因恶意破坏和非法存取而造成数据的泄露、更改或者破坏。数据库系统在给广大用户带来方便和效率的同时，也在安全方面提出了更高的要求。数据库安全之所以重要，主要来自以下三方面的原因：①如果不对用户权限加以限制，则整个数据库中的数据就会面临因越权访问而造成的信息泄露。②由于数据库中数据的冗余度小，所以一旦数据库被篡改，则原来存储的数据就会遭到破坏。③数据库的安全还涉及应用软件和数据的安全。

如果按其内容划分，则可将数据库安全威胁分成以下三种类型：①系统内部的威胁，主要是指对系统内部的数据库、计算机系统、通信网络等造成的威胁。②人为的威胁，主要是指因授权者、操作者、程序员、用户等人为造成的数据泄露和数据篡改。③外部环境的威胁，主要是指来自系统外部环境的威胁（包括自然灾害和有意袭击等）。

数据库最基本的安全要求，即保证数据的安全，其安全特点主要表现在以下方面：①数据库需要保护的客体较多，其安全管理要求各不相同。②数据库中数据的生命周期较长，需要长期保护的数据其安全要求也更高一些。③计算机网络系统的开放性，严重威胁着数据库的安全。④数据库系统受保护的客体通常具有复杂的逻辑结构，而后者可能会映射到同一物理数据客体上。⑤不同的结构层有不同的安全保护要求。⑥要防止数据因语义、语法等方面的原因而导致数据库在安全方面的漏洞。⑦要防范由数据库中的非敏感数据推导出敏感数据的推理攻击。

（2）数据库的安全控制技术

为了使数据库管理系统能够有效地运行，确保数据库的安全，必须建立相应的数据库安全机制，即要求数据库系统在一个安全的操作系统和可靠的数据库管理系统的基础上运行。

数据库安全性控制技术主要包括：①口令保护技术。为了确保数据库的安全性，一般应对数据库的不同模块设置不同的口令，为不同用户设置不同的口令级别。②数据加密技术。数据加密技术是确保数据库安全的一种重要措施，主要用来对传输和存储过程中的数据提供安全性保护手段。③存取控制技术。存取控制技术主要用来确保用户只能存取他有权存取的数据，通常采取两种措施，一是识别并验证用户的身份，二是决定用户的访问权限。

🔍 案例分析

【案例4-7　工程师侵入北京移动数据库获利】程某是山东人，大学毕业后一直从事软件研发，在华为公司工作期间，曾为辽宁、西藏等多省市的中国移动公司做过技术服务。案发时，他在 UT 斯达康（中国）有限公司深圳分公司担任工程师。在对公安机关的供述中，程某称他侵入北京移动数据库仅仅是因为"好玩"。他说，2005 年 3 月，他出差到海南期间，突然想测试一下中国移动网络安全系统的安全程度。随即，程某利用他为西藏移动提供技术时使用的密码（此密码自程某离开后一直没有更改），轻松进入了西藏移动的服务器。通过西藏移动的服务器，程某又跳转到了北京移动数据库，取得了数据。从 2005 年 3 月至 7 月，程某先后 4 次侵入北京移动数据库，修改充值卡的时间和金额，将已充值的充值卡状态改为未充值，共修改复制出上万个充值卡密码。他还将盗出的充值卡密码通过淘宝网出售，共获利 370 余万元。2005 年 7 月，由于一次"疏忽"，程某将一批充值卡售出时，忘了修改使用期限，使用期限仍为 90 天。购买到这批充值卡的用户因无法使用便投诉到北京移动，北京移动才发现有 6600 张充值卡被非法复制，立即报警。2005 年 8 月 24 日，程某在深圳被抓获，所获赃款全部起获。

【思考题】请你结合本案例材料，谈谈中国移动公司在数据库安全方面应该注意哪些问题？可以采取的数据库安全技术有哪些？

4. 数据加密技术

（1）数据加密技术概述

数据加密变换又称密码学，它是一门历史悠久的技术，目前仍是计算机系统对信息进行保护的一种最可靠的方法。它利用密码技术对信息进行变换，实现信息隐蔽，从而保护信息的安全。

密码学（Cryptology）主要研究通信保密，而且仅限于计算机及其通信保密，其基本思想就是伪装信息，使未授权者不能理解其含义。因此，如果想了解数据加密技术，则需要先弄清楚以下几个基本概念。所谓伪装，就是对传输的信息（即计算机中的数据和软件等）进行一组可逆的数据变换。伪装前的原始信息称为明文（Plaintext，P），伪装后的信息称为密文（Ciphertext，C）。所谓数据加密（Encryption，E），是指按确定的加密变换方法（即加密算法 E_K）对需要保护的明文（P）进行处理，使其成为难以识读的密文（C），可用函数式表示为：$E_K(P) = C$。所谓数据解密（Decryption，D），是指将密文（C）用对应的解密变换方法（即解密算法 D_K）法进行处理，将其恢复成可以识读的明文（P），用函数式表示则为：$D_K(C) = P$ 或者 $D[E_K(P)] = P$。所谓密钥（Key，K），是指控制加密算法和解密算法实现的关键信息，它是数据加密技术的核心，通常表现为一组数字、符号、图形或者代表其自身的任何形式的电信号。在一般情况下，加密和解密算法的操作都是在一组密钥的控制下进行的，分别称为加密密钥（记做 K_e）和解密密钥（记做 K_d）。加密和解密过程组成加密系统，明文和密文统称为报文。

无论其形式多么复杂，任何加密系统至少应该包含明文空间、密文空间、密钥空间、加密算法、解密算法五个组成部分。明文空间是指待加密的全体报文的集合。密文空间是指加密后的全体报文的集合。密钥空间是指全体密钥的集合。加密算法是指一族由明文空间到密文空间的加密变换。解密算法是指一族由密文空间到明文空间的解密变换。信息加密系统的示意图如图 4-11 所示。

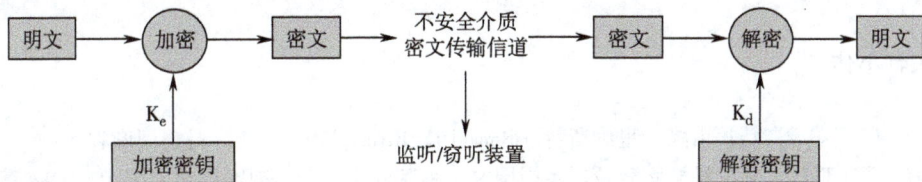

图 4-11　信息加密系统的示意图

（2）数据加密的两种体制

如果按数据加密的体制划分，则可将其分成单密钥体制和双密钥体制两种类型。

单密钥体制又称为常规密钥密码体制，它是指加密密钥和解密密钥相同或本质相同的体制。这种密码体制的加密算法运算速度快，适合于加密和解密传输中的信息，其中最为著名的单密钥算法是美国的数据加密标准（Data Encryption Standard，DES）。该标准由 IBM 公司研制，美国商业部所属的国家标准局（National Bureau of Standards，NBS）于 1977 年正式批准并将其作为美国联邦信息处理的标准。尽管美国已经宣布这种算法不再作为美国加密的标准，但这种算法已经广泛应用于世界各地（包括中国）的商业中。单密钥体制的缺陷是通信双方在进行通信前必须通过一个安全信道事先交换密钥，这在网络应用中是不现实的，而且单密钥体制无法保证信息的不可抵赖性。

DES 的工作原理可以表述为：将明文分割成许多 64 位大小的块，每个块用 64 位密钥进行加密。实际上，密钥由 56 位数据位和 8 位奇偶校验位组成，所以只有 2^{56} 个可能的密码。每个块先用初始置换方法进行加密，再连续进行 16 次复杂的替换，最后再对其施用初始置换的逆运算。第 i 步的替换并不是直接利用原始的密钥 K，而是由 K 与 i 计算出的密钥 K_i。DES 算法的数据流程图如图 4-12 所示。

双密钥体制又称公开密钥（Public Key）密码体制，最早出现在 1976 年。其主要特点就是加密和解密使用不同的密钥，每个用户保存着一对密钥（即公开密钥 PK 和秘密密钥 SK）。因此，这种体制又称为

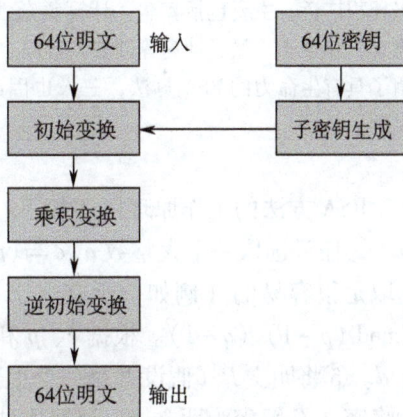

图 4-12　DES 算法的数据流程图

非对称密钥密码体制。在这种体制中，PK 是公开信息，用做加密密钥，而 SK 需要由用户自己保密，用做解密密钥。加密算法（E）和解密算法（D）也都是公开的。虽然 SK 与 PK 是成对出现，但却不能根据 PK 计算出 SK。公开密钥密码体制的特点如下：用加密密钥 PK 对明文 X 加密后，再用解密密钥 SK 解密，即可恢复出明文，或写为：$D_{SK}（E_{PK}（X））=X$。加密密钥不能用来解密，即 $D_{PK}（E_{PK}（X））\neq X$。在计算机上很容易产生成对的 PK 和 SK，但从已知的 PK 不可能推导出 SK。加密和解密的运算可以对调，即 $E_{PK}（D_{SK}（X））=X$。在公开密钥密码体制中，最有名的一种是 RSA 体制，它已

被 ISO/TC 97 的数据加密技术分委员会 SC20 推荐为公开密钥数据加密标准。

RSA 加密算法是由 Rivest、Shamir、Adleman 提出来的，该算法基于以下两个事实：一是已有确定某个数是不是质数的快速算法，二是尚未找到确定一个合数的质因子的快速算法。

人物小传

【人物小传 4-5　里维斯特】由隆·里维斯特（Ronald L. Rivest, 1947—　）是美国麻省理工学院电子工程与计算机科学系教授、美国国家工程院院士、美国国家科学院院士、美国计算机协会院士、国际密码研究学会院士、美国艺术与科学院院士，主要从事计算机理论研究。除了在 RAS 算法方面作出的巨大贡献以外，他还是 RC2、RC4、RC5、RC6 以及 MD2、MD4、MD5 加密哈希函数的发明者，他还出版了一部畅销书——《算法导论》，该书被美国出版协会评选为"1990 年度计算机科学与信息处理类最佳专业及学术著作"。

【人物小传 4-6　沙米尔】阿迪·沙米尔（Adi Shamir, 1952—　）是以色列著名密码学家。从 1977 年到 1980 年，他在美国麻省理工学院从事研究工作，与 Ronald L. Rivest、Leonard M. Adleman 一起合作发明了 RSA 算法，三人因此共同获得 2002 年度的图灵奖。从麻省理工学院回到以色列以后，沙米尔一直任职于魏茨曼（Weizmann）科学研究所的数学与计算机科学系。此外，沙米尔在密码学方面还有许多发明和贡献，包括破解 Merkle-Hellman 密码系统、可视化密码学等。

【人物小传 4-7　阿德尔曼】雷奥纳德·阿德尔曼（Leonard M. Adleman, 1945—　）是美国南加利福尼亚大学（USC）计算机科学系教授。目前，他发表了几十篇论文，其研究兴趣很广泛，主要包括算法、计算复杂性、计算机病毒、加密技术、DNA 计算、分子生物学、免疫学、量子计算等领域。1977 年，他与 Adi Shamir、Ronald L. Rivest 一起合作发明了具有生命力的 RSA 算法，三人也因此共同获得美国计算机协会颁发的 2002 年度图灵奖。

RSA 方法的工作原理概述如下：①任意选取两个不同的大质数 p 和 q，计算乘积 $r = pq$。②任意选取一个大整数 e，e 与 $(p-1)(q-1)$ 互质，整数 e 用作加密密钥。注意：e 的选取是很容易的（例如，所有大于 p 和 q 的质数都可用作 e）。③确定解密密钥 d。$de = 1 \bmod (p-1)(q-1)$。根据 e、p 和 q 可以很容易计算出 d。④公开整数 r 和 e，但是不公开 d。⑤将明文 P（假设 P 是一个小于 r 的整数）加密为密文 C，计算方法是：$C = P^e \bmod r$。⑥将密文 C 解密为明文 P，计算方法是：$P = C^d \bmod r$。但是，只根据 r 和 e（不是 p 和 q）要计算出 d 是不可能的。因此，任何人都可以对明文进行加密，但只有授权用户（知道 d）才可以对密文进行解密。

【例 4-1】选取 $p=3$，$q=5$，试计算出 d 和 e 分别是多少？假定明文为整数 13，请给出密文数字。

解：如果选取 $p=3$，$q=5$，则 $r=pq=15$，$(p-1)(q-1)=8$。选取 $e=11$（大于 p 和 q 的质数），$d \times 11 = 1 \bmod 8$，可以采用试代法得出 $d=3$。

假定明文为整数 13。则密文 C 为：$C = P^e \bmod r = 13^{11} \bmod 15 = 1792160394037 \bmod 15 = 7$。因此，复原明文 P 为：$P = C^d \bmod r = 7^3 \bmod 15 = 343 \bmod 15 = 13$。

由于 e 和 d 互逆，所以公开密钥密码体制也可以用来对加密信息进行签名，以便接收方能确定签名不是伪造的。RSA 算法是第一个能同时用于加密和数字签名的算法，也易于理解和操作。

RSA 是研究最为广泛的一种公钥算法，从提出到现在已经 30 多年，经历了各种攻击的考验，并逐渐被人们所接受，是目前最优秀的公钥方案之一。RSA 的安全性依赖于大数的因子分解，但并没有从理论上证明破译 RSA 的难度与大数分解难度等价。

RSA 也存在着一些缺点。例如，RSA 产生密钥很麻烦，并且受到质数产生技术的限制，难以做到一次一密钥。另外，分组长度太大，为了保证其安全性，n 至少要在 600 位以上，运算代价很高，运算速度较慢，并且随着大数分解技术的发展，这个长度还在增加，不利于数据格式的标准化。目前，安全电子交易（Secure Electronic Transaction，SET）协议中要求采用 2048 位的密钥，其他实体则使用 1024 位的密钥。

（3）代替密码与置换密码

在早期的单密钥体制中，其密钥由简单的字符串组成，只要有必要就可以经常改变密钥，从而达到保密的目的。单密钥体制中有两种常用的密码，即代替密码和置换密码。

代替密码（Substitution Cipher）就是将明文字母表中的每个字符替换为密文字母表中的字符。对应密文字母可能是一个，也可能是多个。接收者对密文进行逆向替换即可得到明文。

代替密码主要有以下几种表现形式：①单表代替密码。它又称简单代替密码，或称单字母代替，即明文字母表中的一个字符对应密文字母表中的一个字符，这是所有加密中最简单的方法。著名的恺撒密码就是一种简单的代替密码，它的每一个明文字符都由其右边第 3 个（模 26）字符代替（例如，A 由 D 代替，B 由 E 代替，其他类推）。②多名码代替密码。多名码代替密码是指将明文字母表中的字符映射为密文字母表中的多个字符，早在 1401 年就由 Duchy Mantua 公司使用。③多音码代替密码。普莱费尔在 1854 年发明了多音码代替密码，即将多个明文字符代替为一个密文字符。比如，将字母"i"和"j"代替为"K"，将"v"和"w"代替为"L"。④多表代替密码。多表代替密码是指由多个简单代替组成，也就是使用了两个或两个以上的代替表。比如，使用有 5 个简单代替表的代替密码，明文的第一个字母用第一个代替表，第二个字母用第二个表，第三个字母用第三个表，以此类推，循环使用这五张代替表。著名的维吉尼亚密码就属于多表代替密码。

👤 人物小传

【人物小传 4-8　恺撒】尤利乌斯·恺撒（Julius Caesar，公元前 100—公元前 44）是罗马著名军事和政治领袖。恺撒是历史上聪明绝顶的政治人物之一，具有多方面的天赋，他不仅是一位成功的政治家、杰出的将领，而且是优秀的演说家和作家。由他撰写的《高卢战记》一书长期被看做是一部一流的文学作品。

置换密码（Transposition Cipher）又称换位密码，它主要依据的是某种确定的算法，使明文中的各个字符"变位不变形"，即不改变明文中每个字符本身的形式，仅改变它在明文中的位置，将重新排列后的信息作为明文。

【例 4-2】 假设明文 P_1 为 "COMPUTERSANTIVIRUS"，密钥 K_1 为 "SECURI"。用置换密码法对其进行加密，请写出其主要步骤。

解：用置换密码法对其进行加密的主要步骤概述如下：

第一步，将密钥 K_1 中的每一个字母按英文字母表的字顺进行排序并分别予以编号，结果如表 4-17 所示。计算 K_1 的字符数 N_{K1}，$N_{K1} = 6$。

表 4-17　置换密码法的加密步骤一的结果

S	E	C	U	R	I
5	2	1	6	4	3

第二步，将明文 P_1 按 "从上到下，从左到右" 的顺序排列，形成如表 4-18 所示的字符矩阵，每行的字符数等于 N_{K1}。

表 4-18　置换密码法的加密步骤二的结果

5	2	1	6	4	3
C	O	M	P	U	T
E	R	S	A	N	T
I	V	I	R	U	S

第三步，按密钥 K_1 规定的先后顺序依次读取表 4-18 中的字符，即可得到最终的密文 $C_1 = $ "MSI-ORVTTSUNUCEIPAR"。读取字符的具体顺序是：先读编号为 "1" 的列，再读编号为 "2" 的列……最后读编号为 "6" 的列。

5. 计算机软件安全技术

（1）软件安全性概述

软件安全性（Software Security）是计算机信息系统安全性的重要内容，其重要性主要体现在以下两个方面：①软件是计算机信息处理系统的核心，它不仅是重要的系统资源，而且是使用计算机的重要工具。②软件是一种特殊的产品，它在信息系统安全中具有双重性：它是安全保护的对象，是安全控制的主要措施；同时它又是危害安全的重要途径和手段。

影响软件安全的主要形式包括：以软件为手段，获取未经授权或授权以外的信息；以软件为手段，阻碍信息系统的正常运行或用户的正常使用；以软件为对象，破坏软件完成指定功能；以软件为对象，非法复制软件。

软件安全的基本要求是指软件保护，即要禁止非法复制和使用软件以及防止非法阅读和修改软件。对软件产品进行保护，不仅可以有效地保护软件开发者的合法权益，调动软件开发者和经营者的积极性，而且可以促进软件技术和软件产业的健康发展。

（2）操作系统的安全控制手段

操作系统的安全控制手段主要有两种：一是隔离控制，二是访问控制。

隔离控制（Isolation Control）又可进一步细分为：①物理隔离（Physical Isolation），即

个进程使用不同的物理目标。②时间隔离（Temporal Isolation），即具有不同安全性要求的进程在不同的时间被执行。③加密隔离（Cryptographic Isolation），即每一进程对其数据和计算活动进行加密，使其他进程对它难于理解。④逻辑隔离（Logical Isolation），即操作系统不允许程序访问其授权以外的目标，使用户感到似乎没有其他进程的存在。

访问控制（Access Control）主要是为了确定对系统中各种资源的存取控制，也可将其进一步细分为：①自主访问控制（Discretionary Access Control，DAC）。自主访问控制是保护系统资源不被非法存取的一种有效方法。所谓自主，是指对其他主体具有授予某种存取权利的主体（用户）能够自主地将存取权授予其他主体。②强制访问控制（Mandatory Access Control，MAC）。强制访问控制可以防止用户滥用自主访问控制，它是指系统管理员给主体和客体分配一个特殊的安全属性，这些属性通常不可以更改。在实施访问时，系统通过比较主体和客体的安全属性来决定主体能否存取某个客体。③基于角色访问控制（Role Based Access Control，RBAC）。基于角色访问控制已经成为前面两个模型的最佳替代者，权限与角色相联系，用户作为合适角色的成员而获得权限，极大地简化了用户和权限的管理。

（3）软件产品保护的法规与技术

目前，对软件产品主要采取法律保护和技术保护这两种保护方式。

法律保护（Legal Protection）是在违法行为发生后唯一能够采取的一种保护方式，它主要采取强制性的惩罚措施来弥补违法行为造成的损失，同时警戒、遏止以后可能发生的类似行为。世界各国普遍采用版权方式或者修改、补充版权法来保护软件产品。

目前，软件产品技术保护（Technology Protection）的措施主要有：①硬件措施。比如，采用特殊标记的磁盘或者在磁盘上做上永久性标记的"软件指纹"，都可以有效地防止对软件的非法复制使用。②软件措施。比如，通过采取软件加密技术和反动态跟踪技术，可以有效防止对软件产品的非法阅读和修改。③软硬件结合措施。比如，在计算机的主机或者扩充槽中装入特殊硬件装置来阻止用户对软件的非法复制，该硬件装置中含有标识码，加载专用程序后由加载程序读取该标识码，才能继续运行。

6. 计算机网络安全技术

按照数据通信和数据处理的功能，通常将计算机网络分成通信子网和资源子网两部分。其中，通信子网由具有交换功能的节点计算机和高速通信线路组成，它主要承担网上的数据传输、交换和变换等通信处理工作；资源子网包括主计算机、终端、通信子网接口设备和软件等，它主要负责全网的数据处理和向网络用户提供网络资源和网络服务。

（1）网络系统的安全功能

网络系统的安全功能主要是指实现安全目标所需要具备的功能和规定。开放系统互联（Open Systems Interconnection，OSI）安全结构附录中提出了对象认证、访问控制、数据保密性、数据完整性、不可抵赖性五种安全功能。

对象认证（Authentication）功能提供了通信对等实体和数据源的认证。对等实体认证（Peer Entity Authentication）服务用于当两个开放系统同等层中的实体建立连接，或者数据传输阶段对对方实体的合法性进行判断，以防假冒。数据源认证（Data Origin Authentication）服务提供数据单元源的确证，但不提供对重复和修改数据单元的保护。

访问控制（Access Control）功能通常由安全策略所决定，它主要防止非授权使用系统资源。访问控制大体上可分为自主型访问控制和指定型访问控制两种类型。自主型访问控制的授权由网络资源的所有者或者创建者自主决定。指定型访问控制的授权则由网络管理者根据先前制定的安全方针与访问规则统一规定。

数据保密性（Data Confidentiality）功能的目的是保护系统之间交换的数据，防止因数据被截获而造成泄密。数据保密性又可进一步细分为信息保密性、选择段保密性、业务流保密性等三种类型。信息保密性是指保护数据库中的信息或者通信系统中的信息。选择段保密性是指在信息中保护被选择的数据段。业务流保密性是指防止攻击者通过观察业务流来得到敏感信息。

数据完整性（Data Integrity）功能可以防止非法用户对正常进行数据交换的数据进行修改、插入，以及在数据交换过程中可能存在的数据丢失等。

不可抵赖性（Non Repudiation）功能主要是为了证实已经发生的操作，它可以进一步细分为数据来源证明、数据递交证明和公证。数据来源证明是指由接收者提供证据，防止信息发送者否认发送过信息。数据递交证明是指由发送者提供证据，防止信息接收的对象否认接收过信息。公证是指通信双方基于第三方的绝对信任，且第三方不能篡改信息。

（2）网络安全的主要技术措施

为了保证网络的安全，通常采取网络数据加密、网络存取控制、网络安全性检测、网络有效性检测、防火墙、通信流分析控制、网络安全管理、端口保护等技术方法和措施。

网络数据加密（Network Data Encryption）是网络安全中最有效的信息保护措施。网络中数据加密的方式主要有链路加密、端—端加密以及混合加密等三种方式。链路加密是对网络中两个相邻节点之间传输的数据进行加密保护。端—端加密是向一对用户之间的数据连续地提供保护，所以它要求各对用户采用相同的密钥。

网络存取控制（Network Access Control）是指对网上用户进行身份识别，防止非法行为的发生。存取控制主要通过口令控制、报文鉴别、数字签名等方式来实现。口令控制是操作最简单、投资最合适、实现最容易的一种存取控制技术。报文鉴别是指在两个通信实体之间建立通信联系之后，对每个通信实体收到的信息进行验证以保证所收到的信息是真实的。数字签名是在通信双方发生伪造、冒充、否认和篡改等情况时保持信息系统安全性的一种存取控制技术。

网络安全性检测（Network Security Detection）技术可以有效地防止来自非法用户的主动攻击和跟踪（包括计算机病毒对系统和文件的篡改以及内部人员对系统数据的恶意篡改）。在网络正常运行之前，安全性检测程序首先要对网络的关键部件、软件和密钥等进行检验。

网络有效性检测（Network Validity Detection）技术主要用来检查在计算机通信中传输的各种信息自发出后在传输过程中是否遭到过任何方式的篡改、插入等破坏，甚至还可以检测出由于某些原因而引起的对信道上信息的干扰，从而使用户不会被非法者的信息所欺骗，以保证传输信息的安全。

防火墙（Firewall）是置于两个网络之间的一个系统或者一组部件（包括硬件和软

件），它必须具备以下特性：所有从内部到外部的信息包和外部到内部的信息包都必须通过它，只有根据本地网络安全策略授权的信息包才被准许通过它，系统本身是不可穿透的。防火墙技术通过数据包过滤、应用级网关和代理服务器等方式来实现其功能。

通信流分析（Traffic Analysis）是一种被动型攻击，敌方通过分析网络中某一路径的信息流量和流向来判断某一文件是否发送。通信流分析控制的方法主要包括掩盖通信频度、掩盖报文形式、掩盖报文地址等。

网络安全管理（Network Security Management）是网络安全、高效、稳定运行的必要手段，其主要内容包括：与安全措施有关的信息分发和文件通知；安全服务设施的创建、控制和删除；与安全有关的网络操作日记管理等。

远程终端和通信线路是网络安全的薄弱环节。因此，端口保护（Port Protection）是网络安全的一个重要问题，通常采用多种端口保护设备。

7. 信息系统的安全管理

（1）安全管理组织机构及其职能

安全管理机构是实施系统安全、进行安全管理的必要保证，其主要作用体现在以下几个方面：制定安全计划和应急救灾措施；制定防止越权存取数据和非法使用系统资源的方法和措施；规定系统使用人员及其安全标志，实施有效的管理制度；对系统进行分析、设计、测试、监测和控制，保证信息系统安全目标的实现；随时记录和掌握系统安全运行情况，防止信息的泄露和破坏，对不安全情况随时采取必要的措施；定期巡回检查系统设施的安全防范措施，及时发现不正常情况。

安全管理组织机构通常由以下几个部分组成：①安全审查机构。安全审查机构是负责安全的权威机构，它负责重要部门所应用的保密部件的密码编码的审查。②安全决策机构。安全决策机构的主要职能是根据安全审查机构对安全措施的审查意见，确定安全措施实施的方针和政策。③最高主管领导。最高主管领导负责制定安全策略和安全原则，并经常过问计算机信息系统的安全问题。④系统主管领导。系统主管领导的任务是制定保密策略、协调安全管理、监督检查安全措施的执行情况，以防止泄露事故的发生，确保机密信息的安全。⑤安全管理机构。信息系统的安全管理机构主要由安全、审计、系统分析、软硬件、通信、保安等有关方面的人员组成。在安全管理机构中，安全管理机构负责人的责任重大，他主要负责整个系统的安全。

（2）安全管理的原则与内容

信息系统的安全管理主要基于以下三个基本原则：①多人负责原则。多人负责原则是指除特殊情况以外，从事与安全有关的每一项活动都必须有两个或者两个以上的人员在场。②任期有限原则。任期有限原则是指任何人一般不宜长期担任与安全有关的职务。因此，工作人员应该不定期地循环任职，强制实行休假制度。③职责分离原则。职责分离原则是指，除非经过主管领导批准，任何工作人员不要打听、了解或者参与其职责范围以外的任何与安全有关的事情。

信息系统安全管理主要包括：①同一性检查。同一性检查是指用户在使用系统资源时，事先检查是否规定了用户有访问数据资源的权利。②用户使用权限检查。用户使用权限检查是指检查用户是否有权访问想要访问的数据。③建立运行日志。系统运行日志是记录系统运行时产生的特定事件，它是确认、追踪与系统的数据处理和资源利用有关的事件的基础，它提供发现权限检查中的问题、系统故障的恢复、系统监察等信息，也为用户提供检查自己使用系统的情况。通过建立系统运行日志，可以大大减少恶意窃取的机会和系统运行的错误。

8. 计算机犯罪和计算机病毒的防范

（1）计算机犯罪的防范措施

计算机犯罪（Computer Crime）是指在信息活动领域中，利用计算机信息系统或计算机信息知识作为手段，或者针对计算机信息系统，对国家、团体或个人造成危害，依据法律规定，应当予以刑罚处罚的行为。

面对日益猖獗的计算机犯罪，必须积极行动起来，采取综合措施，打击和防范并举，将犯罪减少到最低程度。计算机犯罪的主要防范措施包括：①提高计算机技术防范能力。计算机的技术防范是指如何采取保护措施使计算机免受罪犯的破坏、侵袭、利用。目前的主要做法包括建立防火墙、安全检查、加密、数字签名以及内容检查等措施。②建立计算机系统的安全措施。计算机系统的安全措施主要包括计算机房和数据库必须设置警卫看守，重要程序和软件资料应该复制备份，程序和资料进出计算机房时应填写登记簿、建立责任制度。③建立计算机系统的稽核措施。计算机安全稽核是指对计算机安全控制措施进行评估，它是计算机安全监察的重要方法。④建立对重点部门的稽查机制。公安机关要切实担负起对重点部门，特别是金融部门的计算机信息系统安全的监督、检查及管理，要督促它们建立计算机安全组织，强化安全技术防范措施，落实管理责任制，并定期进行安全检查。⑤建立并健全打击计算机犯罪的各种法律、法规及规章制度。首先要制定计算机安全保护法规，规范计算机管理措施，明确政府、计算机系统主管部门和单位、计算机用户等对保护计算机安全的权利和义务，把计算机安全管理工作纳入法制轨道，依法管理。此外，还应该开展计算机道德和法制教育，加强公安人员科技知识的培训，提高侦破计算机犯罪的能力。

（2）计算机病毒的防范措施

计算机病毒（Computer Virus）是指编制或者在计算机程序中插入的破坏计算机功能或者破坏数据，影响计算机使用并且能够自我复制的一组计算机指令或者程序代码，它通常具有破坏性、复制性、传染性等特点。

计算机病毒的防范涉及两方面的内容，即包括防范计算机病毒的技术手段和管理措施。

防范计算机病毒的技术手段主要包括：①软件预防。软件预防是指通过采用病毒预防软件来防御病毒的入侵。安装病毒预防软件并使其常驻内存后，就可以对侵入计算机的病毒及时报警并终止处理，从而达到不让病毒感染的目的。②硬件预防。硬件预防主要是通过硬件的方法来防止病毒入侵计算机系统。采用的主要硬件预防方法包括设计病毒过滤器、改变现有系统结构、安装防病毒卡等硬件。

预防计算机病毒的另一有效措施是加强管理，这样做既可以控制病毒的产生，又可以切断病毒的传播途径。具体措施包括：①要建立一套与现代计算机发展相适应的防范计算机病毒的法律、制度和措施，使计算机病毒在整个社会大气候下得到有效控制，并达到逐步消灭的终极目的。②各级部门应根据本单位数据资料的重要程度、系统的性质等情况制定防范计算机病毒的相应策略，并在计算机用户内部实施计算机管理制度。

本章小结

　　信息系统资源管理是信息资源管理的重要内容，其中涉及的问题很多，本章主要讨论了信息系统资源管理的基本概念（如系统、信息系统、项目管理、质量管理等）和信息系统资源管理的三大管理思想（信息系统项目管理思想、信息系统质量管理思想、信息系统安全管理思想）。由于本章涉及的内容众多，概念较多，难点突出，要求读者在熟练掌握本章各知识点的基础上，充分运用所学知识去解决相关实际问题。

课后习题

一、选择题

1. 风险管理的主要步骤包括（　　　）。

A. 风险辨识　　　　B. 风险分析　　　　C. 风险缓和　　　　D. 风险跟踪　　　　E. 风险评价

2. 项目管理的主要内容包括（　　　）。

A. 任务划分　　　　B. 计划安排　　　　C. 经费管理　　　　D. 审计与控制　　　　E. 风险管理

3. 任务划分的主要内容包括（　　　）。

A. 任务设置　　　　B. 资金划分　　　　C. 经费分配　　　　D. 任务计划时间表

E. 协同过程与保证完成任务的条件

4. 定义软件质量的主要特性包括（　　　）。

A. 功能性　　　　B. 效率　　　　C. 可靠性　　　　D. 安全性　　　　E. 重用性

5. 质量管理的发展已经历了哪些阶段？（　　　）

A. 检验质量管理　　　　　　　　　　B. 统计质量管理　　　　　　　　　　C. 全面质量管理

D. 数据质量管理　　　　　　　　　　E. 信息质量管理

二、填空题

1. 项目是一种_____单位，是指具有明确目标的_____任务。

2. 在信息系统的组织机构中，项目组通常由_____来领导。

3. 全面质量管理中要求对产品质量开展"三全"管理，即_____、_____、_____。

4. 软件质量管理活动分为_____和_____两类内容。

5. 在 SSC 软件质量评价体系中，采用了_____个软件质量要素和_____个评价准则。

6. 中国政府颁布的第一部有关计算机信息系统安全保护的法规名称是_____。

三、名词解释

1. 项目管理　　　　　　　　　　　　　2. 全面质量管理

四、简答题

信息系统项目管理主要包括哪些内容？

五、应用题

　　某企业信息建设项目包括合同签订、设备采购、环境建立、配置管理、需求分析、系统设计、编码、测试、交付、用户培训、后期维护等任务，如表 4-19 所示。请根据表 4-19 中所给出的相关信息，绘制该项目的网络图。

表 4-19　某项目的相关信息

序号	任务名称	期望时间/天	紧前任务
A	合同签订	1	—
B	设备采购	2	A
C	环境建立	2	B
D	配置管理	4	C
E	需求分析	3	C
F	系统设计	3	C
G	编码	5	D、E、F
H	测试	3	G
I	交付	2	D
J	用户培训	3	I、H
K	后期维护	2	J

六、案例题

C 银行在一个东南方的城市开了三家分行。银行总裁最近任命科珀担任信息技术副总裁，专门负责开发一个网站来提高该银行的服务水平，目的是提高客户获取账户信息的便利性，使个人可以在线申请贷款和信用卡。

科珀决定将这一项目分配给信息技术主任雷切尔。由于 C 银行目前没有网站，科珀和雷切尔一致认为项目应该从比较现有的网站开始，以便能够更好地了解该领域的最新技术。在第 1 次项目团队会议上，项目团队确定了与该项目相关的 7 项主要任务。第 1 项任务是比较现有的网站，按正常速度估算完成这项任务需要花 10 天，成本为 15 000 美元。但是，如果使用允许的最多加班量，则可以在 7 天时间、成本为 18 750 美元的条件下完成。一旦完成比较任务，就需要向最高管理层提交项目计划和项目定义文件，以便获得批准。项目团队估算完成这项任务按正常速度为 5 天，成本为 3750 美元。如果赶工的话，则需要 3 天时间，成本为 4500 美元。当项目团队从最高层获得批准以后，网络设计就开始了。项目团队估计网站设计需求的时间为 15 天，成本为 45 000 美元，如果加班，则所需时间为 10 天，成本为 58 500 美元。网站设计完成以后，还有 3 项任务必须同时进行：①开发网站数据库。如果不加班，则需要 10 天时间，成本为 9000 美元；如果加班，则只需要 7 天时间，成本为 11 250 美元。②开发和编写实际网页码。项目团队估算在不加班的情况下，开发和编写网页码需要 10 天时间和 1500 美元。若加班，则可以减少 2 天，成本为 19 500 美元。③开发和编写网站表格。这项工作分包给其他公司完成，需要 7 天时间，成本为 8400 美元，并且负责开发表格的公司没有提出赶工多收费的方案。一旦数据库开发出来，网页和表格编码完毕，整个网站还需要进行测试和修改。项目团队估算需要 3 天时间，成本为 4500 美元。如果加班，则可以减少 1 天时间，但成本变为 6750 美元。

请根据上述背景材料，回答以下问题：

（1）如果不加班，完成该项目的总成本是多少？需要多长时间？

（2）该项目可以完成的最短时间是多少？在最短时间内完成该项目的总成本是多少？

（3）假定比较其他网站的任务执行需要 13 天而不是原来估算的 10 天，需要采取什么行动来保证该项目能够按正常进度进行？

（4）假定公司总裁想在 35 天内启动网站，则需要采取哪些相应的行动？需要多花费多少美元？

第 5 章

网络信息资源管理

本章导读

网络信息资源是一个庞大的构成体。如何有效管理网络信息资源，需要对网络信息资源的内涵、外延、类型、特点、发展脉络等进行梳理，在此基础上，明确网络信息资源管理的内容、原则、方式和手段。本章在介绍网络信息资源基本理论问题的基础上，紧密围绕网络信息资源的检索与利用、评价，并重点从网络信息资源管理的技术实现和管理系统入手，对包括网络信息资源组织技术、存储技术、过滤技术、挖掘技术、推送技术和网络信息资源管理等关键问题，不求面面俱到，但求抓住核心，深入剖析网络信息资源管理的基本理论与基本方法。

开篇案例

搜索引擎是一整套复杂的软件，运行在无数台计算机上，无时无刻不在整个网络中抓取和存储网页及内容，并进行编目索引，纳入数据库；同时也立即回应来自无数用户的搜索请求，将相关的搜索结果发送到用户的终端上。至于索引、排序、呈现的相关算法，则成为各搜索引擎公司的核心商业机密。

没有搜索引擎的互联网会是什么样子？今天我们恐怕已经很难想象。但搜索引擎的历史其实并不算太长。在 20 世纪 90 年代才开始出现搜索引擎的前身，第一个有类似于当今搜索引擎功能的程序叫"万维网漫游者"（World Wide Web Wanderer）；到了 1995 年前后，Yahoo、Excite、Lycos、Alta Vista 等一批网站开始提供具有搜索功能的网站目录。搜索引擎在中国可以用百度的成长作为标识，百度于 2001 年 8 月发布了测试版。

搜索引擎对今天的互联网用户有多重要？据中国互联网络信息中心（CNNIC）于 2013 年 7 月发布的《第 32 次中国互联网络发展状况统计报告》，截至 2013 年 6 月底，我国搜索引擎网民规模为 4.70 亿，较 2012 年年底增长了 1928 万人，半年增长率为 4.3%，网民使用率为 79.6%，与 2012 年年底基本持平。搜索引擎作为互联网的基础应用，是网民获取信息的重要工具，其使用率自 2010 年后始终保持在 80% 左右，使用率在所有应用中稳居第二。搜索引擎的存在，一方面使得海量信息不至于成为一种无组织、无秩序的负担；另一方面使得普通个人从中挑选与获取信息的成本极大地降低了。当人们在搜索引擎的帮助下接触到自己想要找的信息时，实际上就是完成了一次"大海捞针"式的过滤。

搜索引擎除了帮助人们跨越空间、行业和领域的鸿沟获得信息外，也在不知不觉中抹平了时间的皱褶。想象一下上个月的旧报纸、上周播出过的电视或广播节目乏人问津的命运吧，时间曾经是横亘在媒体内容和用户需求间的一道壁垒，尽管不像空间那么引人注目。但由于搜索引擎的存在，当一则新闻随时间的推移从各大网站首页消失之后，来自天南地北的用户们仍然可以找到它，这取决于该信息与个人需求的相关程度。以及其所在页面的重要程度。时间因素仍然存在，但已不再那样至关重要。媒介环境中的游戏规则因此被部分改写了，曾经具有纵深感的历史仿佛已被压平。

当"寻找内容的方式"的重要性压倒内容，当软件算法成为我们的信息中介与助手，传播领域的权力格局已然生变。作为搜索引擎核心的软件算法、人工智能，无不是人为编制的规则。收录哪些，不收录哪些？如何排序，如何过滤？谁在制定规则？尽管这些问题的答案都被"商业机密"的屏障包围，但问题本身是值得追问和警惕的。例如，由于在实际的使用中，人们关注的通常只是搜索结果的前几页，甚至前几项列出的结果，由此衍生的"竞价排名"也成为搜索产业赖以生存的一大经济来源。

在现实生活中，面对纷繁复杂的网络信息资源，我们并不总能在有限的时间内找到恰到的信息来满足我们的需求。通过因特网获取需要的信息已基本成为人们的首要选择，但是在网络中，我们经常遇到这样的情况：需要的信息或者不能找到；或者是找到的信息太多了，信息过载，根本就难以准确把握哪一项信息来源更为权威可靠；又或者是找到之际已错过了使用价值。因此，网络信息资源的管理不仅是政府机构需要关注的问题，对于普通民众来说，有效的网络信息资源管理，对其高效获得可满足自身需要且数量适中的网络信息资源，也是相当必需的。（参阅自"百度百科'信息过载'"）

【思考题】在日常的工作与生活中，目前人们主要通过哪些技术工具获取、管理自身需要的各类网络信息资源？

5.1　网络信息资源管理概述

随着云计算、移动终端技术的进一步发展，网络信息资源的分布形式和获取渠道也都在发生着变化，特别是博客、微博的出现，不仅改变了人们在网络上的交流方式，同时也为网络信息资源的传播模式、分布形式带来了影响。伴随着 Web2.0 理念的出现和演化，用户不仅是网络信息资源的直接消费者，更是网络信息资源的直接创建者。而以手机、电视机、计算机的通信融合为核心的 3G 时代，更是全面推动了网络信息资源获取、传播渠道的多样化。人类正在进入大网络时代。因特网通过多种终端的信息传播，已经发展成为全球规模最大、用户数量最多、信息最丰富的资源宝库，然而，其信息资源良莠不齐。在此背景下，无论是国家、社会，还是个人，如何准确地认知、有效地管理各种网络信息资源，都显得意义重大。

5.1.1　网络信息资源概述

所谓网络信息资源（Network Information Resource），是指以电子数据的形式将文本、图像、声音、动画等多种形式的信息存放在光磁等非印刷介质的载体中，并通过网络通信、计算机或终端等方式再现出来的电子信息资源（或称数字化信息资源），是现代信息资源的重要表现形式之一。

网络信息资源目前还没有统一的划分标准。如果按信息内容的范围来划分，可以将它细分为学术信息、教育信息、政府信息、文化信息等。如果按网络信息的知识单元组织形式来划分，则可以将它细分为结构化数据资源（如各类网络数据库）和非结构化数据资源（如各类自由文本式的文件）。如果按开发主体来划分，则可以将它细分为科研院所信息资源、学校网站信息资源、企业公司网站信息资源、政府机构网站信息资源、服务机构网站信息资源等。如果按照人类信息传播和信息交流的方式来划分，则可将网络信息资源细分为非正式出版信息、半正式出版信息和正式出版信息。其中，非正式出版信息（又称"黑色信息”）是指流动性、随意性较强，信息数量大、信息质量难以保证和控制的动态性网络信息。例如，通过电子邮件、网络论坛和电子会议、电子布告版新闻等发布的信息。半正式出版信息是指受到一定产权保护但没有纳入正式出版信息系统中的描述性网络信息，有人称之为“灰色信息”。例如，政府机构和非政府组织提供的信息就属于半正式出版信息。正式出版信息又称为“白色信息”，是指受到一定的产权保护，信息质量可靠、利用率较高的知识性、分析性网络信息。例如，各种数据库、联机杂志和电子杂志、电子版工具书、报纸、专利信息等都属于正式出版信息，还可以按信息加工的层次将它进一步细分为一次出版信息、二次出版信息和三次出版信息。一次出版信息主要包括网上电子图书、网上电子期刊、电子报纸等提供的信息。二次出版信息主要包括搜索引擎、网络数据库和网络导航等提供的信息。三次出版信息主要包括网络述评、网站推荐等提供的信息。

　　与传统信息资源相比，网络信息资源有以下优点：①内容丰富，形式多样。其内容包罗万象，覆盖了不同学科、不同领域、不同语言的信息资源，在形式上包括了文本、图像、声音、软件、数据库等。②存储数字化。网络信息是虚拟的数字化信息，突破了以纸张或其他介质为载体的传统信息资源的限制，可以把大数量、多类型、多媒体、非规范的信息以数字化形式呈现出来。各种文体、图形、图像、影视、声音等变成了大小不同、结构不同、输入输出条件不同的数字化文件，可通过计算机或计算机网络进行存储、检索、处理、加工和传递。③传播网络化。网络信息资源以虚拟化的形态展示出来，从根本上改变了原始信息的生产、采集、提供和传递模式，实现了信息表达和传输的质的飞跃，体现了网络信息资源区别于其他信息资源的更强的社会性和共享性。网络信息资源已经成为继语言、文字、影像之外最强有力的交流手段。④更新及时。网络信息资源随时都在更新，在发生着变化。网络信息资源通过统一易用的用户界面，消除了地理、文化、语言和时间上的限制，使分布在世界各地不同主机的信息资源能够迅速、方便地被用户存取和利用。⑤分布广泛，共享性强。网络信息资源存储在不同国家、不同地区的不同服务器上。某个互联网的 Web 服务器上存储的信息资源可供互联网上的多个用户所共享。正因为如此，各图书馆都已相继开始了对网络信息资源的开发和组织管理。

　　网络信息资源也存在着一些缺陷：①内容庞杂无序。由于发布信息的网站众多，信息内容广泛而杂乱，加工标引差、针对性差。②质量良莠不齐。由于网络的开放性、松散性，难以进行统一、有效的控制和管理，导致网络信息来源的可靠性和检索质量受到影响，并在兼容性、规范化等方面存在很大差异。③信息的易逝性。网络信息生产者并不承担保存网络信息的责任，大量信息生产出来后得不到保存，又很快消失。④缺乏安全保障。网络信息产生和传递的自由程度很高，已突破传统信息管理的范畴，因而必然会带来诸如信息安全、网络安全等一系列问题，版权保护、隐私保护等也缺乏必要的管理措施和法律保障措施。⑤用户经济承受能力有限。由于我国目前的数据通信线路的资费偏高，所以在一定程度上限制和影响了用户对网络信息资源的利用。

5.1.2　网络信息资源管理的主要内容

　　网络信息资源管理要从多方面着手进行：①建立网络法规。网络信息资源中充斥着一些负面信息，它们对社会发展造成了严重的危害。利用法律力量解决网络信息活动中存在的各种问题，调整信息中的各种社会关系，规范和约束人们的行为已成为全球呼声。②运用技术手段。网络上经常有人传输大量无用数据、虚假信息、反动信息、黄色信息等，造成网络堵塞、破坏用户的系统资料。这须运用先进的技术手段来防止其发生。例如，运用防火墙技术、电子密钥系统来过滤、删除垃圾信息，保护用户的正当权益。③注重技术人员的培养。技术手段的运用要求有相应的技术人才，拥有了强有力的技术人才才能够保障技术手段良好的发挥。④建立信息资源管理系统。为了确保网络信息资源的有效、有序和健康发展，就应该建立一个有效的管理机制。可以在各网络节点上建立一个信息过滤站，对输入或输出的信息进行整理、组织、分类，剔除垃圾信息，净化网络信息，并实时对系统进行维护更新。

5.1.3　网络信息资源管理的发展与周期

1. 网络信息资源管理的发展

从 20 世纪 90 年代 Web 创建至今，已走过了一条从 Web1.0 到 Web2.0，再到 Web3.0 的道路。各个发展阶段的 Web，均是用来概括 Web 发展过程中某一阶段可能出现的各种不同的方向和特征。LinkedIn 创始人 Reid Hoffman 曾指出，如果 Web1.0 是关于搜索、寻找数据以及有限的交互，Web2.0 是关于真实身份和关系，那么 Web3.0 则是关于这些真实身份产生大量的数据。网络信息资源管理的发展与 Web 的发展息息相关。在 Web 的各个不同发展阶段，网络信息资源管理的首要目标与核心任务均有所不同。

Web1.0 时代，网络信息资源管理主要围绕网络信息资源的搜索与聚合等相关问题而展开。Web1.0 时代是一个网络信息资源初步发展的时代，虽然各个网站采用的手段和方法不同，但 Web 1.0 有诸多共同的特征，表现在：Web1.0 的本质是聚合、联合、搜索，其聚合的对象是海量、庞杂的网络信息。Web1.0 的聚合对象是微内容（microcontent），也称私内容，是相对于传统媒介所提供的大制作的重要内容（macrocontent）来说的。微内容涵盖的内容多种多样，包括链接、博客、图片、音频、视频、元数据，电子邮件的主题和 RSS[⊖] 的内容列表等，所有由网络用户所生产的任何数据都可以被称为微内容。在 Web 发展早期，其发展的重点在于有效聚合与使用微内容。整体上看，Web1.0 只满足了人们对网络信息资源的搜索、聚合需求，并没有解决好人际沟通、交互和参与的需求。

Web2.0 时代，网络信息资源管理主要围绕网络信息资源的可靠、有序与互动等相关问题而展开。Web2.0 的本质特征是参与、展示和信息互动，网络通信技术的发展填补了 Web1.0 参与、沟通、交流的匮乏与不足。Web2.0 大会于 2004 年 10 月在美国旧金山召开。从此，Web2.0 这一概念便在世界范围内广为传播。目前，多数学者将 Web2.0 理解为以 flickr、Craigslist、LinkedIn、Tribes、Ryze、Friendster、Del.icio.us、3Things.com 等网站为代表，以 Blog、TAG、SNS、RSS、Wiki 等社会软件的应用为核心，依据六度分隔、XMI、AJAX 等新理论和技术实现的互联网新一代模式。作为一项新的传播技术，Web2.0 以个性化、去中心化和信息自主权为其三个主要特征，给人们一种极大的信息创建与信息利用的自主性。在 Web1.0 时代，信息主要是单向的，而且多数情况下是由话语权集团

⊖　简易信息聚合，也叫做聚合内容，是一种描述和同步网站内容的格式。

发出，普通网民只有接受、消费，而 Web2.0 时代则赋予了普通网民更为自由、平等的网络话语权，信息表达意识空前活跃，信息表达渠道大大拓宽，网络信息资源管理的规模不断扩大。然而，这种信息创建、传播的自由、便利，却进一步导致网络信息资源的泛滥与无序，木马病毒成灾，垃圾信息遍野。如何找到适合的网络信息、如何辨别真实可靠的网络信息、如何借助网民值得依赖的平台传播网络信息等，成为普通网民、专业网站、网络管理者等在不同程度上需要关注的问题，而网络信息资源管理的问题也更为复杂多变。

Web3.0 时代，网络信息资源管理主要围绕网络信息资源的语义关联和虚拟现实等相关问题而展开。Web3.0 是虚拟化程度更高、更自由、更能体现网民个人劳动价值的网络世界，是一个能够实现如同真实世界那样的虚拟世界。其革命式的代表产品是"第二人生"（Second Life）。"第二人生"是一款很受欢迎的三维网络游戏，由美国旧金山的"林登实验室"（Linden Lab）技术公司开发而成，是一个完全由其居民建设和拥有的三维虚拟世界，并且是一个充满人群、娱乐、体验和机会的数字大陆。在此，"居民们"购买虚拟土地，打造虚拟房屋、商店、俱乐部、宫殿、庙宇和海底洞穴，甚至重建古罗马。以虚拟现实技术所构建的高度拟真体验，完全颠覆了人们对互联网社区和社会性网络的想象。依托虚拟互动这一平台，与现实世界一一对应的虚拟经济、商务、政治、文化、教育和社会活动已在网络上迅速发展，并向人类生产、生活的深度和广度进行全方位的延伸。然而，目前人们对 Web 3.0 持有争议和分歧，包括：Web3.0 到底应该什么样？具体的标志点又是什么？何时何事才是 Web 3.0 的标志？等等。多数人认为，在 Web3.0 时代，互联网本身将转化为一个泛型的数据库，跨浏览器、超浏览器的内容传播和请求机制将进一步建立；人工智能技术的运用将更为广泛、深入；语义网、关联数据深入人心；地理映射网、基于地理的各类服务应用（Location Based Service）将广为人们所熟悉与接受；3D 技术被应用于搭建网站、构建虚拟世界乃至建立网络地球村等。而围绕网络信息资源的管理，将以语义关联和虚拟现实等问题为首要目标与核心任务。

2. 网络信息资源管理的周期

网络信息资源生命周期管理是指对网络信息资源从产生、处理、应用到衰退整个生命周期的管理，具体是指对网络信息资源的采集、创造、存储、传播、交流、发布、丢弃等环节进行的计划、组织、领导和控制。在其生命周期管理的各个阶段，管理的任务重点各有侧重。网络信息资源生命周期管理的总体目标是：针对其生命周期的不同阶段，通过不同的管理活动，实现网络信息资源从无到有，从不可用到可用，从低可用到高可用，从低价值到高价值；尽可能延长应用时间，一旦进入衰退期，需要通过相应措施尽可能地挖掘其价值，一旦确认没有价值，应该果断地采取相应措施舍弃、销毁或删除。就本质而言，网络信息资源生命周期管理以信息技术为依托，通过管理网络信息资源，实现在最恰当的时候、利用最恰当的方法、找到解决问题的最为恰当的网络信息资源。

网络信息资源的类型不同，作用与价值不同。在网络信息资源管理的过程中，需要依据网络信息资源的生命周期，做到科学规划、合理实施、有效反馈。根据网络信息资源功能和价值的不同，可以将网络信息资源从产生到废弃或者永久保存的整个过程分为创建、组织存储、审核、传播、检索利用、再组织保存六个阶段。

（1）网络信息资源的产生（创建）

1993 年，国家经济信息化联席会议认为，信息资源开发利用是我国信息化建设的核心和取得实效的关键。网络信息资源的产生，或称网络信息资源创建、网络信息资源开发，具体是指以电子数据的形式，将文字、图像、声音、动画、视频等多种形式的信息存储到电子介质中，并通过网络通信、计算机及各种网络接入终端，将之进行传播，并为特定用户感知的过程。网络信息资源本身有它从产生到消亡的生命周期。网络信息资源从进入网络开始，被某个特定的用户群体所利用，开始一个生命周期的运动过程。这个过程中用户的使用情况能够体现网络信息资源某个方面的价值，是网络信息资源筛选、组织、保存和再利用的重要依据。

（2）网络信息资源的组织存储

网络信息资源内容的丰富性和形式的多样化、海量化、无序化等特点决定了需要对其进行合理的组织和存储设计。组织的目的在于将无序、零散的各类网络信息资源有序化，形成内容结构良好的网络信息资源集合。网络信息资源组织的目的包括：①减少网络信息流的混乱程度；②提高网络信息资源的质量和价值；③建立网络信息资源与网络用户的联系；④节省社会信息活动的总成本。网络信息资源组织的要求是：①网络信息资源内容有序化（有系统、条理、秩序、启发）；②网络信息资源流向明确化（考虑用户需求，使其流向明确）；③网络信息资源流速适度化（把握信息传递时机）；④网络信息资源规模简约化（内容简练、简明扼要）；⑤网络信息资源质量最优化。网络信息资源的存储设计是影响网络信息资源的科学管理和有效检索的重要因素之一。从技术实现上，网络信息资源存储包括创建者的本地保存和浏览者的临时保存。因此，网络信息资源的存储要考虑满足两种基本需求：一是永久存档，二是方便检索。

（3）网络信息资源的审核

在网络信息资源创建、组织存储后，为了确保提供的网络信息资源服务质量，需要将准备对外发布的网络信息资源存放在一个临时数据库中，依靠网络管理人员、专家学者，或者是特定的信息过滤算法，在考虑真实性、及时性和可传播性等原则的基础上，对这些网络信息资源进行认真审核，再通过网络平台提供给特定的用户利用。事实上，对于一些较为负责任的网络信息资源创建者、传播者，这一环节在整个网络信息资源管理周期中，是最为关键且重要的一步。如果传播的网络信息资源失实、利用价值不高、获取渠道难以明确，都将直接影响该网络信息资源创建者、传播者的网络信誉，比如新闻网络、电子商务运营商、政府机构、学术数据库、教育学术机构等。而对于一些搜索引擎、云存储服务商、自媒体（个人博客、个人微博、微信）等，这一环节未必严格执行。从实现手段来看，网络信息资源的审核有人工审核和自动审核。人工审核主要由系统管理人员、专家学者来完成；而自动审核则是通过特定的信息过滤算法、关键词过滤等技术，实现不需要人工干预的审核。

（4）网络信息资源传播

网络信息资源传播是以计算机通信网络为基础，进行信息资源传递、交流和利用，从而达到其社会文化传播目的的传播形式。网络信息资源传播融合了大众传播（单向）和人际传播（双向）的信息传播特征，在总体上形成一种散布型网状传播结构，在这种传播结构中，任何一个网络都能够生产、发布信息，所有网络生产、发布的信息资源都能够以非线性方式流入网络之中。同时，网络信息资源传播具有人际传播的交互性，受众可以直接、迅速地反馈信息，发表意见。而且，网络信息资源传播突破了人际传播一对一或一对多的局限，在总体上是一种多对多的网状传播模式。

网络信息资源传播具有以下特点：①信息内容多元化。网络信息资源运用了 Flash、视频、音频等多媒体技术，通过组合的应用配以精彩的内容给网络用户带来了强烈的感观刺激和互动参与的欲望。②表现形式立体化。网络信息资源以互联网为基础，借助先进的传输技术，在信息传播内容、形式、结构及便于阅读等方面，都很好地发挥了网络与计算机技术的独特作用，收到了较强的立体化信息传播效果。③传播互动化。网络信息资源传播具有双向互动性，这是网络传播的本质特征和社会意义的集中所在。双向互动式网络信息资源传播具有三个重要特征：网络信息资源的传播者不再享有信息特权，与受众一同成为真正意义上的平等交流伙伴；网络用户不仅可以平等地发布信息，还可以平等地开展讨论与争论；舆论监督功能在网络传播中不断被放大，具有较大的威慑力量。互动式传播包括民主亲和力与自由召唤力，从而构成了对现有传媒的冲击，引发对传统意识的日趋迫切的反叛与否定。也有学者将网络信息资源传播的特点概括为：互动性、即时性、个性化、传播成本费用低、权利平等性、多元性。

当然，网络信息资源传播也有自身固有的不足，主要表现为：①网络信息资源良莠不齐；②网络信息资源传播的主体具有很大的隐蔽性；③从传播学理论的角度，网络信息资源传播属于"全通道"型的传播方式，传播效率相对低下；④网络信息资源传播在向人们展示外面的五彩缤纷世界时，却将人们封锁在计算机边，许多原来内向的网络用户因为上网而变得开朗、外向，但是也有不少的网络用户因此而沉迷于网络的虚幻世界，脱离现实，甚至因此引发人际交流障碍。

（5）网络信息资源的检索利用

利用是网络信息资源管理的核心目的，检索是利用网络信息资源的主要形式。网络信息资源产生（创建）、组织存储、审核、发布后，就进入到被网络用户检索和利用的状态。在这一阶段，网络信息资源面向的对象众多，服务广泛，功能多样，最能体现网络信息资源的价值。对于网络信息资源的创建者而言，要提高网络信息资源被发现的效率，需要构建科学、合理的网络信息资源检索模式。网络信息资源检索模式是有效利用网络信息资源的关键。没有结构合理的索引与高效的检索算法，就无法实现完美的网络信息资源查询；没有对索引的动态维护与及时更新，就有可能检索到垃圾信息，误导网络用户；没有友好的用户接口，用户在选择与利用网络信息资源检索工具时，将可能错过对该工具的选择，即使选择了它，也可能因易用性差而得不到良好的查询结果。对于网络信息资源检索工具而言，如搜索引擎、元搜索引擎、信息门户、主题网关等，友好的用户接口至关重要。狭义的网络信息资源检索模式是在现实世界中有效利用网络信息资源的核心。Internet 上有大量的网络信息资源检索工具。对于一般的网络用户而言，网络信息资源的检索利用则需要考虑：①网络信息资源检索语言；②网络信息资源检索途径；③网络信息资源检索技术；④网络信息资源检索步骤；⑤网络信息资源检索效果评价。

（6）网络信息资源的再组织保存

网络信息资源经过一定阶段的利用或者某项学习研究活动结束后，为了方便对网络信息资源的管理与再利用，需要根据其利用的效率与效益重新组织，并借助长期保存技术与系统，采取全息保存或部分保存的方式来保存，确保网络信息资源不因原始出处的删除而丢失，不因网络信息资源运营商的业务转移、合并或倒闭而丢失，不因网络信息资源创建者的裁并、关停而消失。从当前的发展现状来看，网络信息资源的再组织与长期保存，依然面临着诸多挑战。

1）网络信息资源的保存需要制作多份复制件。这就要求在存储介质、存放地点等方面投入较高的成本。

2）网络信息资源的长期保存面临软硬件技术老化的问题。技术老化对网络信息资源长期保存的影响主要源自两个方面：保存经过编码的信息的存储介质和能够被其他系统（这种系统的处理结果同样能被人类所能识别）解析的软件系统（或存储格式）。对于存储介质而言，比如光盘或者硬盘，均有可能老化，并使得存储于其中的网络信息资源不可复原。而数字格式、数字系统以及硬件技术的进步，往往会使得旧系统无法操作或者以旧格式存储的数字资源无法被识别。如果没有在网络信息资源的存储介质或存储格式老化之前制作复制件，并将其以当前技术可识别的存储格式及时迁移到当前技术可识别的存储介质中，那么，网络信息资源将无法恢复，也无法被正常读取。

3）难以预见的老化增加网络信息资源保存的风险。存储网络信息资源的介质，其老化的速度往往要快于其他存储载体。比如，光盘的有效使用期为 5～59 年，磁盘的有效使用期为 2～30 年。更为重要的是，一旦老化，存储于其中的一切网络信息资源将无法提取或完全丢失。网络信息资源有可能被多次重新写入存储介质或者遭到不经意的损坏，而部分字节的丢失都有可能使得整份资料无法读取或者失真。

4）网络信息资源保存需要建立一种动态的管理机制，需要投入大量精力，对其存储实施定期监控。动态的管理机制包括：制作多份复制件，将复制件分散存放在不同的物理地点，使用元数据标识网络信息资源，保证安全，持续更新。在存储介质与存储格式老化前，随时以新的存储格式将网络信息资源迁移到新的存储介质上，确保其始终处于当前技术与设备可读取的状态。

5）网络信息资源长期保存需要采取联盟的方式来缓解成本压力。网络信息资源内容规模庞大，分布广泛，建立网络信息资源长期保存可靠的基础设施，其初始投资将耗资巨大，单靠一家保存机构肯定无法承担。而且网络信息资源长期保存过程中涉及的创建、管理、组织和存储也需要多种知识、多个系统和多种技术的全面支持。因此，多方参与，多家支持，明确各自的共享权利与相应职责，构筑以非营利性组织、科研院校、数字资源销售商、数字资源创建者、数字资源版权拥有者、数字资源传播者等为联盟的网络信息资源长期保存联盟体，将成为网络信息资源管理的一项重要议题。

除以上网络信息资源管理生命周期的分类外，也有学者将网络信息资源管理生命周期划分为：①创建期。针对不同的信息需求，通过网络信息资源规划、网络信息资源采集，获取相应网络信息资源，满足信息需求，并为此后网络信息资源共享和后续管理奠定基础。②处理期。根据不同网络信息资源的不同特点，进行组织、索引、存储、维护和保护，改善它的可用状态，提升它的价值。③应用期。通过网络信息资源传播、交流、发布、转让等，实现网络信息资源共享，发挥它的价值，为网络用户解决问题提供知识基础和经验背景。④衰退期。通过网络信息资源评价，及时判断它的衰退迹象；通过网络信息资源再生，尽可能挖掘其价值，努力延长其生命周期；并依据相应准则，科学、理性、规范地销毁或删除没有价值的网络信息资源。

还有学者将网络信息资源管理周期加以概括、浓缩，认为网络信息资源的检索与利用、网络信息资源评价、网络信息资源的技术实现与管理系统是网络信息资源管理的核心环节。本章后续内容将以此为框架，对网络信息资源管理涉及的相关理论、技术与方法加以介绍。

5.2 网络信息资源的检索与利用

因特网是一个取之不尽、用之不竭的信息宝库。如何从浩如烟海的因特网中有效地检索到所需要的信息，是各个学科都会面临的一个重要课题。本节主要介绍网络信息资源检索与利用的基础知识。

5.2.1 网络信息资源检索

网络信息资源检索是一种集各种新型检索技术于一体，能对各种类型、各种媒体的信息进行跨时空检索的大系统。网络信息资源的组织管理需要诸多信息技术的支持。其中，以 WWW（World Wide Web）浏览技术最具优越性和可用性。WWW 是一种集超文本技术、多媒体技术和网络技术于一体的新型检索工具。

1. 网络信息资源检索的特点

（1）信息检索空间的拓宽

网络信息检索空间比传统信息检索空间大大拓宽了。它可以检索因特网上的各类资源，但检索者不需要预先知道某种资源的具体地址。其检索范围覆盖了整个因特网，为访问和获取广泛分布在世界各地的成千上万台服务器和主机上的大量信息提供了可能性。这一优势是其他任何信息检索方式所不具备的。

（2）交互式作业方式

所有网络信息检索工具都具有交互式作业的特点，能够从用户命令中获取指令，即时响应用户的要求，执行相应操作，并具有良好的信息反馈功能。用户可以在检索过程中及时调整检索策略，以获得较好的检索结果，并能就遇到的问题获得联机帮助和指导。

（3）用户界面友好，操作方便

网络信息检索对用户屏蔽了各个局部网络之间的物理差异（包括各主机的软硬件平台差异、客户机程序和服务器程序的版本差异、信息存储方式差异以及网络通信协议差异等），使用户在使用这些服务时感受到明显的系统透明度。检索者利用自己熟悉的检索界面和命令方式来输入查询提问式，就可以实现对各种异构系统数据库的访问和检索。

2. 网络信息资源检索方式

网络信息资源的检索方式主要有直接浏览、通过网络资源指南来查找信息、利用搜索引擎进行信息检索等多种方式。

直接浏览包括以下具体方式：①网址查询。如果用户要访问已知地址的信息资源，可以在浏览器地址栏中输入已知的网站或网页地址，直接进行浏览，这是最常见、最有效的一种信息资源获取方式。②偶然发现。这是在网络上发现或者检索信息的一种原始方法，是指在日常的网络阅读或者漫游过程中意外地发现一些有用的信息。这种方式的目的性不是很强，其不可预见性和偶然性使得检索过程具有某种探宝的意味，也许会充满乐趣，但也可能一无所获。③顺"链"而行。这是指用户在阅读超文本文档时，利用文档中的链接从某个网页转到另一相关网页。这种方式类似于传统文献检索中的"追溯检索"，即根据文献后所附的参考文献（References Document）目录去追溯相关文献，一轮一轮地不断扩大检索范围。这种方法可以在很短的时间内获得大量相关信息，但也有可能在"顺链而行"过程中偏离了检索目标，或是迷失在网络信息空间中。另外，要想找到合适的检索起点也很不容易。

通过网络资源指南来查找信息，是指专业人员利用自身的专业优势而开发的一种可供用户进行浏览和检索的网络资源主题指南。

利用搜索引擎是一种常规、普遍的网络信息资源检索方式。搜索引擎是提供给用户进行关键词、词组或自然语言检索的工具。用户提出检索要求，搜索引擎代替用户在数据库中进行检索，并将检索结果提供给用户。它一般支持布尔检索、词组检索、截词检索、字段检索等功能。搜索引擎的主要检索过程包括：①搜索引擎通过巡视软件自动搜集各种网络信息或者人工搜集信息，然后由专门的标引软件或专业人员对搜集到的信息进行分类、标引等处理，并将结果存入索引数据库。②搜索引擎通过 WWW 服务器软件来为用户提供浏览器界面下的信息查询，用户根据需要，按照搜索引擎的检索规则，构造合适的检索表达式，并将检索要求输入到检索输入框中。③搜索引擎对用户的检索提问式进行适当处理，如果发现语法错误，则返回用户进行修改。有的搜索引擎还能对检索提问式进行智能化处理（比如，加入一些同义词等）。然后，搜索引擎将提问式与索引数据库进行匹配，并进行必要的逻辑运算。④搜索引擎将符合用户需要的信息以超文本链接的方式返回，并以 Web 页的形式显示给用户。⑤用户浏览该 Web 页，查找感兴趣的相关信息，然后通过搜索引擎提供的链接直接访问相关信息。

3. 网络信息资源检索工具

所谓网络信息资源检索工具，是指在因特网上提供信息检索服务的计算机系统，其检索对象是存在于因特网信息空间中的各种网络信息。

（1）网络信息资源检索工具的一般构成

网络信息资源检索工具一般由索引程序、数据库和检索代理软件组成。

① 索引程序。在搜集网络信息资源时，网络信息资源检索工具主要利用了两种不同类型的索引程序，即人工索引程序和自动索引程序。其中，人工索引程序是由专门信息人员来收集网络信息资源，并且按相关规范来进行分类标引，构建索引数据库。尽管这种方式可以保证所收集信息的质量和标引质量，但其效率较低，更新较慢。自动索引程序是目

前大多数网络检索工具搜集信息资源时所使用的一种程序，主要是通过使用一些网络自动跟踪索引程序（如 Robot、Spider、Crawler、Worm、Wander 等）来完成信息资源采集任务的。这种索引程序在网络上自动检索网络资源，跟踪记录其网址，描述其内容和特征，建立索引数据库，并且不断地自动更新数据库。这种程序保证了入库信息的及时性。不同的自动索引软件会采用不同的标引策略和搜索策略。目前，许多网络信息资源检索工具都是采取自动采集与人工标引相结合的方式来建立数据库。

② 数据库。数据库是网络检索工具提供检索服务的基础。网络检索工具不同，其数据库收录网络资源的类型与范围不相同，标引方式也不会一样。有的收录 Web、Usenet、FTP、Gopher 等多种资源类型，有的只收录 Web、Usenet 等资源类型，有的标引主页的地址、标题、特定的段落和关键词，有的对主页的全文进行标引。因此，数据库的内容一般有网站的名称、标题、网址 URL、网页长度、网页时间、相关超文本链接点、内容简介或者摘要等。不同数据库的规模差异也很大，例如百度收录并索引了 1 亿多个中文网页。数据库规模的大小决定了查全率的高低。

③ 检索代理软件。检索代理软件负责处理用户的检索提问式，并将检索结果提交给用户。不同的网络检索工具，所采用的检索软件不同，所提供的检索功能或者支持的检索技术各不相同，对检索结果的处理方式也不一样。检索软件功能的强弱直接影响到检索效果。检索软件功能强弱的判定，主要是看检索界面是否友好、检索技术是否灵活多样、检索途径有多少等方面。

（2）网络信息资源检索工具的类型

如果按检索信息资源的类型划分，则可将网络信息资源检索工具细分为 Web 资源检索工具和非 Web 资源检索工具。

所谓 Web 资源检索工具，是指利用超文本（或超媒体）技术在因特网上建立一种提供网络信息资源导航和检索服务的专门 Web 服务器或者网站。由于目前以超文本技术建立起来的 Web 已成为因特网信息资源的主要形式，并且 Web 资源检索工具既以 Web 形式来提供服务，又以 Web 资源为主要检索对象，检索范围还涉及其他网络资源形式，因此，Web 资源检索工具逐渐成为人们获取网络信息资源的主要检索工具和手段。目前，发展最为迅速、最受人们欢迎的信息检索工具是 Web 上的搜索引擎。

搜索引擎是一个提供信息检索服务的网站，它使用某些程序来将因特网上的所有信息进行归类，帮助人们在茫茫网海中搜寻所需要的信息。搜索引擎主要包括以下类型：①全文搜索引擎（Full Text Search Engine）。全文搜索引擎是名副其实的搜索引擎，如国内著名的百度（Baidu）搜索引擎。②目录索引类搜索引擎（Search Index/Directory）。目录索引类搜索引擎主要采用人工或机器来搜索信息，由人工对搜集的信息进行甄别、分类、加工，建立分类导航或者分类编排网站目录，提供分类检索的引擎，它主要提供族性检索模式，符合人们从分类角度来检索信息的习惯。③分类全文型搜索引擎。它是上述两种搜索引擎相结合的产物，其典型代表是 SOHU 搜索引擎。④智能搜索引擎。它是结合人工智能技术的新一代搜索引擎。由于它将信息检索从目前基于关键词的层面提高到基于知识（或概念）的层面，对知识有一定的理解和处理能力，能够实现自动分词、同义词搜索、概念搜索、短语识别以及机器翻译等功能。

非 Web 资源检索工具是指以非 Web 资源为检索对象的检索工具。例如，Gopher、WAIG、Telnet、Archie 等都属于非 Web 检索工具。由于 Web 检索工具的出现，这些非 Web 检索工具正在走向消退，使用者越来越少。

【例5-1】专题信息检索方法有助于用户在最短的时间内查询到各个学科中最符合检索要求的专题信息。目前，专题信息检索方法主要有以下几种：①选用 Internet 上的专题信息检索工具（例如，检索 FTP 服务器的 Archie、检索 Usenet 和 Listserv 的 WAIS、检索 Web 服务器的 NLsearch 等）。②注意收集专题信息检索网址。由于目前 lnternet 上没有一种检索工具能覆盖所有的网络信息，因此，收集信息质量高的各学科专题网址，可以帮助我们进行精确的专题查询。③通过虚拟图书馆检索专题信息。虚拟图书馆是一些分布式学科信息系统，它负责搜集和组织各学科专题信息，并按主题等级进行排列。此外，还可以利用专业学会的网站和网络新闻组来检索专题信息。

5.2.2　网络信息资源的开发利用

网络信息资源开发利用具有极其丰富的内容，涉及网络信息资源的生成和提取活动。

网络信息资源无论在数量、结构、分布、类型、载体形态、传播手段等方面，都与传统信息资源有着显著的差异。因此，网络信息资源的开发利用也具有特殊性。网络信息资源开发利用主要包括两个层次：①网络信息资源的基础层资源开发利用，即硬件设施开发利用和软件系统开发利用。硬件设施开发利用包括服务器等网络配套设备的开发利用以及通信技术、计算机模式、管理技术等支撑技术的开发利用。由于网络信息资源的存储与利用活动都是基于网络基础设施而发展的，所以硬件设施建设就构成网络信息资源开发利用的基础平台。②网络信息资源应用层资源开发利用，包括网络信息资源可用性开发和高水平利用状态开发。其中，可用性开发主要包括免费资源深度与广度的挖掘、镜像资源开发、收费资源的代理服务、局域网资源的组织和服务等。网络信息资源服务首先必须接入用户，然后进行信息内容服务（包括在线数据库服务、计算机硬软件服务、电子报刊服务等）；高水平利用状态开发是指以电子信息资源为开发对象，以形成各种信息产品（专题、全文或文摘数据库、专题目录检索光盘等）为目标，使用先进的信息技术手段，对网络信息资源进行重组、浓缩、整序，对信息内容深加工和结构化，使其由不可得状态转变为可得状态，由低可用状态转变为高可用状态，由无序状态转变为有序状态。

在开发利用各类网络信息资源时，可以采取的策略或者措施主要包括：①确定开发重点。网络信息资源由基础性数据库和动态性网上资源组成。对开发活动来说，开发时首先要根据特定学科、专题和用户的要求，以具有实用价值的资源为开发对象，论证并且确认开发价值。②采集信息资源。根据所选定信息资源的学科领域，借助搜索引擎来进行检索，还可以通过检索工具或利用电子邮件、数据库检索、文件传输、远程登录等途径来收集各种原始信息和数据，并且注意内容的全面性和系统性。③综合提炼网络信息资源。对所收集的信息资源可以根据用户需求来确定主题，通过对信息本体进行深度加工、整合、筛选、归类、综合和提炼，使信息内容结构化，形成特定用户需要的序列化网络专题信息产品。④及时更新所建的信息库和数据库，不断丰富网络信息资源。

5.3　网络信息资源评价

因特网的快速发展，一方面使得网络信息得到飞速增长与积累。另一方面，大量垃圾信息和对用户无用的信息也在快速增长，使得信息过载（Information Overload）现象变得日益严重。大量研究表明：对个人来说，获取信息是人们上网最主要的目的，但人们在使用网络时，大约有 60% 的时间因为找不到信息而浪费。对组织而言，约有 50% 的潜在用户因为找不到所需的信息而流失。因此，网络信息资源网站评价与方法选择，在信息高速增长的时代就显得非常重要。

🎓 **知识拓展**

【知识拓展 5-1　信息过载】信息过载是信息时代信息过于丰富的负面影响之一，指的是社会信息超过了个人或系统所能接受、处理或有效利用的范围，并导致故障的状况。其主要表现为：①受众对信息反应的速度远远低于信息传播的速度；②大众媒介中的信息量大大高于受众所能消费、承受或需要的信息量；③大量无关的没用的冗余的数据信息严重干扰了受众对相关有用信息的准确性的选择。
——资料来源：百度百科（http://baike.baidu.com/）

5.3.1　网络信息资源评价的原则

网络信息资源评价是一项系统工程。根据不同的评价目的、评价主体和评价对象，设计的评价指标、权重和指标体系，应用的评价方法和模型，适合的评价规模和层次，投入的评价成本，都会有不同的要求。总的来说，开展网络信息资源的评价，需讲究以下原则：

①注重分类评价和特定领域的网络信息资源评价研究。随着网络信息资源总量的海量增长及网络信息资源分类化、主题趋势的增强，统一的网络信息资源评价标准体系已不能满足用户越来越高层次的信息需求。应确立分类评价的原则，由网络信息资源宏观评价转向着重进行特定领域、特定用户群的网络信息资源评价研究，需在深入分析评价对象特征的基础上，制定能够科学揭示和体现不同主题、不同学科领域网络信息资源的内外部属性及特有属性，具有较强指向性、适用性的评价指标体系，以切实提高网络信息资源评价工作的实用性和价值效用。

②坚持用户导向开展评价工作。应避免"为评价而评价"的误区，坚持以用户需求为中心，在设计网络信息资源评价指标时充分考量各类用户的差异性信息需求，开展个性化、针对性的网络信息资源评价服务。同时，评价工作应以用户满意度为出发点，向面向用户的信息服务质量、服务绩效评估转变。

③培育权威评价机构。网络信息资源评价是一项复杂的系统工程，专家学者个人进行的研究连续性、系统性不强，也难以开展大规模的评价工作，且社会认同度、权威性较低。之后虽有众多机构参与到评价工作中，但大多缺乏沟通协作，以致评价体例林立但均为一家之言，影响不大。为避免这种各自为战的局面，应本着"多方参与，联合协作"的

原则，吸收不同学科背景的人员和机构，组织跨学科、跨领域的研究，并逐渐培育网络信息资源的评价领导机构和权威评价机构。

5.3.2 网络信息资源评价的指标

缺乏科学有效的评价方法，将影响到网络信息资源评价指标体系的设计。同样，不管是构建评价指标体系，还是获取原始网页及其分析数据，都有若干种方法和多种方案供选择。可见评价方法和评价指标是相互关联的。1990 年，学者 Reva Basch 发表了《数据质量测量：南加利福尼亚网络用户组第四年度会议报告》（Measuring the Quality of the Data：Report on the Fourth Annual SCOUG Retreat）一文，成为最早关注数据库质量评价的文献之一，作者设计的 10 个评价量表对网络信息资源质量评价研究发挥了奠基作用。

20 世纪 90 年代中期以来，国外研究者对网络资源评价的研究进入高峰期，很多著名信息服务机构、学术机构也纷纷参与其中，提出了具有代表性的评价指标。例如，Reva Basch 于 1990 年提出了数据库的评价指标体系，包括覆盖面和范围、时效性、准确/误差率、易用性、连贯一致性、全面性、文本格式、用户支持与培训、成本绩效。美国图书馆协会下属的 Choice 杂志于 1990 年提出网络资源评价的指标体系，涉及内容质量及可靠性、作者/信息生产者权威性、信息范围、信息更新、网站设计/导航设计/下载速度、指向外部网站及珍贵文献资源的链接、信息独特性、信息用户/信息目的。1999 年，美国参考馆员与用户服务参考部（MARS）提出网络资源的评价指标体系，包括：质量/深度/内容的有用性、用于回答特殊问题的参考作用、可用性、易用性、内容的流通、用户服务、生产者的权威、内容的独特性、资源作为一个整体的独特性、创造力、有效性。2000 年，图书馆员互联网指数网站（LII）针对网站提出了自身的评价指标体系，涉及易用性、客观性、信息来源、合法性、外向链接以及权威性、信息范围和用户、内容、信息组织、信息功能、生命周期等六项辅助指标。2002 年，英国特许图书情报专业委员会（CILIP）提出网络资源的评价指标应考虑信息内容、权威性、信息设计、信息组织与导航系统、易用性等方面。

与此同时，我国学者也充分认识到对网络信息资源进行评价能够更好地促进对其开发利用，从而避免资源闲置与浪费。这些学者在借鉴国外学者研究成果的基础上，结合我国网络信息资源的实际情况，提出了一系列关于网络信息资源的评价指标。总的来说，国内学者对网络信息资源的评价主要是从基于网络信息资源内容的评价和基于网络信息资源可获得性的评价两个方面入手。

基于网络信息资源内容的评价包括以下五个主要指标。①权威性。非正式和半正式出版信息的权威性主要是通过网站的性质和知名度来判断，网站的性质可从域名的后缀得知，.edu 是教育类网站，.gov 或 gov.cn 是政府网站，.com 或 .com.cn 是常见的商业网站，.net 是网络服务公司，.org 一般是非营利性组织。正式出版信息的权威性则取决于出版商或生产商的权威性和规模，或者取决于对应的纸本出版物的级别。总体上讲，正式出版信息要比非正式、半正式出版信息的权威性更强一些。②可靠性。可靠性包括两个方面的含义。一是指信息的来源，来自权威性、正式机构的正式出版信息的可靠性较好，而匿名网站发布的非正式信息的可靠性较差。一般来说，教育类网站的学术性较强，但有的也可能是学生制作的主页；政府网站比较权威可靠，不会随意发布不准确的信息；商业网站在介绍自己的产品时往往会夸大其词，要"批判"地接收；非营利性组织在其网站上发布的信息及言论可能有倾向性。二是信息处理的方法和手段，无论用什么方法和手段处理信息，都不能影响信息的真实性，任何断章取义、被擅自修改的信息都是不可信的。③客观性。商业网站和有倾向性的网站提供的信息的客观性尤其值得关注。④时效性。注意网络信息资源的发布时间和网页更新时间。⑤原创性。因特网上同主题网站很多，有的网站以发布原始信息为主，有的网站则主要是提供有关主题的链接，还有些是其他网站信息的镜像。

基于网络信息资源可获得性的评价是与网站或网页的设计和功能是分不开的，包括以下六个指标：①用户界面友好性。用户界面是否友好，直接关系到信息的使用率。友好、易于操作的用户界面可以使毫无上网经验的用户在网上轻松地查找所需要的信息。②响应时间。响应时间短，用户就有兴趣继续查找，直到得到满意的结果。反之，响应时间过长，用户就会放弃等待。③检索功能。每个网站或网页上的信息都是繁复的，单靠层层点击很难找到需要的信息，必须要有一定的检索功能来帮助用户进行查找。完善的检索功能应包括简单检索、二次检索、高级检索和检索功能的使用说明，以适应不同层次用户的检索需要。④导航系统。清晰、健全的导航系统是方便用户查找的好帮手，导航系统的设置应讲求科学性和针对性。⑤链接有效性。每个网站都建立了许多相关的网站链接，有效的网站链接可以激发用户的查找兴趣，无效的链接则会打击用户的积极性。⑥费用。费用问题一直是信息资源利用的一个瓶颈，在网络时代依然如此。网上免费的信息有许多是过期的信息。例如，如果想要查找上季的服装款式，用户可以打开图片，看到设计；如果想要查看今季的款式，页面将会提示有关注册的事宜。网上数据库提供的免费信息一般都止于文摘信息，查看全文需注册或购买等。

5.3.3　网络信息资源评价的方法

如果从评价类型来划分，可将网络信息资源评价细分为定性评价、定量评价、综合评价和自动评价四种方式。

1. 定性评价

定性评价方法主要有指标体系法和调查表法两种类型。其中，指标体系法是指通过设置一系列反映网站质量的指标，由领域专家根据指标体系来对网站进行分析评价。出于不同的目的和角度，以及针对不同类型的网站，可以设置不同的指标体系。Betsy Richamand、Harris Robert、David Stoker、Alision Cooke、Gemer L. Wilkinson 等国外学者提出了网络信息资源评价标准的不同指标。国内学者也纷纷针对不同类型的网站提出了相应的指标体系。调查表法是指充分利用用户对网站的认知、感知和态度，来度量网站对于用户所产生的效用。这种方法通常是由评价机构或者个人为了解网站服务能力和经营效果，面向用户设计一套调查问卷并开展调查，然后对结果进行分析处理，评测网站质量。

定性评价方法能够较全面地分析网络信息资源的质量，充分利用人们对网站的感性认识，得到的结果具有直接性和可理解性。但是，目前的定性评价方法仍然存在以下问题：①指标体系不完整。网络信息资源是一个非常复杂、庞大的体系，评价指标也非常复杂。

目前人们在网络信息资源的指标体系上尚未达成共识。②指标设计不合理。现有的网络信息资源评价方法未对指标进行界定，指标之间有较多重复，部分指标难以理解。③部分指标对象模糊。例如，有些指标仅适合于评价网站网页，有的指标则适合于评价信息内容，所提出的指标体系缺乏必要的科学性。④调查问卷法存在问题。在实施调查问卷过程中，由于误差难以控制，特别是无法控制用户填写问卷的有效性和客观性，使得调查结果不能准确反映网站的质量。此外，由于定性评价方法存在较强的主观性，其评价结果容易受网络环境、评价标准、参评人员的素质和心情等因素的制约，使得这种评价方法的操作性较差，评价结果的可靠性也较低。此外，在实施评价工作时还需要花费大量的时间、人力、物力和财力，成本太高。

2. 定量评价

定量评价方法比较科学、规范、客观，它主要是利用可靠的数字来说明和分析问题。网络信息资源的定量评价最初是分析链接数、访问次数、登录等基本元素，后来发展到系统的定量评价方法。目前，比较典型的定量评价方法主要有网络信息计量法、层次分析法和关联分析法三种类型。

（1）网络信息计量法

网络信息计量法又称为链接分析法，是指借用传统引文分析原理，并将其运用到网络信息资源评价的一种有效方法。一般认为，如果某个网站被其他网站链接越多，则说明该网站的质量越好。同时，研究还发现，网页链接的关系与对发表文章的引文研究既有一定的相似性，但又不完全相同，它也符合洛特卡效应。人们在利用链接分析法进行研究时，通常会使用著名搜索引擎，这些搜索引擎通常都会提供特定的软接口和数据检索方法，用户很容易从网站中挖掘所需要的数据。

（2）层次分析法

层次分析法主要是利用人们的常规思维来处理问题，将一个复杂问题分解成若干小问题，并且充分利用人们分析、判断和综合问题的能力，对复杂问题进行量化。该方法对网络信息资源的属性进行概念划分，利用专家调查法来取得数据和确定权重，通过评分来确定网络信息资源的级别或排名。

（3）关联分析法

关联分析法又称为对应分析法，最初由法国科学家提出并用于企业决策定位。英国的伯松（Pierre Berthon）教授在 2001 年运用对应分析（Corres Pondence Analysis）法来对世界范围内的 15 家电信公司网站进行评价，取得了新的突破。他指出，对应分析法不仅能够较好地评估网站的定位问题，而且能够较准确地评价网站之间的区分度。因此，该方法不仅仅适用于电信类网站的评价，也适合其他各领域网站的评价。

定量评价方法在一定程度上克服了定性评价方法的主观性和可控性的问题。但是，定量评价方法也存在着一些较为突出的问题。例如，人们发现文献之间的引用与网络信息之间的链接存在着显著差异。Stephen P. Harter 和 Charlotte E. Ford 的研究发现，在指向电子期刊的网络链接中，有近半数是结构性自我链接，对于评价文献的学术价值和研究学术交流行为没有意义；具有指向电子期刊的链接的网页，只有不到 8% 的网页是学术性的。

迄今为止，网站的定量评价方法均采用传统的原理和方法，这些方法对实施网站评价提供了一个很好的参考思路，但也导致忽略了对网站本身的特点和面向的用户进行深入研究，所以没有取得实质性的进展。

3. 综合评价

用于网站评价的综合评价法主要有用户调查和定量测试综合的方法、基于信息构建理论的网站评价法和网站框架评价法三种类型。

（1）用户调查和定量测试综合的方法

该方法基于定性方法和定量方法的各种组合，通常是从用户的角度出发，采用问卷调查法和专家调查法等来获取用户对网站的评价意见，同时也考虑获取网站相关数据进行定量分析的其他方法（如 Web 挖掘法、服务器日志分析法等），然后综合二者的结果来测度网站质量的好坏。

（2）基于信息构建理论的网站评价法

该方法从信息构建的分类、导航、搜索、标引系统的四个方面来对网站进行考察分析。该方法是通过用户确定使用目标、检验用户实践效果来对网站进行评价的，属于实证性分析方法。

（3）网站框架评价法

该方法根据网站的不同侧面，制定出一系列可以度量的标准，并将各项标准性指标放在一种非常结构化的框架和表格中，然后将该标准作为网站评价依据。该方法既可以进行客观描述，又可以用定量标准来进行量化，评价结果比较全面。

由于综合利用了定性评价法和定量评价法的优点，综合评价法可以得到较好的评价效果，但必须处理好一些问题，例如如何选择定性方法和定量方法的比例。另外，实施这种方法所花费的代价可能会相当大。

4. 自动评价

自动评价法从网站本身的属性和特点入手，利用数字化、自动化、智能化的手段来解决问题，通过开发相关的自动测试软件或网站，使其能够对各类网站进行测试，自动采集测评数据，并根据建立的网站评价模型，对采集到的评价数据自动进行统计、分析和计算，给出评价结果。一般来说，自动评价法主要是利用计数器（Counters）、Cookies、缓存（Caching）以及 IP 地址（IP address）作为网站分析的基础数据，通过对用户访问记录分析、基于 Web 的网站分析服务，以及服务器日志分析等来分析网站的使用负载和信息质量，故具有客观性、可靠性等优点。

自动评价法能够检测出更多的关联错误，提高分析特征的覆盖范围，减少专家分析意见和时间开销，融合可用性界面（Usability Interface，UI）设计和分析。但是，有些问题（如用户的满意度评价）则不能采用自动评价法。目前，该评价方法不是很成熟，也不具备实用性。

5.4　网络信息资源管理的技术实现与管理系统

自因特网产生以来，人们就不断地研制出各种各样的网络信息资源管理技术，主要包括置标语言、浏览器、目录工具、元数据标准、搜索引擎、网络信息过滤、网络信息挖掘、网络信息组织、网络信息构建、网格计算、网络信息计量等技术。由于篇幅所限，本节主要介绍网络信息组织、网络信息存储、网络信息过滤、Web 信息挖掘、网络信息推送等重要技术和管理系统。

5.4.1　网络信息组织技术

信息组织是指对信息进行结构化处理，其目的是便于存取。网络信息组织是指为网络信息提供有序化的结构，使之形成一个有机整体，以方便用户对网络信息进行存取和利用。

由于人们通常将网络信息进一步细分为一次网络信息、二次网络信息、三次网络信息三种类型，所以下面分别讨论这三种网络信息的组织方式。

1.　一次网络信息的组织方式

一次网络信息又称为"原始信息"，是指没有经过加工和处理的原始网络信息，包括网络电子书刊、网络学术期刊，以及网络论坛和网络新闻组中的信息等。一次网络信息的组织方式主要有文件方式、自由文本方式、数据库方式、超文本方式、页面方式等。

文件方式是指以文件系统来保存和组织网络信息的一种简便方式，传送的文件包括文本、图形、图像、图表、音频、视频等非结构化信息和多媒体数据库以及可执行的二进制代码文件等。以这种方式来管理和组织网络信息的最大优点是简单方便。但是，随着网络信息的不断增多，以文件为单位来共享和传输信息会使网络负载变得越来越大。当信息结构更为复杂时，文件系统将难以实现有效的控制和管理。

自由文本方式主要用于全文数据库的构建，是指对非结构化的文本信息进行组织和处理的一种方式。所谓全文数据库，是指将一部分图书、一篇文章或是一种杂志、一份报纸的全部文本都输入到计算机中，使之成为计算机可以阅读和处理的文本。它不是指对文献特征的格式化描述，而是利用自然语言深入揭示文献中的知识单元，按文献全文的自然状况去直接设置检索点。它所组织的是人们创造或采集到的网外全文信息，是输入网络的新资源。这种组织方式占用空间较大，系统响应速度较慢。

数据库方式是指针对大量规范化的数据进行管理的一种技术方式。利用数据库技术对网络信息进行管理，可以极大地提高信息的有序性、完整性、可理解性和安全性，可以有效地处理大量结构化的数据。数据的最小存储单位是信息项（字段）。可以根据用户的需求来灵活改变查询结果集的大小，从而大大降低网络数据传输的负载。目前，以数据库技术为基础建立了许多信息系统，形成了一整套的系统分析、系统设计与实施的方法，为人们建立网络信息系统提供了现成的经验和模式。数据库技术与网络技术的相互融合，方便用户开发和利用网络信息。

超文本方式使人们可以通过高度链接的网络结构在各种信息库找到所需要的信息。这种方式利用自然语言分析来抽取知识单元，减轻了专业标引人员的负担，打破了传统系统线性序列的局限性，采用非线性组织方式，能提供非顺序性浏览功能，比传统的组织方式更符合人们思维联想和跳跃性的习惯。它还允许用户按个人兴趣和熟悉的语言去浏览和查询信息。目前，因特网上绝大部分一次信息均采用这种组织方式。

页面方式将有关某机构或个人的一次信息集中组织在一起，通过页面对某机构、个人或专题进行全面介绍，相当于网上的档案全宗。

2. 二次网络信息的组织方式

二次网络信息是指对一次网络信息的搜集和对已搜集的一次网络信息进行组织后形成的信息。

二次网络信息的组织方式主要有搜索引擎方式、指示数据库方式、菜单方式、主题树方式等。

（1）搜索引擎方式

搜索引擎方式是目前对二次网络信息进行组织的主要形式。搜索引擎通常采用网络自动索引软件（如 Robot、Spider、Worm 等）来自动跟踪、浏览网页，搜集网络信息，并对搜集来的网络信息进行自动标引，形成一份摘要，并按一定格式创建一个详尽的、可供用户进一步按关键词查询的索引数据库，主要起到网络导航的作用。

（2）指示数据库方式

指示数据库中存储的是一次网络信息的名称、地址以及相关信息的描述信息，是指对一次网络信息进行分类编目，并且存储其相应的 URL 或 IP 地址。利用指示数据库技术，可以对网络信息进行集中、分类和整理，然后再用主题树形式指引给用户查找。在采用这种方式时，入库记录都需要经过严格选择，具有较强的针对性和较高的可靠性，检索结果适应性强。因此，指示数据库方式常用来组织专题性或者专用性二次网络信息。

（3）菜单方式

菜单方式主要用来组织用于浏览的二次网络信息。以菜单方式组织的二次网络信息本来是一个超文本文件，一般是围绕某个专题，采用分类法、地序法、时序法、主题法等方式，将与该专题有关的一次网络信息的线索（一般是地址）以及相关描述信息依次罗列，供用户浏览选择，用户若对其中的一项感兴趣，直接用鼠标在其上单击即可。

（4）主题树方式

所谓主题树方式，是指将所含某一学科的所有已获得的网络信息按照某种事先确定的概念体系结构，分门别类地逐层加以组织，建立主题目录和子类目。子类目下可以进一步细分，最底层类目内按字顺或其他标识进行排序。用户通过浏览方式来对这个等级分类目录体系逐层加以选择，层层遍历，对特定主题信息进行查询，直到找到所需的信息线索（即相关网站链接），并通过该信息线索直接找到相应的网络信息。这种组织方式简单易用，屏蔽了网络信息系统相对于用户的复杂性，提供了一种基于树形的浏览界面。对用户来说，这种方式的目的性强，查准率高。

3. 三次网络信息的组织方式

三次网络信息的生成是指对二次网络信息的搜集和对已搜集二次网络信息的组织，主要是指元搜索引擎。元搜索引擎是一种基于搜索引擎的搜索引擎，用于提供与查询需求相关的信息线索或者全文信息。元搜索引擎通过自己定制的检索界面，接收并处理用户的查询提问，在进行实际的查询时调用一个或者多个独立搜索引擎的数据库，搜索结果来自独立搜索引擎的检索结果或是这些结果集合的综合，结果呈现既可以是引用原始的独立搜索引擎的页面，也可以是由元搜索引擎重新定制后的形式。元搜索引擎一般是采用品牌知名、检索效果较好的主流搜索引擎数据库，一次提问可以同时检索多个数据库，提高了检索的效率，同时也起到了对检索工具进行推荐和指南的作用。另外，元搜索引擎的检索模式还为各个搜索引擎的集成检索提供了可能性，具有一定的先进性和实用性。常用的元搜索引擎主要有 MetaCrawler、SavvySearch、ProFusion 等。

三次网络信息的组织方式主要有分类方式、主题方式以及分类主题一体化方式。

（1）分类方式

分类方式是将各种网络信息按知识分类原理进行系统排列，并将分类号作为文献主题标识的一类检索语言，形成体现信息分类概念的标识系统。分类方式的主要作用体现在两个方面，一是通过分类途径来组织网络信息，二是提供分类浏览检索。目前，分类方式已不仅仅用于目录、文摘、索引等工具对纸质文献进行一般特征的描述，而是发展到用于数据库、信息库、搜索引擎等工具对二进制电子数据的知识单元进行描述。这种方式限定了网络信息的学科范围，适用于族性检索，便于提高网络信息检索的查全率、查准率和检索速度。

（2）主题方式

主题方式是指按照网络信息内容的主题名称来进行标引和组织。主题方式主要有两种类型。一种主题方式是词表法，即利用现有词表（叙词表、标题表）来组织网络信息。现有词表通常都是控制词表，其基本功能就是通过同义词控制和词语之间的关系来获得更好的检索结果反馈，并通过同形异义词控制来达到更高的精确度。这种类型的检索系统并不多，目前主要有美国的《国会图书馆标题表》（LCSH）和《医学标题表》（MeSH）被一些网络信息检索系统采用。

另外一种主题方式是关键词法。所谓关键词法，是指将网络信息中能够描述其主题概念的关键词抽出来，不加规范或是只作极少的规范化处理，并按字顺进行排列，以提供检索途径的一种方法。关键词法在几乎所有的搜索引擎中都获得了广泛应用。网站、网页的题名、地址、摘要以及正文中的自然语词都可被选作关键词，以建立索引数据库，用户通过检索系统的关键词检索功能来获取指向相关网络信息的超链接。关键词法的主要优点是用户选择检索词时灵活方便，不受词表控制，其主要缺点是查准率较低。

（3）分类主题一体化方式

分类主题一体化是今后网络信息组织的主要发展方向。关键词、主题词、类目之间本来就存在着概念对应关系，只是这种关系是隐含的。如果采用一体化措施，则使它们之间隐含的关系明确显示出来。分类方式可以给予网络信息一个科学的分类系统，而主题方式则使网络信息得到充分揭示。分类主题一体化包括标引语言和信息标引的分类主题一体化，是指将分类法与主题法有机结合而形成的一种标引语言。它是在一个语言系统中包括分类表和叙词表两个主要部分，并对两部分的概念、术语、标识、参照、索引等实施统一控制，从而同时满足分类标引和主题标引的需要，也可以是由原来独立的一种或者几种分类语言，与一种或者几种主题语言结合而成的语言对应系统，以实现分类语言与主题语言的标识互换。

5.4.2　网络信息存储技术

1. 关系型数据库管理系统

关系型数据库管理系统（Relational Data Base Management System，RDBMS）产生于

1970 年，是基于 IBM 的 San Jose 研究所的 E. F. Codd 提出的关系模型发展起来的数据库管理系统。尽管以前也有层次型和网络型系统，但它们都是与数据记录的结构关联密切的模型，应用程序对数据的存储结构有较大依赖性，数据操作复杂且不够灵活。相反，关系型数据模型是以数学集合论中定义的关系集合来建立数据模型的，可以利用简单、明快的表格形式来表现数据，应用不会受到数据记录的结构影响，容易构造更具灵活性的系统，常被用于设计网络信息资源的后台存储系统，以进行网络信息资源的有效保存。

可以说，数据库管理系统（Data Base Management System，DBMS）是对数据库进行管理的系统软件，它的职能是有效地组织和存储数据，获取和管理数据，接受和完成用户提出的各种数据访问请求，能够支持关系型数据模型的数据库管理系统。

关系型数据库管理系统的基本功能包括以下四个方面：①数据定义功能。RDBMS 提供了数据定义语言（Data Definition Language，DDL），利用 DDL 可以方便地对数据库中的相关内容进行定义。例如，对数据库、表、字段和索引进行定义、创建和修改。②数据操纵功能。RDBMS 提供了数据操纵语言（Data Manipulation Language，DML），利用 DML 可以实现在数据库中插入、修改和删除数据等基本操作。③数据查询功能。RDBMS 提供了数据查询语言（Data Query Language，DQL），利用 DQL 可以实现对数据库的数据查询操作。④数据控制功能。RDBMS 提供了数据控制语言（Data Control Language，DCL），利用 DCL 可以完成数据库运行控制功能，包括并发控制（即处理多个用户同时使用某些数据时可能产生的问题）、安全性检查、完整性约束条件的检查和执行、数据库的内部维护（例如索引的自动维护）等。RDBMS 的上述许多功能都是可以通过结构化查询语言（Structured Query Language，SQL）来实现的，SQL 是关系型数据库中的一种标准语言，在不同的 RDBMS 产品中，SQL 中的基本语法是相同的。

2. 云存储

全球网络信息资源的猛增使得存储日益成为网络建设者乃至各种信息主体需要重新面对的问题，越来越多的企业开始将存储作为单独的项目进行管理。同时，持续增长的数据存储压力带动着整个存储市场的快速发展。云计算、云存储正是在这一背景下被推出的。所谓的云计算，主要是指分布式处理（Distributed Computing）、并行处理（Parallel Computing）和网格计算（Grid Computing）的发展，是通过网络将庞大的计算处理程序自动分拆成无数个较小的子程序，再交由多部服务器所组成的庞大系统经计算分析之后将处理结果回传给用户。通过云计算技术，网络服务提供者可以在数秒之内，处理数以千万计甚至亿计的信息，达到和"超级计算机"同样强大的网络服务。

云存储（Cloud Storage）是在云计算（Cloud Computing）概念上延伸和发展出来的一个新的概念，是指通过集群应用、网格技术或分布式文件系统等功能，将网络中大量各种不同类型的存储设备通过应用软件集合起来协同工作，共同对外提供数据存储和业务访问功能的一个系统。

云存储这个概念一经提出，就得到了众多厂商的支持和关注。Amazon 推出的 Elastic Compute Cloud（EC2：弹性计算云）云存储产品，旨在为用户提供互联网服务形式的同时提供更强的存储和计算功能。内容分发网络服务提供商 CDNetworks 和业界著名的云存储平台服务商 Nirvanix 发布了一项新的合作，并宣布结成战略伙伴关系，以提供业界目前唯一的云存储和内容传送服务集成平台。随后，微软推出了提供网络移动硬盘服务的 Win-dowsLive SkyDrive Beta 测试版。EMC 宣布加入"道里"可信基础架构项目，致力于云计算环境下关于信任和可靠度保证的全球研究协作，IBM 也将云计算标准作为全球备份中心的 3 亿美元扩展方案的一部分。苹果公司也推出 iCloud 服务等。

对于任何云部署，为了同时获得灵活的、按需定制的架构和中间件，这种存储系统的虚拟化都是必须的。而具备灵活性、低延迟、分布性等理想特征的技术也能够为这种虚拟化提供帮助。通常这会涉及多种 NoSQL 解决方案。即使只用于内部的私人云应用，这样的解决方案也将需要具备多租户（Multi-Tenancy）、计量（Metering）和状态监控等功能。为了能够将数据从不同的应用中隔离开来，多租户是必需的，也许还会用某些形式的名空间（Namespacing）。计量对于正确地分摊运行该服务的共用成本是至关重要的。为了实现计量需要记录占用的 CPU 周期、消耗的磁盘和内存空间，甚至还会包括宽带的占用量。Amazon 公司提供了一个这样的服务，称为 SimpleDB。

5.4.3　网络信息过滤技术

随着因特网信息资源量的迅速增加，信息过滤（Information Filtering）技术得到了越来越多的关注。

信息过滤是指根据用户的信息需求来对动态信息流进行过滤，仅将满足用户需求的文档传送给用户，以提高获取信息的效率。网络信息过滤有利于减轻用户的认知压力。它在为用户提供所需要信息的同时，还剔除了与用户不相关的信息，从而能够提高用户获取信息的效率；它根据用户信息需求的变化来提供稳定的信息服务，能够节约用户获取信息的时间，从而极大地减轻用户的认知负担，起到"减压阀"的作用。网络信息过滤对个性化信息服务起到了巨大的推动作用。在个性化信息服务中，最重要的是收集和分析用户的信息需求。由于信息过滤的反馈机制具有自我学习、自我适应的能力，可以动态地了解用户兴趣的变化，掌握用户的信息需求，从而为用户提供针对性更强的信息。在协作过滤系统中，还可以根据用户之间的相似性来推荐信息，能为用户提供感兴趣的新信息，拓宽用户的视野。通过网络信息过滤，可以减少不必要的信息传递，节约宝贵的信道资源。利用网络信息过滤，可以对网络信息的流量、流向和流速进行合理配置，使网络变得更加顺畅。对用户来说，信息过滤能够剔除大量的不相关信息的流入，从而避免产生网络塞车现象。随着网络不良信息的泛滥，信息过滤作为解决不良信息问题的技术手段更是受到多方面的广泛关注。过滤网络不良信息是信息过滤最重要的应用之一。通过分级类目、关键词、规则等来描述用户的信息需求，以分级、URL 地址列表、自动文本分析等方法来过滤不良信息，同时运用一些人工干预的方法来提高信息过滤的效率，在保护网络用户尤其是未成年用户免受不良信息侵扰方面发挥了很好的作用。

1. 网络信息过滤的主要类型

如果按照过滤结构划分，则可将网络信息过滤细分为基于内容的过滤（如搜索引擎）、协作过滤等类型。其中，基于内容的过滤（Content-based Filtering）又称为认知过滤，是指利用用户需求模板与信息的相似程度进行的过滤，能为用户提供曾经感兴趣的相似信息，但不能为用户发现新的感兴趣的信息。在反馈机制的作用下，用户的信息需求处于循序渐进的变化过程中。协作过滤（Collaborative Filtering）又称为社会过滤，是利用用户需求之间的相似性或用户对信息的评价进行的过滤。对于价值观念、思想观点、知识水平或需求偏好相同或相似的用户，他们的信息需求往往也具有相似性。基于这一思路，通过比较用户需求模板的相似程度或者根据用户对信息的评价而进行的过滤，既可以为用户提供其正感兴趣的信息，又可以提供新的感兴趣的信息。在这种系统中，用户的信息需求有可能呈现跃进式的变化。

如果根据过滤模板所在的位置划分，则可将网络信息过滤细分为上游过滤和下游过滤两种类型。其中，上游过滤（Upstream Filtering）是指用户需求模板存放在服务器端或代理端上的信息过滤，其优点是支持基于内容的过滤，也支持协作过滤，主要缺点是模板不能用于不同的网络应用中。下游过滤（Downstream Filtering）是指用户需求模板存放在客户端上的信息过滤，其优点是模板可用于不同的网络应用，主要缺点是只能实现基于内容的过滤。

如果根据信息过滤的目的划分，则可将网络信息过滤细分为推荐系统、阻挡系统等类型。其中，推荐系统（Recommended System）是指根据用户对信息的评价将信息推荐给合适的接收者，属于协作过滤系统的一部分。阻挡系统（Blocking System）是指通过设置一定的条件来限制用户获取某些信息，而其他信息则可以利用，它主要用于过滤网络不良信息或是不适合用户的信息。分级、URL 地址列表都属于阻挡系统，而自动文本分析、图像识别技术属于推荐系统。

如果根据过滤的不同应用划分，则可将网络信息过滤细分为专门过滤软件、网络应用程序、其他过滤工具等类型。其中，专门过滤软件是指为过滤网络信息而专门开发的软件，一般要加载到网络应用程序中，根据预先设定的过滤模板扫描、分析网络信息并阻挡不适宜的信息。专门过滤软件又可以细分为专用过滤软件和通用过滤软件两种类型。前者只能过滤某种网络协议的信息（如网页过滤软件、邮件过滤软件、新闻组过滤软件等），或者只能在某种网络应用中起作用（如儿童浏览器、儿童搜索引擎、广告过滤软件等）。后者能对多种网络协议或应用起作用。例如，NetNanny 可以过滤网页、电子邮件、网络聊天的信息。此外，Norton Internet Security 还可以过滤 ICQ、FTP 和新闻组的信息。目前，用得较多的是通用过滤软件。有些网络应用程序（如 Web 浏览器、搜索引擎、电子邮件、新闻组等）附有过滤功能，可以过滤不适宜的信息。例如，利用 IE 的内容分级审查功能，用户可以通过设置黑名单、白名单或其组合，利用各种支持网络内容过滤平台（Platform for Internet Content Selection，PICS）的分级标记来进行过滤，具有过滤成本低、使用方便等特点。其他过滤工具主要包括防火墙、代理服务器等，可以通过对源地址、目标地址或是端口号进行限制，防止子网不适宜的信息流出或是子网外的不适宜的信息流入。

2. 网络信息过滤的主要方法

网络信息过滤的方法比较多。例如，如果按照过滤手段划分，则可以将它细分为基于内容的过滤、基于网址的过滤和混合过滤三种方法。其中，基于内容的过滤是指通过文本分析、图像识别等方法来阻挡不适宜的信息；基于网址的过滤是指通过对认为有问题的网址进行控制，不允许用户访问其信息；混合过滤是指将内容过滤与网址过滤结合起来控制不适宜信息的传播。

如果按照是否对网络信息进行预处理划分，则可将信息过滤细分为主动过滤和被动过滤两种方法。其中，主动过滤是指预先对网络信息进行处理（比如，对网页或网站预先分级、建立允许或禁止访问的地址列表等），在过滤时可以根据分级或地址列表决定能否访问；被动过滤是不对网络信息进行预处理，过滤时才分析地址、文本或图像等信息，决定是否过滤。假如一个或一组用户由于工作、学习、生活的需要而产生了信息需求，这种需求在较长一段时间内保持相对稳定，用户的信息需求必须以计算机能够识别的形式揭示出来，这就是用户需求模板（Profile，也叫做过滤模板）。用户需求模板可以是正向的，也可以是反向的。也就是说，既可以揭示用户希望得到的信息，也可以描述用户希望剔除的信息。在网络系统中，对动态的网络信息不作预处理，当信息流经过系统时才运用一定的算法将信息揭示出来。匹配算法和用户需求模板的描述方法、信息的揭示方法是相互联系的，常用的匹配模型有布尔模型、向量空间模型、概率模型、聚类模型、基于知识的表示模型以及混合模型等，其主要任务是剔除不相关的信息，选取相关的信息，并按相关性的大小提供给用户。为了提高信息过滤的效率，系统还会根据用户对过滤结果的反应，通过反馈机制作用于用户和用户需求模板，使用户逐渐清晰自己的信息需求，对用户需求模板的描述也会越来越明确，越来越具体。在整个系统中，用户需求模板的生成、信息的揭示、匹配算法和反馈机制是最为关键的部分。在现有技术条件下，全自动的信息过滤系统还处于试验阶段。为了提高实用性，往往会在关键部分进行必要的人工干预（比如，对动态信息流先作预处理，人工修改用户需求模板等）。

5.4.4 Web 信息挖掘技术

Web 信息挖掘简称 Web 挖掘，它是数据挖掘技术在 Web 环境下的具体应用，是指从大量的非结构化、异构型的 Web 文档中发现新颖、潜在可用以及最终可以理解的知识（包括概念、模式、规则、规律约束以及可视化等形式）的过程。换言之，Web 信息挖掘就是从网络相关的资源和行为中抽取用户感兴趣的有用信息。

1. Web 信息挖掘的特点

与传统的数据挖掘相比，Web 信息挖掘具有以下特点：①数据源具有很强的动态性。Web 是一个不断变化、动态更新的系统，Web 信息也是不断更新的，其数据源具有很强的动态性。②挖掘目的具有模糊性。Web 上有成千上万的用户，而每个用户的背景、使用挖掘的目的和兴趣都各不相同，大多数用户对自己的挖掘主题只有一个肤浅的认识和了解，并不能提出一个明确的目标。③数据类型具有多态性。Web 数据既包括数值型数据，也包括布尔型数据，还包括描述性数据和 Web 特有的数据（如 URL 地址）。新数据类型的出现必然要对传统的数据挖掘方法进行补充和扩展，才能进行有效的数据挖掘。此外，Web 信息还具有多维性等特点。

2. Web 信息挖掘的分类

按照 Web 数据的不同类型划分，可将 Web 信息挖掘划分成 Web 内容挖掘、Web 结构挖掘、Web 使用挖掘三种类型。

（1）Web 内容挖掘（Web Content Mining）

Web 内容挖掘是指从 Web 上的文件内容及其描述信息中获取潜在、有价值的知识或模式的过程。Web 内容挖掘的重点是页面的分类和聚类。Web 页面的分类是指根据页面的不同特征，将其划分为事先建立起来的不同类。Web 页面的聚类是指在没有给定主题类别的情况下，将 Web 页面集合聚成若干个簇，并且同一簇的页面内容的相似性尽可能大，而簇间相似度尽可能小。

Web 上的信息内容是由文本、图像、音频、视频、元数据等组成的。针对所处理的 Web 信息对象不同，Web 内容挖掘还可以细分成 Web 文本挖掘和 Web 多媒体挖掘。其中，Web 文本挖掘是指针对 Web 上大量文档集合的内容进行总结、分类、聚类、关联分析以及利用 Web 文档进行趋势分析等。Web 多媒体挖掘主要是通过对 Web 上的音频、视频数据和图像信息进行预处理，应用数据挖掘技术来对其中潜在的、有意义的信息和模式进行挖掘的过程。多媒体挖掘与文本挖掘的不同在于提取特征的不同。Web 多媒体挖掘提取的特征一般包括文件或者视频的文件名、URL、类型、键值表以及颜色向量等。

（2）Web 结构挖掘（Web Structure Mining）

Web 结构包括不同网页之间的超链接结构，一个网页内部可以用 HTML、XML 表示成的树型结构，以及文档 URL 中的目录路径结构等。所谓 Web 结构挖掘，是指从 Web 的组织结构和链接关系中挖掘潜在的知识和模式，可以细分成页面结构挖掘和超链接挖掘。Web 结构挖掘通过分析 Web 的结构、链接以及被链接的数量和对象，建立 Web 自身的链接结构模式。这种模式可以总结网站和网页的结构，生成诸如网站间相似性、网站间关系的信息，对网页进行分类和聚类，还可以发现网页之间的联系，判断网页的重要性，找到相关主题的权威网站。超链接挖掘可以帮助解决网络迷航的问题，通过链接的优化和动态组合，还可以提高 Web 页面的使用效率。

（3）Web 使用挖掘（Web Usage Mining）

Web 使用挖掘是指针对用户访问 Web 时在 Web 服务器上留下的日志信息进行挖掘，抽取有意义的模式，所以又称为 Web 日志挖掘。Web 日志挖掘可以细分为预处理、事务识别、挖掘算法实施、模式分析四个基本过程。它所处理的数据并不是 Web 上的原始数据，而是用户在与 Web 交互过程中所产生的信息（包括所请求的 URL、发出请求的 IP 地址、时间戳以及用户的行为记录等）。Web 服务器通常会保存这些日志信息。Web 使用挖掘可以帮助网站管理者来了解当前网站的访问情况、用户的浏览模式、改进 Web 网站设计、方便用户使用、提高 Web 服务器性能、增加个性化服务。在电子商务中，Web 日志挖掘还可以帮助发现潜在的客户群。

3. Web 信息挖掘的应用前景

随着网络技术的迅速发展和数据挖掘技术的广泛应用，Web 信息挖掘已经成为一个新的技术热点，它广泛应用于搜索引擎、网站设计、电子商务等多个领域。

Web 信息挖掘在搜索引擎中的应用，主要是通过对网页内容的挖掘来实现对网页的聚类和分类，实现对网络信息的分类浏览与检索，减少在搜索引擎上为组织 Web 文档所消耗的资源；通过对用户所用提问式的历史记录进行分析，可以有效地进行提问扩展，提高用户的检索效率；运用 Web 内容挖掘技术来改进关键词加权算法，以提高网络信息标引的准确度，从而改善检索效果。

Web 信息挖掘在网站设计方面中的应用，主要是指对网站内容的挖掘（特别是对文本内容的挖掘），可以有效地组织网站信息。例如，采用自动归类技术，可以实现网站信息的层次性组织；通过对用户访问日志记录信息进行挖掘，可以把握用户感兴趣的信息，从而有助于开展网站信息推送服务以及个人信息的定制服务，吸引更多的用户。

Web 信息挖掘在电子商务中的应用，主要表现在客户分类、客户聚类、客户获取和客户驻留四个方面。应用 Web 信息挖掘技术，能够从 Web 服务器记录的日志数据中发现隐藏的模式信息，了解客户的访问模式和行为模式，从而作出预测性分析；对客户进行分类分析和聚类分析，将客户分成不同的组，并且分析组中客户的共同特征，从而更好地了解客户，为客户提供更具针对性的服务。随着 Web 的快速发展以及社会信息化的日益普及，Web 信息挖掘还有更加广阔的应用前景。

总之，Web 信息挖掘是一个交叉研究领域，涉及数据挖掘、信息检索、信息抽取、人工智能、模式识别（特别是机器学习和自然语言处理）等众多领域，具有极大的挑战性和开发潜力，值得进一步研究。

5.4.5 网络信息推送技术

1996 年年底，美国的 Pointcast Network 公司首先提出了一种新的网络信息获取技术，即网络信息推送（Push）技术。网络信息推送技术是指根据用户的需求，有目的地按时将用户感兴趣的网络信息主动发送到用户的计算机中。

1. 工作机制

在网络信息推送技术问世之前，人们主要利用浏览器在因特网上搜寻信息。一方面，面对浩如烟海的信息，很多用户花费相当多的时间和费用也难以"拉取"到自己所需要的真正信息。另一方面，信息发布者希望将信息及时、主动地发送到感兴趣的用户的计算机中，而不是等着用户来拉取。在这种情况下，Push 技术采用一种广播模式，以频道"广播"方式使网络用户得到相同的信息。网络服务器上一般装有专门的推送软件产品，可以用来制作将要推送出去的信息内容，并且将其播送出去。客户端则利用安装在个人计算机中的软件来接收通过网络传送来的信息，并且将其显示出来。当有新信息需要提交时，推送软件会以发送电子邮件、播放某种声音、在屏幕上显示一条消息等方式来通知用户。利用推送技术，可以提高用户获取网络信息的时效。

2. 优点与不足

网络信息推送技术的主要优点：用户要求低，也就是说，它能够普遍适用于广大公众，不要求用户掌握专门技术；及时性较好，信息源能够及时地向用户推送不断更新的动态网络信息。但它在实际应用过程中也存在着以下不足：①不能确保发送成功。由于 Push 技术采用广播方式，当网络信息中心发送信息时，只有接收器打开并且正好切换到同一频道上，传输才能发生作用，用户才能够获取信息。这对于那些要确保能收到信息的应用领域来说是不适合的。②没有信息状态跟踪。推送技术采用的是"开环控制"模式。一个信息发布以后的状态（比如，客户是否收、收到后是否按信息的提示执行了任务等）对于这些反馈信息的发布者来说是无从得知的。③针对性相对较差。推送的信息内容缺乏针对性，不能满足用户的个性要求。有价值的重要信息通常是要针对一些特定的群组来发送的，即只送给相关人士。④信息源任务重。信息源系统要主动、快速、不断地将大量信息推送给用户，这就对系统的性能有了更高的要求。

与特定用途的信息推送技术应用相比，在通用因特网信息平台上应用推送技术要复杂得多。但无论如何复杂，推送技术最终需要解决的是"推什么，推给谁"的问题。因此，推送技术中最关键也是首要解决的问题是对信息进行分类和相关处理。因此，要使推送技术能够成功应用，引入人工智能技术是值得探索的一个发展方向，即在目前推送技术的基础上融入人工智能、知识发现技术、因特网技术以及数据库技术，从而形成全新的智能信息推送技术。

目前，常见的网络信息推送技术主要有以下几种形式：①频道推送技术。频道推送技术是指通过特定频道将准备推送的网络信息发送给频道中的用户。如果采用频道推送技术，则将所有网络信息按内容划分成不同的频道，用户可以通过订阅自己感兴趣的频道来获取网络信息。比如基于 RSS 的信息推送技术。②邮件推送技术。邮件推送技术是指通过电子邮件将准备推送的网络信息发送给列表中的相关用户。如果采用该技术，则需要实现一个基于 Web 的电子邮件发送系统。③网页推送技术。网页推送技术是指在特定网页内将准备推送的网络信息提供给相关用户使用。④专用推送技术。专用推送技术是指采用专门的信息收发软件，将准备推送的网络信息发送给专门用户。

5.4.6　网络信息资源管理系统

因特网是一个开放性的全球网络，任何团体和个人都可以往互联网上添加信息，这些信息五花八门，遍布各个领域，而因特网上又没有一个专门机构或者部门来对它进行管理。因此，面对种类繁多、杂乱无章的网络信息资源，建立一个网络信息资源管理系统，以某一专题或者某一领域的信息需求为目标，对特定网络信息进行收集、整理和有序化，并且经常剔旧纳新，是非常有必要的。

1. 网络信息资源管理系统的要素

要对网络信息进行组织与管理，首先要明确一个问题，即构成网络信息组织与管理的基本要素是什么？对于这一问题，目前学术界还没有给予足够的重视。

一般认为，网络信息的组织和管理离不开四个基本要素，即网络信息、用户需求、网络导航员和系统开发与维护专家、计算机与网络应用环境。其中，网络信息是网络信息组织和管理的对象和来源；用户需求是进行网络信息的组织和管理的起因和目的；网络导航员和系统开发与维护专家是网络信息组织和管理的执行者；计算机与网络应用环境是网络信息的组织与管理的存在条件和环境保障。其中，网络导航员和系统开发与维护专家起着重要的作用。

网络导航员或系统开发与维护专家根据用户需求来对网络信息进行采集，整理出满足用户需求的有序化网络信息，并提供给用户使用，所有这些工作都必须在计算机与网络应用环境中进行。网络导航员和系统开发与维护专家起着连接和枢纽的重要作用，网络信息和用户需求只有在计算机与网络应用环境下，通过网络导航员和系统开发与维护专家的工作，才能转化成满足用户需要的有序化的网络信息，他们的素质和能力的高低直接关系到网络信息的组织和管理的质量。

网络信息具有来源的广泛性和信息的跨时空性、形式和种类的多样化、信息量巨大、信息不断增长、信息的随机性和不稳定性、内容的自由化以及信息的杂乱无章等特点，网络导航员要想从这些浩瀚无际的、分布和表现形态各异的网络海洋中发掘出真正能够满足用户需求的有价值的网络信息，并把它们按照一定的方式、顺序进行有序化整理，首先必须充分了解网络信息的特性，全面掌握用户的信息需求心理和特点。网络导航员还必须具备一定的计算机应用操作技能、网络检索技能、情报检索咨询知识，必要的学科知识背景以及较强的钻研精神和锲而不舍的工作作风。如果不具备上述素质和能力，则很难深入揭示网络信息资源。

由于网络信息的组织与管理必须依附于计算机软硬件和网络的支持，无论是对网络搜索引擎进行整合，还是建立特色数据库或者网络资源导航库，都离不开系统开发与维护专家的工作，他们在整个网络信息的组织和管理过程中起着举足轻重的作用。网络信息资源管理信系的运作机理主要包括对网络信息资源的采集和组织。

2. 网络信息资源管理系统的运作机理

网络信息资源的组织和管理与传统信息资源之间既存在着相似之处，又表现出其特殊性，它需要依附于计算机的软硬件支持，还需要依附于网络的特性。

（1）网络信息资源的采集

网络信息资源的采集是网络信息资源组织和管理的第一步，也是网络信息资源组织和管理的关键。网络信息资源的采集质量直接标志着网络信息资源组织和管理的好坏。不同的信息机构面对着不同的用户群，不同的用户群有着不同的信息需求。对网络信息资源进行组织和管理的最终目的是为了更好地满足用户的信息需求。因此，在进行网络信息资源的采集之前，首先要充分了解用户的信息需求，并确立网络信息资源的采集标准。例如，从网络信息资源的用途上，可以确定是娱乐类的、新闻报道类还是学术性的网络信息资源；从网络信息资源的类别上，可以确定是哪个学科领域的网络信息资源；从网络信息资源的内容上，可以确定是全文信息资源，还是索引类或摘要类信息资源；从信息的表现形式上，可以确定所要收集的信息资源是最终信息资源、链接点或者分类目录。确立了网络信息资源的采集标准以后，在进行网络信息资源的搜索和采集过程中才能决定收集到的信息是否可用。在网络信息资源采集过程中，还应该考虑网络信息资源的采集方式。网络信息资源一般存放在不同服务器上，因特网上的服务器数以千万计，而且还在不断变化发展之中。因此，充分利用各种网络搜索引擎来进行网络信息资源的采集是非常必要的。

目前，网络搜索引擎可以细分为通用搜索引擎和专业搜索引擎两种类型。通用搜索引擎的覆盖范围广泛，几乎涵盖商业、经济、艺术与人文、教育、健康、科学、娱乐等所有领域，每一大类下又有许多小类，可以按类进行浏览检索，一层层展开，直到找到所需要的网络信息资源为止。也可以利用自由词或者关键词来进行检索。常用的通用搜索引擎主要有百度、Yahoo、Google、AltaVista、Lycos、OpenText、Excite 和 Infoseek 等。

相对于通用搜索引擎来说，专业搜索引擎具有较强的专业性，主要是针对某一个学科领域的网络信息资源进行优化。利用它们可以屏蔽掉许多与专业无关的网络信息资源，提高专业网络信息资源的查准率和查全率。专业搜索引擎因其行业多、领域广泛且专业化程度较高，具有一定的专门性，需要较强的专业知识水平才能够鉴别。

（2）网络信息资源的组织

利用网络和计算机软硬件将有序化后的网络信息资源提供给用户使用，可以采用以下

三种方式:

1) 网络搜索引擎的整合,即对互联网上的各种数据库检索系统和网络搜索引擎进行整合,建立多搜索引擎或元搜索引擎网站,它是融合几类检索系统和搜索引擎功能的复合检索系统,并没有自己的专门索引数据库。用户可以利用它同时检索这些系统和搜索引擎所涵括的数据库和网络信息资源。其基本原理是先将用户提交的关键词或主题词进行预处理,分别转交给聚集的搜索引擎,这些搜索引擎在各自的索引数据库中并行查找,并分别将检索结果返回给系统,系统再将这些检索结果进行分类或排序整理,返回给提出检索要求的用户。这种方式需要在全面评价各类搜索引擎和检索系统、充分考虑用户文献需求的内容特点和检索方式的基础上才能够进行。这种对网络信息资源的组织和管理方式,前期需要投入较多的技术力量和物质力量,后期的维护工作则要相对容易得多。它最大的不足之处是通过优化用户搜索网络信息资源的工具来达到组织和利用网络信息资源的目的,而不能很好地根据用户的具体信息需求来组织网络信息资源。

2) 建立特色数据库。所谓建立特色数据库,是指将搜集到的某一类或者某个学科领域的网络信息资源下载到自己的服务器上,分门别类地加以整理和序化,并且创建可以检索这些信息资源的检索系统,用户通过该检索系统来直接检索该服务器上特色数据库中的信息资源。该方式排除了网络信息资源的随机性,最能够符合和满足用户的信息需求,是一种非常好的网络信息资源整合方式。但是,它需要投入大量的人力和物力,所需要的知识含量和技术力量也非常高,而且还可能会涉及版权问题。

3) 网络信息资源导航。所谓网络导航,是指将采集到的能够满足用户特定需要的网络信息资源(即导航素材),按照用户的信息需求或者学科分类来进行整合并传送到互联网上提供给用户使用的过程。相对于前两种方式,网络导航不需要占用大量的人力和物力,并且可以根据用户的信息需求来对网络信息资源进行优化、整合,是一种投入少、见效快的网络信息资源组织方式。用户需要什么信息资源,只需要登录到网络导航网页上,即可浏览检索到相应的网络信息资源。

需要特别注意的是,由于网络信息资源的随机性和不稳定性,昨天搜集到的网络信息资源很可能今天就不存在了,网络信息资源的链接网址随时都有可能发生变化。因此,在对网络信息资源进行组织和管理的过程中,需要定期验证所提供的网络信息资源的准确性,定期剔除和更新数据。

本章小结

本章主要介绍了网络信息资源管理的基本理论与基本方法。在介绍网络信息资源基本理论问题的基础上,剖析网络信息资源的检索与利用、评价,同时从网络信息资源管理的技术实现和管理系统入手,对包括网络信息资源组织技术、存储技术、过滤技术、挖掘技术、推送技术在内的网络信息管理问题,从信息技术实现角度加以论述。结合网络信息资源管理系统的组成要素和运作机理,系统介绍了网络信息资源管理的系统构成。读者在学习本章内容时,必须做到跟踪国内外研究进展,深刻理解并掌握本章所讨论的上述基本理论涉及的研究边界,为今后的进一步学习打下牢固基础。

📑 **课后习题**

一、选择题

1. 网络信息资源的优点表现为（　　）。

A. 内容丰富，形式多样　　　　　B. 存储数字化

C. 传播网络化　　　　　　　　　D. 更新及时

2. 网络信息资源的缺陷表现为（　　）。

A. 内容庞杂无序　　　　　　　　B. 质量良莠不齐

C. 信息的易逝性　　　　　　　　D. 缺乏安全保障

3. 网络信息资源检索特点表现为（　　）。

A. 信息检索空间的拓宽　　　　　B. 交互式作业方式

C. 用户界面友好，操作方便　　　D. 只能进行目录式浏览

4. 网络信息资源的检索方式包括（　　）。

A. 网络门户　　　　　　　　　　B. 直接浏览

C. 通过网络资源指南来查找信息　D. 利用搜索引擎

5. 网络信息资源的直接浏览方式不包括（　　）。

A. 网址查询　　　　　　　　　　B. 网络冲浪时偶然发现

C. 顺"链"而行　　　　　　　　　D. 朋友介绍

6. 网络信息资源检索工具的基本构成包括（　　）。

A. 索引程序　　　　　　　　　　B. 检索算法

C. 检索代理软件　　　　　　　　D. 数据库

7. 下面有关网络信息资源评价的表达不正确的是（　　）。

A. 坚持用户导向开展评价工作

B. 培育权威评价机构

C. 评价方法和评价指标相互独立

D. 要注重分类评价和特定领域的网络信息资源评价

8. 三次网络信息的组织方式主要包括（　　）。

A. 主题树组织方式　　　　　　　B. 分类方式

C. 主题方式　　　　　　　　　　D. 分类主题一体化方式

9. 关于网络信息过滤，表述有误的是（　　）。

A. 根据过滤模板所在的位置划分，可将网络信息过滤细分为上游过滤和下游过滤

B. 协作过滤又称认知过滤

C. 根据过滤的不同应用划分，可将网络信息过滤细分为专门过滤软件、网络应用程序、其他过滤工具等

D. 基于内容的过滤是指通过文本分析、图像识别等方法来阻挡不适宜的信息

10. 网络信息资源的组织方式不包括（　　）。

A. 网络搜索引擎的整合　　　　　B. 建立特色数据库

C. 网络信息资源导航　　　　　　D. 知识图谱

二、名词解释

1. 网络信息资源　　　　　　　　2. 网络信息资源检索

3. Web 资源检索工具　　　　　　4. 一次网络信息

三、简答题

1. 简述网络信息资源管理的主要内容。

2. 简述国内外近年来有关信息资源管理研究的异同。

3. 简述网络信息资源开发利用的基本层次。

4. 简述网络信息资源评价的复杂性是如何体现的。

5. 简述国内学者基于网络信息资源可获得性的评价指标。

四、案例分析题

亲爱的朋友：您好！当您收到这封信，您千万不要以为这是一封垃圾邮件，因为它将有可能会改变您的一生；只要您会上网、会网络聊天，而最重要的是不要很多投资，不像玩彩票是要每期投资，您就有可能在 90 天内赚到十多万元，也许您认为这是骗人的，可当您看到这个网站时您就一定会相信这是真的，您也会心动的。您不要不相信，先进的网络技术让您在家就能赚钱。如果您想了解一下就请打开下面的网址：http://×××.×××.com。

请根据上述背景材料，回答以下问题：

（1）上面提到的信息是否可信，请根据所学的信息资源评价方面的知识，选择恰当的信息资源评价维度，并说出你的理由。

（2）碰到这种信息时你能鉴别它的真伪吗？

第 6 章
政府信息资源管理

本章导读

通过本章的学习，要求读者能够在联系实际的基础上，深刻理解并掌握政府信息资源管理领域的应用知识，包括：政府信息资源及政府信息资源管理的基本边界，政府信息资源管理的产生与发展，政府信息资源类型及其管理的特点，政府信息资源内容管理，以及政府信息资源管理系统等问题。需要提醒广大读者注意的是：由于本章理论性较强，所以要求读者能够做到理论联系实际，深刻理解本章所讲的主要内容。

开篇案例

政府每天都与社会各行各业发生着千丝万缕的联系。各级政府组织每时每刻都在生产各种重要信息。鉴于政府的宏观地位，政府产生的信息往往颇具利用和研究价值。过去政府信息的主要载体是以纸质文献形式发布的各项政策、法规、调查报告、白皮书、统计年鉴等。随着政务公开的积极推进和电子政府的加速建设，政府信息越来越多地实现了电子化和网络化，公民获取政府信息资源的渠道大大拓宽。随着国民经济和社会信息化的发展，尤其是电子政务的深入推进，我国政府网站建设和发展不断加快。政府网站是政府运用信息化手段面向社会提供管理和服务的窗口，建立政府网站是推动政府机关转变工作作风的一项重要举措，不仅能优化政府信息资源配置，而且能保障公民知情权，推进社会民主化进程。政府机构网站逐渐成为公众获取信息资源的重要途径，对政府机构信息资源进行搜索、整合和开发也得到越来越多的关注。为进一步推动政府信息资源的开发利用，中宣部专门推出电子政务信息资源库建设方案。

"十五"期间，我国电子政务建设的工作重点是围绕"两网一站四库十二金"展开，整合政务信息资源，统一平台，统一标准，最终消除信息孤岛，实现信息资源的快速交换与全面共享。电子政务信息资源库作为"二网一站及业务系统"的基础与应用核心，为"二网一站及业务系统"提供海量信息资源，是电子政务建设的重中之重。中宣部作为国家最高的宣传管理部门，拥有大量的不同格式与不同载体的政务信息资源，如批示、文件、报告、电传、档案资料、法律法规等。可是目前这些资源分散、信息共享困难、信息资源利用率不高，因此构建一个统一的电子政务信息资源库和信息服务平台，实现中宣部信息资源的全面整合，创建各类电子政务信息资源库，在中宣部政务内网上进行内容发布，并提供灵活多样的全文检索方式及个性化服务，为中宣部各级领导及网络用户提供完善的信息内容服务，成为中宣部宣传信息网一期工程建设的重点。中宣部在明确了应用需求后，在国内进行公开招标，浙江天宇信息技术有限公司凭借在电子政务建设领域多年相关的国家级项目的实施经验及领先的行业技术优势，在众多国内知名的软件提供商中脱颖而出，一举中标，成为中宣部宣传信息网海量电子政务信息资源库建设与发布系统平台的软件提供商。

中宣部宣传信息网海量电子政务信息资源库建设与发布系统平台的最终目标是实现中宣部信息资源的全面共享，提高信息资源的利用率，最终消除信息孤岛。建成后的应用系统平台将实现以下应用目标：①全面整合与管理各种标准格式的电子政务信息资源，提供统一格式的转换与规范化的文献转换与编辑工具，能够进行分类管理，创建各类海量电子政务信息资源库。②通过 TB 级海量内容管理平台，有效地管理各种结构化与非结构化信息资源，实现文本、图片、音频、视频等信息内容的关联管理。③中宣部内网各类电子政务信息资源库信息内容实时、动态地发布到指定的内网网站相关的栏目上，用户可以方便地编辑、修改发布模板。④提供与各类关系型数据库系统的接口，方便与中宣部其他应用系统进行信息交换、迁移或同步访问。⑤提供独立于操作系统的用户权限管理、用户操作审计、分析与统计等功能，能有效地保证各类电子政务信息资源库的安全。

（案例来源：淮安中宣部电子政务信息资源库建设方案应用案例，2013-08-01，http://www3. hua-ian. gov. cn/web/center/jsp/content. jsp? articleId=6493&percolumnId=17&columnId=146。）

【思考题】建设电子政务信息资源库建设与发布系统，如何协调好政府内部信息资源与外部信息资源的管理与利用？

6.1 政府信息资源管理概述

本节简要介绍政府信息资源管理的基础知识，包括政府信息资源管理的产生与发展、政府信息资源的类型、政府信息资源管理的目标和特点等主要内容。

6.1.1 政府信息资源管理的产生与发展

政府信息资源（Government Information Resources，GIR）是一切产生于政府内部或是虽然产生于政府外部但对政府活动有影响的信息资源的统称。由于政府总是以某种方式与人们的工作和生活的每一方面直接或间接联系，故政府信息资源总量大得惊人，甚至达到无法计数的地步。据统计，目前各级政府部门大约聚集了全社会信息资源总量的80%。这些信息资源还常常比一般信息资源更有价值，质量和可信度也较高，直接关系到国民经济与社会发展的状况和水平。因此，如何加强管理、综合开发和有效利用这些资源已经成为各级政府工作的当务之急，也是一个值得研究和探讨的新领域。

政府信息资源管理是指与政府信息资源开发和利用有关各方面的管理，包括对信息、信息技术、信息设备、信息人员等信息资源的管理。政府信息资源管理还覆盖着开发和利用等一系列过程，信息资源开发和信息资源利用都需要管理的指导，包括决策、计划、预算、组织、指导、培训和控制。信息资源、技术资源和组织与人员资源是政府信息资源管理的三个重点资源对象。

因此，所谓政府信息资源管理，是指通过协调和控制政府信息资源的一系列活动，将政府信息资源活动中的各要素包括信息、设备、机构、技术、人员、资金等作为管理对象，从信息资源管理的技术、经济、人文等方面去综合管理政府信息资源，以保证政府信息资源的合理运行和最大限度的利用。

1. 记录管理——政府信息资源管理的起源

记录（Record）是各种社会组织业务活动情况的记载，包括关于组织在过去一段时间里的职能、政策、决策、程序、运作和其他活动以及对未来所作的安排和打算等信息。记录产生于组织内部。录存记录的最初目的是反映组织在过去一段时间内的工作绩效、存在的问题，以便备忘和做凭证，或是为未来的工作提供指南。也就是说，录存记录主要是为了内部使用。

政府最早关注记录的生产、保存和管理领域，主要是因为不论哪个时代的哪个国家，政府部门在业务活动过程中都会产生大量的原始记录。这些记录在数量有限时，即使不经过任何系统的组织，其使用也不会存在问题。但是，随着记录日积月累，特别是当政府职能不断扩展、工作节奏不断加快、业务范围迅速扩大时，记录的生产与利用之间的矛盾不断加大。由于政府是自国家诞生以来规模最大、系统性和延续性最强的社会组织，所以这种矛盾比其他任何社会组织都更迫切希望得到解决。例如，自20世纪中期以来，随着政府机构职能的不断增多，政府记录开始呈现爆炸性增长趋势。据美国联邦文书委员会统计，美国联邦政府记录生产所用的纸板总量，1960年是4.3万t，1980年达到11.4万t，1990年达到24万t。文献记录更是多得惊人，甚至连政府机构自己也不清楚它到底出版了多少条记录，对这些记录的质量、存储位置、效用更是无从知晓。由此可见，现代信息资源管理概念及其相关理论最早就是政府为了解决其内部记录爆炸式增长以及由此带来的记录利用效率低和政府决策效率低问题而提出来的。

与现代信息资源管理相比，记录管理在管理内容和手段上有其局限性。记录管理的内容产生于政府内部的业务工作，一般不包括产生于政府外部但对政府日后的业务活动有影响的信息。记录管理的对象仅限于记录，而不包括记录生产者、录存设备、录存技术、费用等系统活动要素。记录管理主要靠行政手段和法律手段。政府是当之无愧的发号施令者，将行政手段和法律手段延伸到记录管理领域，是很自然的事情。例如，美国联邦政府记录管理和处置连贯性计划就是当时在任的杜鲁门总统在一份总统令中规定的。目前，记录管理已被公认为是现代信息资源管理特别是政府信息资源管理的起源。

在美国政府信息资源管理领域中，有一个非常重要的事件：1975年，美国国会成立了联邦文书委员会，该委员会先后向美国国会递交了37份报告。受该委员会工作的影响，美国国会于1980年通过了关于联邦政府信息的搜集、维护、使用和传递服务的《文书削减法》。《文书削减法》明确提出了"信息资源管理"概念和实施的具体框架，并将记录管理的对象从记录扩展到文件、报告和记录中的信息。该法案包括信息资源管理的七个方面，即简化文书工作、数据处理和通信、统计、记录管理、信息共享和公开、信息政策和监督、组织发展和管理。人们普遍认为，信息资源管理实际上是美国联邦文书委员会的成果。1985年年底，美国联邦政府管理与预算局发布了A-130号通报，即《联邦政府信息资源管理》。它首次从政府的角度将信息资源管理定义为"与政府信息资源相关的规划、预算、组织、指挥、培训和控制"，并且将信息资源的范围扩展到信息本身以及与信息相关的人员、设备、资金、技术等方面。《文书削减法》的问世和A-130号通报的发布，标志着现代政府信息资源管理思想已经形成。

2. 社会信息化——政府信息资源管理不竭的动力

社会信息化是人类社会发展过程中的一种特定现象。人类对信息资源越来越依赖，而对物质资源和能源资源的依赖程度则相对降低。美国、日本等经济发达国家早在20世纪60年代中后期就提出了社会信息化问题。新兴的工业化国家和地区以及广大发展中国家和地区为了使其经济尽快起飞，也纷纷把加速社会信息化作为超常规发展战略的主要内容。例如，我国政府在"七五"期间相继投资约 200 亿元，重点建设了经济、金融、铁道、电力、民航、统计、财税、海关、气象、灾害防御等 12 个国家级大型信息系统；从1993 年起，政府先后部署和实施了"金桥""金卡""金关"等"金字号"系统工程计划，以及包括中国经济信息网（CEINET）、中国教育和科研计算机网（CERNET）、中国科学技术信息网（CSTNET）等在内的政府信息资源网络建设计划。国家信息化领导小组在 1997 年的全国信息化工作会议上提出了国家信息化的定义和框架，即国家信息化就是在国家统一规划和组织下，在农业、工业、科学技术、国防及社会生活各个方面应用现代信息技术，深入开发、广泛利用信息资源，加速国家实现现代化的进程。国家信息化体系框架包括六个方面的内容，即信息资源、信息网络、信息技术应用、信息技术和产业、信息化人才队伍、信息化政策法规和标准规范。《中共中央关于制定国民经济和社会发展第十个五年计划的建议》指出："大力推进国民经济和社会信息化，是覆盖现代化建设全局的战略举措。以信息化带动工业化，发挥后发优势，实现社会生产力的跨越式发展。"2001 年 7 月，信息产业部主办了国家信息化指标工作会议，正式对外宣布开始试行"国家信息化指标评估体系"。该体系借鉴了美国、日本，尤其是美国的信息分类方法和相关研究成果，是迄今国际上第一个由政府公布的指标体系，它的出台对我国的信息化建设和社会发展产生了重大影响。

社会信息化给人类带来了新的资源、新的财富和新的社会生产力，也使政府信息资源管理活动直接架设于各种新型信息系统和信息资源网之上并从中受益，在此基础上还在不断地发展和完善之中。以美国信息高速公路为例，它的建设可以显著提高美国政府的工作效率，减少政府开支。如果建立电子福利信息传递系统来解决食品补贴问题，不仅使政府人员对全国食品补贴动态有更深、更快的了解，还可以节省一大笔工作费用，使现有的办公方式由集中转为分散，使现有的交通流量大大减少。在我国，"金关"工程不仅实现了对外贸易无纸化，降低了贸易成本，而且使配额许可证管理差错率减少了 70%。社会信息化对政府信息资源管理活动的影响极其深远，是政府信息资源管理不竭的动力。正因如此，在 2001 年召开的国家信息化领导小组第一次会议上，"政府先行，带动信息化发展"被列为推进国家信息化必须遵循的五大原则之一，并且特别强调，政府的信息化建设要从中央政府抓起，进一步加快和完善"金关""金税""金卡""金盾"等工程的建设。2004年，在"亚太公共服务高峰论坛"上，国务院信息化工作办公室副主任陈大卫提出，电子政务公共服务不能是花拳绣腿，为企业和公众提供便利服务是推进电子政务公共服务着力的主要方向。2006 年的 9 月，国务院办公厅印发了《关于进一步做好中央政府门户网站内容保障工作的意见》。为加快推动政府信息化建设，2008 年 7 月，国务院设立了电子政务办公室。

3. 电子政务与电子政府——政府信息资源管理的新动向

所谓电子政务，是指政府部门在其管理和服务过程中运用现代信息技术，实现政府组织结构和工作流程的重组优化，超越时间、空间和部门分隔的制约，建成一个基于计算机网络且精简、高效、廉洁、公平的政府运作模式。它是在现代计算机、网络通信等技术支撑下，政府机构日常办公、信息收集与发布、公共管理等事务在数字化、网络化的环境下进行的国家行政管理形式。它包含多方面的内容，如政府办公自动化、政府部门间的信息共建共享、政府实时信息发布、各级政府间的远程视频会议、公民网上查询政府信息、电子化民意调查和社会经济统计等。

　　需要指出的是，电子政务与电子政府不是两个完全对应的概念，更不能相互替代。电子政府是现有的政府机构在开展电子政务的过程中，对现有的政府组织结构和工作流程进行优化重组之后所重新构造成的新的政府管理形态；而电子政务是从政府业务角度上讲的，是政府机构应用电子信息化和网络通信手段，将管理与服务通过网络技术进行集成，在互联网上实现政府组织结构和工作流程的优化，突破时间、空间和部门分隔的限制，全方位地向社会提供优质、规范、透明、符合国际水准的管理和服务。电子政府是电子政务发展的目标。政府要在开展电子政务过程中，进行组织结构和工作流程的优化和重组，克服过去部门分隔和时空的限制，最终实现在网上办公，即构建成电子政府。如果政府开展了一部分电子政务就说它建成了电子政府，那这种说法是不准确的，因为电子政务的量的积累究竟达到何种程度才算是达到电子政府的目标还没有量的标准，而且目前世界上还没有任何一个国家的政府宣布已经完全实现电子政府。

　　电子政府是 20 世纪末为了迎接网络时代政府行政职能的现代化、民主化、公开化和高效率的挑战而提出来的，是社会信息化和信息网络化发展的大势所趋。电子政府建设的核心和实质就是构建电子政务，推动政府上网，包括制定适应网络时代特点和要求的开放式、原则性的法规，统一相关技术标准和规范，将现有的、未来要建设的纵向和横向的各级政府网络和应用系统连接起来，使之成为有总体规划的互联互通的国家政务服务平台，为国家机关、地方政府、企事业单位、社会公众等各类用户提供个性化的智能服务。目前，世界上许多国家都在因特网上建立了自己的政府网站体系，实现政府部门内部工作人员以及政府部门与社会公众的信息交流，或是将需要公开的政府信息资源及时发放到网上，供社会公众了解和使用。例如，美国白宫网站提供了一个美国联邦政府所有网站的完整列表以及"政府之路""会晤白宫""白宫历史"等栏目，美国国会网站提供了"委员办公室""委员会办公室""领导办公室""其他国会组织、委员会或工作团体""媒体展示"等栏目。

　　除了白宫和国会这样的首脑机关以外，美国联邦政府所有一级机构和所有州一级政府均已全部上网，几乎所有的县市级政府也都在网上建立了自己的网站。马萨诸塞大学智能信息检索中心（the Center for Intelligent Information Retrieval，CIIR）建立的 GovBot Database 搜索引擎已搜集了美国联邦政府和军事网站的上百万个网页；由美国联邦文书委员会倡议的政府信息定位服务（Government Information Locator Service，GILS）是美国联邦政府负责建立的政府信息资源基础设施的重要组成部分。GILS 类似于图书馆的卡片目录，可以识别整个联邦政府的公共信息资源，描述这些资源中的可用信息，并提供获取这些信息的帮助。GILS 利用网络技术和国际标准来搜集和标引信息，以便用户能以各种途径检索到这些信息以及世界范围内的其他信息。GILS 还提供自动链接功能，以方便联机信息产品和服务以电子形式在网络中进行传递。

　　我国电子政府建设是在 1998 年策划、1999 年正式启动和实施的（1999 年曾被国内业界誉为"政府上网年"）。1999 年 5 月，我国政府开通了政府网站的导航中心和服务中心。该主网站提供了所有在 gov. cn 下注册的政府网站的"导航中心"（用户可通过行政区划或关键词查询）以及"政府新闻""政网专题""发布政府信息资源""登录政府网站"等栏目。它既为我国各级政府部门上网提供全面的宣传和服务，也为国内外企业和个人通过网络了解和接触中国政府各级部门提供了重要途径。2000年1月，由国家经贸委信息中心、中国邮电电信总局联合发起的"政府上网工程"百城市政府上网推进交流大会在北京召开，目的是充分展示、宣传各级各地政府部门政府上网工作的阶段性成果，总结和推广政府优秀网站建设和应用服务的先进经验，加强国家有关部门对政府上网工作的规范指导，解决政府上网工程存在的有关问题，确保政府上网工程持续、健康发展。为促进服务政府、责任政府、法治政府、廉洁政府建设，提高依法行政和政务服务水平，深化政务公开、加强政务服务，2011年8月，中共中央办公厅、国务院办公厅印发了《关于深化政务公开加强政务服务的意见》。

"政府上网工程"的实施有力地推动了我国政府办公自动化与政府网上便民服务，在网络上实现了政府在政治、经济、社会、生活等诸多领域中的管理和服务职能。这些基于网络的职能主要包括：介绍政府部门机构职能等基本信息，向社会公开政府部门的政策法规、办事程序等政务信息，提供政府电子服务窗口，宣传地方产业，接收公众反馈信息等。其具体应用可以分解成三部分：政府部门内部的电子化办公；政府各部门之间及金融、电力等重要营运部门之间通过计算机网络进行的信息共享和实时通信；政府部门与社会公众之间网络达成的双向信息交流。显然，这些职能和具体应用目标的实现，对于全面树立中国各级政府在世人面前的公开形象、转变政府职能和工作作风、提高办事效率和管理水平、促进政务公开和廉政建设、丰富网上中文信息资源等，都有着划时代的意义。

在电子政务中，政府机关的各种数据、文件、档案、社会经济数据都以数字形式存储于网络服务器中，可通过计算机检索机制快速查询、即用即调。经济和社会信息数据是花费了大量的人力、财力收集的宝贵资源，如果以纸质存储，其利用率极低，若以数据库文件存储于计算机中，可以从中挖掘出许多有用的知识和信息，服务于政府决策。

政府作为国家管理部门，其本身上网开展电子政务，有助于政府管理的现代化。我国政府部门的职能正从管理型转向管理服务型，承担着大量的公众事务的管理和服务职能，更应及时上网，以适应未来信息网络化社会对政府的需要，提高工作效率和政务透明度，建立政府与人民群众直接沟通的渠道，为社会提供更广泛、更便捷的信息与服务，实现政府办公电子化、自动化、网络化。通过互联网这种快捷、廉价的通信手段，政府可以让公众迅速了解政府机构的组成、职能和办事章程，以及各项政策法规，增加办事执法的透明度，并自觉接受公众的监督。同时，政府也可以在网上与公众进行信息交流，听取公众的意见与心声，在网上建立起政府与公众之间相互交流的桥梁，为公众与政府部门打交道提供方便，并从网上行使对政府的民主监督权利，进一步推动政府信息管理的高效化、网络化和民主化。

6.1.2 政府信息资源的类型

政府信息资源类型很多，可进行多种划分。按内容划分，可分为政府信息、军事信息、科技信息、经济信息、文化信息；按信息运行状态划分，可分为连续性信息、间隔性信息、常规性信息和突发性信息；按信息表现形式划分，可分为语音信息、文字信息、数据信息、图形信息、图像信息、视频信息等；按信息传递方向和特点划分，可分为上情下达类信息（如政府宣传性信息）、下情上传类信息（如公众反馈性信息）、横向沟通类信息（如政府部门之间的双向交流性信息）等。从信息资源共享和保密的特点与要求来看，政府信息资源又主要包括以下四种类型：①可以完全对社会公开的信息，如国家政策信息和法规信息等。②只在指定的系统或部门之间（含内部）共享的信息，如在财政部门与银行之间的外联网上流通的信息等。③只在本系统或部门内部共享的信息，如内部会议纪要等。这类信息一般可以在某一系统或部门的内联网上进行流通。④只对某一或某些特定个体开放的信息，如有关国防部署、尖端科学技术发展计划、党和国家领导人的秘密谈话或行动计划等绝密信息，在解密之前都属于此类信息。这类信息一般有很高的密级规定，传播范围非常有限，一般不将其投入到各种类型的网络（包括局域网）中，以防止被他人截取或篡改。

在上述各种信息资源中，各级政府机构是当之无愧的信息搜集者、生产者和发布者。例如，在美国，绝大部分政府信息资源是由联邦政府搜集、生产和发布的，数百个联邦政府机构（如普查局、经济分析局、劳工统计中心、教育统计中心、医疗保健统计中心等）都拥有信息资源的搜集、统计和调查的职能。这些信息主要通过其 Web 网站在网络环境下进行发布（也包括一部分非网络环境下的印刷品形式）。

6.1.3　政府信息资源管理的目标

1. 增强信息意识

信息意识（Informational Consciousness）是指人对信息敏锐的感受力、判断能力和洞察力。信息意识反映行为主体的信息敏感程度，是人们对自然界和社会的各种现象、行为、理论观点等从信息的角度的理解、感受和评价。通俗地讲，就是面对不懂的事物，能积极、主动地去寻找答案，并知道到哪里、用什么方法去寻求答案，这就是信息意识。政府信息资源管理的首要目标是提高政府部门工作人员对信息资源重要性的认识，其次是提升社会大众对各种政府信息资源知晓、获取、利用和传播的意识。

2. 提高政府信息资源开发利用的能力

政府信息资源管理有利于推动信息资源开发与利用。通过对政府信息资源进行管理，最终全面提升政府信息资源在政务活动中的作用，由此提升政府的决策水平，提高政府部门的工作质量和效率。1993 年，国家经济信息化联席会议认为："信息资源开发利用是我国信息化建设的核心和取得实效的关键。"国家信息化领导小组第三次会议也提出，要加强信息资源开发利用，以政府信息资源开发利用为突破口，带动全社会信息资源的开发利用；而国家信息化领导小组第四次会议仍然重点强调信息资源的规划和利用。会议上审议并通过了《关于加强信息资源开发利用工作的若干意见》，信息资源的开发和利用在我国被提到前所未有的战略高度。实现信息资源的共享、实现政务数据的并行利用，是政务信息化建设，乃至全社会信息化实现跨越式发展的关键环节之一。2011 年 9 月，国务院办公厅颁发了由全国政务公开领导小组起草的《关于开展依托电子政务平台加强县级政府政务公开和政务服务试点工作的意见》，以进一步加强我国基层政府的电子政务建设。政府拥有整个社会 80% 左右的信息，是最大的信息拥有者，是信息开发的主体和资源提供者。随着政务公开和信息透明的要求，各级政府和部门必须通过有效的途径公开自己的信息，满足政府机构本身和社会民众对政府信息资源的开发与利用需求。

3. 最大限度地降低政府信息活动的费用

通过政府信息资源管理，应使政府信息的生产最经济，使社会对政府信息资源的使用更便捷，政府信息资源的效用得到最大限度的发挥。从政府机构的角度来看，政府信息资源管理涉及政府信息资源分析、政府信息资源采集、政府信息资源组织、政府信息资源加工、政府信息资源检索和政府信息资源开发利用，通过实施高效的管理策略、先进的管理技术，有利于其节约在这些管理环节的成本开支。而对于企业法人、社会大众而言，科学、有序的政府信息资源管理，可以让其知悉政府信息资源的获取渠道、发布周期、申请公开的程序，提高对政府信息资源的利用效率。

4. 保障国家信息安全

世界各国政府历来高度重视政府信息资源的安全问题。由于世界范围内的计算机技术特别是网络技术的发展及其广泛应用，信息安全问题已经成为当今社会最为突出的问题。政府信息资源的敏感性导致其一直是信息间谍觊觎的对象，而通过有效手段确保不适宜在当前公开的政府信息资源只被授权人员访问和利用，成为各国政府实现信息安全的核心工作。政府信息资源管理一方面让政府机构及其办事人员向民众发布非机密的政府信息资源，满足民众对政府信息资源的"知情权"，另一方面又确保国家机密不流失，国家利益不受损害。

6.1.4　政府信息资源管理的特点

由于政府信息资源不同于一般信息资源，政府部门也不同于一般的社会组织，所以政府信息资源管理也具有自己的特点。从当前政府部门的实际情况来看，政府信息资源管理具有以下特点：

1. 管理目标的多样性

政府作为公共部门，其信息资源管理目标不像企业那样单一，一般包括提高政府的工作效率、决策质量、调节能力和廉洁程度，节约政府开支，改进政府的组织机构和业务流程的工作方式，密切与公众的联系以及更好地为公众服务（包括信息服务）等。从当前情况来看，主要目标包括：为政府决策当好参谋；宣传政治、军事、科技、经济或文化思想；树立政府形象，提升社会影响力；实现办公自动化，提高办公效率。这些目标是由政府职能来决定的，其侧重点各有不同，不能对其进行归一化处理。需要补充说明的是，管理目标的多样性给政府信息资源管理带来了一定难度。

2. 管理模式的灵活性

如同政府信息资源的繁杂多样、量大面广一样，大大小小、背景不同、基础不一的政府部门多如牛毛。例如，在美国，上至白宫和国会，下至州和地方，各级政府部门难以计数。正是由于这一点，政府信息资源管理模式会因部门不同而各不相同，体现出灵活性的特点。这一特点要求在进行政府信息资源管理时，要注意因地制宜，具体问题具体分析。例如，不能将中央政府的成功管理模式强行照搬到地方政府中，不能将一个时期的成功管理模式照搬到另一个时期中。

3. 管理手段的多样性

由于近水楼台的缘故，行政手段和法律手段一直是记录管理的主要手段。实际上，这种现象在今天仍然普遍存在。例如，对于那些具有一定密级要求的信息，常常是密级规定越高，行政手段和法律手段就越能够发挥作用。在政府信息资源管理领域，行政手段由于直接出炉于政府部门，具有直接、迅速和有效的特点，因而常常被管理者视为珍宝。在一个法治国家，法律手段也是一种重要的管理手段，主要是因为无论是立法机构还是执法机构，其本质上都是政府机构，工作的一切出发点都是为了维护国家利益。

在进行政府资源管理时，技术手段是必不可少的，新的技术成果常常首先应用于政府信息资源管理领域。市场手段通常只是在极其有限的范围内奏效。例如，对于可以完全公开的政府信息资源，可以模仿企业信息工作的做法，大胆引入市场管理手段；对于内部会议纪要、尖端科学技术发展计划、党和国家领导人的秘密谈话或行动计划等信息，则不可以借助于市场管理手段。此外，伦理道德是一般信息资源管理领域中值得推荐的一种管理手段，但在政府信息资源管理领域中的作用较小。例如，在政治和军事信息方面，如果管理者试图对跨国谍报行为用伦理道德的力量来约束，则显然是行不通的。

6.2 政府信息资源内容管理

在当今的"信息爆炸"时代，政府部门在其行政和管理活动中产生的信息日益膨胀，形成了数量巨大的文件档案以及其他各类文献。如果处理不当，将会耗费大量的人力、财力和物力，还可能会影响政府部门的工作效率。为了保证政府信息资源的有效利用，确保政府业务活动的高效开展，必须运用各种手段和方法，对政府信息的产生、流通、分配、使用等过程中涉及的信息、设备、人员、资金等进行综合管理，以实现政府信息资源价值的最大化。

6.2.1 政府信息资源内容管理基本过程

如果按政府信息资源内容管理的过程环节划分，则可将政府信息资源内容管理细分为政府信息资源分析、政府信息资源采集、政府信息资源组织、政府信息资源加工、政府信息资源检索、政府信息资源开发利用等基本过程。

1. 政府信息资源分析

政府信息资源分析（Government Information Resource Analysis）包括政府信息资源需求分析和政府信息源分析。其中，政府信息资源需求是指人们因各种原因而引起的对各类政府信息资源的需求。研究政府信息资源需求，可以有效地总结出政府信息资源用户的信息需求类型和规律，并在此基础上为政府信息资源的开发利用提供必要的前提准备。政府信息源是获得政府信息资源的渠道与途径，政府信息源的开放、高效与畅通，是满足政府信息资源需求的保障。

2. 政府信息资源采集

所谓政府信息资源采集（Government Information Resource Collection），是指根据不断变化的政府用户信息资源需求，从已确定的政府信息源体系中连续地选择、提取和搜索信息的过程。例如，新闻记者的采访、咨询调查人员的调查统计、出版编辑人员的征稿和约稿、发行人员的采购、档案的接收和集中、图书馆藏书的选择和邮购、情报资料的获取和交换、网络信息的检索和获取等，都属于政府信息资源采集范畴。需要补充说明的是，政府信息资源转换是伴随着政府信息资源采集而产生的一种信息实践过程，主要包括使用权的转换、政府信息资源符号的转换、政府信息资源载体的转换等多种形式。

3. 政府信息资源组织

如果想从政府信息资源集合中获取有用知识，就必须有效地组织各类政府信息资源，使之成为一个有序的信息资源系统。所谓政府信息资源组织（Government Information Resource Organization），是指采用科学的方法对杂乱无序的政府信息资源进行加工整理，组织成序，以方便人们存储和利用政府信息资源。

政府信息资源组织工作必须有统一的领导。要在机关部门分管负责人的领导下，由相关部门的人员共同组成一个指导小组，对政府信息资源进行开发、加工和整理。必要时，可以临时邀请上级、同级、下级的信息专家以及相关机构的专家学者来共同完成政府信息资源的组织工作。

政府信息资源组织的基本方法可以归纳为语法信息组织方法（形式组织方法）、语义信息组织方法（内容组织方法）和语用信息组织方法（效用组织方法）三种类型。分类组织法和主题组织法是最常用的政府信息资源组织方法。分类组织法是一种按照学科或体系范畴，依据类别特征组织排列信息的方法。主题组织法是根据信息的主题特征来组织排列信息的方法，它以词语作为检索标识，按字顺排列，直观性强，也是一种普遍使用的信息组织方法。该方法提供了一种直接面向具体对象、事实或概念的信息组织方法和信息检索途径。

4. 政府信息资源加工

所谓政府信息资源加工（Government Information Resource Processing），是指政府信息工作者将收集到的各类政府信息资料，按照一定的要求，通过严格的程序，采取科学的方法，进行分类、排队、比较、判断、选择、编写等工作，将其加工整理成为政府信息工作所需要的有用的政府信息资料。一般来说，政府信息资源加工的常见方法有归纳法、纵深法、浓缩法、对比法、预测法、跟踪法和反向法等多种方法。

5. 政府信息资源检索

所谓政府信息资源检索（Government Information Resource Retrieval），是指将信息按照一定的方式组织和存储起来，并能根据信息用户的需要找出其中相关信息的过程。政府信息资源检索的基本流程包括：分析用户的信息检索请求，了解检索工具/系统的基本情况，制定检索策略，拟定并执行具体检索步骤，获取并整理检索结果，分析评价检索操作与检索结果。政府信息资源检索主要包括布尔检索、截词检索、短语检索、位置检索、限制检索、概念检索、全文检索、语义检索等检索技术。其中，布尔检索是各类检索工具中提供的一种基本检索方式，用户在检索时需要使用不同的布尔逻辑运算符号来将检索词与检索词连接起来构成检索表达式；截词检索是指在检索时使用词的一个局部（某些位置上的字符被截去）进行检索匹配，并认为凡是满足这个词局部中的所有字符要求的记录，都是命中结果；短语检索是一种固定词组检索；位置检索包括邻近检索、同句检索、同字段检索等多种类型，其中以邻近检索最为多见；限制检索一般是通过限制检索词在命中结果记录中的出现位置来实现的。目前，政府信息资源的相关检索技术还包括导航与浏览、自然语言检索、相似性检索、检索可视化、中英文混合检索等重要内容。

6. 政府信息资源开发利用

政府信息资源开发利用（Government Information Resource Development and Utilization）是当前政府科学决策的基础，是改善政府公共服务的重要条件，也是政府信息资源管理能力的集中体现。因此，推动政府信息资源的开发利用已经成为一项重要课题。

政府信息资源开发利用涉及各个领域、行业和部门，行政体系复杂，部门交叉重叠，信息源分散程度高，单靠一个单位或几个单位是无能为力的，并且容易造成重复建设、资源浪费。因此，必须加强国家宏观调控，在统一规划的基础上，重点推进、分步实施、分工合作，以保证政府信息资源建设工程的有序实施，实现信息资源的合理布局和有效利用。

在政府信息资源开发方面，首先要完善政府信息资源管理体制，制定政府信息资源管理条例、政府信息资源采集和登记办法、政府信息资源交换管理办法、政府信息资源公告办法、政府信息资源网络建设实施标准、政府信息资源库建设标准等法律法规。其次，围绕政府部门主要业务和应用需求，开发相应的信息资源库；统一规划数据库建设，增加政府数据库的种类，扩大政府数据库的规模，提高数据库的质量；建设一批能对主要政府业务工作和重大决策提供支持的数据库体系，保证政府信息资源在政府机构内部实现畅通流转、充分共享，为政府的行政管理和宏观决策提供有效的信息支持。此外，在政府信息资源开发建设过程中，还应该引入市场运行机制，采取竞争招标、工程外包等模式，倡导专业化服务理念，实行政府信息资源开发利用的预算管理，建立信息资源开发利用成本—绩效评价规范和制度。

6.2.2 政府信息资源的共享

网络环境下的政府信息资源主要以数字代码形式分布于逻辑空间（即网络信息空间），这种分布是有规律的，依赖于资源共建共享者的意愿而根据信息流、权力流、利益流的特点来安排。

1. 政府信息资源共享的基本问题

在网络环境下，所谓政府信息资源共享（Government Information Resource Sharing），是指通过政府的统筹协调与科学规划，对政府信息资源进行网络优化配置，参加到政府信息资源开发和建设中的行政主体按照一定的机制可以合理、有效地共同使用已有的政府信息资源，并享受这一资源带来的好处。从共享范围的角度划分，政府信息资源共享主要包括三个层次：政府机关内部各具体机构之间、政府内部不同专业系统之间和政府内部不同组织系统之间的信息资源共享。三个层次的信息资源共享范围逐步提高，共享内容各有侧重。网络环境下政府信息资源共享的特点，主要表现为多维性共享、交互性共享、集成共享等特点。多维性共享表现为共享主体（包括各级政府部门及其内部组织机构与工作人员）的多维性与共享客体（信息资源）的多维性。交互性共享表现对共享信息的控制性、共享过程的互动性以及共享结果的互惠性。集成共享表现为对信息资源的集成、对信息时空的集成以及对信息服务部门的集成。

2. 政府信息资源共享的历史发展

政府信息资源共享古已有之，但整体来说不尽如人意。产生并率先实践现代政府信息资源管理思想的是美国政府，《文书削减法》（1980 年）和《联邦政府信息资源管理》（1985 年）的颁布，标志着现代政府信息资源共享思想的形成。从我国来看，明确开展政府信息资源共享工作始于 20 世纪 80 年代中期。政府信息资源共享的发展表明，电子政务已经进入最具实际意义的发展阶段，实现政府信息的全面共享是大势所趋。

进入 20 世纪 90 年代以后，随着以因特网为基础的全球信息高速公路建设的全面铺开，政府信息资源共享开始进入一个新的发展阶段。我国政府上网工程不仅推进了政府信息资源的公开和共享，而且致力于打造新型的电子政府，从而使传统的政府工作面貌焕然一新。电子政府的建设目标在于使每个组织和个人都能够在一定范围内最大限度地利用政府信息资源，保证各个政府机构都能够有效地履行各自的职责。政府信息资源作为知识经济时代的重要战略资源，要使其能够真正发挥作用，成为体现政府效能和工作绩效的重要标志，就必须大力提倡在网络环境下共享政府信息资源。

在排除技术约束和人为约束（如知识产权法律制度的约束）的条件下，信息资源是完全可以共享的。各级政府机构及其内部相关人员和外部公众在合法的前提下享用同一信息时，各方之间并不存在着明显的竞争关系。也就是说，某人对其信息资源内容的控制并不以他人减少或失去该资料内容的控制机会为前提。例如，当政府机构将政府法规信息通过因特网布告天下时，某因特网用户从网上看到的政策法规条文的信息量不会因为其他用户已经看到该法规条文而受到影响，也不会对将要看到这些条文的另外一些用户产生影响。各级政府机构大力推进内部信息基础设施建设的初衷，就是为了最大限度地共享政府信息资源，以便充分挖掘其潜力，发挥其在政务沟通和决策支持中的重要作用。

资源共享是人类追求已久的美好理想，它在充分重视个体潜力展现的同时，还特别鼓励合作，减少资源的浪费和冲突。例如，我国各级政府机构掌握了 3000 多个政府信息资源库，但由于多种因素的存在，这些库分别归属于不同的政府机构，其中不少信息资源库因其拥有单位缺乏开发利用条件而成为死库。通过推进政府信息资源共享，就可以使这些库"活"起来，产生更有效率的信息资源开发利用策略。不过，需要特别指出的是，信息资源共享并不意味着大家都可以坐享其成，它只是提供了一种宽松的环境，使每个政府机构及其内部相关人员都能够有机会在吸收其他政府机构及其内部相关人员成果的基础上，通过发掘个体的潜力，进行新一轮的知识开拓和知识创新，同时也使公众和政府之间有一个相互了解与信息沟通的机会。

资源共享得以实现的基本前提是政府信息资源的客观、公正以及尽可能充分地公开。公开政府信息资源的做法由来已久，瑞典早在 1776 年就颁布了《出版自由法》。此后，许多国家和国际组织也相继出台了类似的法规、宣言或是准则，如美国的《行政公开法案》《在阳光下的政府法》《美国的公共信息准则》《信息自由法》和《文书削减法》，加拿大的《国家图书馆法案》《信息获取法》和《政府信息资源交流政策》，法国的《信息科学归档文件卡片与自由法》，经济合作与发展组织（OECD）的《跨国数据流宣言》等。这些法规、准则的颁布和实施，都是为了确保公众和政府双方的利益不会受到不应有的伤害。

例如，由美国图书馆和信息科学全国委员会提供并得到通过的《美国的公共信息准则》，提出了以下八条公共信息准则：①公众有权获取公共信息。②联邦政府应确保公共信息在任何形式下的完整性和良好的保存环境。③联邦政府应确保公共信息的传播、再生产和再分配。④联邦政府应保护使用或要求提供信息的人员的隐私权，也应保护那些在政府记录中有个人信息的人员的隐私权。⑤联邦政府应确保获取公共信息来源的多样性，无论是民间部门还是政府机构都应该如此。⑥联邦政府不应该允许随意乱收费，以免妨碍公众获取公共信息。⑦联邦政府应保证提供有关政府信息资源容易使用的信息，对于各种形式的信息都能以单一的索引进行查询。⑧无论信息利用者居住在何地以及在何处工作，联邦政府都应该保证他们通过全国信息网络和像出借政府出版物的图书馆那样的程序来获取公共信息。按照美国图书馆和信息科学全国委员会的声明，该准则所适用的公共信息就是由美国联邦政府生产、编辑或维护的信息，这些信息被公众所信赖的政府部门拥有，但它们同时也是属于公众的。因此，政府有义务在法律允许的范围内公开这些信息，让公众共享。

美国《信息自由法》和《文书削减法》中也作出了类似的规定：凡是赋予信息搜集代码的信息，除了法律规定不能公开的以外，一律向社会发布。据了解，美国许多政府机构目前都建立了"政府信息资源分布索引系统"，负责政府信息资源的导航工作。由上述可见，实行政府信息资源公开，对促进资源共享、履行政府义务、增加公众对政府的信任程度等都是有积极意义的。

3. 政府信息资源共享的影响因素

网络环境下政府信息资源共享是一项巨大的复杂的系统工程，涉及因素非常广泛。这些因素任何一种形式的不正常，都会使它们成为制约共享的因素，其中最具根本性影响的主要是政府信息资源建设、政府信息网络建设、政府信息资源共享体制建设等。

（1）政府信息资源建设

政府信息资源共享取决于政府信息资源本身的状况，数量上的丰富程度直接影响到政府信息资源共享的广度，质量上的优化程度则影响到政府信息资源共享的深度。就目前我国政府信息资源建设情况来看，重硬件轻软件更轻资源建设的错误观念依然存在；信息资源总量不足，流失严重；结构失衡，可供共享的高质量信息不多，信息可共享程度不高。

（2）政府信息网络建设

网络环境下政府信息资源共享是以信息网络为主要媒介的，政府信息网络建设成熟与否，影响到信息资源共享的直接实现。

（3）政府信息资源共享体制建设

网络环境下政府信息资源共享还受到共享管理体制建设的影响。为了进一步促进政府部门对信息资源共享的需求，必须对政府信息资源共享进行有目的的制度安排，但这种安排常常受到多个政府部门多种目的的影响而产生冲突。共享管理体制建设对网络环境下政府信息资源共享的制约主要体现在这些冲突之中，表现为：现代政府管理体制与传统政府管理体制的冲突影响了信息共享的需求，电子政务统一运作与各级政府各自为政的冲突影响了跨部门信息共享，信息无偿提供与部分信息有偿提供的冲突影响了信息的有效提供，共享系统的内容规划者与开发设计者之间的磨合不够影响信息共享的实效性。

总之，制约政府信息资源共享的因素很多，这些因素及其对政府信息资源共享的制约表现出一定的规律性。总体来说，它们主要是通过信息、权力、利益三个要素的变化和作用来影响信息资源共享的。首先，对信息资源共享的制约，也是对信息流的制约，政府信息资源的数量与质量、政府信息网络的网间隔绝与互联互通、信息化建设中的信息孤岛与数字鸿沟、共享系统的内容规划者与电子政务的开发设计者之间的沟通与磨合等因素都反映出：信息的充分与流通顺畅是信息共享的目标要求。其次，政府信息资源共享受到制约的一系列因素，归根结底都源自不同级别的政府及其职能部门的行政影响，即政府权力意志的指向与实现。此外，政府信息资源共享并不是免费的晚餐，制约政府信息资源共享的一系列因素，其背后重点凸现了来自不同级别的政府及其职能部门对利益追求的影响，即有关利益的分配与均衡问题，这也是各制约因素中的焦点所在。

4. 政府信息资源共享的运行机制

政府信息资源共享是电子政务建设的重要内容之一。由于缺乏有效的机制和制度保障，造成了一些政府信息资源建设的低水平重复，影响了电子政务公共服务水平，必须加强政府信息资源共享机制建设。电子政务发展的形势表明，政府信息资源共享问题已经成为电子政务发展的重要瓶颈。政府信息资源需要共享，必须共享，而要使这种共享成为稳定、持久的现实，必须靠机制。《国家信息化领导小组关于我国电子政务建设指导意见》《关于加强信息资源开发利用工作的若干意见》《2006—2020年国家信息化发展战略》等一系列文件或规划，都强调了要加强政府信息资源共享及其机制建设，其目标在于推动电子政务的全面、深入发展。

所谓政府信息资源共享机制，就是政府信息资源共享的运作模式，包括主要依托计算机网络技术实现的网络环境下政府信息资源共享运行机制，和主要依托复杂社会关系实现的网络环境下政府信息资源共享保障机制。两种机制互为一体，共同发挥作用。将机制概念或机制原理引入到政府信息资源共享中，并通过制度性安排，形成相对稳定的管理模式，就构成了政府信息资源共享机制。

共享政府信息资源的空间分布规律，反映了政府组织系统的结构形态和管理特性。政府网络信息资源空间主要分成三种形式：垂直型、水平型、垂直与水平交叉型。其中，垂直型空间分布可分成两种形式：一是集中式，在同一级行政区域内，数字化信息资源集中在某一级行政中心的信息资源库；二是分阶段式，在不同行政区域内有着各自业务特点的政府信息资源分别集中到该级行政区域的信息资源库。水平型空间分布也分为两种情况：一是分地域式，将同一地域或行政区域的政府机关及其职能部门所形成的政府信息资源进行整合形成信息资源库；二是分行业式（或称分专业式），将一定区域中同一行业内的政府机关及其职能部门所形成的政府信息资源进行整合形成信息资源库。垂直与水平交叉型空间分布通常表现为集中式、分阶段式、分地域式、分行业式四种形式之间的互相交叉、互相组合，小到机关内部核心信息资源库，大到国家层面信息资源库，形式多种多样。

网络环境下政府信息资源共享运行机制是以计算机网络技术为主导，主要依托计算机网络的力量来合理配置信息资源，从而促进信息资源共享的一种规定性方式。根据网络信息空间的构建及其政府信息资源的空间分布规律，网络环境下政府信息资源共享运行机制可以通过以下三个层次来实现：①微观层次，主要面向政府机关内部各具体机构之间的电子文档一体化管理，在设置形式上一般是组建机关内部局域网；②中观层次，主要面向政府内部不同专业系统或同一行政区域中的政府机关之间的政府信息资源计算机一体化管理，在设置形式上可组建办公业务资源专网；③宏观层次，主要面向政府内部不同组织系统（或者说所有政府部门）之间的信息资源一体化管理，在设置形式上一般可组建政府公共信息网，简称政府公共网。三个层次，规模由小到大，逐渐展开，形成一个完整的政府信息资源共享体系。

一方面，由于政府在与用户特别是政府自身以外的人员沟通时，还不便于直接通过网站或系统界面进行接触，否则会影响到机关秘密。另一方面，用户在接受涉及多个政府部门的事务处理及信息服务中，需要自己依次与这些部门交涉，并清楚很多与该服务相关的知识。解决这两个方面的困境，必须对政府信息资源共享运行机制进行整合。其整合过程是将信息共享分解为前台与后台两个部分，前台相当于一个虚拟的、统一的、智能化的控制系统，后台是各个实际的信息服务流程运作环节。在这种安排中，用户与后台完全隔离开来，用户只需与前台发生联系，即可获取自己所需要的相关信息。

网络环境下政府信息共享运行机制的实现形式不是一成不变的，而是随着社会环境的变化不断革新。机制的优化必须按照新的情况进行：①"柔性化"选择，强调与电子政务建设的进程相适应；②"制度化"安排，对行政权力、信息资源及其所隐含的利益关系这三种要素之间的相互联系和相互作用作出有目的的制度性安排；③"扁平化"趋势，注重管理层次的减少和管理幅度的扩大，网络信息空间的结构形态由政府组织系统的金字塔形向扁平形转化；④"协同化"方式，强调政府信息资源共享是一种需要广大政府部门积极参与的群体行为；⑤"兼容化"取向，突出政府信息资源共享在各个共享系统界面、网络节点对接、政府信息资源库互连等技术上的兼容。

6.2.3　政府信息资源的安全与保密

在强调政府信息资源共享的同时，另外不容忽视的方面就是政府信息资源的安全与保密问题。

1. 政府信息资源安全

所谓政府信息资源安全（Government Information Resource Security），就是确保政府信息资源在特定期限内仅被授权用户访问和利用。随着电子政务的进一步发展、普及，电子政府正在成为现实。然而，近两年来，国内外研究机构在进行政府信息资源安全问题调研时发现，网站安全问题很普遍。网站安全问题主要表现为：一方面 SQL 注入漏洞、XSS⊖跨站脚本漏洞、网页篡改等 Web 应用安全隐患极其严峻；另一方面传统防护手段在网络层防御比较成熟，在网站应用层则相对不完善，网页漏洞扫描、Web 防火墙、网页防篡改部署较少，针对 Web 系统应用层进行防护却往往力不从心。同时，国际黑客组织经常攻击各个机构网络，政府网站首当其冲，政府网站的防护能力却有待提高。门户网站是黑客攻击政府网站的必要路径，他们通过入侵门户网站，进而进入政府各项电子政务系统、办

　　⊖　也称为 CSS，即 Cross Site Script。

公系统，达到窃取、修改数据，破坏信息系统的目的。

政府信息资源安全管理应该分为两个层次：一个层次是从国家强制角度的安全管理，这就是立法和制定相关的技术标准，由执法机关来监督实施；另一个层次是应用系统使用单位自身的管理。从整体上看，应该从以下几个方面考虑网络环境下政府信息资源安全管理：①电子政务体系中各层面上的安全管理；②系统维护中的安全管理；③认证中心的安全管理；④安全技术与产品的安全管理。

（1）电子政务体系中各层面上的安全管理。现在政府机构面对的信息资源及应用多种多样，来自不同的操作系统、不同的开发平台和不同的应用数据库。基于 Portal 平台的政府信息集成框架，试图以最小的代价在企业应用系统的构架层次上，为政府提供一个跨越多种分散的、内部和外部的信息处理过程的集成纽带，把这些信息整合到一起。它是基于 J2EE 的三层 B/S 结构。其框架为：①应用层是指政府已经存在的所有信息资源，包括政府内部或外部的各种应用系统，还包括来自不同系统的结构化或非结构化数据，它们都是政府信息集成平台需要整合的对象。②信息集成接入层为政府信息集成平台实现资源整合提供底层构件库，包括本地和远程应用集成构件，为实现不同类型的信息集成提供底层支持。它同时还提供对所有信息资源的统一管理、统一授权，实现对信息的统一访问。③展示层是信息集成平台中把经过整合的信息资源展现给用户的最外层，它只关注如何展现信息，统一的视图管理使用户可以设定各自的个性化输出，用户只需单点登录到政府门户就可以得到所关注的信息。在这个框架中，政府所有的信息应用都作为后端应用层，信息集成接入层中的集成构件根据应用层的输入，通过资源定义和分配、建立不同系统间的用户口令转换的对应关系，采用不同的集成构件分别进行处理，再传递给展示层，由政府门户统一展示给用户。及时消除各层面上可能存在的安全隐患，是确定政府信息资源安全的重要手段。

（2）系统维护中的安全管理。电子政务中的应用开发、系统运行、日常维护、重要设备维护等大都涉及信息安全，"电子政务信息安全管理的核心要素是高素质的人和技术队伍"。电子政务的大力加强，必然导致系统维护工作量的大大增加，但是目前的公务员队伍中有一些人计算机操作水平有限，这是目前政府实现电子政务中突出的矛盾。另外，从事业的发展角度来看，这些维护性工作全由政府部门自己包起来的做法也不妥当。一方面政府会增大开支，而另一方面，一个单独的政府部门也难以在某一领域内进行深入的研究，所以也不能更好地使电子政务事业得到发展。而专业的维护公司可根据自身的经济与技术实力，加大研究的力度，可以更好地为电子政务系统服务，也会为政府节约相当大的开支。但这样就会产生一个矛盾，即维护外包与信息安全之间的矛盾。政府的某一个部门很难解决这样的矛盾，但可以从行政法规进行某种规定，从立法的角度来解决这一问题，对这种从事所谓"电子物业"的公司进行相关的管理。从事这类服务的公司或其他单位应该具有以下条件：有较强的经济技术实力；内部有较好的管理机制；所有的员工均接受由公安部门进行的安全培训并在公安部门备案；由公安、服务委托方（政府的某部门）和受托公司签安全保密协议；受托方公司的每一员工也要签相关的安全保密协议，知道自己应该承担的义务；公安部门对受托公司进行不定期的检查；制定相应的处罚规则。

（3）认证中心的安全管理。电子政务活动中，传统白纸黑字的认证方式已不存在，网上的身份认证是必需的。认证中心的安全管理是整个电子政务系统安全的关键环节。认证中心的任务是要解决以下的问题：①身份认证服务，为进行电子政务业务的实体定义唯一的电子身份标识，并通过该标识进行身份认证，保证身份的真实性。②数据完整性服务，保证收发双方数据的一致性，防止信息被非授权修改。③不可否认服务，为第三方验证信息源的真实性和信息的完整性提供证据，它有助于责任机制的建立，为解决电子政务中的争议提供法律证据。所以，认证中心本身的安全，是电子政务乃至所有网上活动安全的关键，必须解决认证中心应该由谁来建、怎样建、谁来管理的问题。因此，应该从立法的角度对认证中心的建设与运管及责任与义务作出规定。认证中心建设的立项和审批必须通过公安信息网络安全监察部门，未得到公安部门安全许可的单位不得建立这样的认证中心。认证中心所采用的技术，目前来说已经不是问题，但采取什么样的技术，采用谁的技术这是个问题。认证中心必须建立在我国自己的技术平台上，这是一个关系到国家主权和安全的问题，也应该从立法的角度予以明确。认证中心的安全管理是极为重要的，否则安全就得不到保障。应该由公安部门对认证中心进行严格的日常监管，必须有严格的人员审查机制和日常的管理机制。

（4）安全技术与产品的安全管理。计算机信息系统安全专用产品，是实现计算机信息系统安全的技术保证。电子政务系统的建设也离不开安全产品的使用，对安全产品的管理应该在目前的水平上进行加强。

1）安全产品选择的管理。安全产品同其他计算机产品一样，也存在着安全漏洞、后门、隐蔽信道等问题，所以在安全产品选择和采购等方面要进行管理。应该有明确的规定，安全专用产品的采购除了必须符合国家各方面的相关规定，如公安部的许可证、国家保密局对涉及国家秘密网络使用安全产品的规定等外，还必须选择有我国自主知识产权的安全产品。

2）经销环节的管理。安全产品不同于网络产品或其他计算机产品，服务是非常重要的。安全体系建设应该是个性化的，要根据用户的"应用"来制定完全个性的安全策略，并构建安全体系。对于相同的行业用户，即使是有相同的"应用"，也要考虑采取不同的安全策略。现在有一种做法，许多行业和部门，为了降低费用，往往从上至下选择同一种安全产品。这实际上存在着一种弊端，这样可能不易被行业外的用户攻击，但在行业内，掌握相同安全策略的人在不同的部门中会有很多，就会出现多个防盗门用的是同样的锁、同样的钥匙的情况，而这样的钥匙掌握在多个人手中。这种根据"应用"来制定安全策略的方针，实际上是建立在风险分析基础上的。不同的网络应用对风险所造成后果的容忍程度是不一样的，应该基于风险分析得出的结论来制定一个合理的安全策略。应寻找风险与安全投入的一个最佳的平衡点，也就是说这种策略的制定应该是合理的。不合理的安全策略，不仅浪费了投资，同时也会造成安全隐患。

3）后期服务与升级。安全产品的售后服务是十分重要的，对一般的计算机产品可能有备机、备份的数据、备份的系统，就可以完成一般的灾难恢复。但是，对于安全产品的后期服务来说，就不能单纯靠备份来实现，除非是硬件损坏。如果出现如黑客攻击造成的灾害，则安全策略的重新制定就是必需的。

2. 政府信息资源保密

从表面上看，共享与保密是一对矛盾，但实质上是相辅相成、相互促进的。共享是为了让公众享用政府信息资源和让政府接受公众的舆论监督，保密则是在更高的层次上排除障碍，以确保特定对象对政府信息资源的有效共享和对政府行为的的及时监督。

对政府信息资源采取保密措施的必要性，在于政府机构通常珍藏了具有一定密级要求的大量信息，这些信息的不适当公开常常会带来严重后果（比如，危及国家安全利益、给犯罪分子以可乘之机、引起社会恐慌等）。正因为如此，即使在一个强调政务公开的民主法制国家中，政府也从来没有放松过信息的保密工作。几乎所有国家都设立了行使保密职责和对泄密、窃密等犯罪行为进行打击的国家保密局、安全部、公安部等类似机构。例如，建于 1952 年的美国国家安全局（National Security Agency，NSA），就是美国政府的官方安全机构，其主要任务是监听和破译所有对本国信息安全有价值的外国通信，以及加强本国政府信息资源的保密。

政府信息资源的保密级别一般分为绝密、机密和秘密三个等级。无论是何种级别，其实质都是在国家法律保护下的一种信息资源垄断措施。按照各国法律的规定，政府信息资源的保密是有时间和范围限制的。在保密期限内，如同专利权一样，任何人越权占有、使用和处理政府信息资源，都会受到法律的相应制裁。当政府信息资源超过保密期限以后，政府机构有责任将其解密，并向社会公开。例如，美国许多政府机构都依照法律规定设置了政府信息资源解密办公室，负责将超过保密期限的机密信息进行解密，并对外界公布。我国的相关法律中也有类似的规定。例如，1996 年颁布的《中华人民共和国档案法》第十九条中就规定："国家档案馆保管的档案，一般应当自形成之日起满三十年向社会开放。经济、科学、技术、文化等档案向社会开放的期限，可以少于三十年，涉及国家安全或者重大利益以及其他到期不宜开放的档案向社会开放的期限，可以多于三十年，具体期限由国家档案行政管理部门制订，报国务院批准施行。"

当然，不是所有的信息都需要保密。关于这一点，美国在 1974 年修订的《信息自由法》中列出了九类不适合向公众公开或者说应进行适度保密的信息：①国防或外交政策；②行政机关内部的人事规定或惯例；③其他法律规定适用例外的信息；④商业及金融信息；⑤政府机关内部的备忘录或信函；⑥个人隐私；⑦执行部门的调查文件记录；⑧关于金融机构的报告书；⑨包括与油井有关的地图等地质学或地球物理学信息和数据。中国国家保密局在 1998 年 2 月发布了《计算机信息系统保密管理暂行规定》，其中规定了不得在与国际网络联网的计算机信息系统中存储、处理和传递的一些信息，主要是指关系国家的安全和利益的国家秘密（例如，国民经济和社会发展中的秘密事项、科学技术中的秘密事项、外交和外事活动中的秘密事项等）。对于不属于保密范围的政府信息资源，原则上应当向社会公开，而不应该擅自采取影响其流通和使用的保密措施。

🔍 案例分析

【案例 6-1　政府信息资源公开】政府信息资源公开是保障公民知情权的必然要求，也是世界贸易组织要求各国政府应尽的义务。作为世界贸易组织的成员，中国能否积极履行政府信息资源公开的义务，不仅关系到中国能否得到其他成员的认可和信任，也关系到中国能否走上依法治国的正轨。

2004 年 8 月 16 日，上海市民董某状告上海市徐汇区房地局信息不公开一案，在徐汇区法庭公开审理。原告董某所提出的主要诉讼请求是："判令被告（上海市徐汇区房地局）向原告提供本市岳阳路 200

弄十四号在 1947 年 9 月 1 日至 1968 年 7 月 16 日期间，原告之父购买产权及后被政府接管的相关档案信息"。

董某提出诉讼请求的法律依据是上海市政府制定并于 2004 年 5 月 1 日正式实施的《上海市政府信息资源公开规定》。该规定的第 10 条明确列举了国家机密、商业秘密、个人隐私等五种情形以及法律或法规规定免予公开的其他情形可以不公开以外，其他政府信息资源都必须公开。在此背景下，公民主动要求政府公开信息的请求，成为行使知情权的合法行为。在庭审中，徐汇区房地局负责人说："在铸造公共政府、透明政府的过程中，需要公民主动地参与进来。"庭审一结束，这位领导立即被记者包围。他表示，这次庭审的意义完全是积极的，有利于政府在行使职权时的透明化、规范化。此案的出现无疑成为中国政府信息资源公开制度建设的一个新视点。

该案所折射出来的，是各地政府在信息公开制度建设方面所取得的进展。广州、上海、北京等地分别出台了有关政府信息资源公开的规章。广州市 2003 年 1 月 1 日起实施的《政府信息资源公开规定》成为我国第一部地方政府"阳光法案"。《深圳市政府信息资源网上公开办法》于 2004 年 4 月 1 日起施行。2004 年年初，上海市出台了《上海市政府信息资源公开规定》，并于 5 月 1 日正式实施。北京市政府法制办 2004 年 9 月下发了《关于进一步深化依法行政信息公开工作的意见》。此外，《长春市政府信息资源公开规定（暂行）》《杭州市政府信息资源公开规定》《济南市政务信息公开暂行办法》等地方法规也相继出台。值得一提的是，《中华人民共和国政府信息公开条例》于 2007 年 1 月经国务院第 165 次常务会议通过，并于 2008 年 5 月 1 日起正式施行，进一步从法律层面上保证政府信息资源的公开，使政府信息资源公开成为法制构架的一部分，从而让政府信息资源公开成为一种国家意志。该条例的颁布实施，使我国政府信息资源的公开不再处于"愿公开就公开，不公开也可以"的自由裁量状态。"公开是原则、不公开是例外"成为现实。政府部门在没有任何理由的情况下拒绝公开其政务信息，将属于违法行为，需要承担相应的法律责任。

（案例来源：上海市民首次状告政府职能部门信息不公开，http://news.sina.com.cn/c/2004-08-18/16273428573s.shtml。）

【思考题】你认为本案例反映了我国在政府信息资源公开方面取得了哪些进展？

6.3　政府信息资源管理系统

目前，政府信息资源管理工具和技术发展非常快，人们已经研制出多种多样的政府信息资源管理系统。由于篇幅所限，本节主要介绍其中较常用的政府办公自动化系统、政府决策支持系统、政府信息定位服务系统、电子政务信息管理系统。其中，政府办公自动化系统是一种面向非结构化的管理问题（即事务处理业务）、基于设备驱动、以程序化信息处理工具为主要职能的人机系统，其主要目标是提高工作人员办事效率。政府决策支持系统是以管理科学理论为基础，以信息技术和仿真技术为手段，针对半结构化决策问题，支持决策过程的一种智能化人机系统，其主要目标是帮助决策者明确决策目标和问题识别。政府信息定位服务系统是一种发现和消除重复政府信息采集需求的机制，其主要目标不是为了查找信息，而是为政府机构识别其信息资源和编制政府信息资源目录奠定良好基础。电子政务信息管理系统能够提供政府机构开展政务管理所需的各类内部信息与外部信息，并对这些信息进行实时管理和有效配置，以全面支持政府的宏观管理和微观运行。

6.3.1 政府办公自动化系统

说起办公自动化（Office Automation，OA），几乎是人们都熟识和耳闻的一个 IT 名词。然而什么是 OA？却是众说纷纭，莫衷一是。尽管至今还没有人能够给出有关 OA 的权威定义，但一般认为办公自动化是指利用计算机技术、通信技术、系统科学、管理科学等先进科学技术，使人们的部分办公业务活动物化在各种现代化办公设备当中，最大限度地提高办公效率和改进办公质量，改善办公环境和办公条件，缩短办公周期，并且利用科学的管理方法，借助于各种先进技术来实现辅助决策，提高管理和决策的科学水平。

📘 知识拓展

【知识拓展 6-1　办公自动化】办公自动化就是采用 Internet/Intranet 技术，基于工作流的概念，使企业内部人员方便、快捷地共享信息，高效地协同工作；改变过去复杂、低效的手工办公方式，实现迅速、全方位的信息采集、信息处理，为企业的管理和决策提供科学的依据。一个企业实现办公自动化的程度也是衡量其实现现代化管理的标准。办公自动化不仅兼顾个人办公效率的提高，更重要的是可以实现群体协同工作。协同工作意味着要进行信息的交流、工作的协调与合作。由于网络的存在，这种交流与协调几乎可以在瞬间完成，并且不必担心对方是否在电话机旁边或是否有传真机可用。这里所说的群体工作，可以包括在地理上分布很广，甚至分布在全球上各个地方，以至于工作时间都不一样的一群工作人员。办公自动化可以和一个企业的业务结合得非常紧密，甚至是定制的。因而可以将诸如信息采集、查询、统计等功能与具体业务密切关联。操作人员只需单击一个按钮就可以得到想要的结果，从而极大地方便了企业领导的管理和决策。办公自动化还是一个企业与整个世界联系的渠道，企业的 Intranet 网络可以和 Internet 相连。一方面，企业的员工可以在 Internet 上查找有关的技术资料、市场行情，与现有或潜在的客户、合作伙伴联系；另一方面，其他企业可以通过 Internet 访问对外发布的企业信息，如企业介绍、生产经营业绩、业务范围、产品/服务等信息，从而起到宣传、介绍的作用。随着办公自动化的推广，越来越多的企业将通过自己的 Intranet 网络连接到 Internet 上，所以这种网上交流的潜力将非常巨大。

（资料来源：百度知道，http://zhidao.baidu.com/question/5762600.html.）

1. 办公自动化系统概述

如果按职能划分，则可将办公自动化系统细分为以下三个层次：

（1）事务处理级办公自动化系统

办公事务处理的主要内容是执行例行性的日常办公事务，涉及大量的基础性工作，包括文字处理、电子排版、电子表格处理，文件收发登录、电子文档管理、办公日程管理、人事管理、财务统计、报表处理、个人数据库等。事务处理级办公自动化系统可以是单机系统，也可以是一个机关单位内的各个办公室完成基本办公事务处理和行政事务处理的多机系统。单机系统不具备计算机通信能力，主要靠人工信息方式以及电信方式进行通信。多机系统可以采用计算机终端网、微机局域网、程控交换机综合通信网、计算机局域网或远程网等。

（2）信息管理级办公自动化系统

信息管理级办公自动化系统是把事务处理级办公自动化系统和综合信息紧密结合的一体化办公信息处理系统。它由事务处理级办公自动化系统支持，以管理控制活动为主，除了具备事务处理级办公自动化系统的全部功能以外，还增加了信息管理功能。根据不同的应用划分，还可以将它细分为政府机关型、市场经济型、生产管理型、财务管理型、人事管理型等。

（3）决策型办公自动化系统

决策型办公自动化系统是在前两种系统的基础上增加了决策或辅助决策功能的最高级的办公自动化系统，主要承担辅助决策任务，即为决策提供支持。它不同于一般的信息管理，需要协助决策者在求解问题答案的过程中方便地检索相关数据，对各种方案进行试验和比较，对结果进行优化。为此，该系统除了利用信息管理系统数据库中所提供的基础信息或数据资料以外，还需要为决策者提供模型、案例或决策方法。因此，只有数据库的支持是不够的，还必须具备模型库和方法库。其中，模型库是决策支持系统的核心，其主要作用是提供各种模型供决策者使用，以寻求最佳方案。

2. 政府办公自动化系统的主要内容

政府部门的信息化建设是国民经济信息化建设的重要组成部分。随着技术进步的加快，尤其是国际互联网的出现和迅速发展，一个全球性的信息社会正在逐步形成，推进政府部门政务工作的自动化、网络化、电子化已是大势所趋。在我国，政府部门的管理观念也在逐步发生变化，正从管理型转向管理服务型。如何更好地发挥政府部门宏观管理、综合协调的职能，如何更加有效地为公众提供服务，提高工作效率，打破信息盲区，加强廉政建设，已成为各级政府部门普遍关注和亟待解决的问题。

政府办公自动化是电子政务解决方案中最核心、最基础的部分，其成功应用与否将影响业务系统的应用和整个电子政务建设的成败。实施政府办公自动化，不仅有利于提高政府部门的工作效率、管理水平和社会服务水平，而且有利于提高政府的公正性和廉洁性以及政府资源的计划性和有用性。

政府办公自动化系统（Government Office Automation System，GOAS）就是通常所说的政府内部政务信息化系统，该系统主要包括电子邮件、公文处理、督办查办、信息处理、会议安排、活动安排和管理、领导批示管理、个人事务管理、信访管理、议案管理、档案管理、公共服务接口等功能。

政府办公自动化系统的总体目标是：为政府办公人员建立一个高效、安全、简便的信息交流和办公事务处理环境，在机关内部和上下级之间实现真正意义的协同办公自动化。具体目标包括：①合理授权；②提供及时、准确、全面的信息及知识共享服务；③为领导提供管理和决策的辅助工具；④为公务员提供一个日常办公及信息管理的工作平台；⑤利用电子流程再现人工流程，逐步实现无纸办公，文档一体化；⑥极大地提高工作人员的工作效率；⑦保证信息的上行下达。

6.3.2 政府决策支持系统

1. 决策支持系统概述

决策支持系统（Decision Support System，DSS）是辅助决策者通过数据、模型和知识，以人机交互方式进行半结构化或非结构化决策的一种计算机应用系统。它是管理信息系统（Management Information System，MIS）向更高一级发展而产生的先进信息管理系统。它为决策者提供分析问题、建立模型、模拟决策过程和方案的环境，调用各种信息资源和分析工具，帮助决策者提高决策水平和决策质量。

决策支持系统的基本结构主要由四个部分组成，即数据部分、模型部分、推理部分和人机交互部分。其中，数据部分是一个数据库系统；模型部分包括模型库（Model Base，MB）及模型库管理系统（Model Base Management System，MBMS）；推理部分由知识库（Knowledge Base，KB）、知识库管理系统（Knowledge Base Management System，KBMS）和推理机组成；人机交互部分是决策支持系统的人机交互界面，用以接收和检验用户请求，调用系统内部功能软件为决策服务，使模型运行、数据调用和知识推理达到有机统一，有效地解决决策问题。

2. 政府决策支持系统的主要内容

政府是全社会拥有信息量最多的部门，政府部门对社会事务的管理过程就是通过对已有信息的收集、加工、处理等环节，作出各种决策，从而推动社会向更高层次发展。决策是否正确、有效，直接影响到政府部门的形象、效率及对其社会价值的认同与否，决策支持系统作为信息技术应用于政府部门的产物，正是适应了公众对政府部门的种种期望，以及政府部门力求提高决策质量、改善自身形象的要求。

所谓政府决策支持系统（Government DSS，GDSS），是指通过统计信息的收集、汇总、分析、图形化显示分析结果以及查询等功能的智能化，自动从大量分散的数据中提炼出政府决策所需要的信息，在降低政府部门工作人员信息处理劳动强度的同时，突出信息对领导决策的重要作用，从而极大地提高政府决策的科学性和准确性。从政府决策的特殊性可以看出，政府决策支持系统既不同于一般的企业级决策支持系统，也不同于传统意义上的政府办公自动化，它所涉及的范围更为广泛。

政府决策支持系统设计的关键技术涉及数据仓库技术、数据挖掘技术、联机分析处理技术和决策支持技术，需要解决以下关键问题：①政府决策过程是一个从非结构化数据中抽取结构化信息，再提供非结构化决策分析的过程。为了建立良好的政府决策数据环境，获得高质量的数据分析结果，就必须建立合适的数据仓库系统。②建立适合政府部门决策需要的政府知识库或者知识管理系统，使政府决策朝智能化方向发展。③采用联机分析处理（on Line Analytical Processing，OLAP）技术，通过对信息进行快速、稳定、一致和交互式的访问，对数据进行多层次、多阶段的分析处理，以便能够获得高度归纳的分析结果。

一般来说，政府决策支持系统的主要部件如图 6-1 所示。综合来看政府决策支持系统可分为以下几部分：①数据仓库及管理系统。数据仓库是集成的、面向主题的数据集合，提供决策支持功能。数据仓库中的数据通常从内部和外部数据源中抽取。数据仓库是一种管理技术，能够将分布在不同网络网站中的数据集成在一起，为决策者提供各种类型的有效数据分析，起到决策支持的作用。②模型库以及管理系统。作为决策分析的基本工具，模型库系统能够对多种决策活动（例如，目标识别和问题描述、方案比较和评价等）提供支持。模型库系统是政府决策支持系统中最难实现、最复杂的部分，是政府决策支持系统的核心部件。③知识库以及管理系统。只有当知识和推理技术应用于政府决策支持系统时，才真正实现决策支持所提出的目标。许多非结构和半结构化的问题非常复杂，除了需要常规决策支持系统的功能以外，还需要问题求解的专门知识。这些知识可以由专家系统或者其他智能系统提供。因此，更高级的政府决策支持系统还含有知识管理组件。

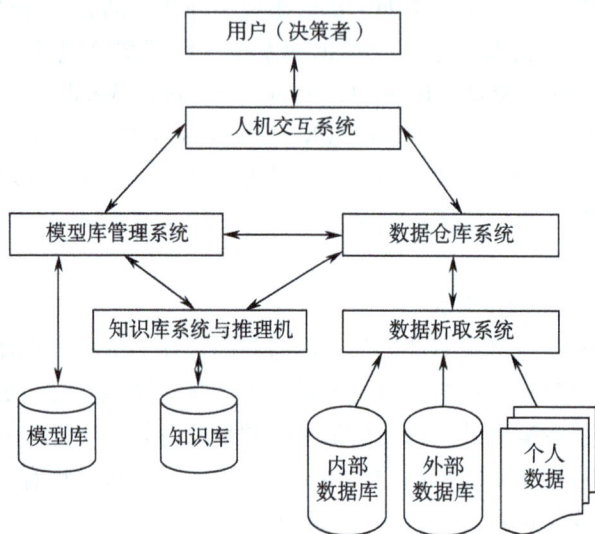

图 6-1 政府决策支持系统的主要部件

6.3.3 政府信息定位服务系统

随着我国电子政务建设的大力推进，多数政府部门的业务管理都已基本实现了电子化和数字化，这在一定程度上有效地推动了我国政务信息资源的开发和利用。目前，政务信息资源开发利用需要迫切解决的主要问题，就是及时制定和开发一套能够为用户提供高效、便捷的分类指引和搜索查询功能的目录体系和标准，实现对信息资源的有效管理和快速检索。在这方面，美国政府自 1977 年起开始创建的政府信息定位服务（Government Information Locater Service，GILS）标准和运行体制非常值得借鉴和参考。

1. GILS 的演变

GILS 是一种支持公众搜寻、获取和使用政府公开信息资源（包括电子信息资源）的开放环境下的分布式信息资源及利用体系。

GILS 始于美国 20 世纪 90 年代初的研究项目"联邦政府信息识别与描述详细目录/定位系统"。1994 年 12 月，美国商务部将 GILS 计划作为联邦政府信息处理标准（FIPS 192）颁发。1995 年年初，美国联邦政府管理与预算局发布了"OBM Bulletin 95-01"，将 GILS 作为美国政府信息基础设施的核心组成部分进行建设，并要求联邦政府各机构在 1996 年 1 月 31 日前开始建设其 GILS 系统。1995 年，美国国会通过的《文书削减法》中就明确要求各级联邦机构采用 GILS 来组织政府信息，从而明确了 GILS 在政府信息工作中的任务和作用。世界上其他一些国家（如加拿大、澳大利亚等）和政府间组织（如七国集团环境与自然资源管理项目），也从 1995 年起开始利用 GILS 来建立或推动政府信息的利用和共享。

2. GILS 的结构

GILS 是一个分布式信息资源利用体系。各级政府机构利用 GILS 规定的标准方式来描述自己拥有的信息资源，建立相应的资源目录和检索系统（称为 GILS 定位器或 GILS 服务器）。如果信息资源本身是数字化资源，则在资源目录和实际资源之间建立链接。公众可以通过 Internet 直接检索这些目录数据，并通过链接直接获得相关数字资源。各机构的 GILS 服务器也通过 Internet 与其他政府机构的 GILS 服务器相连，彼此之间可以互为客户机，并且利用 Z39.50 协议来检索对方服务器上的 GILS 数据。因此，用户可以通过某个机构的 GILS 系统去检索其他机构的 GILS 系统，形成虚拟、透明的政府信息资源检索体系。例如，美国在国家档案管理局（National Archives and Records Administration，NARA）、政府出版局（Government Printing Office，GPO）、国家技术信息服务系统（National Technical Information Services，NTIS）等机构都建立了此类核心目录，存储多个政府机构的 GILS 目录，并提供集成检索，对参加 GILS 体系的所有机构的 GILS 系统进行描述并提供 Z39.50 检索，还提供各机构有关信息网站和资源的链接。

3. GILS 的定位记录

GILS 定位记录（GILS Locator Record）是一组相关数据元素的集合，用来描述信息资源的内容、位置、服务方式、存取方法等。

目前，GILS 定位记录主要包括以下核心元素：Title（题名）、Originator（创始者）、Contributor（贡献者）、Date of Publication（出版日期）、Place of Publication（出版地）、Language of Resource（资源语言）、Abstract（摘要）、Controlled Subject Index（规范主题索引）、Subject Terms Uncontrolled（非规范主题词）、Spatial Domain（空间域）、Time Period（时期）、Availability（获取方式）、Sources of Data（数据来源）、Methodology（方法）、Access Constraints（获取限制）、Use Constraints（使用限制）、Point of Contact（联系点）、Supplemental Information（补充信息）、Purpose（目的）、Agency Program（机构项目）、Cross Reference（参照）、Schedule Number（目录号）、Control Identifier（控制标识符）、Original Control Identifier（原始控制标识符）、Record Source（记录源）、Language of Record（记录语言）、Date of Last Modification（最后修改日期）、Record Review Date（记录审查日期）。

6.3.4 电子政务信息管理系统

电子政务信息管理系统支持灵活多变的业务应用，对不同隶属关系合理管理，帮助企业、机关、各事业单位实现内部网络办公自动化和知识共享，对各类资源综合管理，构建信息化应用支撑环境。

1. 电子政务信息管理系统的主要功能

电子政务信息管理系统由信息管理平台（安装在服务器端）、服务器端和客户端（只需要浏览器）三部分组成，整个系统的安装、维护和升级都比较简单，可扩展性极强。

概括起来，电子政务信息管理系统主要包括以下具体功能：

（1）辅助办公

电子政务信息管理系统的应用，使得政务信息管理各项工作变得简单化、规范化和实用化。例如，对于政府部门领导来说，该系统可以帮助领导合理管理时间，轻松安排各种约见、会议、工作委托，快速查询部门业务情况，督促下属部门处理事务，查阅下属部门呈送过来或是从业务系统汇总过来的数据、报表、文档等信息，对各类公文作批示或签发，发出各种指示和督查事件的处理，实现收发文管理、督查管理、档案管理、签报管理、信访管理等，根据业务规则和特定条件模式来定制个性化流程，与 Word、Excel 等通用办公软件实现无缝连接。

电子政务信息管理系统的广泛应用，使得政府各部门能够充分共享办公资源和信息，又不互相干涉业务，对日常形成的各类文件、档案以及其他资料信息等进行高效管理。

（2）信息服务

电子政务信息管理系统可以提供安全、及时、准确、全面的信息服务。就内部信息而言，可以发布日常工作信息，提供信息的共享交流服务。另外，由于信息化建设程度不同，不同的业务系统可能会使用不同的数据库。利用数据库发布工具，还可以实现异构数据库的发布功能。

（3）合理授权

合理授权是政府部门管理的核心功能。政府部门需要对不同的权属人员采取不同的授权。例如，对内部办公人员、地方隶属机构、社会公众等分别给予不同的授权。由于采用了严密的授权机制，使得以政府部门结构为主线的授权方式和信息流动的授权策略紧密结合起来，使各种授权到位而不越位。

（4）安全机制

电子政务信息管理系统通常都内嵌了一套紧密集成的信息安全和保密机制，为整个业务系统的安全运作提供了有效保证。电子政务信息管理系统中采用的主要安全措施包括：利用专网通信来实现内外网的物理隔绝；采用备份技术、加密技术、防黑客技术、防病毒技术等网络安全技术；采用口令管理、权限管理等访问控制技术；只有具有合法身份的人员才可以登录系统，不同用户只能访问被授权的功能模块。

2. 电子政务信息管理系统的子系统

电子政务信息管理系统主要由人事管理、考勤管理、资源管理、公文管理、档案管理、日程管理、项目管理、信息管理、网站内容管理、远程管理等子系统组成。

（1）人事管理子系统

人事管理子系统提供了综合人事管理功能，对员工从进入到离开单位全程的信息进行跟踪与管理，这些信息包括员工的基本信息、工资福利信息、考核情况、奖惩情况、职务变动情况、技术职称和员工绩效等。相应地，人事管理子系统包括员工基本信息管理、职务变动信息管理、员工奖惩情况管理、员工考核情况管理、员工工资信息管理、员工福利信息管理、技术职称信息管理、绩效分析等功能模块。

（2）考勤管理子系统

考勤管理子系统为日常考勤工作提供了一种便捷的网络化管理手段。它克服了手工考勤方式所存在的种种弊端，充分利用计算机技术、网络技术和通信技术，为单位员工登记考勤、领导查看考勤、有关部门统计考勤提供了一种先进手段。考勤管理子系统由考勤登记、考勤情况查看和考勤参数设置三个功能模块组成。在使用之前，首先要由具有相应权限的人对考勤参数进行初始化设置，然后才能进行考勤登记。考勤查看功能是给那些具有一定权限的人员查看全员考勤情况而设置的。

（3）资源管理子系统

资源管理子系统从满足政府或企业内部对资源管理的实际需要出发，以传统的手工管理流程为依据，以电子化、网络化管理方式为基础，实现了资源的全过程网络化管理。资源管理系统主要包括资源申请、资源登记、资源类别管理、资源调度、已有资源查看、损耗资源查看等功能模块。

（4）公文管理子系统

公文管理子系统主要包括公文设计、公文流转等功能模块。其中，公文设计模块主要负责建立一套公文流转的运转机制，公文流转模块通过建立 Intranet 模式的群件体系，为政府部门或企事业单位创建一个协同办公的网络环境。

（5）档案管理子系统

档案管理子系统是一个功能强大的档案信息电子化管理子系统。档案管理子系统由待组卷文件、案卷管理、案卷库管理、文件借阅、借阅管理、日志查询、已销毁文件、系统设置等功能模块组成，用来对电子档案库进行管理，方便用户对案卷和文件进行各种操作。

（6）日程管理子系统

日程管理子系统包括日历、周历、月历、年历、新日程、公共日程、日程查询等功能模块。日程管理不但为个人的工作提供诸如计划、日记、提醒、查询等功能，而且为团队提供相互关联的日程，是协同工作必不可少的工具。需要补充说明的是：日程管理与项目管理紧密联系，可以参考部门的工作计划作出个人的时间安排。团队也可以根据个人的时间规划合理安排一些会议、业务等活动。

（7）项目管理子系统

项目管理子系统从实际的项目管理需要出发，以项目和项目中的任务为主线索，确保项目信息的完整性；又以时间为副线索，配合个人和团队的日程管理，将项目中的任务分派到每个人的工作时间中，完成项目的立项、计划、任务的建立与分配、进度监控以及项目完成情况的查看与统计等基本项目管理过程。项目管理子系统主要包括项目管理、新增项目、项目查询、项目类别等功能模块。

（8）信息管理子系统

信息管理子系统为用户提供一个信息管理与信息共享平台。用户可以先按照不同性质对信息归类，然后通过信息管理子系统将它们分别发布到相应栏目中，实现信息交流与共享的目的。针对不同性质的信息，信息管理子系统提供了信息发布、信息浏览、信息维护、个性化设置等基本功能。

（9）网站内容管理子系统

网站内容管理子系统提供一个协作化信息远程写作、远程录入、远程审批、远程发布的环境，采取系统级管理和日常业务管理两种形式来实现实际管理过程。其中，系统级管理可以实现栏目规划、编审人员组织、版面设计等业务流程；日常业务管理可以实现文章采编、文章审批、文章发布等业务流程。

（10）远程管理子系统

远程管理子系统为用户提供了一种直观、易用的服务器端文件维护手段。客户端只要使用 Web 浏览器，就可以对服务器端文件进行操作。通过编辑、上传、下载源代码文件，还能够方便地实现对服务器端应用系统的远程维护操作。由于采用了标准 Web 浏览器，不仅操作简单，而且可以方便地满足远程办公和移动办公的需要。

本章小结

本章从政府信息资源及政府信息资源管理的基本内涵出发，并分析政府信息资源管理发展历程、政府信息资源的类型、政府信息资源管理的目标与特点，让读者较为全面、清晰地知晓政府信息资源管理的基本边界；在此基础上，进一步剖析了政府信息资源管理的内容构成，并对较常用的政府办公自动化系统、政府决策支持系统、政府信息定位服务系统、电子政务信息管理系统作了全面分析。读者在学习本章内容时，必须做到理论联系实际，深刻理解并掌握本章所讨论的上述基本概念，以便为今后的进一步学习打下坚实的基础。

课后习题

一、选择题

1. 据统计，目前各级政府部门大约聚集了全社会信息资源总量的（　　）。
   A. 50%　　　　　　B. 60%　　　　　　C. 70%　　　　　　D. 80%

2. 哪部法案首次从政府的角度将信息资源管理定义为"与政府信息资源相关的规划、预算、组织、指挥、培训和控制"？（　　）
   A.《文书削减法》　　　　　　　　　B.《政府信息公开条例》
   C.《联邦政府信息资源管理》　　　　D.《信息自由法》

3. 按信息传递方向和特点划分，政府信息资源可分为（　　）。
   A. 上情下达类信息（如政府宣传性信息）
   B. 下情上传类信息（如公众反馈性信息）
   C. 横向沟通类信息（如政府部门之间的双向交流性信息）
   D. 军事信息

4. 政府信息资源加工的常见方法，不包括（　　）。
   A. 归纳法　　　　B. 纵深法　　　　C. 浓缩法　　　　D. 循证法

5. 政府信息资源管理共享主要包括哪些层次？（　　）
   A. 政府机关内部各具体机构之间　　　B. 政府内部不同专业系统之间
   C. 政府内部不同组织系统之间　　　　D. 政府与企业之间

6. 影响政府信息资源管理共享的因素主要包括（　　）。
   A. 政府信息资源建设　　　　　　　　B. 政府信息网络建设
   C. 政府信息资源共享体制建设　　　　D. 政府信息资源的类型

7. 政府信息资源检索主要包括（　　）。
   A. 布尔检索　　B. 截词检索　　C. 短语检索　　D. 语义检索

8. 决策支持系统的基本结构包括（　　）。
   A. 数据部分　　B. 模型部分　　C. 推理部分　　D. 人机交互部分

9. 政府网络信息资源空间主要有哪些形式？（　　）
   A. 垂直型　　B. 水平型　　C. 垂直与水平交叉型　　D. 层次型

10. 下列哪一个不是美国政府推进政府信息公开的法案？（　　）

A.《行政公开法案》　　　　　　　B.《在阳光下的政府法》

C.《文书削减法》　　　　　　　　D.《国家图书馆法案》

二、名词解释

1. 电子政务　　　　2. 电子政府　　　　3. 决策支持系统　　　　4. GILS

三、简答题

1. 简述电子政务与电子政府的区别。

2. 简述政府信息资源管理的特点。

3. 简述如何细分政府信息资源内容管理。

4. 简述如何开展网络环境下政府信息资源安全管理。

5. 简述电子政务信息管理系统的基本构成。

四、案例分析题

某政府部门的主要职责是：拟定国家相关的方针、政策和法规，制定行政规章；对重大经济和技术政策、发展规划以及重大经济开发计划进行相关评价；拟定国家相关规划；组织相应的总局机构编制和人事管理；组织开展全国本系统行政管理体制改革等。其日常业务繁重庞杂。由于政府部门工作性质的特殊性，在充分讨论了运转纸质文件和运转电子文件的差异性，并对系统的安全性、扩展性、可管理性、可维护性，数据的自动流转，业务流程的监控、跟踪、统计等方面进行通盘考虑以后，该政府部门负责人最终选定当时较为成熟的 X 系统作为内部办公自动化系统的开发平台。

经过近一年的努力，该政府部门成功构建了基于 X 系统的办公系统 S。随着时间的推移，S 系统也在不断得以完善，并最终建成了集办公收发文、会议管理、信息采编、公用信息发布、电子邮件、督办查办、领导批示等多种功能于一体的办公自动化系统，极大地减少了工作人员的劳动强度和重复劳动，有效地实现了各部门之间的无纸化办公，实现了该政府部门与各级政府部门之间高效率的公文运转、信息交流和信息共享。

从功能结构来看，S 系统可以进一步细分为四大功能模块，即公文管理系统、政务信息管理系统、日常办公系统和政务信息网的信息发布系统。其中，公文管理系统是整个自动化办公系统的核心部分；政务信息管理系统收录了全国各地的重要环境情况；日常办公系统包括司局领导活动安排、司局会议纪要、全局人员工资库、群众来信来访、住房分配等的应用；信息发布系统是该局与国务院和各大部委及公众联系的桥梁，同时也是政务公开的重要途径。

S 系统正式投入使用以后，该政府部门的工作流程发生了明显变化，原来要重复很多环节的文件现在可以一次到位，文件的查找工作也得到了极大改善，在权限控制之内的任何人都可以监视文件的实时运转状态，有效地提高了整个政府部门的工作效率。目前，S 系统已有近 200 个用户，成为该政府部门日常办公不可或缺的重要工具。

请根据上述背景材料，回答以下问题：

（1）针对文中提到的"政府部门工作性质的特殊性"，分析政府办公自动化系统的特点。

（2）你认为该局的 OA 系统属于 OA 发展过程中的哪个阶段？为什么？

（3）一般来讲，公文管理系统应包括哪些功能模块？

第 7 章

企业信息资源管理

本章导读

随着社会分工的细化和行业竞争的加剧，在现代信息技术的推动下，企业信息资源管理日益成为一项庞杂的工程。通过本章的学习，读者将在理论层面了解企业信息资源管理的基本内涵、任务与作用、基本框架；在实践层面把握企业信息资源开发的途径和企业信息资源管理的主要体制。在此过程中，读者将进一步深入了解企业信息资源管理的技术框架和关键技术，切实感受以语义搜索、商务智能、移动计算、云计算等为代表的一系列高新信息技术给企业信息资源管理在理念、技术、方法和工具等层面带来的直接冲击与发展契机。

开篇案例

企业信息资源包括来自于企业内部和外部的各类信息。内部信息资源主要涉及生产、管理、经营过程中产生的各类信息，而外部信息资源主要是与企业经营生产相关的各类政治、经济、法律、社会等信息。企业信息资源是企业有效决策的基础。在现代社会，信息资源乃至信息资源管理对企业的生存发展有着至关重要的作用。

某采矿企业是国务院国有资产监督管理委员会管理的大型企业，主业为有色金属矿产资源开发、建筑工程、相关贸易及服务。目前，该采矿企业的业务遍布 50 多个国家和地区，拥有境外重有色金属资源量 1000 万 t，涉及锌、镍、钼、铌、铍、金、银、稀土等 20 余个有色金属品种。随着企业规模的不断增长，业务规模的不断扩大，该企业深刻意识到，"信息资源管理是本企业的重要资产"，充分挖掘、管理好本企业的信息资源是企业获得持续竞争优势的保障。于是，该企业将信息资源管理提高到战略决策高度，期望能借此进一步增强企业运营效益。

1. 信息资源管理现状

该企业经过近几年的信息化建设，内部动态信息资源建设已初具规模，完成了基础的网络布局，建成了生产管理、质量管理、实验室管理、设备管理、财务管理、销售、采购、情报档案、办公处理、公文查询、电子邮件等应用系统，并且这些系统中产生的动态信息也已成为企业信息资源的重要组成部分。其中信息数据类型有 TXT、DOC、XLS、WPS、PDF、PPT 等。而在外部资源方面，主要包括外购的商业数据库资源和免费从互联网获取的信息资源。信息资源的主要内容为市场动态信息、科技信息、相关企业及竞争对手的动态信息等一系列的企业情报信息数据库。这些信息为该企业的生产、经营、管理和技术进步提供了及时、准确的信息服务，成为了企业经营、产品开发、领导决策不可或缺的依据。

2. 面临的信息资源管理问题

① 信息孤岛，缺乏资源交换和共享。该企业各主要管理部门大都建立了自己的业务管理网站，但这些部门信息的采集、管理和发布都由其自行管理，从而形成了多个各自孤立的信息系统，不利于部门之间的信息共享。

② 信息资源分散，降低了使用效率、提高了使用成本。该企业购买了国内外多家内容厂商的信息产品和商业数据库，并且每个信息产品和商业数据库都由厂商自带的系统进行管理，而工作人员在获取信息时，都需要单独访问多个系统进行查询，不便于工作人员开展信息管理，降低了使用效率。

③ 信息资源的加工、审核和发布不够规范。该企业信息资源的采集、管理和发布基本由各个部门自行负责，缺乏规范化，从而使得信息的有序性和受控性无法得到保证，不利于全面、有效地获取信息，降低了信息服务的质量。

面对上述问题，经过广泛调研和充分论证，该企业管理层决定引进并本地化开发一款集成的企业信息资源管理系统，同时配套地构建科学的企业信息资源管理机制。经过试验与推广，该企业在信息资源管理方面取得了以下初步成果：

① 有效整合了企业内部与外部的各类信息资源，构建了企业信息资源分类体系和信息资源库。整合内部信息资源、网络信息资源及外购的商业数据库资源，实现内外异构的、非结构化资源的统一存储和管理，并建立涵盖与企业生产、经营和销售等业务有关的信息资源分类体系，实现信息资源的有序管理。

② 建立企业内部与外部的信息资源加工、审核、发布和保存体系。规范内外信息资源加工和审核的管理机制，使信息的采集、审核、发布和保存等各流程科学、合理、有序、受控，从而建立起完善的信息资源管理、信息资源服务的体系，搭建起企业内部信息资源服务门户，实现内部信息的灵活交换和共享。建立起面向企业外部用户的信息资源服务门户，设计合理的资源访问权限管理机制，实现资源面向公司内部人员和外部用户的灵活交换和共享。

③ 提供获取企业内外部信息资源的丰富服务手段，为企业员工提供资源分类导航、资源检索、资源 RSS 订阅等个性化、集成化的信息服务，有效提高了工作人员的工作效率，降低了信息资源的利用成本。

（本案例根据《广州石化：整合提升信息资源价值》这篇网络文章改编而成，原文网址为：http://www.trs.com.cn/solucase/case/case-guangzhoushihua.html。）

【思考题】随着云计算技术的发展，在大数据环境下，企业应该如何有效重构自身的信息资源管理系统？

7.1　企业信息资源管理概述

7.1.1　企业信息资源管理的含义

信息是一种重要的组织资源，这就要求组织必须围绕信息资源展开一系列的管理活动（如控制、规划、开发、集成等）。对信息资源进行管理，更离不开对组织内外大量支持资源的开发和利用。

企业信息资源（Enterprise Information Resource）是企业所获得的能够反映客观事物的各种信息和知识的总称，是企业拥有的无形资产之一。一般来说，企业信息资源有狭义和广义之分。

从狭义上讲，企业信息资源是指企业收集、开发、加工、利用的文献资料和数据。国家信息化测评中心定义的狭义企业信息资源包括企业内在结构状态信息、客户群信息、竞争对手信息三大类共 60 项信息类型。如果以企业为边界，则还可将企业信息资源进一步细分为内部信息资源和外部信息资源两大类型。其中，企业内部信息资源包括管理信息、人事信息、财务信息等内部结构状态信息和生产信息、供应信息、营销信息、研发信息等内部生产经营信息；企业外部信息资源包括微观信息和宏观信息，微观信息有市场信息、项目信息、技术信息等，宏观信息有政策信息、科学信息、文化信息、经济信息等。

从广义上讲，企业信息资源是指企业信息以及与企业信息的收集、加工、整理、存储、处理、传递、利用等相关的技术设施、资金和人才。广义的企业信息资源概念是将信息系统的所有投入都作为一种资源。在本章中，如果没有特殊说明一般采用的是广义定义。

除了具有信息资源的有用性、可扩散性、增值性、能动性等特征以外，企业信息资源还具有自己的一些特点：①专业性。企业是经济运行的微观主体和基本单元，企业信息资源和其他信息资源有较大的差异，表现出很强的专业性。企业信息资源主要是指根据企业的自身特点和行业需求，开发、收集、加工整理的本企业生产经营以及有关的政策、法规、技术创新、行业发展动态、新产品开发、竞争对手状况等方面的资料。②及时性。由于企业所处的市场环境瞬息万变，对信息要求的及时性较之于其他单位来说更加强烈，对信息的需求呈现出很强的动态性。③共享性。企业信息可以被企业内部的多个部门和个人使用，具有共享性。因此，在进行企业信息资源管理时，必须打破部门之间信息资源管理的限制，实现集成管理。

一般认为，企业信息资源管理是企业管理者为了实现企业目标，对企业信息资源和企业信息资源活动进行管理的过程。它是企业以先进的信息技术为手段，对信息资源进行采集、整理、加工、传播、存储和利用的过程，是对企业的信息资源活动过程进行战略规划，对信息资源活动中的要素进行计划、组织、领导、控制的决策过程，力求实现信息资源的有效配置、共享管理、协调运行、以最少的耗费创造最大的效益。企业信息资源管理是信息资源管理的一种形式，把信息资源作为待开发的重要资源，把信息资源和围绕信息资源所开展的一系列活动作为企业的财富和核心。

企业信息资源管理主要出发点在于提高企业所能支配的各类信息资源的综合效益，服务于企业发展战略，以实现企业的发展目标，而不是增加生产设备、工艺技术和制造方法的复杂性和某个生产要素的单一效益。总的来说，企业信息资源管理的特点表现为：①企业信息资源管理是一种以系统科学和管理科学的基本原理为基础的新型资源管理方法；②企业信息资源管理是为了企业战略目标的实现对信息资源进行的综合管理，而非单纯的技术性管理；③企业信息资源管理强调信息资源的战略管理和高层管理，而不仅仅是在操作层和执行层实施管理；④企业信息资源管理强调面向企业机构，其组织管理必须与企业的组织机构相匹配，追求在整个企业组织中全面发挥信息资源的整体作用，为企业组织的整体战略目标服务；⑤企业信息资源管理是组织中各层次管理人员的一项重要任务，而不仅仅是信息资源主管人员及其下属的职责；⑥企业信息资源管理强调的是将全部信息资源集成一体、统一配置和系统管理，以追求资源配置的全局最优，而不是个别资源构成要素的局部最优。

7.1.2　企业信息资源管理的任务与作用

企业信息资源管理的主要任务是：①对企业中信息资源的开发利用进行总体规划；

②组建信息资源管理机构，并进行信息技术、设备和人员的配置、维护和培训；③负责组织企业管理信息系统的规划、开发、运行、维护和管理；④建立和维护整个组织中的数据信息标准规范和管理制度；⑤对信息资源的新技术和方法进行跟踪研究，将其应用于组织的信息管理；⑥负责组织内部所有信息资源的安全和保密工作；⑦向组织中的所有部门提供信息资源的咨询、服务和维护；⑧综合利用信息资源辅助组织的高层决策。

企业信息资源管理的主要作用包括：

① 企业信息资源管理是增强企业竞争力的基础和手段。当今社会信息资源已成为企业的重要战略资源，它同物质、能源一起成为推动企业发展的支柱。加强企业信息资源的管理，使企业及时、准确地收集、掌握各类信息资源，开发、利用信息资源，为企业发展注入新鲜血液。这一方面为企业作出迅速灵敏的决策提供了依据；另一方面使企业在激烈的市场竞争中找准了自己的发展方向，抢先开拓市场、占有市场，及时、有效地制定竞争措施，从而增强企业竞争力。

② 企业信息资源管理是实现企业信息化的关键。随着全球经济一体化和市场经济体制的建立以及现代信息技术的突飞猛进，企业生存和竞争的内外环境发生了根本的变化，企业信息化和信息资源管理也要和国际接轨。企业信息化是全方位的，不只是信息技术的延伸，更重要的是企业管理和组织的延伸。企业信息化的实质就是在信息技术的支持下，及时利用信息资源，把握市场机会，及时进行决策。因此，企业信息化不但要重视技术研究，更要重视信息资源的集成管理，避免信息资源的重复、分散、浪费和综合效率低下。而企业信息资源的开发和利用是企业信息化建设的核心，也是企业信息化的出发点和归宿。

③ 企业信息资源管理是提高企业经济效益的根本措施和保障。提高经济效益是企业生产经营的目的。企业之间除了在生产资料、生产技术、产品价格的竞争外，更重要的是对信息资源的竞争。谁抢先占有信息资源，谁就能把握市场动向，优先占有市场，提高企业经济效益。占有和利用信息资源的能力已成为衡量一个企业是否具有市场能力的关键指标。美国苹果公司就是一个把市场销售、产品研究开发、生产连接在一起的信息网络。该公司根据当天遍及全球各地千万个销售商的销售情况进行汇总、分析，修订第二天的生产销售计划，然后把计划传送给全球 150 多个生产厂家。生产厂家按计划生产，各地的销售商就按时、按量收到所需要的订货，这种管理模式给公司带来了丰厚的利润。

由此概括起来，开展信息资源管理，将有利于企业实现：①科学化管理和正确决策；②增强企业竞争能力；③提高企业经济效益；④有效摆脱运营和竞争困境。

7.2 企业信息资源管理的基本框架

7.2.1 企业信息资源管理的内容

企业信息资源管理主要包括以下四方面的内容：

① 对各个层次的需求信息进行界定。明确各个领域的信息范围，再对信息收集的可行性进行分析，明确可以收集信息的范围和途径。

② 明确信息收集的人员配置。通过不同途径有针对性地收集信息，收集到的信息形

式可能是多种多样的，专门人员应该能很好地把握信息的实质内容。

③ 对收集到的信息进行分析和处理。在分析过程中应该遵守一些具体原则，例如：明确目标，并对其进行信息分析；遵循逻辑规则，掌握信息的内在逻辑结构关系；注意信息的时序关系，正确反映信息的历史变化过程；运用科学的方法来分析信息；充分发挥信息人员的主观能动性，提高他们的信息分析能力。

④ 将信息分析结果投入到实际运用中。在利用信息分析结果时，可以采用累积法、综合法、推导法、联想法、预警法、置后法、觅主法等常用方法。其中，累积法是指将信息分析积累到一定程度时，零星信息会产生一种聚集效应；综合法是指把握信息的内在联系，从局部看整体，综合地发挥信息的整体效应；推导法是指利用信息之间的因果关系、关联度和类比性，以及多项拓展途径来进行合理推导，得出新结论；联想法是指通过非逻辑的推理过程来达到激发智慧、触类旁通的作用；预警法是指识别征兆，把握苗头，使信息发挥预警作用；置后法是指将暂时用不上的信息储存起来，放到以后利用；觅主法是指将信息给真正能发挥其价值的人。

7.2.2　企业信息资源管理的组织结构形式

企业信息资源管理的组织结构主要有功能型、产品型、矩阵型三种类型。

1. 功能型组织结构

功能型组织结构（见图7-1）是指按照企业信息资源管理的基本功能来进行组织划分，每个分支机构执行一个专业化功能。功能型组织结构有利于对企业的全部信息资源进行集中、统一的管理。由于各个分支机构隶属于相应的信息资源管理功能，技术人员只对特定系统功能在技术上负责，所以具有专业分工细等特点，有利于实现专业化，但信息资源管理人员的地位相对较低。

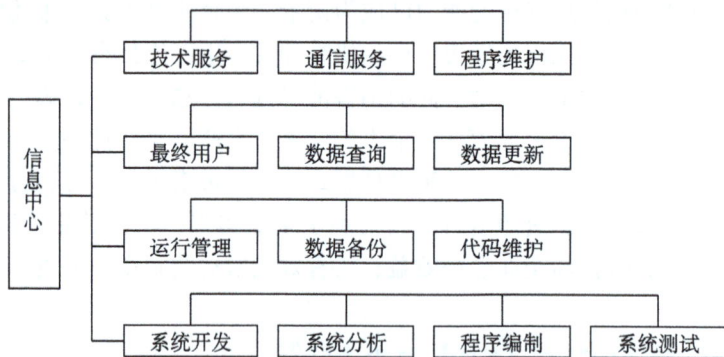

图 7-1　功能型组织结构

2. 产品型组织结构

产品型组织结构（见图7-2）是指按产品或服务的类型来进行结构划分，企业的每个部门面向一种产品或一种服务的管理，在产品部门内部都设有自己的信息资源管理分支机构，企业信息资源管理者在业务上隶属于某一特定产品部门，在功能上向产品部门经理负责。由于他们贴近业务管理职能，接受产品部门经理的领导，所以对用户的需求有明确的认识和了解，能够快速、准确地满足用户的信息需求。但是，在部门内部难以对某些信息技术专业功能进行管理，缺乏信息资源的规范制约和全面利用，并且由于部门中的信息资源管理人员处于辅助性地位，缺乏激励机制和个人发展空间，容易产生企业信息资源管理人员队伍不稳定的弊病。

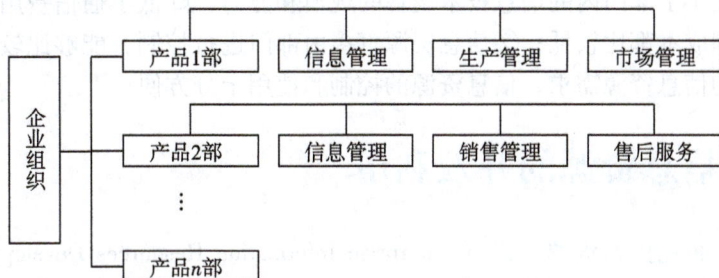

图 7-2　产品型组织结构

3. 矩阵型组织结构

矩阵型组织结构（见图 7-3）是功能型结构和产品型结构的组合，每个产品或服务部门内部的信息资源管理人员不仅要接受本产品部门经理的领导，而且要接受相应的信息资源管理功能机构负责人的领导。矩阵型组织结构综合了上述两种结构的特点，既利于专业技术的发挥，又可以快速、准确地满足部门的信息资源需求。

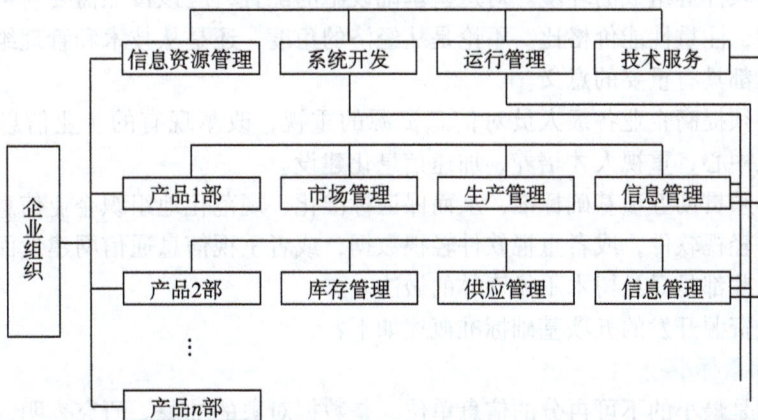

图 7-3　矩阵型组织结构

7.2.3　企业信息资源的管理方式

企业信息资源管理方式可以分为集中式和分散式两种基本方式。

所谓集中式企业信息资源管理，是指将所有信息资源的配置、协调、控制和管理权限集中在一个统一的信息管理机构中，企业中任何一个部门需求的信息资源都由这个集中的信息管理机构来提供。集中式企业信息资源管理的主要特点是：①进行统一集中、高度专业化的资源管理与控制；②有利于实现组织内全部信息资源的协调与平衡；③便于形成统一的信息资源标准和操作规范；④容易实现信息资源的完整性约束和安全性控制；⑤可以使专业人员在专业岗位和环境中不断积累经验，达到较高的技术水平。

所谓分散式企业信息资源管理，是指企业信息资源管理是将信息资源分别置于组织中各部门的直接管理和控制之下，各个部门内部拥有自己的信息管理人员或机构，它们可以按照自己的意愿配置所辖的信息资源。分散式企业信息资源管理的主要特点是：①由于分散的信息资源缩小了部门内的信息技术设备的规模和能力，降低了通信费用，信息资源的技术成本和管理成本都比较低；②信息资源直接由部门进行控制，能够比较准确、迅速地满足部门内部的信息资源需求，信息资源的控制和使用十分方便。

7.3　企业信息资源的开发利用

简单地说，企业信息资源开发（Enterprise Information Resources Development）是指将企业原始数据显性化。这些原始数据包含在各种生产要素（如材料、半成品、成品、工具、辅材设备、操作者、环境以及各级管理人员）中，还包括构成企业重要参考信息的行业情报、技术信息、外部经验等。

7.3.1　企业信息资源开发利用中的关注点

企业信息资源开发首先必须站在较高的起点上。应该根据企业当前业务和可以预见的发展趋势，对信息采集、处理、存储和流通的要求，选购和构筑由信息设备、通信网络、数据库和支持软件等组成的环境。对这些基础设施的配置，应该按照需要与可能的原则进行必要的选型，注重性能价格比。不论是从经济的角度，还是从技术和管理维护的角度来讲，这项工作都具有重要的意义。

其次，必须提高企业各级人员对信息资源的重视，改革现有的企业信息资源管理体制，增设信息中心，重视人才培养，加速信息化建设。

最后，必须贯彻五项基础标准，从而保证标准化、规范化地组织企业信息资源。有的企业重视硬件轻视软件，或者重视软件轻视数据，或者重视信息通信网建设而轻视信息资源网建设，这些都是只见树木不见森林的做法。

企业信息资源开发的五项基础标准概述如下：

1. 数据元素标准

数据元素是最小的不可再分的信息单位，是数据对象的抽象。研究表明，数据元素具有"原子意义"，根据企业的类型和规模，数据元素不仅在数目上存在着统计规律，而且还具有比较稳定的对象集。对数据元素的标准化管理包括数据元素的定义、命名和一致性管理。

2. 信息分类编码标准

信息分类编码的对象是一些重要的数据元素，它们决定着信息的自动化处理、检索和传输的质量与效率。应该遵循国家已经发布的相关标准化文件，按照一定的序列，建立属于本企业的一整套信息分类编码标准，包括分类编码对象、编码规则和编码表的标准化管理等主要内容。

3. 用户视图标准

用户视图是最终用户对信息需求和数据实体的看法，主要包括企业管理的一整套单证、报表、账册和屏幕格式等，用户视图的规范化管理包括用户视图名称、标识和组成的管理。规范并且简化用户视图是企业内外信息共享和交换的基础。人工管理积累了很多冗余或者不一致的单证或报表，按照这样的格式建造数据库，必然导致低质量的数据环境。要想改变这种情况，就必须从重新设计适合"电子单证"的用户视图开始。

4. 概念数据库标准

概念数据库是最终用户对数据存储的看法。用户的信息需求首先集中在概念数据库的界定上。概念数据库标准包括数据库名称、标识、主关键字和数据内容列表。

5. 逻辑数据库标准

逻辑数据库是系统分析设计人员的关注点。在关系数据模型中，逻辑数据库是一组规范化的基本表。从概念数据库演化为逻辑数据库，其主要工作是采用规范化原理和方法，将每个概念数据库分解成符合"三范式"要求的一组基本表。逻辑数据库的标准化管理对于建立稳定的数据结构，有计划、有步骤地实现整个企业的数据集成具有决定性意义。

7.3.2　企业信息资源开发利用中的问题

企业信息资源开发利用的最终形式是形成信息产品，为各级管理部门服务。因此，在企业信息资源开发利用过程中需要考虑以下几个方面的问题：

①认清用户需求是企业信息资源开发利用的首要问题。企业是建立在社会分工基础上的社会组织，不同企业的目标市场、产品定位、企业文化、经营理念、技术设备和组织规模都会影响到企业信息资源需求。

②高智力投入是确保信息资源高质量开发和利用的重要前提。信息资源的再生性表明信息资源的生命周期比较短，用户层次又比较高，需求批量也比较小，这就要求信息资源开发人员必须注意速度和时效，及时对资源结构进行更新换代，不断改善资源结构，提高资源的前瞻性，尽可能地预测企业将要生产的新需求并且为之服务。要实现这些目标，就必须聚集一流的开发人才和管理人才，组织力量联合攻关。

③紧跟技术进步是提高企业信息资源开发效率的重要举措。整个信息资源管理领域都必须是现代信息技术高速渗透和普遍应用的领域，先进的信息技术不仅可以提高信息资源的开发效率，而且还是信息资源更新换代的主要原因。例如，互联网和各类信息网络的迅速发展激发了人们对网络目录的需求，而机读目录的出现又极大地提高了各种综述类、述评类或预测类信息资源的开发速度。

7.4　企业信息资源的技术管理

企业发展面临的竞争，除了生产资料、生产技术、产品价格等方面的竞争以外，更重要的是对信息资源的竞争。企业需要先进的信息技术服务体系去击败其竞争对手。

7.4.1　企业信息资源管理的技术框架

企业信息资源管理的技术框架如图 7-4 所示，它涉及业务数据、事务处理系统、管理信息系统、决策支持系统、基于知识的系统、数据库、数据仓库、知识库、OLAP、语义搜索、数据挖掘、知识发现等要素。其中，数据库、事务处理系统以及管理信息系统与面向业务操作的信息资源管理紧密相关；数据仓库以及决策支持系统与面向决策分析的信息资源管理紧密相关；知识库以及基于知识的系统与知识资源的管理和利用紧密相关。

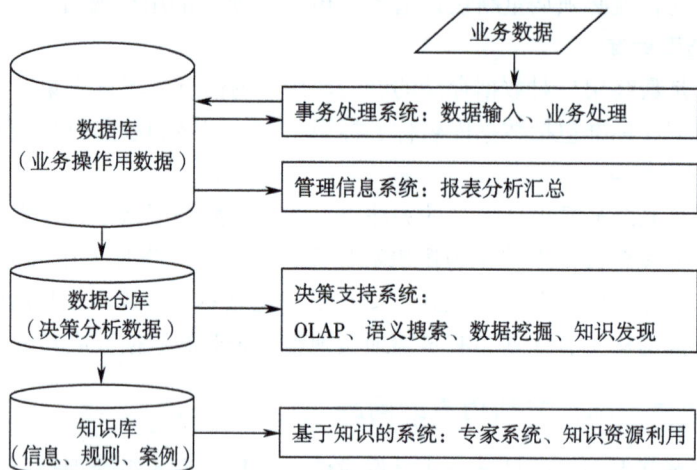

图7-4　企业信息资源管理的技术框架

1. 业务数据

企业业务数据主要来源于客户订单、采购合同、工时卡片、生产记录、入库记录、发票、收据、工资单、出库记录以及财务报表等在企业基本业务中产生的各种单据、记录和报表。这些业务数据通过事务处理系统输入到数据库中，成为企业的数据资源。

2. 事务处理系统

事务处理系统的主要目的是支持企业内的各种基础业务活动。这些系统不需要综合或者复杂的处理，但需要大量的数据输入和输出。基于计算机的事务处理系统包括数据收集、数据编辑、数据修改、数据操作、数据存储、文档生成等处理功能。从信息资源管理的角度来看，事务处理系统起着获取详细业务数据，确保业务数据的完整性、准确性和及时性的作用。

3. 管理信息系统

管理信息系统的主要目的是为企业各个业务领域的管理者们提供信息支援，使他们能够更好地把握日常业务，对日常业务进行有效的管理。管理信息系统大多基于汇总后的分析报表，这些报表对事务处理数据库中的详细数据进行筛选和分析、向管理者提供有意义的信息。从信息资源管理的角度来看，管理信息系统起着将事务处理数据库中的详细数据转换成管理者所需要的管理信息的作用。

4. 决策支持系统

决策支持系统的主要目的是帮助企业的高级管理人员解决在经营决策时所面临的特殊问题。在当今技术条件下，决策支持系统主要是基于数据仓库、OLAP和数据挖掘技术。从信息资源管理的角度来看，决策支持系统起着对数据和信息资源的深层次利用的作用。

5. 基于知识的系统

基于知识的系统是人工智能应用的一个分支。与决策支持系统不同，基于知识的系统可以扩展管理者解决问题的能力。目前，最常见的基于知识的系统是专家系统。专家系统可以被看做是用启发式的形式来表示专家知识的一种计算机程序。迄今为止，专家系统中的专业知识主要来源于对象问题领域中的专家。

6. 数据库

数据库是指存储在计算机媒体上的数据文件的集合。其基本目标是减少数据冗余和增加数据的独立性。所谓数据冗余，是指数据之间的重复，也就是说同一数据存储在不同数据文件中的现象。减少数据冗余和增加数据的独立性是大规模信息系统以及企业范围信息资源管理获得成功的前提条件。从信息资源管理的角度来看，数据库不仅是面向业务操作的信息资源的核心，也是对整个企业的信息资源进行管理的基础。

7. 数据仓库

数据仓库概念是对数据库概念的进一步深化，可以提供用更直观的方式来对数据进行操作的数据源。这个数据源就是数据仓库，它通常包含大量的、经过提炼的、面向主题的数据。在目前的技术条件下，数据仓库可以有效地处理 GB 级以上的数据。

8. 语义搜索

语义搜索（Semantic Search）从词语所表达的语义层次上来认识和处理用户的检索请求，通过对资源对象进行语义上的标注，以及对用户的查询表达进行语义处理，使得自然语言具备语义上的逻辑关系，能够进行广泛有效的语义推理，从而更加准确、全面地满足用户的信息检索需求。随着企业收集、处理、存储和利用的各类信息资源的增加，快速地对需要的信息进行反馈，要求企业信息资源管理系统具备语义搜索功能。

9. OLAP 和数据挖掘

OLAP 和数据挖掘都是与数据仓库紧密相关的术语。其中，OLAP 是在数据仓库的基础上，针对特定问题的联机数据访问和分析。数据挖掘则表示在数据中寻找用户未知的潜在关系的过程。数据挖掘可以帮助用户发现数据中的相互关联，并以直观的方式来表现这些关联。

10. 知识发现

数据库中的知识发现（Knowledge Discovery in Database，KDD）可以被看做是用以概括从大量的、复杂的数据中寻找某种规律的所有活动的术语。一般来说，知识发现过程可以细分成若干步骤。尽管这些步骤之间存在着一定的逻辑顺序，但在实际应用中知识发现是一个直到用户满意为止的迭代过程。知识发现的主要步骤包括：①定义数据：由用户、数据库管理员和系统分析员一起针对特定问题领域来定义所需要的数据。②获取数据：根据数据需求，收集数据并将其存入数据仓库中。③整理数据：对数据进行编辑，实现数据的标准化。④假设和模型：由用户和系统专家提出有关数据特征的假设，建立用以辅助分析的数学模型。⑤挖掘数据：利用分析模型来检验假设，探索数据中新的规律和知识。⑥测试和验证：通过预测模型来确认所选择的数据对用户目标的支持程度。⑦解释和利用：由用户对分析结果作出解释，并针对要解决的问题作出必要的决策。

7.4.2　企业信息资源管理的关键技术

1. 企业资源计划

美国权威市场预测研究机构 AMR Research 曾经宣布，全球企业资源计划市场在近年内以年增幅37%的速度向前发展。无论是在中国还是在全世界范围内，已经掀起了一场企业资源计划革命。因此，非常有必要掌握这一新的管理技术和管理工具。

（1）ERP的内涵

所谓企业资源计划（Enterprise Resource Planning，ERP），是指建立在信息技术基础上，以系统化的管理思想，针对物资资源、人力资源和财务信息进行集成管理的一种管理平台。ERP是整合企业管理理念和业务流程、基础数据、制造资源、计算机软硬件技术于一体的企业资源管理系统。ERP系统以企业的供应链管理为核心，以业务流程为导向，打破企业部门之间的相对独立，实现企业管理组织结构从"金字塔式"向"扁平式"转变。此外，ERP系统要求企业对现有的业务流程进行重新评估、分析和优化，对整个供应链的业务流程进行重新定义，以实现企业内外资源的优化配置，消除生产经营过程中存在的一切无效的劳动和资源，以实现业务处理的合理化、规范化、标准化。ERP已成为现代企业的一种运行模式，也是企业在信息时代生存和发展的重要基石。

目前，人们分别从管理思想、软件产品、管理系统等三个层次出发给出了三种不同的ERP定义。①基于管理思想的ERP定义。美国著名的计算机技术咨询和评估集团——高德纳咨询公司提出了一整套企业管理系统体系标准，其实质是在制造资源计划（MRP Ⅱ）的基础上进一步发展而成的面向供应链（Supply Chain）的管理思想。②基于软件产品的ERP定义。ERP是指综合应用客户机/服务器体系、关系型数据库结构、面向对象技术、图形用户界面、第四代语言（4GL）、网络通信等信息产业成果，以ERP管理思想为灵魂的软件产品。③基于管理系统的ERP定义。ERP是指整合企业管理理念、业务流程、基础数据、人力、物力、计算机软硬件于一体的企业资源管理系统。

ERP的核心管理思想就是实现对整个供应链的有效管理，主要体现在三个方面：①对整个供应链资源进行管理的思想。ERP系统适应了市场竞争的需要，对整个供应链进行管理。②精益生产和敏捷制造的思想。ERP系统支持混合型生产方式，既可以支持离散式生产管理，又可以支持流程式生产管理。它以快速灵活的方式来组织企业的生产经营，满足市场的需求变化。③事先计划与事中控制的思想。ERP系统中的计划体系包括很多计划功能，而且这些计划功能与价值控制功能已完全集成到整个供应链系统中。另外，ERP系统通过定义与事务处理相关的会计核算科目与核算方式，在事务发生的同时自动生成会计核算记录，保证了资金流与物流的同步记录和数据的一致性，从而可以根据财务资金现状，追溯资金的来龙去脉，并进一步追溯所发生的相关业务活动，便于实现事中控制和实时作出决策。

目前的ERP系统是基于客户机/服务器结构的集成式企业资源计划系统，其功能覆盖企业的财务、后勤、人力资源管理、业务工作流以及因特网应用链接等多个方面。其特点有：①ERP是一个集成的管理软件，除财务、库存、分销和生产管理以外，还集成了企业其他管理功能（如人力资源、质量管理、决策支持等）。②ERP系统不仅着眼于供应链上各个环节的信息管理，而且还能够满足同时具有多种生产类型企业的需要，扩大了软件的应用范围。③ERP是一个驾驭市场需求变化的系统，可以使企业在需求的驱动下，对自身的人力、资金、设备、原材料在各个环节随时进行资源优化配置，以实现企业的目标，并且使得企业利润最大化、成本最低化。

具体来说，ERP 对企业的作用可以体现在以下几个方面：①缩短投入品采购期、成品供应期提前，维持尽可能少的库存量；②减少停工待料、时间成本和机会成本；③减少向批发商或向顾客延期供货的次数，提高顾客的满意度；④提高产品质量和降低人工成本；⑤管理资源共享，减少管理人员，降低管理费用。

（2）ERP 的实施过程

ERP 的实施过程包括项目实施前期准备阶段和项目实施阶段。

1）项目实施前期准备阶段的工作主要包括以下内容：

① 成立筹备小组。项目筹备小组人员包括企业决策层成员、业务部门、财务部门、IT 部门相关领导。筹备小组的主要任务是：组织 ERP 基本原理知识的培训；对企业实施的 ERP 项目进行可行性研究；调查同行业企业 ERP 系统的应用状况；明确企业对新系统的需求，提交需求分析报告；同软件商接触，评价和推选软件。

② ERP 知识培训。这主要是指对企业高中层领导进行非操作层面的 ERP 知识培训。

③ 可行性分析。筹备小组要根据企业的现状提出可行性分析报告。可行性分析报告的内容包括：ERP 基础知识介绍、实施 ERP 所需要的资源（包括管理环境、人员要求、资金预算和时间计划）、企业实施的必要性、实施的目标与实施中预计的困难等。

④ 需求分析。通过管理需求分析，找到目前企业管理中存在的无效或低效环节，明确企业的规模、生产类型以及对 ERP 系统的特殊需求。

⑤ 选型或系统开发。

2）项目实施阶段的主要工作有：

① 成立三级项目组织，包括项目指导委员会、项目实施小组、项目应用组。其中，项目指导委员会的成员包括企业负责人和专职项目负责人，主要负责对项目计划的执行情况进行定期审查，及时解决问题，协调矛盾，以确保项目实施的顺利进行。项目实施小组由项目咨询顾问和企业各业务部门主管、业务骨干组成，其主要工作有：制订项目计划；报告计划的执行情况；发现实施过程中的问题和障碍；适时作出关于任务优先级、资源重新分配等问题的决定；必要时向企业高层领导提出建议；为保证 ERP 成功实施而需要的任何操作级上的工作。项目应用组是指各个具体业务的执行组成人员，一般由各个部门的主要业务操作人员组成，负责完成部门的 ERP 项目实施工作。他们在实施小组的领导下，根据部门工作的特点，制定出本部门的 ERP 项目实施方法与步骤，熟练掌握与本部门各业务工作点有关的软件功能。

② 制订项目实施计划。项目实施计划一般由经验丰富的咨询公司制订，或是在其指导下制订，再由企业项目实施小组根据企业的具体情况进行讨论和修改，最后由项目指导委员会批准。项目实施计划一般分为两类，即项目进度计划与业务改革计划。

③ 调研、咨询与业务流程重组。这一步是对企业的 ERP 业务管理需求进行全面调研，并根据企业的管理情况提出管理改革方案，决定业务流程重组的规模和深度。实施方案要经过实施小组与指导委员会的讨论并通过。实施方案一般包括企业现状描述、ERP 管理方式、业务实现与改革、达到的效果等内容。

④ 系统软件安装。

⑤ 开始培训与业务改革。培训的类型有理论培训、实施方法培训、项目管理培训、

系统操作应用培训、计算机系统维护培训等。经过培训以后，指导委员会和实施小组就可以对业务改革提出更为详细的执行计划。

⑥ 准备测试数据。其目的是用于实际操作培训，并检验测试软件的处理结果。业务数据主要分为三类，即初始静态数据、业务输入数据和业务输出数据。

⑦ 原型测试。原型测试的目的是：深入理解 ERP 系统，分析它与现行系统的差异；熟悉系统提供的各项功能，掌握 ERP 系统业务处理的方法和流程；检验数据处理结果的正确性；理解各项数据定义和规范的重要性与作用，弄清各种数据之间的关系；学会查询和分析业务数据；根据原型测试中发现的问题，提出二次开发的需求；为进行最终用户培训作好准备。

⑧ 用户化与二次开发。二次开发重点放在报表与特殊业务的需求上，通常会增加企业的实施成本和实施周期。当二次开发或用户化完成后，需要组织人员进行实际数据的模拟运行，通过处理过程及输出结果的检验来确认成果。

⑨ 建立工作点。所谓工作点，是指 ERP 的业务处理点、计算机用户端以及网络用户端。在建立工作点时，需要考虑 ERP 各个模块的业务处理功能、企业的硬件分布以及企业的管理状况。建立工作点以后，需要对各个工作点的作业规范作出规定，即确定 ERP 的工作准则，形成企业的标准管理文档。

⑩ 并行与正式运行。新旧系统并行是指新的 ERP 系统与原有的手工系统或旧的计算机系统同步运行，保留两个系统的账目资料与输出信息。新旧系统并行的主要目的是检验新旧系统的运行结果是否一致。经过一段时间的并行，验证了新系统能够正确处理业务数据，并输出满意的结果，经项目组双方签字确认后，新系统就可以开始独立正式运行了。

（3）基于云计算的 ERP 逐渐成为现代企业新运行模式

由于 ERP 系统并不是简单的应用软件，企业往往需要一段时间修改、适应，才能更好地将其融入到日常业务的运作当中，这需要很长一段时间的磨合期，因此多数的 ERP 系统仍需要用户个人进行 ERP 系统的安装、维护、实施。这不仅增加了 IT 成本的投入，也会使得 ERP 系统推广受阻。在这种情况下，云计算 ERP 越来越受企业欢迎。云计算 ERP 让用户可以随时使用，随时扩展，用户不需要支付软件许可费用，只需支付服务器、网络等租用的费用。对于用户而言，云计算 ERP 提升了用户使用自由度，让开源 ERP 在互联网时代有了更实际的意义。

具体而言，云计算模式为 ERP 系统的发展带来以下优势：

① 屏蔽底层环境。对于 ERP 系统服务提供商以及最终用户来说，底层的大多数硬件环境、软件环境都由云计算服务商提供，而软件服务商只需要支付服务费用，不需要操心硬件的扩充与维护，降低了硬件投入成本。

② 保障双方权利。云计算的模式避免了 ERP 系统的盗版问题。通过对系统的设计，可增加互动交流平台，便于 ERP 系统服务商根据用户的需求维护、升级自己的产品，更加高效地为用户提供服务。同时，由于成本的降低，ERP 系统服务商也可通过免费开放系统，只收取服务费，打破传统的经营理念。

③ 更加安全可靠。由于云计算服务提供商拥有庞大的云（计算资源）支持，即使有

部分云出现故障，也不会影响到全局，不会导致用户无法使用资源。另外，专业的云计算提供商由于长期从事相关资源的维护保障工作，积累了大量经验，在安全保障方面会更加专业，减少了由于安全问题给用户带来的损失。

④ 便于深度分析。云计算的优势在于处理海量的数据与信息。通过对不同用户可公开数据资源的深度分析与挖掘，为用户提供更加广泛的附加服务。这一点应该是云计算完全不同于现行 ERP 模式的一个创新点，这一优势的合理利用将给服务商带来无限机会，给用户带来意想不到的收获。

当然，在现行的架构下，ERP 系统的云计算模式也存在着一些不足：

① 对通信设施的依赖。现行的模式主要以通信网络为基础，一旦网络发生大面积故障，系统将无法正常的工作。

② 用户数据私有性的保证。由于 ERP 系统一般涉及一个企业内部运作的大量数据以及商业秘密，如何保障企业的核心机密私有性对于云计算的模式发展是一个具有相当挑战性的课题。涉及制度、法律保障、模型安全设计等多方面的因素。

由于 ERP 系统与云计算模式都处在发展阶段，尤其是云计算模式现在仍然处于最初级的阶段，虽然已经有部分服务商注意到了云计算模式下的 ERP 系统的潜力所在，开始提供相关的服务，但仍处于摸索阶段。因此，ERP 的云计算模式需要一段相当长的发展与改进过程。

知识拓展

【知识拓展7-1　云计算】 云计算是分布式处理、并行处理和网格计算的发展，或者说是这些计算机科学概念的商业实现。作为一种新兴的共享基础架构的方法，云计算因其强大的技术性能与应用前景而广受各大 IT 巨头的青睐。但是，目前国内外有关云计算的概念并未形成共识，有学者甚至列举出二十多个有关云计算的概念。较为普遍的观点认为，云计算是基于互联网的商业计算模型，利用互联网高速的传输能力，将数据的处理过程从个人计算机或服务器移到互联网上的服务器集群中。该服务器集群由一个大型的数据处理中心管理，包括计算服务器、存储服务器、宽带资源等，数据中心按客户的需要分配计算资源，达到与超级计算机同样的效果。概念边界的不够清晰并没有从根本上影响云计算的迅速发展。传统计算的本质特征是计算和存储等均在本地完成，采用传统计算方式的企业将永久保留相关的软件和硬件。而云计算方式则不然，它将所有的计算资源集中起来，并由软件实现自动管理，无须人为参与。在实际运作中，云计算由第三方服务商提供计算与存储等资源，并负责运行和维护，用户只需通过某种符合标准的终端工具（比如浏览器）接入系统，即可获得所需的服务。一般认为，云计算的基本原理是，通过使计算分布在大量的分布式计算机上，而非本地计算机或远程服务器中，企业数据中心的运行将更与互联网相似。这使得企业能够将资源切换到需要的应用上，根据需求访问计算机和存储系统。简单地说，用户通过个人计算机这样的终端上网，核心业务处理都在远程服务器实现，网络终端设备仅仅作为一个浏览器客户端存在。

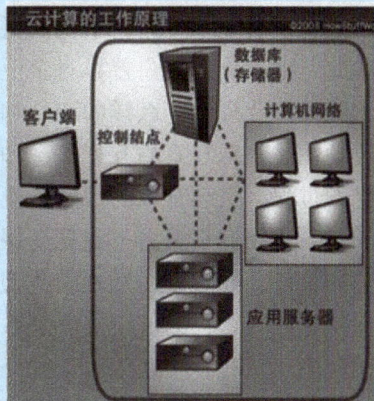

2. 客户关系管理技术

来自国外的统计数据表明，客户关系管理（Customer Relationship Management，CRM）正在成为一个新兴的客户服务市场。

（1）CRM 的含义

CRM 是指选择和管理有价值的客户及其关系的一种商业策略。CRM 要求用以客户为中心的商业哲学和企业文化来支持有效的市场营销、销售与服务流程。如果企业拥有正确的领导策略和企业文化，利用 CRM 就能实现有效的企业客户关系管理。

CRM 的概念由美国高德纳咨询公司率先提出。一般认为，CRM 是辨识、获取、保持和增加"可获利客户"的理论、实践和技术手段的总称。它既是一种国际领先的、以"客户价值"为中心的企业管理理论、商业策略和企业运作实践，也是一种以信息技术为手段、有效提高企业收益、客户满意度、雇员生产力的管理软件。

归纳起来，CRM 包括以下三个目标：①提高效率。通过采用信息技术，可以提高业务处理流程的自动化程度，实现企业范围内的信息共享，提高企业员工的工作能力，并且有效减少培训需求，使企业内部能够更高效地运转。②拓展市场。通过新的业务模式（电话、网络等）来扩大企业经营活动范围，及时把握新的市场机会，占领更多的市场份额。③保留客户。客户可以自己选择喜欢的方式，与企业进行交流，方便地获取信息，得到更好的服务。如果客户满意度得到提高，则可以帮助企业保留更多的老客户，并且更好地吸引新客户。

在客户管理中可以开展以下工作：①客户分析。该项工作主要是分析谁是企业的客户，客户的基本类型，个人购买者、中间商和制造商客户的不同需求特征和购买行为，并在此基础上分析客户差异对企业利润的影响等问题。②企业对客户的承诺。承诺的目的在于明确企业提供什么样的产品和服务。③客户信息交流。它是一种双向的信息交流，其主要功能是实现双方的互相联系和互相影响。从实质上说，客户管理过程就是与客户交流信息的过程，实现有效的信息交流是建立和保持企业与客户良好关系的一种途径。④以良好的关系留住客户。为了建立与保持客户的长期稳定关系，首先需要良好的基础，即取得客户的信任，同时要区别不同类型的客户关系及其特征，还可以通过建立客户组织等途径来保持企业与客户的长期友好关系。⑤客户反馈管理。客户反馈对于衡量企业承诺目标实现的程度、及时发现在为客户服务过程中的问题等方面都具有重要作用。

（2）客户关系管理的技术实现

在销售方面，销售力量自动化（Sales Force Automation，SFA）在国外已经有十几年的发展历史，并在近几年在国内获得了长足发展。SFA 早期是针对客户应用软件的，但从 20 世纪 90 年代初开始，其范围已经大大扩展，以提供集成性方法来管理客户关系。SFA 包含一系列功能，提高销售过程的自动化程度，并向销售人员提供工具，提高其工作效率。SFA 的主要功能包括日历和日程安排、联系和客户管理、佣金管理、商业机会和传递渠道管理、销售预测、建议的产生和管理、定价、区域划分、费用报告等。例如，有的 CRM 产品具有销售配置模块，允许系统用户（不论是客户还是销售代表）根据产品部件来确定最终产品，而用户不需要了解这些部件是怎么连接在一起的，甚至不需要知道这些部件能否连接在一起。由于用户不需要技术背景即可配置复杂产品，所以这种销售配置工具特别适合在网上应用（例如，Dell 计算机公司就允许其客户通过网络来配置和订购个人计算机）。自助式的网络销售能力使得客户可以通过互联网来选择或者购买产品和服务，使企业可以直接与客户进行以网络为基础的低成本电子商务。

在营销方面，营销自动化模块是 CRM 的最新成果，它为营销提供了独特的能力。例如：营销活动（包括以网络为基础的营销活动和传统的营销活动）计划的编制和执行，计划结果的分析；清单的产生和管理；预算和预测；营销资料管理；"营销百科全书"（关于产品、定价、竞争信息等的知识库）；对有需求的客户进行跟踪、分销和管理。营销自动化模块与 SFA 模块的不同之处是它们所提供的功能不同，这些功能的目标也不相同。营销自动化模块不局限于提高销售人员活动的自动化程度，其目标是为营销及其相关活动的设计、执行和评估提供详细框架。在很多情况下，营销自动化模块和 SFA 模块是互为补充的。例如，成功的营销活动可以很好地获得有需求的客户，为了使营销活动真正有效，就应该及时将销售机会提供给执行的人员（如销售人员）。

在很多情况下，客户的保持和提高客户利润贡献度依赖于提供优质的服务，客户只需要轻点鼠标或是打一个电话，就可以转向企业的竞争者。因此，客户服务和支持对很多公司来说是极其重要的。在 CRM 中，客户服务与支持主要是通过呼叫中心和互联网来实现的。在满足客户个性化要求方面，它们的速度、准确性和效率都令人满意。CRM 系统中强有力的客户数据使得通过多种渠道（如互联网、呼叫中心）的纵向和横向销售变成可能，当把客户服务与支持功能和销售功能、营销功能结合起来时，就能够为企业提供很多好机会，向已有的客户销售更多的产品。客户服务与支持的典型应用包括：客户关怀；纠纷、次货、订单跟踪；现场服务；问题及其解决方法的数据库；维修行为安排和调度；服务协议和合同；服务请求管理。

与客户进行沟通的方法有很多种（比如，面对面的接触、电话、呼叫中心、电子邮件、互联网、通过合作伙伴进行的间接联系等）。CRM 应用有必要为上述多渠道的客户沟通提供一致的数据和客户信息。客户经常会根据自己的偏好和沟通渠道的方便与否，掌握沟通渠道的最终选择权。例如，有些客户不喜欢那些不请自来的电子邮件，但对企业偶尔打来的电话却不介意。为此，企业就应该避免向这些客户主动发送电子邮件，而应该多利用电话方式。如果能够实现计算机、电话和网络的集成，采用统一的渠道，就能够为企业带来效率和利益，这些收益主要从内部技术框架和外部关系管理方面表现出来。从内部来讲，建立在集中的数据模型的基础上的、统一的渠道方法能够改进前台系统，增强多渠道的客户互动。集成和维持上述多系统之间界面的费用和困难，经常使得项目的开展阻力重重。如果缺少一定水平的自动化，则在多系统之间传递数据会有很多困难。就外部来说，企业可以从多渠道间的良好客户互动中获益。例如，客户在与企业进行交涉时，不希望向不同的企业部门或者人员提供相同的重复信息，而集成的渠道则可避免这个问题。这样，客户的问题或抱怨就能够更快、更有效地获得解决，从而能够提高客户的满意度。

3. 供应链管理技术

所谓供应链，其实就是由供应商、制造商、仓库、配送中心和渠道商等构成的物流网络。同一企业可能构成这个网络的不同组成节点，但在更多的情况下，是由不同企业来构成这个网络中的不同节点。

所谓供应链管理（Supply Chain Management，SCM），是指在满足一定客户服务水平的条件下，为了使整个供应链系统成本达到最小，而将供应商、制造商、仓库、配送中心和渠道商等有效地组织在一起进行的供应、需求、采购、市场、生产、库存、订单、分销、发货等的管理，包括了从生产到发货、从供应商的供应商到客户的每一个环节。

从上述定义中，可以了解到供应链管理包含以下含义：①供应链管理把产品在满足客户需求的过程中对成本有影响的各个成员单位都考虑在内了，包括从原材料供应商、制造商到仓库，再经过配送中心到渠道商。不过，在供应链分析中有必要考虑供应商的供应商以及客户的客户，因为它们对供应链的业绩也是有影响的。②供应链管理的目的在于追求整个供应链的整体效率和整个系统费用的有效性，总是力图使系统的总成本降至最低。因此，供应链管理的重点不在于简单地使某个供应链成员的运输成本达到最小或是减少库存，而是通过采用系统方法来协调供应链成员，使整个供应链总成本最低，并使整个供应链系统处于最流畅的运作中。③供应链管理是围绕将供应商、制造商、仓库、配送中心和渠道商有机结合成一体这个问题来展开的，所以它包括企业战略层次、战术层次、作业层次等多个层次上的活动。

尽管在实际的物流管理过程中，只有通过供应链的有机整合，企业才能够显著降低成本和提高服务水平，但在实践中对供应链进行整合是非常困难的，这是因为：①供应链中的不同成员存在着相互冲突的不同目标。例如，供应商一般希望制造商进行稳定数量的大量采购，而交货期可以灵活变动；而与供应商愿望相反，大多数制造商为了顾及顾客的需求及其变化，往往要求小批量、多频次的供货。②供应链是一个动态系统，会随着时间的变化而变化。不仅客户需求和供应商能力会随时间变化，而且供应链成员之间的关系也会随时间变化。例如，随着客户购买力的提高，供应商和制造商都面临着更大的压力来生产更多品种、更具个性化的高质量产品，进而最终生产定制化的产品。研究表明，有效的供应链管理总是能够使供应链上的企业获得并且保持持久、稳定的竞争优势，进而提高供应链的整体竞争力。

供应链是企业赖以生存的商业循环系统，也是企业电子商务管理中最重要的课题之一。统计数据表明，企业供应链要耗费企业高达25%的运营成本。但是，供应链管理能为企业带来以下好处：①增加预测的准确性。②减少库存，提高发货供货能力。③减少工作流程周期，提高生产率，降低供应链成本。④减少总体采购成本，缩短生产周期，加快市场响应速度。随着互联网的飞速发展，越来越多的企业开始利用网络来实现供应链管理。即利用互联网将企业的上下游企业进行整合，以中心制造厂商为核心，将产业上游的原材料和零配件供应商、产业下游的经销商、物流运输商及产品服务商以及往来银行结合为一体，构成一个面向最终客户的完整电子商务供应链，目的是为了降低采购成本和物流成本，提高企业对市场和最终客户需求的响应速度，从而提高企业产品的市场竞争力。

如果按照实现力度和规范化程度划分，则可将供应链管理发展过程进一步细分成以下四个阶段：①供应管理（Supply Management）。这一阶段围绕着内部MRP系统建构，仅涵盖第一层级的供应商。大多数互动是通过文件，很少涉及状态报告（Status Reporting），厂商之间的信息交流都是与交易相关的，包括报价、采购订单以及相关新闻稿。②供应链管理（Supply Chain Management）。这一阶段的特性是涵盖范围扩及第二层级以上的供应商，不但增加了状态报告，厂商之间也有部分资料分享，彼此之间的关系变得更加复杂。除了与交易相关的信息交流以外，还增加了一些数据的流通。③供应链整合管理（Supply Chain Integration Management）。这一阶段将供应链提升到参与各方的协同，包括策略性规划与风险分享。各层级的信息交流已不再局限于与交易或数据相关，而是包括各种不同的信息。④需求/供应网络协同（Demand-supply Network Collaboration）。在供应链中，各个厂商之间的合作互动与主动作用是建立在"自由并且同步地在供应网络中流动的重要信息"基础之上。

目前，我国有关供应链的研究已备受重视。例如，近年来举办了有关供应链管理的各种论坛和会议，成立了相应的研究机构。供应链管理的研究与实践正处在一个快速上升时期，还有许多问题值得进一步研究，主要包括集中式供应链管理中的利益分配、供应链中的瓶颈分析、网状供应链管理、供应链决策过程的自治性等问题。

4. 竞争情报收集与分析技术

"竞争情报"作为一个专业术语最早出现在美国哈佛大学赫·艾登等于 1959 年撰写的《企业竞争情报活动调查报告》中。专业意义上的竞争情报活动是在 20 世纪 80 年代在美国逐步开展起来的。竞争情报活动是一种过程。在此过程中人们用合乎职业伦理的方式收集、分析和传播有关经营环境、竞争者和组织本身的准确、相关、具体、及时、前瞻性以及可操作的情报。在现代社会，企业开展信息资源管理，需要高度重视竞争情报收集与分析技术的应用。

（1）竞争情报收集与分析的过程

具体来说，竞争情报收集与分析是指用户借助竞争情报收集与分析理念、工具来开展每一个阶段工作的竞争情报管理工作。它包括明确自身需求、信息收集处理、情报分析研究、成果表达传播、人员交流合作这五个方面。

1）明确自身需求。企业如果打算有效开展一项竞争情报分析任务，必须首先明确自身的情报需求，在此基础上明确企业情报分析任务，制订出相应的计划，以保证整个分析过程能够顺利进行。企业情报人员必须明确每一次的情报需求信息、何时需要这些信息、如何将这些已有的或者需要充分挖掘的潜在的信息需求转化成比较明确的分析主题。这部分的工作主要依靠情报人员与管理人员沟通合作完成，情报分析工具能够帮助情报分析人员进一步收集企业情报需求，对已经明确的主题进行管理，设置主题优先级，对企业关注的主题或对象进行监视，发布或发送预警信息等。

2）信息收集处理。信息收集处理是竞争情报分析的关键步骤。它包括识别、检索、汇集、处理各种可能利用到的有效信息，包括白色信息和灰色信息。白色信息是各种媒体公开发表的信息，包括各种商业数据库、网页信息、公司文档、报告等。灰色信息是通过各种公开途径难以获取的信息，包括邮件、博客、员工掌握的相关信息、客户的评论等，这些信息大都是员工头脑中的隐性知识，表达形式比较随意，但是往往具有很重要的情报价值。借助各种信息收集处理技术，对白色信息和灰色信息进行有效的收集、整理和挖掘，可以充分提高企业情报分析人员收集处理信息的效率。目前主要的竞争情报分析软件都具有数据清理、数据导入、信息检索等功能。

3）情报分析研究。情报分析阶段是实现信息增值的关键步骤，对信息的利用程度、潜在信息的挖掘程度、知识的创新程度等很大部分都是在这一阶段得以体现的。情报分析工具在这一阶段的支持作用主要体现在：企业竞争情报与分析人员能根据已有分析方法和思想创建竞争情报分析模型，实现自动聚类、文本挖掘、矩阵分析、引用分析等，以各种图表等可视化形式反映相关信息的统计状况，揭示相关竞争者的发展状况和未来趋势，并帮助企业竞争情报分析人员更进一步挖掘出有价值的情报。

4）成果表达传播。成果表达传播是指企业将竞争情报分析结果采用一定的格式呈现出来，传递到相关人员手中，以供他们进行企业决策时使用。情报分析工具所起到的作用主要是提供给用户标准的或者可定制的报告模板，根据用户需求的风格显示分析结果。通过各种格式导出数据或者报告，将报告进行保存、打印或者以邮件、简报、通知等形式传递给用户，使用户可以进行网上浏览、评注、审阅、链接全文或线下浏览。

5）人员交流合作。在情报分析的整个流程当中，企业人员之间的交流与合作虽然不是一个独立的工作环节，但是却贯穿在整个流程当中，对情报分析活动显得尤其重要。情报分析工具能够帮助分析和管理企业的人员信息，对使用者进行分组、角色分配，给不同的使用者设置相应的权限，以保证信息的安全、保密性。同时为了更有效激发使用者开展信息交流，实现信息共享，情报分析工具能够提供相应的交流平台，让企业使用者通过邮件、博客、在线交谈等形式进行交流与合作。

（2）主要的竞争情报分析工具介绍

现有企业竞争情报分析软件多数是通过网络接口进行访问，授权用户直接在 Web 客户端进行登录就可以获取所有服务，这往往能够增强访问灵活性，提高数据安全性，免去了自行安装的麻烦。多数软件都需要付费，一般提供基于应用服务提供商和本地服务两种服务模式，用户可根据自身实际情况进行选择。少数软件提供远程更新功能，这能加快软件的升级，在迅速发展的竞争情报领域，这一功能更为重要。商业竞争情报软件一般都提供界面定制功能，满足用户个性化的需求。

1）Thomson Data Analyzer（TDA）。该软件是美国 Thomson 公司开发的功能强大的专利分析工具，它是 Derwent Analytics 的第二代产品。该软件可以对各种结构化的专利数据进行深度挖掘并展开可视化分析，能将繁杂的科技文献转换成可支持决策的竞争情报。它的分析流程主要分为数据导入、数据清理、数据分析、生成报告四个阶段。通过 TDA 能够让企业及时发现潜在的市场和研发机会，决定自行研发相关技术还是直接引进，洞察技术发展趋势等，识别潜在的合作对象，寻找合适的技术及拥有者。

2）Aureka。该软件最早由美国 Aurigin Systems Inc 公司推出，现已成为 Thomson 集团下的产品。它是一个强大的在线企业知识产权管理和分析平台，该软件以 Web 浏览器为平台，提供了一个检索以及存储知识产权信息的安全的网上环境，由检索和组织、分析和可视化、合作和评注三大部分组成。利用该软件可以进行竞争知识产权组合分析，管理全球的研发、知识产权以及战略规划过程，支持研发项目优先级和优化研发开销，支持企业并购等活动，提高生产力和工作效率。

3）FOCUST。FOCUST 是一套整合的工具集，主要实现专利情报的分析，由 Wisdomain 公司开发。它主要由检索模块、引用模块、分析模块三大板块组成，通过网络即可对系统进行访问，能帮助企业从大量无形资产中得到创新信息，软件提供应用服务供应商（Application Service Provider，ASP）和专项服务两种服务方式。

4）Wincite Suite。该软件主要从事企业竞争情报分析，采用组织关系型数据库中信息的大量主题屏幕作为基本的体系结构，用户可以通过局域网或者企业内部网中的网络入口获取、浏览、更新这些屏幕。基于 Wincite LAN 的应用程序能提供先进的中央数据库，可以满足公司不同使用者的特殊需求。系统支持数量不限的网络以及局域网用户，能够进行远程更新。

5）Knowledge Works。该软件是 Cipher 公司提供的一款企业竞争情报软件，是在所有情报处理阶段——数据收集、集成、索引、查找、分析、报告以及合作，支持竞争情报人员工作的少数几款软件之一。软件包括了一个具有内容集成、高级检索、自动文本摘要以及综合报告功能的竞争情报工具包。软件是成熟的基于 Web 的应用程序，采用关系型数据库结构，可扩展性较好，能进行远程更新，能帮助商业人士提供可操作性的全球企业情报，支持战略和战术情报的生产。

6）Knowledge XChanger。该软件是由一家北欧国家竞争情报和知识管理软件提供商 Comintelli 公司推出的产品，它是基于内联网的多功能软件应用程序，能支持竞争情报活动各个阶段的工作。Comintelli 软件能使用户采用一种可控制方式分享企业中大量非结构化的信息。软件具有较强的互操作性，能很好地整合第三方产品，包括内容管理、人物探索器、搜索和浏览、个性化设置、分析、分类引擎、社区工具以及分类器等 10 个板块。

从性能上看，这些竞争情报分析工具各有所侧重。TDA 具有比较强大的数据导入功能和数据清理功能，能够导入各种类型的结构化的数据，并可通过内部编辑器进行导入格式、规则等方面的设置；数据清理能够保证数据分析的有效性，大大提高分析结果的准确性、合理性；多种分析方式有利于发现数据之间的相关性。Aureka 具有较强的检索功能，能对各种专利文件以及公司文档进行多种途径的检索；其目录树的组织方式方便进行文件夹的管理，且数据安全性较好；采用引证树、专利地图进行专利分析，可视化程度高，人机交互较好；提供人员交流合作平台，大大扩展了专利分析软件的功能。FOCUST 具有较强的文本挖掘功能，能够对专利信息进行动态分类，提供专利的平行引用功能，有利于识别与专利有"间接而有意义"关系的专利；具备比较完备的检索、浏览功能，能自动进行监控以及邮件预警。Wincite Suite 具有灵活的主题管理功能，可以根据用户需要定义主题，可对表格进行定制，具有较强的扩展性；能够对多种信息源的多种格式的信息进行检索，给人员提供了博客、百科、在线交流等多种交流沟通方式；对资源有限的企业能够提供相应的优质服务。Knowledge Works 可以支持整个竞争情报循环，尤其在情报规划与定向方面具有突出的优势，方便进行关键情报主题和问题的设置，其自动文摘功能允许用户根据需要进行文摘长短的设置；在报告创建方面也具有自己的优势，能针对用户需求定制个性化的界面；采用单因素或者双因素认证，能很好地保证数据的安全性。Knowledge XChanger 支持整个竞争循环过程，能够将文档自动或者手动分类，具有较强的非结构化信息管理和检索功能；其人物查找功能具有一定的特色，能够对软件使用的各种信息进行统计，系统管理员还能管理所有用户、主题、角色、访问视图以及内容检索；能够灵活定制个性化界面，具有较好的用户控制功能；数据安全性较好，支持 XML、RSS、HTTP、FTP、LDAP、SOAP、Java、J2EE、.NET 接口，扩展性好。

（3）竞争情报收集与分析技术的发展方向

随着信息化程度的提高，竞争情报收集与分析在情报研究当中发挥着日益重要的作用。目前总体来看，专利分析软件在情报分析方面具有较大的优势，竞争情报分析软件在信息收集检索以及人员合作方面具有优势。国外对于情报分析工具的使用和研究已经较为成熟，国内对于竞争情报软件的研究没有真正大规模开展起来。从整体上看，竞争情报收集与分析技术呈现出这样的发展方向：

1）增强数据集成功能。数据来源的多样性给信息分析处理带来了一定的困难，如何能够将各种信息源当中的数据集中到一起，统一进行处理，这是一个值得思考并且亟待解决的问题。情报分析工具不仅要整合多种信息源中的数据，而且更加重视对非结构化信息的收集和处理。TDA 已经能够整合多种数据库中的结构化数据。有调查指出，在多数组织当中，有80%用来作商业决定的信息都是非结构化的形式，这包括 Word 文档、邮件、网页、展示、会见、PDF 文档以及来自不同信息源的客户评价等。目前的软件在这方面的功能实现都较差，部分竞争情报分析工具在往这方面努力。

2）重视对文本挖掘技术的结合。信息来源广泛并不代表一定能从中得到更多有价值的情报。情报分析工具已经不能仅仅满足于进行简单的统计分析，而更应该对现有信息进行深层次的挖掘。通过自动文摘、自动聚类、相关分析、引用分析等各种分析方法找出隐藏在数据背后的高价值情报，这部分情报往往能够给决策者制定决策提供重要的参考价值，体现出更高的新颖性、独特性，能给企业带来更多的效益。现有竞争情报分析工具已经在自动聚类、自动文摘等方面作了一些尝试，但是实现的功能仍然有限，准确性和有效性方面还需要不断改善。

3）提高可视化程度。信息可视化是指以图形、图像、虚拟现实等易为人们所辨识的方式展现原始数据间的复杂关系、潜在信息以及发展趋势，以便能够更好地利用所掌握的信息资源。信息可视化不仅是指变不可见为可见，更重要的是指各种不同目的的思维过程中的可视化分析。利用可视化技术，人们可以从大量数据、文献当中解脱出来，方便、快捷地看出对象之间的联系，比较对象之间的差别并进行一定的趋势识别和判断。可视化技术的应用能大大节省分析人员的分析时间，更直观地表达出数据所能传递的信息，很受决策者或者研究人员青睐。Aureka 软件的专利地图在这方面具有十分明显的优势，是可视化方面的典范。社会节奏的加快使人们提高工作效率的渴望也更加强烈，可视化技术在很大程度上刚好能够迎合这种趋势，因而在软件设计当中将会得到更加广泛的应用。

4）构建信息共享平台。企业竞争情报分析不仅仅是一个收集和分析信息的过程，人们越来越意识到合作沟通、知识共享的重要性。相关人员之间的交流沟通能够促进知识共享，激发出分析人员更大的热情和创造性。竞争情报分析工具能够辅助团队进行情报分析，但是却不能取代人的作用，人员之间思维的碰撞才更容易使情报分析结果更加高效、实用、可靠。因此，未来的情报分析工具将进一步为相关人员提供更加广泛的合作交流平台，使人员之间的信息能够很容易得到分享，人与人之间可以进行无障碍的沟通。即时聊天、邮件、博客、视频会议等工具可以更好地整合到企业竞争情报分析软件当中，创建出一体化、全方位的服务平台。

知识拓展

【**知识拓展 7-2　飞聊和微信**】飞聊是一款手机通信软件。中国移动于 2011 年 9 月发布新的即时通信产品飞聊。飞聊在飞信的基础上，支持跨平台，通过手机网络免费发送语音消息、图片和文字，可以单聊及群聊，使用起来就像平时收发短信一样简单快捷。在聊天功能方面，目前的版本支持国内 Kik 类应用流行的 Talkbox 功能。飞聊好友列表能够自动显示飞聊通信录和飞信好友中有哪些人已经在使用飞聊，这些人就是使用者的飞聊好友，无须手动添加。使用者可以在飞聊列表中看到这些朋友，并随时免费发送消息给他们。当使用者的通信录和飞信好友里有人激活飞聊，也会即时显示在飞聊好友列表中，方便使用者查看沟通。其中，聊天列表像是使用者的短信收件箱，消息历史记录会显示在聊天列表中供使用者查阅，使用者也可以随时新建一条消息或继续之前的聊天。飞聊通信录中同步显示使用者手机通信录中所有联系人，同时支持查看联系人信息、拨打电话或邀请朋友开通飞聊。

微信是腾讯公司于 2011 年年初推出的一款通过网络快速发送语音短信、视频、图片和文字，支持多人群聊的手机聊天软件。用户可以通过微信与好友进行形式上更加丰富的类似于短信、彩信等方式的联系。微信软件本身完全免费，使用任何功能都不会收取费用，进行微信时产生的上网流量费由网络运营商收取。因为是通过网络传送，因此微信不存在距离的限制，即使是在国外的好友，也可以使用微信对讲。

5. 企业知识管理技术

从国内外的发展和应用实践来看，企业信息资源管理正朝着知识化的方向演变，主要体现在以下三个方面：知识成为企业的核心资产，知识管理成为企业战略的核心；强调以客户为中心，利用网络平台传播和共享知识；强调以知识创新为中心的知识管理。

实施企业知识管理，需要了解企业知识的存在形式。一般来说，企业知识的存在形式可以从时间和空间两个维度来进行讨论。从时间维度上来分析，可以将企业的知识看做一种过程。在这个过程中，知识不断地转变、融合、合并。知识既是静态的实体，又是动态的过程，是实体和过程的统一体。知识的产生可以是外生的，也可以是内生的。所谓外生，即任何人、组织、国家都可以通过有目的的、有组织的科学研究等活动，来创造和积累知识。所谓内生，即任何个人、组织、国家都可以在自己的实践活动中积累经验，进而将感性的经验积累上升为理性化的知识，并通过这类过程不断地进行知识积累。而从空间维度上来分析，知识可以有内隐知识和外显知识两种存在形式。内隐知识为个人主观的经验性、模拟性、具有个别情境特殊性的知识，通常无法直接辨认。外显知识为客观的理性知识、顺序性知识与数字知识，可以清楚地辨认，是可以通过正式形式及系统性语言传递的知识。二者是相互补充的。

日本学者 Ikujiro Nonaka 认为知识转化有四种模式：①社会化。从内隐知识到内隐知识的转化称为社会化。它是个体之间分享经验的过程，一个人可不通过正规化的语言直接从他人那里获得内隐知识。②外部化。从内隐知识到外显知识的转化称为外部化，外部化是挖掘内隐知识并发展成为显形概念的过程。③组合化。从外显知识到外显知识的转化称为组合化，组合化是把概念转化为系统知识的过程。④内部化。从外显知识到内隐知识的转化称为内部化，内部化是使得外显知识体现在内隐知识中的过程，是通过做来学习的过程。

企业知识管理模型是企业知识管理的基本形态，体现了企业管理者对知识管理的本质认识与定位，决定着企业对知识管理的战略定位和实施策略。它主要包括企业知识管理认知模型和企业知识管理社会模型。

在企业知识管理认知模型中，用于创新的知识来自于客观的定义及事实，且知识可以被编码并通过书本进行转移。通过重复利用现有知识来开发新知识从而获得知识管理的成果。知识管理的主要作用是将知识编码从而获得知识，在这一过程中，技术是成功的关键因素。知识的获得类似于人的记忆与拼图，比如可以将各种知识片段有目的地拼成更多的知识。

在企业知识管理社会模型中，用于创新的知识通过社会交往而获得并以经验为基础，知识可以隐含在个人头脑中，并通过参加社会组织，包括职业团体而转移，通过分析并综合各种社会组织及团体的知识来开发新知识，从而获得知识管理的成果。知识管理的主要作用是鼓励参加社会组织来分享知识。在这一过程中，信任及合作是成功的关键因素，比如创造性的交流有时可能意外地产生新知识。

由于不同企业管理者对知识管理实质认识的差别，导致不同企业对知识管理的实施理念存在差别，形成了知识管理的内容管理观和过程管理观两种不同的观点。内容管理观强调知识的内容是管理的焦点，知识管理是对知识内容的管理，强调知识与拥有这种知识的专业人员分离。知识管理是受目标驱动的活动。而过程管理观则将知识管理视为一种顺其自然的活动，经理人员进行指导的机会是有限的。知识管理是一种寻求目标的活动，不一定具有明确的直接目的性，强调探索未知知识。

企业知识管理的方法是企业将知识管理落实到日常生产与管理活动中的基本保障，主要有企业知识库和知识图。其中，企业知识库主要用于对企业显性知识的管理，由以下一些知识构成：企业基本信息，企业组织结构信息，基本流程信息，关于专利、商标、版权，使用其他企业技术、方法许可证的信息，顾客信息等。其基本要求是：首先要组织数据库并让其有效；其次要保证数据库中知识的精确性；最后要能让所有员工直接进入知识库。而知识图主要用于对企业隐性知识的管理，一幅知识图可以指出知识的位置，它可以是真正的地图、知识"黄页"等。其基本目的是告诉人们需要知识的时候到何处查找。

企业知识管理的实现机制有：①知识共享机制，使知识可以为组织中的成员所获得、使用和更新，主要包括知识收集机制、知识分类机制和知识更新机制。②知识运行机制，使组织知识能够在组织内得到合理、充分的利用，主要包括外部知识内部化机制、知识宽松交流机制、知识项目管理机制和知识创新机制。③知识明晰机制，使组织的知识管理目标和成果明晰化，包括知识管理目标发布机制和知识成果保护机制。④知识奖励机制，包括知识薪酬支付、股权期权、知识晋升、署名、培训机制。

6. 商务智能技术

商务智能（Business Intelligence，BI）出现于 20 世纪末期，在随后有了快速进展。其进展体现在四个方面：①许多企业将商务智能作为帮助企业实现经营目标的一种技术手段；②商务智能在各个领域逐渐应用；③信息技术界的许多著名公司加入到商务智能研究和系统开发的队伍；④政府部门加大了商务智能的扶植力度。一般来说，商务智能是指将储存于各种商业信息系统中的数据转换成有用信息的技术。商务智能系统能从不同的数据源搜集的数据中提取有用的数据，并对这些数据进行清洗与整理，以确保数据的正确性然后对数据进行转换、重构等操作，并将其存入数据仓库或数据集市中；同时运用适合的查询、分析工具、数据挖掘工具、OLAP 工具等管理分析工具对信息进行处理使信息变为辅助决策的知识，并将知识以适当的方式展示在决策者面前供决策者运筹帷幄。商务智能是一门新兴技术，其底层知识汇集了来自数据库、管理信息系统、统计学、人工智能中的机器学习与模式识别等多学科的成果。

（1）商务智能的技术层次

商务智能可分为技术、企业、政府三个层次。商务智能活动的成效是三个层次互动的结果。而其中的技术层次是商务智能得以发展的技术支撑力，因此必须高度关注。商务智能的技术层次可粗略分为导购技术与核心技术两个基本层面。

1）导购技术。如何在浩如烟海的商品中找到合适的商品，有效保留用户，防止用户流失，提高电子商务系统的销售，这些是商务导购技术所要解决的问题。李卓群等人按发展趋势，将之分为传统引擎技术、智能搜索引擎技术、智能代理技术三类。①传统引擎技术。搜索引擎实际上作为一个专用的 Web 服务器，这种技术分别建立在分类、索引文档、概念的基础之上。三类基础上的引擎技术各有优缺点，因此向智能搜索引擎技术发展。②智能搜索引擎技术。智能搜索引擎技术利用人工智能技术使搜索引擎智能化从而达到优化搜索的目的。从发展看，智能搜索引擎技术受限于人工智能技术的瓶颈。③智能代理技术。智能代理技术是商务智能导购技术的重要发展方向，作用于价值链的每个环节，具有很强的潜力，但整体看尚未成熟，需要进一步发展才能满足商务活动的需要。

2）核心技术。从理论或应用的角度，对于商务智能核心技术的研究分为以下四个方面：数据仓库技术、数据挖掘技术、联机分析处理与企业信息门户技术。关于数据挖掘技术的研究起步较晚，但成果较为丰富；企业信息门户技术快速发展，综合性强。

①数据仓库。数据仓库产品的供应商较多，产品较丰富。较为著名的是 Sybase 公司研发的行业数据仓库架构。数据仓库是实现商业智能的数据基础，是企业长期事务数据的汇总，是面向主题的、集成的、稳定的数据集，主要用于决策支持。它为商务智能存储大量原始信息，用提供相关行业的数据分析模型可识别客户群、分析用户访问路径、进行相应的检测与预测等应用。数据仓库提供的海量数据是商务智能核心技术的重要技术基础。

②数据挖掘。数据挖掘是从数据库或数据仓库等信息库的海量数据中挖掘特定知识与信息的过程。数据挖掘技术用于商务活动中的研究方向主要集中在分类、关联、聚簇、规

则发现、神经网络、顺序模式等几个方面。这些基于商务智能应用的理论基础是来自商务活动的基本假定：如能够找到客户基础特征的变化趋势，就可因势利导，掌握时机，在商业竞争中立于不败之地。

③联机分析处理。联机分析处在对基于数据仓库的多维数据进行在线分析处理生成新的信息的同时，监测商务运作的成效，架起管理人员与商务数据联系的桥梁。联机分析处理技术是数据仓库基础之上的在线应用，主要在市场利润、经济预测等方面有较成熟的应用。

④企业信息门户。国内外对于该技术的研究越来越多，主要集中在全客户端与瘦客户端技术上，并且不断深入展开。企业信息门户技术提供了一个用户与企业的商业信息和应用软件的接口。通过企业信息门户商务智能系统实现对不同用户提供相应的信息，并在透明层内实现企业信息收集、组织和集成的商业信息智能网络。企业信息门户技术在商务智能中的应用前景异常广阔。

（2）商务智能系统的基本功能

从当前的发展情况来看，典型的商业智能系统应具有的主要功能有以下几种：①读取数据——可读取多种格式（如 Excel、Access、以 Tab 分割的 TXT 和固定长的 TXT 等）的文件，同时可读取关系型数据库中的数据。②关联分析——发现不同事件之间的关联性，即一个事件发生的同时，另一个事件也经常发生。关联分析的重点在于快速发现那些有实用价值的关联发生的事件。③数据输出——打印统计列表和图表画面等，可将统计分析好的数据输出给其他的应用程序使用，或者以 HTML 格式保存。④定型处理——所需要的输出被显示出来时，进行定型登录，可以自动生成定型处理按钮。以后，只需按此按钮，即使很复杂的操作，也都可以将所要的列表、视图和图表显示出来。

以国外某款较为流行的 BI 系统软件为例，其主要功能基本涵盖读取数据、分析功能、数据输出和定型处理，主要模块有数据仓库管理器（Warehouse Manager）、数据复制（Data Propagator）、多维数据库服务器（OLAP Server）、前台分析工具（Wired for OLAP）以及数据挖掘（Intelligent Miner）、按需定制（On Demand）。

1）Warehouse Manager。它主要由以下几部分功能组成：数据访问，数据转换，数据分布，数据存储，靠描述性数据查找和理解数据，显示、分析和发掘数据，数据转换过程的自动化及其管理。它缩短了复杂的海量数据与有洞察力的商务决策之间的差距，有助于公司更进一步了解其业务、市场、竞争对手和客户。

2）Data Propagator。Data Propagator 提供的复制功能允许从一个数据源读取数据并把它送到另外一个地方，而且可以是双向的。当发生冲突时，可自动检测出来并进行补偿。此外，它还有以下特色：①Pull Architecture Through Staging Tables（分级表牵引式体系结构）：两个组成部分——Capture 和 Apply。Capture 部分在源数据库服务器上运行，它捕获要被复制的数据，并把数据放入服务器分级表中；Apply 部分在目标机上运行，在用户定义的时间间隔里或某个事件发生后，它连到源数据库中，并从分级表中抽取所需的数据。这种被动的"牵引式"体系结构减少了数据源的额外开销，能够支持数据源及目标机的独立运作性以及新一代流动计算机作为目标机的数据复制。这种体系结构还支持中介分级表，其中最初的源可以复制到区域目标中，然后再复制到各区域内的目标机上。②支持更新和修正：既支持更新也支持修正复制。Apply 可以完全替换目标数据或者仅仅修正上次复制以来所发生的改变。③改变事务运行记录的 Capture：捕获数据修改。它从数据库运行日志（Log）中读出修改，从而抓取用于复制的数据修改，进而安排好这些数据。这就减少了对源数据的额外开销，不需要另外处理，比如触发器，甚至可以直接从内存中读运行记录，以减少 I/O。④加工数据：数据首先要从运行记录移到分级表，所以能在复制之前加工或处理它；由于分级表是数据库表，使用标准 SQL 就能定义加工处理功能。除了通过 SQL 来构造子集，汇总并连接表以外，分级表还能提供基于时间分析源数据改变的方法。这要考虑到整个新一类的应用，包括检查跟踪、历史分析、"asof"查询等。⑤图形用户界面（GUI）管理机构：通过图形用户界面可以定义和管理数据复制，定义代码和触发器没有专门语言。这样最终用户就有权定义和管理，而不限于数据库管理员（DBA）和程序员。

3）OLAP Server。该工具在商务智能中扮演着重要角色，可以深入最终用户的业务，对桌面上的数据进行实时操作，能够快速地调用传统监视和报告范围之外的应用程序数据。

4）Intelligent Miner。当用户的数据积累到一定数量时，这些数据的某些潜在联系、分类、推导结果和待发现价值隐藏在其中，该工具帮助客户发现这些有价值的数据。

5）Wired for OLAP。使用该功能可以提高信息技术组织的效率。信息技术人员可以让用户利用分析和报表的功能获得他们所需的信息，而不会失去对信息、数据完整性、系统性能和系统安全的控制。其子功能包括：①功能强大的报表。繁忙的信息技术部门可以在几分钟内创建用于在企业中分发的完善的报表，决策人员可以从该 Web 页面上找到可用的一系列报表。②图形化分析。提供强壮的图形化 OLAP。决策人员可以根据需要排序、分组数据并改变"图表"（Chart）的类型（直方图、饼形图、线图、堆积图）。图表中的元素可以被"钻取"到其他的细节层次，并可以返回来恢复一个概要性的视图。③多种图表视图：直方图、线图、组合图、饼形图、堆积图和离散点图。④可在任何地方"钻取"没有路径的预先定义。⑤完善的报表：复合报表通过用各种不同的形式（交叉表、图表、表格或以上几种形式的组合）来表现分析结果，对工作进行概括；还可以提供格式优美的商用报表。⑥交互式的、立即的"所见即所得"（WYSIWYG）显示。

6）On Demand。该工具提供给客户一套高性能的解决方案来进行在线捕获、存储和重取计算机输出的文档。它使得落后的纸张文件搜索和使用缩微胶片阅读器搜索成为历史。有了 On Demand，客户可以立刻发现特定的信息并且很容易地浏览它，而不用在庞大的数据和纸张中苦苦寻找；存储、重取和分发企业产生的信息比以前更加方便和易于接受。

7.5　企业信息资源管理体制

旧的企业信息资源管理体制已不再适用于经济的发展，新的体制将会给企业带来活力。在宏观管理方面，应该由企业经济信息中心来统筹规划全国范围内的信息资源，以便于协调发展；在微观管理上，各个企业应该成立一个内部的信息管理中心，以协调企业内部的信息活动。随着远程访问、电子会议成为可能，企业越来越趋向于采用分布式管理体制，分散在世界各地的各个企业分支机构可以通过网络与总部保持适时联系，各个部门在网上就可以实现协作。根据企业的经营内容与范围，企业信息中心运用 Web 技术编制各种应用程序（例如，人事、考勤、公文、财务、查询等应用程序）。从这种意义上来说，分布式管理在信息技术的控制下越来越有利于集中管理。因此，未来的企业信息资源管理体制必须采取分布式管理与集中式管理相结合的方式，这样才能够更好地促进企业发展。为了更好地推动这些管理体制的实现，目前企业纷纷采取首席信息官（Chief Information Officer，CIO）和首席知识官（Chief Knowledge Officer，CKO）体制。

7.5.1　CIO 体制

1. CIO 的由来

首次提出 CIO 概念的不是信息界，而是工商企业界。1981 年，美国波士顿第一国民银行经理 William R. Synnott 和坎布里奇研究与规划公司经理 William H. Grube 二人在一部著作《信息资源管理：80 年代的机会和战略》中首先给 CIO 下了一个明确的定义："CIO 是负责制定公司的信息政策、标准、程序的方法，并对全公司的信息资源进行管理和控制的高级行政管理人员。"随着企业信息资源管理水平的不断发展，很多企业开始设置 CIO 或者类似的职务，而这类职务的职责，似乎就想当然地变成了信息化。也正是因为信息化与信息技术的天然联系，CIO 在很多人眼中就变成了负责信息技术和企业信息资源管理系统的专职人员。事实上，CIO 的职责应该是负责管理企业的各类信息资源，既指企业的运营数据，也指各种运营文件信息，包括已有的和潜在的信息资源。而管理这些信息资源，应该是指管理信息资源的整个生命周期，从其产生、传递、分析、存储到最后删除。而信息技术或信息系统，只是用来管理整个信息资源生命周期的一个工具，并不是 CIO 工作的重点。所以，CIO 的工作重点，应该是如何高效管理企业生产和运营涉及的各类内外部信息资源，而不仅仅是管理信息技术或信息系统。

2. CIO 的使命与价值

企业为什么需要有高级专职人员来管理信息资源呢？抽象地看，一个企业的生产与运营过程，不论其身处哪个行业、领域，其实都是一个信息资源不断产生、传递、分析、利用到最后剔除的过程。对信息资源进行高效的管理，事实上也就是对企业运营实现科学的管理。商场如战场，企业管理者既要清楚知晓自己的情况，又要对竞争对手和整个市场环境全面熟悉。在此过程中，离不开对企业所能支配的各类内外部信息资源的清晰掌握和高效管理。在现代信息社会中，对企业而言，通过及时创建、管理与生产、运营相关的信息资源，及时将其传递到合适的管理人员或工作人员手中，对各种海量信息资源进行及时、准确的分析，并确保数据的安全和完整，企业才就能打造核心竞争优势。而这些目标的制定与落实，就是 CIO 的主要职责，是 CIO 使命与价值的体现。

3. CIO 的主要职责

CIO 被视为企业信息化的推动者，首先是因为 CIO 是进入企业决策圈的角色，有义务对企业信息资源管理的长期发展负责。可以从四个层面来分析 CIO 的职责：①战略层面。CIO 的职责是挖掘企业的各类信息资源，制定企业信息资源管理战略，为企业信息资源管理合理布局，评估信息资源管理对企业的价值等。信息资源规划是 CIO 的首要职责，信息资源管理的第一步应该是信息资源规划而不是产品选型。②执行层面。CIO 负责信息流、物流、资金流的整合，完成信息系统的选型实施，收集、研究企业内外部的信息，为决策提供依据。实际应用中，担当起电子商务管理以及信息工程的监理工作等是这一层面的职责。③变革层面。CIO 协助企业完成业务流程重组，运用信息管理技术重建企业的决策体系和执行体系，同时要对信息编码和商务流程统一标准。不仅要推动企业信息资源管理的软硬环境优化，而且要为首席执行官（Chief Executive Officer，CEO）当好参谋，与各高层管理者一起促进企业内外部商务环境的改善。④沟通层面。CIO 安排企业信息资源管理方面的培训，发现信息运用的瓶颈，观察、研究企业运作中的信息流及其作用，协调沟通上下级关系，打造优秀的信息资源管理团队。

概括起来，CIO 体制的要点是：由组织机构中最高经营决策层全面统筹负责本公司的信息资源管理，下设专门的办事机构负责信息资源的管理、共享、协调等日常业务，信息系统开发、软硬件安装维护由信息技术部门承担。CIO 的主要职能是负责所有信息资源的管理、开发和利用。同时，CIO 需要具备广博的、多学科的和交叉领域的职业技能，具备一种或几种信息技术专长，具备经济基本知识。

7.5.2　CKO 体制

1. CKO 的由来

CKO 也被称为"首席战略官"（Chief Strategic Officer，CSO）或"首席学习官"（Chief Learning Officer，CLO），其出现与知识管理在企业流行密切相关。知识管理是为企业实现显性知识和隐性知识共享提供新的途径，是对企业信息资源管理的深化拓展。知识管理利用集体的智慧提高企业的应变和创新能力，包括以下几个方面的工作：建立知识库；促进员工的知识交流；建立尊重知识的内部环境；把知识作为资产来管理。而企业期望提升知识管理的效益，则催生了 CKO 的出现。优秀的 CKO 将有助企业建构一个量化与质化的知识系统，让组织中的信息与知识通过获得、创造、分享、整合、记录、存取、更新、创新等过程，不断地回馈到知识系统内，形成永不间断的累积个人与组织知识的循环，成为企业资本，以帮助企业作出正确的决策、适应市场的变化。

2. CKO 的使命与价值

CKO 的诞生，大部分的原因是企业 CEO 基于直觉，觉得必须要有一个跨越职能级别的高阶主管来管控知识管理，所以才指定一些过去在企业内有着良好信誉、角色扮演良好，且又了解企业文化、懂得如何沟通的人来担任 CKO。由于 CKO 是由 CEO 所直接指派聘任的，所以他必须要能够将 CEO 的想法、打算和计划转化为行动，而且是用最新的方法去完成它，同时 CKO 也必须要了解企业对改变的接受度，且要找出哪些改变是对企业有价值的，并且能够引发创意、倾听创意并予以响应。由此可知，CKO 的使命与价值表现在：掌管企业内所有知识管理相关的工作。目前企业所做的知识管理大致有下列三种方式：①发展并建立一个技术（或是程序）去创造、保护及使用一些已知的知识；②设计并创造一个环境或活动去发现一些未知的知识；③将知识管理的目的及本质具体化并深植于企业日常运作中。

3. CKO 的主要职责

CKO 的主要职责有：①以知识管理作为工具并掌握企业未来的发展，将 CEO 心中所想的转化成行动，且是用最有效率的方式达成。②能够引发企业员工的创意、倾听创意并予以响应，在激发创意与符合企业需求之间取得平衡，同时也要让新的创意为企业所接受，并对改变感到感激。因此他必须深知企业文化，了解企业对改变的接受度，了解哪些是对企业有价值的改变，以求企业在改变过程中能够更平顺，以实现增进企业竞争力的最终目标。③塑造出一个适合激发创意与创意交流的环境或是作业平台，以鼓励并刺激创意的激发。概括起来，CKO 是知识经济时代企业发展过程中产生的一种新型职位，其主要工作为：建立一个有利于组织知识发展的良好环境；扮演企业知识的守门员；促进组织内知识的分享与交流，协助个人与企业的知识创新活动；指导组织知识创新的方向，整合与发展知识，强化核心技术能力；形成有利于知识创新的企业文化与价值观。

7.6 企业信息资源管理的发展趋势

从近几年国内外企业信息资源管理的实践活动和此领域的学术研究成果来看，在经历了初步意识到信息资源对企业经营管理活动具有重要价值，将现代化信息技术引入企业信息资源加工、处理、传递，借助计算机网络提升企业信息资源管理效率等发展历程后，展望未来，企业信息资源管理的发展在信息技术应用、人员和安全管理方面呈现以下趋势。

7.6.1 信息技术应用层面

1. 信息技术应用范围的扩大促进了企业信息资源管理总体成熟度的提升

企业信息资源管理总体成熟度与信息技术应用状态、应用范围和应用效益密切相关。三者之间相互关联，相互促进。经过从对企业信息资源管理重要性的认知，到逐步尝到实施企业信息资源管理对企业经营管理与整体发展带来的实惠，目前，企业信息资源管理总体上处于从基础应用和关键应用向扩展整合与优化升级的过渡阶段，信息技术应用范围进一步扩大，企业逐步进入从推动信息技术全面应用到实施深化应用的时代。但是，需要看到，不同企业的信息化基础和所处的发展阶段存在差异，信息资源管理成熟度较高企业的潜在动力在于关键业务流程扩展到整合和系统集成优化升级，而信息资源管理成熟度相对较低的企业，在相当长的时期内，仍将以关键业务流程实施信息资源管理的深化与拓展为企业信息资源管理的首要任务。在此过程中，随着企业信息资源管理成熟度的提高，信息技术应用效益更加明显，企业信息资源管理发展到高级阶段对企业总体运营效益将产生突破性的提升作用。

2. 提升信息技术应用价值日趋成为企业信息资源管理深度发展的重要方向

信息技术应用范围的变化主要体现在应用广度和深度方面。目前，多数企业已完成了信息技术在企业内各个业务领域的应用覆盖，应用企业信息资源管理系统的企业日益增多。最为关键的是，企业信息资源管理系统的功能更为全面。在竞争全球化加剧的后金融危机时代，企业推动产品结构调整、业务转型升级、实现高端发展的需求愈加迫切，因此也促进了信息技术与企业信息资源融合的加速，直接导致对企业信息资源管理系统功能更为全面的急切需求。企业信息资源管理系统功能的全面化主要体现在账务应用、关键业务、人力资源、行业管理和企业战略应用等层面。企业信息资源管理系统在财务应用方面的功能点主要包括会计报表管理、资金流管理、全面预算管理、标准成本管理等；在关键业务应用方面的功能点主要包括客户档案管理、销售计划的实现、采购计划的实现、全面质量管理等；在人力资源及行业应用方面的功能点主要包括人事与薪酬管理、行政绩效考核管理等；在企业战略应用方面的功能点主要包括战略决策的管理、平衡计分卡的应用等。与此同时，随着国家"两化"融合战略的提出，为企业信息资源管理实现从技术导向转向业务需求导向提供了发展平台和方法指导，企业已逐渐开始深度关注企业业务发展对企业信息资源管理的深度、个性化的需求。企业信息资源管理从关注部门全面覆盖（广度）向重视企业应用价值（深度）的方向发展。

从国内企业信息资源管理发展现状来看，目前我国企业信息资源管理系统的建设与应用已经基本摆脱了"有无"的初级阶段，开始追求系统功能完善和对业务的深度支持，更加关注其应用价值的实现。企业信息资源管理系统内各模块的配备不只是各功能点的简单算术累加，更是通过各业务模块的集成融合，实现"$1+1>2$"的集成总体效益。企业信息资源管理的关注点已从单一的企业信息资源管理系统领域应用覆盖向企业整体广度、深度两个方向进行扩展，从过去关注财务、ERP、HR、OA等企业信息资源管理系统的应用普及，转移到关注各个企业信息资源管理系统对企业关键业务的深度支持和系统间的集成整合。

3. 企业信息资源管理者更加重视对新技术的应用

电子商务和移动应用已得到多数企业的认可，电子商务已逐步向全程电子商务发展，移动应用正向行业纵深发展。全程电子商务平台是一个以供应链管理为核心、将电子商务和企业管理完全整合的信息资源管理平台，并把企业内部业务管理与供应商管理、客户管理连为一体，构建以客户为中心的完整的电子商务供应链管理系统。这种全程化体现在能够同时提供对营销和管理的服务，帮助企业实现内部管理和产业上下游企业的业务协同。另一方面，得益于电信行业重组和3G牌照发放，各运营商在全国各地积极部署3G网络，推进了移动网络升级的步伐，促进了移动应用市场的发展。娱乐、商务、信息服务等各种各样的应用开始渗入人们的基本生活，手机电视、视频通话、手机游戏、微博、微信、飞聊、移动搜索、移动支付等移动数据业务开始带给个人用户新的体验。同时，移动应用也开始向行业用户发展，以物流和流通行业为代表的高流动性及服务性企业对移动应用需求尤其强烈，移动应用与企业信息资源管理平台进一步结合，直接促进融入移动应用的企业信息资源管理解决方案日益增加。

当然，处于信息资源管理不同发展阶段的企业对新技术的关注度和认可度存在差异。对于较为成熟的新技术，如移动应用、商业智能，电子商务，企业信息资源管理发展阶段越高，越关注对这类新技术的应用，应用水平也越高。目前，虽然在信息资源管理方面尚处于关键应用阶段的企业，对诸如尚待培育的新技术，如物联网、云计算，态度还较为谨慎，但是，处于信息资源管理基础应用阶段和扩展整合应用阶段的企业，则对这类尚待培育、完善的新技术有较高的兴趣与需求。新技术将给企业信息资源管理带来的高效率仍是可以预期的。以云计算技术为例，对处于信息资源管理基础应用阶段的企业，可以通过采用云计算进行高起点的规划和布局，获得后发优势；而处于信息资源管理扩展整合应用阶段的企业，凭借现有较为完备的信息技术应用基础、雄厚的技术实力和迫切的应用需求，借助云计算进一步提升信息资源的利用效率，降低 IT 支出。由于云计算具有按需自助服务、广泛便捷的网络访问、快速稳定的伸缩性、按需使用量计量等突出优点，其作为企业高效开展信息资源管理的最佳平台，有助于企业在信息资源管理的发展历程中，从信息资源管理的"产品＋项目"阶段进一步向信息资源管理的服务阶段发展。随着企业信息资源管理领域 IT 服务商在提供适合企业需求的物联网应用方案方面以及企业关键应用的云交付能力的进一步完善，企业在信息资源管理过程中对这类新技术的应用将进一步增加。

7.6.2　人员和安全管理层面

1. 企业信息资源管理对人才的要求越来越高

在高新技术环境中，进行企业信息的加工、处理、传递、利用等工作需要更高层次的信息管理人员和高素质的信息服务人员。他们必须具有企业经营管理知识和信息资源管理能力，不仅要有信息资源管理的基础理论，还要有市场观念。此外，还要求他们必须具备有效开发利用信息的能力。特别是在信息技术的应用日趋成为企业信息资源管理深度发展、纵向智能管控和全产业链集成管理等的要求下，企业信息资源管理人员不仅要具备计算机知识、经济工商管理知识，还要有更为深入的专门学科领域的知识。因此，加强对企业信息资源管理人员的入职教育，特别是持续的、定期的在职培训，将是企业信息资源管理能够跟上时代步伐而又能结合自身实际在同行业中创建自身突出竞争优势的重要内容之一。

2. 企业信息的安全性管理将成为关键

由于计算机网络管理存在着这样或那样的问题，企业信息的保密性正受到严重的威胁。因特网的普遍应用，一方面为企业提供了广阔的信息空间，另一方面又带来了种种问题，如大量无序的信息导致的信息污染问题和安全问题。其中，由于网络的开放性，造成经常会有一些非法信息入侵企业信息系统，给企业造成了严重干扰。目前，人们正在大力研究企业内部网，它是一种适用于企业经营管理活动的网络系统，能够减少或者在一定程度上避免因特网上存在的严重不足，使企业信息能够安全传递。企业内部网提供了很多安全性技术保障（如防火墙技术、网关技术等）来保护企业商业秘密。

3. 纵向智能管控和全产业链集成管理是企业信息资源管理未来的着力点

企业信息资源管理的基本路径首先是从业务系统对各部门的全面覆盖，其次是业务功能的逐步深化和延伸，在此基础上实现企业内部各业务系统的关键流程优化和全流程集成整合，实现内部管理综合集成，并进一步向企业纵向智能管控和横向全产业链集成方向发展。企业信息资源管理逐步从管理应用向中台业务应用，再到前台生产和服务应用过渡和延伸，从关注企业内部管理支撑逐步趋向关注信息资源管理对企业外部供应商和客户的应用价值挖掘。在企业信息资源管理发展到一定阶段后，将面向企业管理者、一线生产和销售人员、研发人员，支撑内部价值链整合基础上的全面应用，在业务系统综合集成的基础上，搭建企业智能管控体系，实现企业横向整合和纵向贯通，进一步将企业信息资源管理的应用扩展到供应商、客户支持和协同，建立供应链高度协同、产业集群深度整合的价值链集成创新体系，提升企业各类资源的优化配置能力。

本章小结

本章介绍了企业信息资源管理的基础理论和应用实践。在基础理论方面，本章重点从企业信息资源的基本边界谈起，界定了企业信息资源管理的基本内容和主要特点，描述了企业信息资源管理的任务与作用、组织结构。在应用实践方面，本章分析了企业信息资源管理过程的重要环节——信息资源开发，对其基本途径作了全面剖析；在此基础上，对企业信息资源管理的技术框架、关键技术和管理体制作了深入讲解。为了揭示企业信息资源管理的未来定位，本章从信息技术应用层面、人员和安全管理层面分析了企业信息资源管理的发展趋势。

课后习题

一、选择题

1. ERP 是指（　　）。

A. 客户关系管理　　　　B. 企业资源计划　　　　C. 供应链管理　　　　D. 人力资源管理

2. 企业信息资源管理的主要内容包括（　　）。

A. 企业组织管理人员对各个层次的需求信息进行界定

B. 明确信息收集的人员配置

C. 对收集到的信息进行分析和处理

D. 将信息分析结果投入到实际运用中

3. 企业信息资源的组织结构形式，不包括（　　）。

A. 功能型组织结构　　B. 产品型组织结构　　C. 矩阵型组织结构　　D. 扁平型组织结构

4. 企业信息资源开发的基础标准包括（　　）。

A. 数据元素标准　　　B. 信息分类编码标准　　C. 用户视图标准　　D. 概念数据库标准

E. 逻辑数据库标准

5. 竞争情报的收集与分析过程包括（　　）。

A. 明确自身需求　　　B. 信息收集处理　　　C. 情报分析研究　　　D. 成果表达传播

E. 人员交流合作

6. 下面关于 CIO 职责的描述，错误的是（　　）。

A. 在战略层面，CIO 的职责是挖掘企业的各类信息资源，制定企业信息资源管理战略

B. 在执行层面，CIO 负责信息流、物流、资金流的整合，完成信息系统的选型实施

C. 在变革层面，CIO 协助企业完成业务流程重组，运用信息管理技术重建企业的决策体系和执行体系

D. 在沟通层面，CIO 安排企业信息资源管理方面的人员招聘，发现信息运用的瓶颈

7. CKO 的主要职责不包括（　　）。

A. 以知识管理作为工具并掌握企业未来的发展，将 CEO 心中所想的转化成行动

B. 引发企业员工的创意、倾听创意并予以响应，在激发创意与符合企业需求之间取得平衡

C. 塑造一个适合激发创意与创意交流的环境或是作业平台，以鼓励并刺激创意的激发

D. 负责开发企业内部的知识管理平台，实现显性知识的共享和隐性知识的转化

8. 企业知识管理的实现机制包括（　　）。

A. 知识共享机制　　　B. 知识运行机制　　　C. 知识明晰机制　　　D. 知识奖励机制

9. 企业信息资源管理系统在财务应用方面的功能点主要包括（　　）。

A. 会计报表　　　　　　B. 资金流管理　　　　　C. 全面预算管理　　　　D. 标准成本管理

10. 下列表达中，哪一项不属于集中式信息资源管理的主要特点？（　　）

A. 进行统一集中、高度专业化的资源管理与控制

B. 有利于实现组织内全部信息资源的协调与平衡

C. 便于形成统一的信息资源标准和操作规范

D. 信息资源直接由部门进行控制，能够比较准确、迅速地满足部门内部的信息资源需求，信息资源的控制和使用十分方便。

二、名词解释

1. 企业信息资源管理　　2. 功能型组织结构　　3. 知识发现　　　　4. 云计算

三、简答题

1. 简述企业信息资源管理与政府信息资源管理的联系与区别。

2. 简述企业信息资源管理体制。

3. 简述企业信息资源管理事务处理系统的主要功能。

4. 简述语义搜索对企业信息资源管理的影响。

5. 简述商务智能技术对企业提升信息资源管理效率的价值。

6. 简述 ERP 的基本思想和主要特点。

7. 简述供应链管理的基本思想。

8. 简述知识管理的基本理论。

四、案例分析题

联想通过多年企业信息化的实践总结出一张图，即以客户为驱动的协同上下游合作伙伴、资源一体化的信息化全景图。在这张图中，联想企业信息化各系统之间并不是各自独立分离的，它们是集成的、一体化的。联想把客户的需求分解成使用需求、购买需求和服务需求。客户通过网页、电话、面对面等方式将需求传递给联想，进入联想的客户关系系统、产品研发系统、供应链系统。这三个系统驱动资源计划系统合理调动企业的人、财、物资源，分别满足客户在服务、产品和供应三方面的需求。企业各级管理者通过构架在网络办公基础上的管理驾驶舱，实时掌控企业各环节的运作状况和管理绩效，准确地作出决策和判断。几年来大规模的信息化建设，使联想的各项成本明显降低、经营效益显著提高，有力地促进了企业竞争力的提高。

在这张图后面，可以用一组数据来说明信息化给联想带来的可喜变化。据来自《人民邮电报》的统计数据表明，其库存周转天数由 1995 年的 72 天降到 2000 年的 22 天。以 2000 年库存平均余额 9.63 亿元计，节省资金 21 亿元；资金成本以 6% 计，相当于一年降低成本 1.26 亿元。积压损失由 1995 年的 2% 降到 2000 年的 0.19%，以 2000 年营业额 200 亿元计，相当于一年节省成本 3.62 亿元。应收账周转天数由 1995 年的 28 天降到 2000 年的 14 天，以 2000 年的应收账平均余额 7.82 亿元计，相当于节省资金 7.82 亿元，成本降低 0.47 亿元。应收坏账占总收入的比例由 1995 年的 0.3% 降到 2000 年的 0.05%，以 2000 年营业额 200 亿元计，相当于成本降低 0.5 亿元。网络办公所产生的效益也十分可观。通过网上资源预订，使差旅费、办公用品费用降低 10% 左右。以上各项每年总计降低成本 6 亿多元。公司总体费用率由 1995 年的 20% 降低到 2000 年的 9%。网络办公、财务管理、供应链管理和电子商务共计节省人员 350 人，以 5000 名员工计，相当于劳动生产率提高 7%。联想计算机销量从 1997 年到 2000 年平均每年递增 77.2%（中国计算机市场平均增长率为 33.5%），市场份额从 1997 年的 10.7% 增长到 2000 年的 28.9%。从 1997 年到 2000 年，公司销售收入平均每年递增 50.4%。通过信息化的实施，到了 2008 年，联想的库存周转率从 1.7 次达到了 11.6 次，积压损失从 5% 降到 0.19%，总体费用率从 20% 降低到 9%，基本上具备了与国际同行进行平等竞争的条件。随着公司信息系统的进一步完善和拓展，联想将在管理上完全

同国际接轨。以现代化管理为根基来面对世界贸易组织，面对更加严峻的考验。

请根据上述背景材料，回答以下问题：

（1）联想集团的信息化为其带来每年 6 亿多元的节约，主要是在哪些方面产生的？

（2）试结合本案例分析企业信息资源管理在企业管理中的作用？

（3）结合本案例分析我国企业推进信息资源管理的必要性及其意义。

参 考 文 献

[1] 高静涛. 国内"网络信息资源管理"研究的调查分析 [J]. 图书情报工作, 2005 (9)：98-101.

[2] 彭晨曦, 尹锋. 略论网络信息资源管理学的系统架构和研究内容——从工程系统论的观点出发 [J]. 情报理论与实践, 2007 (5)：588-592.

[3] 尹锋. 关于网络信息资源管理理论及学科体系研究的思考 [J]. 情报杂志, 2009 (6)：197-200.

[4] 彭晨曦, 尹锋. 网络信息资源的内涵及其相关概念辨析 [J]. 情报杂志, 2007 (10)：99-101.

[5] 李华. 专业图书馆网络信息资源的组织 [J]. 图书馆论坛, 2005 (4)：122-124.

[6] 曾微泊. 利用网络信息资源开展信息服务的思考 [J]. 大学图书情报学刊, 2005 (5)：74-75.

[7] 沙丹丹. 浅谈网络信息资源的管理 [J]. 科技资讯, 2009 (19)：25.

[8] 李颖. 网络信息资源的有效管理与利用探讨 [J]. 科技情报开发与经济, 2005 (15)：27-29.

[9] 郑永田. 网络信息资源管理人才培养初探 [J]. 图书馆学研究, 2005 (5)：70-72.

[10] 彭晨曦, 尹锋. 试论网络信息资源管理的起源与发展 [J]. 图书馆学研究, 2007 (5)：39-42.

[11] 谭晓玲. 网络信息资源开发利用的几个问题 [J]. 沈阳工程学院学报（社会科学版）, 2005 (2)：111-112.

[12] 谢新栋, 李勇宁. 网络信息资源的组织管理研究 [J]. 科技信息, 2009 (8)：190-191.

[13] 贾文科. 网络信息资源组织与管理 [J]. 农业网络信息, 2009 (4)：83-85.

[14] 潘芳莲. 近十年我国网络信息资源组织方式研究综述 [J]. 情报探索, 2009 (8)：22-24.

[15] 周天茹. 网络信息资源共享管理模式的探讨 [J]. 统计教育, 2005 (3)：62-63.

[16] 常雪琴. 浅谈网络信息资源管理 [J]. 发展, 2008 (3)：133-134.

[17] 王蓬. 论网络时代的信息资源管理 [J]. 中国资源综合利用, 2006 (6)：39-40.

[18] 刘樱. 网络信息资源标准化管理体系研究 [J]. 大学图书情报学刊, 2005 (1)：44-45.

[19] 李学勇, 尹锋, 许向阳. 略论网络信息资源管理标准化 [J]. 高校图书馆工作, 2006 (5)：9-11.

[20] 尹锋, 彭晨曦. 完善网络信息资源管理标准化法律制度的思考 [J]. 情报杂志, 2006 (10)：113-114.

[21] 赵晓红, 程结晶. 第三代 Internet 网络信息资源的管理模式 [J]. 图书馆论坛, 2005 (6)：207-210.

[22] 齐方圆. 网络环境下高校图书馆信息资源管理 [J]. 情报探索, 2009 (4)：52-53.

[23] 张俊. 图书馆对网络信息资源的管理 [J]. 科技情报开发与经济, 2009 (25)：63-65.

[24] 尹锋. "三论"的方法论功能及其在网络信息资源管理方面的应用 [J]. 现代情报, 2008 (1)：122-125.

[25] 尹锋, 彭晨曦. 国外网络信息资源管理政策法规建设及其启示 [J]. 情报理论与实践, 2007 (1)：26-28.

[26] 黄先蓉. 网络信息资源著作权集体管理制度研究 [J]. 图书情报知识, 2005 (1)：33-38.

[27] 王永丽, 朴英花. 网络信息资源管理——知识产权纠纷及保护 [J]. 情报科学, 2007 (3)：360-363.

[28] 李丽娜. 网络信息资源质量评价研究综述 [J]. 图书情报工作, 2011 (8): 62-66, 61.

[29] Hoag JC, Gunderson C. State-based network management: from the electric city grid to the Global Information Grid [C]. IEEE Military Communications Conference, 2005: 1437-1442.

[30] Ballani H, Francis P. CONMan: A step towards network manageability [J]. Computer Communication Review, 2007, 37 (4): 205-216.

[31] Al-Oqily, I, Karmouch, A. Towards automating overlay network management [J]. Journal of Network and Computer Applications, 2009, 32 (2): 461-473.

[32] EMC Corporation. EMC unveils Next-generation platform for automated network change and configuration management [EB/OL]. [2008-05-05]. http://www.emc.com/about/news/press/2008/2008 05 05-0/.htm.

[33] Al-kaabi R, Hattab E. E-Government success factors: a survey [C]. The European Conference on E-government, proceedings, 2009: 39-44.

[34] Boehm J. Best of the Web in pathology: a practical guide to finding specific pathology resources on the Internet [J]. Journal of Clinical Pathology, 2007, 61 (2): 225-232.

[35] Durgin J K, Sherif J S. The semantic Web: a catalyst for future-business [J]. Kybernetes, 2008, 37 (1-2): 49-65.

[36] Fan W. Research on technology development of human resource management information system [J]. Management Science and Engineering, 2009, 3 (2): 34.

[37] Hann IH, Hui KL Lee, SYT, Png IPL. Overcoming Online information privacy concerns: An information-processing theory approach [J]. Journal of Management Information Systems, 2007, 24 (2): 13-42.

[38] Rice D O. Protecting online information sharing in peer-to-peer (P2P) networks [J]. Online Information Review, 2007, 31 (5): 682-693.

[39] Michael Byrne. Building safety nets [J]. The American City and County, 2005, 120 (10): 28.

[40] 冯惠玲. 政府信息资源管理 [M]. 北京: 中国人民大学出版社, 2006.

[41] 王新才. 政府信息资源管理 [M]. 北京: 科学出版社, 2011.

[42] 何振. 网络环境下政府信息资源共享机制研究 [J]. 档案学通讯, 2007 (3): 40-43.

[43] 周毅. 政府信息资源管理研究的视域及其主题深化 [J]. 情报资料工作, 2012 (4): 46-52.

[44] 宋恩梅. 电子政务环境下政府信息资源管理结构及发展趋势 [J]. 图书情报知识, 2010 (3): 45-50.

[45] 望旺, 安小米. 美国政府信息资源管理法律、政策、标准制定体系研究 [J]. 情报理论与实践, 2010 (10): 120-123.

[46] 谭必勇, 王新才, 吕元智. 基于政府决策的政府信息资源管理研究 [J]. 情报理论与实践, 2009 (4): 37-40.

[47] 朱庆华, 杜佳. 信息公开制度对政府信息资源管理工作的影响 [J]. 情报理论与实践, 2006 (2): 150-152, 226.

[48] 樊晓峰, 崔旭. 从文书消减法看美国政府信息资源管理的得与失 [J]. 图书馆学研究, 2006 (12): 56-58.

[49] 杨红霞, 赵捧未, 李菲菲, 张毅. 网络环境下政府信息资源管理模型初探 [J]. 情报杂志, 2007 (7): 71-73.

[50] 旃群. 政府信息资源管理探讨 [J]. 现代情报, 2007 (6): 68-69.

[51] 刘焕成. 电子政务时代的美国政府信息资源管理 [J]. 图书情报工作, 2003 (12): 24-29, 106.

[52] 李晓峰. 我国企业信息资源管理研究 [J]. 经济体制改革, 2003 (3): 51-54.

[53] 路红武，尤枫，赵恒永．基于．NET 企业信息资源管理系统的设计与实现 [J]．计算机与现代化，2005（6）：79-82.

[54] 刘富军，杨春，井健．企业信息资源管理现状与发展对策 [J]．煤炭经济研究，2005（6）：59-60.

[55] 陈延寿．企业信息资源的开发与利用 [J]．现代情报，2005（7）：193-195.

[56] 齐莉丽．企业信息资源管理评价研究 [J]．商业研究，2005（18）：49-51.

[57] 魏浩，杨达．企业信息资源管理的基本范式 [J]．图书情报工作，2005（6）：112-115.

[58] 张景林，闫东升．企业信息资源管理系统建设 [J]．福建电脑，2003（11）：3-4.

[59] 李晓峰，徐玖平，刘光中．对我国企业信息资源管理体制改革的探讨 [J]．社会科学家，2003（3）：26-30.

[60] 车卡佳．企业信息资源管理策略研究 [J]．武汉理工大学学报（信息与管理工程版），2003（3）：162-164，183.

[61] 张金隆，陈宏峰．企业信息资源管理系统结构模式的分析 [J]．安阳师范学院学报，2004（2）：94-96.

[62] 张洪烈．企业信息资源管理策略分析 [J]．经济问题探索，2004（7）：61-63.

[63] 刘平．企业信息资源管理模式研究 [J]．武汉理工大学学报（信息与管理工程版），2004（5）：93-95，106.

[64] 齐莉丽．企业信息资源管理水平评价研究 [J]．科技进步与对策，2005（1）：50-51.

[65] 李玲．企业信息资源管理与竞争情报比较研究 [J]．现代情报，2005（3）：183-184.

[66] 陈宏峰．企业信息资源管理系统结构模式的研究 [D]．武汉：华中科技大学，2004.

[67] 王永红．企业信息资源的整合及其实现 [J]．现代情报，2006（2）：157-159.

[68] 蒋永福．论公共信息资源管理——概念、配置效率及政府规制 [J]．图书情报知识，2006（3）：11-15.

[69] 沈胜海．企业信息资源管理 [J]．中国集体经济（下半月），2007（3）：61.

[70] 刘伟成，孙吉红．企业信息资源管理与信息资源规划 [J]．图书馆学刊，2007（6）：1-3.

[71] 罗新文．企业信息资源管理与应用常见问题分析 [J]．江西冶金，2007（6）：44-46.

[72] 陈婧．国内外企业信息资源管理理论研究进展 [J]．情报资料工作，2008（6）：98-101.

[73] 崔杰．企业信息资源管理水平聚类分析 [J]．情报杂志，2008（2）：14-16.

[74] 王冬．企业信息资源管理初探 [J]．新西部（下半月），2008（2）：222，226.

[75] 王爱玲．企业信息资源管理的策略探析 [J]．企业活力，2008（6）：72-73.

[76] 涂以平．企业信息资源管理理论研究现状评述 [J]．现代情报，2008（8）：170-172.

[77] 宋卫星，李登道．我国企业信息资源管理现状及发展 [J]．管理观察，2008（18）：50-52.

[78] 于嘉．企业信息资源管理探析 [J]．大学图书情报学刊，2008（5）：30-33.

[79] 陈欣．家族企业信息资源管理影响因素研究 [D]．合肥：安徽大学，2012.

[80] 陈延寿，宋萍萍．企业信息资源管理效益评价研究 [J]．科技进步与对策，2003（11）：139-140.

[81] 尹群．企业信息资源管理中的竞争情报研究 [J]．中国集体经济，2010（3）：62-63.

[82] 陈勇跃，夏火松．企业信息资源管理体系的构建研究 [J]．情报理论与实践，2010（4）：53-56.

[83] 赵凤荣，裴冬梅．企业信息资源管理研究 [J]．商场现代化，2010（30）：49-50.

[84] 王惠，江可申．企业信息资源管理水平实证分析 [J]．价值工程，2009（5）：95-97.

[85] 王燕．企业信息资源管理与开发研究 [J]．现代经济信息，2009（8）：7，9.

[86] 陈氢，何方芳．企业信息资源管理模式研究动态述评 [J]．现代情报，2009（8）：191-195.

[87] 郭军升．企业信息资源管理探析 [J]．企业技术开发，2009（10）：106-107.

[88] 童李文，徐春江，陶利民．1990—2010 年我国企业信息资源管理研究论文定量分析 [J]．现代情

报，2011（7）：102-105.

[89] 王联红．2000—2010 年我国企业信息资源管理研究进展［J］．中国高新技术企业，2012（1）：2-5.

[90] 邵继美．企业信息资源管理中的信息伦理问题研究［J］．情报探索，2012（3）：51-53.

[91] 张金昌，侯玮青．企业信息资源管理的科学化［J］．北京市经济管理干部学院学报，1999（3）：22-25.

[92] 达明利，薛建民．企业信息资源管理［J］．青海交通科技，2002（3）：40-28.

[93] 张久珍．企业信息资源管理发展趋势［J］．中外企业文化，2000（1）：42-43.

[94] 付召深．企业信息资源管理与信息化建设［J］．天津航海，2001（4）：47-49.

[95] 祁文华，陈莹．企业信息资源管理系统的构建和作用［J］．天津冶金，2001（5）：34-37.

[96] 王萍．企业信息资源管理的核心——企业档案工作［J］．情报理论与实践，1998（5）：54-56.

[97] 马费成，杨列勋．信息资源：它的定义、内容、划分、特征及其开发利用［J］．情报理论与实践，1993（2）.

[98] 查先进．论中国信息资源的有效配置［J］．情报科学，1994（2）.

[99] 钟义信．信息科学原理［M］．3 版．北京：北京邮电大学出版社，2002.

[100] 钟义信，周延泉，李蕾．信息科学教程［M］．北京：北京邮电大学出版社，2005.

[101] 刘昭东，陈久庚，等．信息工作理论与实践［M］．北京：科学技术文献出版社，1995.

[102] 孟广均，等．信息资源管理导论［M］．3 版．北京：科学出版社，2008.

[103] 王方华，等．知识管理论［M］．太原：山西经济出版社，1999.

[104] 张守一．知识经济概论［M］．北京：中央广播电视大学出版社，1999.

[105] 阿兰·兰德尔．资源经济学：从经济角度对自然资源和环境政策的探讨［M］．施以飞，译．北京：商务印书馆，1989.

[106] 刘文，等．资源价格［M］．北京：商务印书馆，1996.

[107] 陈宇，等．人力资源经济活动分析［M］．北京：中国劳动出版社，1991.

[108] 杨树珍．国土经济学［M］．天津：天津人民出版社，1986.

[109] 宗寒，等．资源经济［M］．北京：人民出版社，1994.

[110] 刘与仁．国土经济学［M］．北京：经济科学出版社，1986.

[111] 潘大连，黄巍．信息资源管理的概念、技术与实践［M］．北京：中国大百科全书出版社，1994.

[112] 胡昌平．信息管理科学引论［M］．北京：高等教育出版社，2001.

[113] 钟守真，等．信息资源管理概论［M］．天津：南开大学出版社，2000.

[114] 谢阳群．信息资源管理［M］．合肥：安徽大学出版社，1999.

[115] 甘仞初．信息资源管理［M］．北京：经济科学出版社，2000.

[116] 黄重阳．信息资源管理［M］．北京：中国科学技术出版社，2001.

[117] 左美云，等．信息系统的开发与管理教程［M］．北京：清华大学出版社，2001.

[118] 国家信息中心本书编写组．信息系统设计与项目管理（下）［M］．北京：海洋出版社，1992.

[119] 毕星，翟丽．项目管理［M］．上海：复旦大学出版社，2000.

[120] 杰克·吉多，等．成功的项目管理［M］．张金成，等译．北京：机械工业出版社，1999.

[121] 凯西·施瓦尔贝．IT 项目管理［M］．王金玉，等译．北京：机械工业出版社，2002.

[122] 杨文士．质量管理学［M］．武汉：武汉大学出版社，1996.

[123] 马国柱．现代质量管理理论与实务［M］．北京：机械工业出版社，1999.

[124] 罗圣仪．计算机软件质量保证的方法和实践［M］．北京：科学出版社，1999.

[125] 李海泉，李健．计算机系统安全技术［M］．北京：人民邮电出版社，2001.

[126] 蔡立军．计算机网络安全技术［M］．北京：中国水利水电出版社，2002.